HISTOIRE

DU

PARLEMENT DE BORDEAUX

HISTOIRE
DU
PARLEMENT
DE BORDEAUX

DEPUIS SA CRÉATION JUSQU'A SA SUPPRESSION (1451-1790)

ŒUVRE POSTHUME

DE

C.-B.-F. BOSCHERON DES PORTES

Officier de la Légion d'honneur;
Président honoraire de la Cour d'Appel de Bordeaux;
Membre résidant de l'Académie des Sciences, Belles-Lettres et Arts de Bordeaux
Membre honoraire de la Société d'Agriculture, Sciences, Belles-Lettres
et Arts d'Orléans.

TOME SECOND
1643-1790

BORDEAUX

CHARLES LEFEBVRE, LIBRAIRE-ÉDITEUR

6, ALLÉES DE TOURNY, 6

1877

Bordeaux. — Imp. G. GOUNOUILHOU.

LISTE DES SOUSCRIPTEURS

A L'HISTOIRE DU PARLEMENT

DE BORDEAUX.

La Cour d'appel de Bordeaux.
Le Tribunal civil de Bordeaux.
L'Académie de Bordeaux.
La Bibliothèque de la ville de Bordeaux.
Les Archives municipales de la ville de Bordeaux.
Les Archives départementales de la Gironde.
La Société Philomathique de Bordeaux.

Le Cercle de l'Union.
Vicomte de Pelleport-Burète, sénateur de la Gironde, ancien maire de Bordeaux.
Izoard, premier président de la Cour de Bordeaux.
Alban Bourgade, président à la Cour.
Gellibert, président honoraire à la Cour.

MM.

A

Adam (Paul).
Allain (l'abbé), vicaire à Saint-Louis.
Asher et Cⁱᵉ, libraires, à Berlin.
Avril, ingénieur, à Blanquefort.

B

Bachan (J.-J.).
Barde, avocat.
Barckhausen, avocat, professeur à la Faculté de droit.
Barry (Ch.).
Bastard (baron Arthur de).

MM.

Bergeron, à Souston.
Bloch, substitut.
Bonnefoux (A.), à Cadillac-sur-Garonne (Gironde).
Bontemps du Barry, à Paris.
Bordes de Fortage (L.).
Bordes (Henri).
Boucherie.
Brezetz (Arthur de).
Brezetz (de), avocat.
Bremond d'Ars (le comte A. de), à Porte-Neuve (Finistère).
Brivazac (baron de).
Brives-Cazes, juge au Tribunal civil.

MM.

C

Champion, libraire, à Paris.
Castelnau d'Essenault (le marquis de).
Choisy (de), conseiller honoraire.
Cousteau (Camille).
Couture (l'abbé), à Auch.

D

Daburon (M.), ancien magistrat, aux Rosiers (Maine-et-Loire).
Daviaud, vice-président du Tribunal civil.
David.
Delpit (Jules).
Delzoliés (E.).
Demay de Certant (H.).
Desmaisons (Dr).
Doisy (Martin), à Paris.
Du Boscq, juge au Tribunal civil.
Ducaunnès-Duval, sous-archiviste.
Ducom, à Montlezun (Gers).
Dupierris de Rivera (E.-M.).
Dupont, juge honoraire, à Valenciennes.
Duroy de Suduiraut (G.).
Dusolier père, avoué honoraire.

E

Eyquem (Albert), avocat.
Eyquem (Daniel), avocat.
Eyquem (France), étudiant en droit.
Eyquem (P.-F.).

F

Fabre de La Bénodière, conseiller à la Cour.
Fallières, à Agen.
Faurie, juge au Tribunal civil.
Faye-Montigny, substitut.

G

Gaden (Charles).
Gauban (O.), avocat, à La Réole.
Gérard (G. de), à Sarlat.

MM.

Gères (le vicomte J. de), à Rions (Gironde).
Gouget, archiviste de la Gironde.
Griffon (E. de).
Groussou (de), substitut du procureur général, à Agen.
Guère (vicomte de La).
Guépin (Dr).

H

Hazera (l'abbé), vicaire à Saint-Louis
Hériard-Dubreuil.
Henry.

I

Ivan de Saint-Pierre, juge au Tribunal civil.

K

Kopp.

L

Labat (Gustave).
Lafonta.
Lalanne, directeur du Poids public.
Lallement (L.), avocat à Nancy.
La Montaigne (Oct. de), à Castelmoron d'Albret (Gironde).
Lamothe (Léonce).
Lamothe, notaire.
Larré, avoué.
Laroze (L.-A.), avocat.
Legrix de La Salle, juge au Tribunal civil.
Lioncourt (de), juge suppléant.
Loste, notaire.
Lulé-Déjardin, avocat.
Lur-Saluces (marquis de).

M

Malvezin (Théophile), avocat.
Marcellus (le comte Édouard de).
Mareuse.
Michel et Médan, libraires, à Agen.
Michelot (E.).
Mignot (de), avoué.

LISTE DES SOUSCRIPTEURS.

MM.

Montbrison (G. de).
Montclar (de), conseiller à Pau.
Montcheuil (Paul de), avocat.
Montesquieu (le baron Ch. de), château de La Brède (Gironde).
Mourgues, notaire à Tayrac.

N

Nutt (David), libraire, à Londres.

P

Patrouilleau (le capitaine).
Passemard, inspecteur des Domaines.
Pery, notaire honoraire.
Peyrusse (Gabriel), au Nizan (Gir.).
Peyrelongue, avocat.
Pichard (de), conseiller à la Cour.
Pineau (Jules de).
Pontac (le vicomte de).
Préau.
Puyferrat (le marquis de).

Q

Quantin, à Bordeaux.

R

Raymond (la comtesse Marie de), à Agen.

MM.

Ravignan (de), à Biaudos.
Ribadieu (F.).
Rignac (l'abbé), professeur au Petit Séminaire de Bordeaux.
Rivière-Bodin (Ad.), vice-président au Tribunal civil.
Roborel de Climens.

S

Saint-Astier (de).
Saint-Vidal (de), sculpteur.
Sourget (Adrien).

T

Tessandier (E.), propriétaire, à Macau.
Thierrée, notaire.
Thibault.

V

Vapaille, chef de division à la Mairie de Bordeaux.
Verdeau.
Villepreux (de), avocat, à Marmande.
Vivie (Aurélien), chef de division à la Préfecture de la Gironde.

W

Wagnair, professeur au lycée de Bordeaux.

HISTOIRE
DU PARLEMENT
DE BORDEAUX

CHAPITRE Ier
1643-1650

La Fronde à Bordeaux. — Ses causes. — Caractère et position des premiers présidents d'autrefois. — Le premier président Dubernet. — Ses relations avec sa Compagnie. — Discrédit de son autorité; à quoi il est dû. — Le duc d'Épernon fils, gouverneur de Guyenne; ce qu'il était. — Ses démonstrations militaires intempestives contre Bordeaux. — Construction d'une citadelle à Libourne. — État des esprits au Parlement de Bordeaux par suite des troubles de Paris. — Rupture avec le gouverneur. — Premiers préparatifs du Parlement pour soutenir la lutte à force ouverte ; elle commence à Bordeaux au moment où elle finissait à Paris. — Suppression de la Cour des Aides par arrêt du Parlement; scènes qui en sont la suite. — La résistance contre le gouverneur s'organise de plus en plus à Bordeaux. — Union de tous les corps constitués. — Les jurats suspects. — Magistrats colonels. — Expédients employés pour obtenir des fonds. — Recherche d'un général en chef. — Premières hostilités. — Le Château-Trompette. — Affaire de Vayres. — Échec des Bordelais. — Le marquis de Chambret; il prête serment au Parlement. — Envoi à Paris de l'avocat général Lavie pour demander un changement de gouverneur. — Celui-ci banni du Parlement. — Défense de communiquer avec lui. — Expédition de Chambret hors de Bordeaux. — Succès à Camblanes. — Retour offensif du duc d'Épernon. — Ravages. — Sacrilége commis dans cette paroisse. — Envoi d'un négociateur, Le Voyer d'Argenson, en Guyenne — Trêve. — Infractions. — Nouvelles tentatives de pacification. — Seconde union à Bordeaux. — Fanfaronnades du commandant du Château-Trompette. — Projet de traité; il n'aboutit pas. — D'Argenson dirigé par le duc d'Épernon. — Nouveau recours aux armes. — Le peuple exige qu'on marche à Libourne. — Chambret forcé de combattre. — Indiscipline et inexpérience de ses troupes. — Combat sous les murs de Libourne; défaite des Bordelais; mort de Chambret. — Fermeté du Parlement. — Précautions dans l'imminence du siége de Bordeaux. — Entremise de l'archevêque Henri de Béthune. —

T. II.   1

Garanties exigées par d'Épernon. — Nouvelle députation au roi. — La vie du premier président est menacée. — Il est forcé de s'abstenir dans toutes les affaires politiques, ainsi que plusieurs autres magistrats. — Les faux frères dans le Parlement. — Dubourg. — Plusieurs membres frappés d'amende sous prétexte d'absence. — Envoi du comte de Comminges à Bordeaux, porteur de l'interdiction du Parlement, soit en masse, soit en partie. — Signification des ordres du roi à la Compagnie. — Sa résistance. — L'interdiction sans effet par suite de l'état menaçant de la population et du défaut de fermeté du duc d'Épernon. — Nouveaux préparatifs de guerre. — Les jurats changés par l'autorité du Parlement. — Moyens pour se procurer de l'argent. — Fouilles dans les couvents et dans les caves. — Le président de Geneste et le conseiller Massiot. — Autres modes de levée d'impôts. — Nouveaux généraux : Sainte-Croix, Théobon, d'Hautefort, Sauvebœuf. — Siège du Château-Trompette. — Le commandant tire à son tour sur la ville; dégâts. — Les conseillers d'Espagnet et Voisin dirigent l'artillerie contre le château. — Reprise de négociations. — Le maréchal Duplessis-Praslin. — Le Parlement, tout en continuant la défense armée, invoque l'appui et la médiation des Parlements de Toulouse et de Paris et du prince de Condé. — Capitulation du Château-Trompette. — Joie des Bordelais et du Parlement. — Autres avantages au dehors balancés par des revers; la paix plus que jamais ajournée. — Préparatifs des deux partis sur terre et sur l'eau. — Les deux flottes. — Nouvelle recherche de ressources pécuniaires à Bordeaux. — Renouvellement de l'Union et des serments. — Les efforts du comte du Dognon, amiral de la flotte royale, sans résultat contre Bordeaux. — Reprise de conférences avec le maréchal Duplessis. — Il est tenu dans l'ignorance de la conclusion de la paix à Paris, à la veille d'une nouvelle attaque du duc d'Épernon. — Combat sanglant de La Bastide. — Le gouverneur est repoussé avec des pertes considérables. — Il n'ose recommencer l'action le lendemain. — Lavie apporte la déclaration du roi pour pacifier les troubles. — Sa teneur. — Adresse des Bordelais au roi plus fière que soumise. — Incident de la présence à Bordeaux du baron de Vatteville, envoyé d'Espagne à la demande des généraux. — Lavie pourvoit à son départ. — Pressentiments d'une seconde Fronde à Bordeaux.

Les minorités des rois de France furent presque toujours orageuses. Celle même de Louis XIV, dont le règne absolu devait imposer silence aux factions, ne fait pas exception. Que la cour devînt le théâtre de conflits entre les ambitieux qui s'y disputaient le pouvoir; que, par suite, la paix publique souffrît de leurs luttes au siége même du gouvernement, c'est-à-dire dans la capitale, on devait s'y attendre. Mais que, dans des provinces éloignées, les mêmes agitations se soient fait ressentir jusqu'au point d'y allumer la guerre civile, c'est ce que l'on s'explique moins facilement. Comment, par exemple, en Guyenne, se rencontra-t-il des éléments propres, non seulement à l'y faire naître, mais encore à l'entretenir pendant plusieurs années ? Comment cette œuvre coupable fut-elle surtout celle du Parlement de Bordeaux, qui, après avoir sauvé cette ville de la Ligue, en fit un des foyers de la Fronde ? Des événements qui dérogent ainsi à la nature des choses exigent tout d'abord qu'on recherche les causes qui les ont amenés. Comme il arrive souvent, plusieurs concoururent ici à des résultats en dehors de toute prévision. On peut les réduire à trois principales : la contagion de l'exemple; les fautes d'un gouverneur inhabile; l'existence à la tête du Parlement d'un chef tout à fait au-dessous d'un semblable poste dans les graves conjonctures qui allaient survenir.

Le premier président Daguesseau quitta volontairement en 1643 cette charge, dans laquelle il eut pour successeur Joseph Dubernet, un des anciens présidents de la Compagnie, et qui, en 1636, avait été nommé à la première présidence du Parlement de Provence. L'expérience de ces fonctions, les liens préexistants de celui qui y était appelé dans un corps où il comptait de nombreux parents et alliés et d'anciens collègues, semblaient autant de conditions de la convenance d'un tel choix et de garanties de son succès. Il n'en fut pas ainsi. Mais, pour se rendre compte des motifs qui trompèrent ces espérances, il n'est pas inutile de définir ce qu'étaient en réalité les fonctions d'un premier président de Parlement. On s'en ferait, en effet, une idée très inexacte si on les regardait comme identiques avec celles d'un chef de Cour souveraine d'aujourd'hui.

Une première et notable différence entre eux, c'est que les premiers présidents n'étaient pas, comme tels, inamovibles. Leurs charges ne formaient que de simples commissions, révocables dès lors à la volonté du roi [1]. Cette exception à la nature et aux conditions générales des autres offices de judicature tenait au rôle spécial que remplissaient les premiers présidents vis-à-vis du gouvernement à la fois et des Parlements.

Auprès de ces grands corps qui, de bonne heure, avaient pris dans l'État une place si élevée, dans lesquels l'autorité royale cherchait un appui, mais où elle rencontrait aussi des résistances, il lui fallait des intermédiaires sur lesquels elle pût compter. On s'étonnera peut-être que les gens du roi ne fussent pas jugés suffisants pour cette médiation. Mais c'est que, dans l'ancienne organisation judiciaire, le ministère public n'avait pas, à beaucoup près, des attributions aussi étendues que dans la nouvelle. Elles se bornaient, en général, à assurer l'exécution des arrêts. Il était soigneusement exclu des délibérations et n'y avait aucune influence. Celle des premiers présidents y était, au contraire, très étendue. Ils y paraissaient comme représentants immédiats de la

---

[1] Loyseau, *Traité des offices*. — De Bastard d'Estang, *Les Parlements de France*.

couronne, comme y tenant la place du roi, dont il était vrai de dire alors qu'il était le premier magistrat de son royaume. De là la haute considération attachée à la personne et au titre des premiers présidents. Et quoiqu'ils siégeassent aussi bien dans les causes privées que dans celles où les intérêts les plus élevés étaient en jeu, on voit tout de suite que c'était surtout ceux-ci qu'ils étaient appelés à surveiller et à diriger, et qu'ainsi leurs fonctions, comme leur caractère, étaient au moins autant politiques que judiciaires. Enfin, sans cesse appelés à la cour, organes des vœux collectifs et des intérêts individuels de leurs collègues, ils jouissaient, pour leur ménager un favorable accueil, d'un crédit incontestable.

Tout ce qu'une telle mission avait de délicat, de difficile, tout ce qu'elle exigeait de sagesse et d'habileté à la fois dans ceux qui en étaient chargés, se comprend aisément. Il leur fallait conserver la confiance du prince sans s'exposer à perdre celle de leur Compagnie. L'un n'aurait pas maintenu longtemps à son poste un mandataire dépourvu de zèle pour ses intérêts. L'autre eût refusé son concours à un chef disposé à sacrifier les prérogatives parlementaires, à gêner la liberté des opinions. Qu'on ne croie pas cependant que, pour éviter ces écueils, un premier président dût à son tour faire bon marché de sa propre dignité et abdiquer son indépendance. On lui tenait compte des deux côtés des exigences de sa position et des embarras qu'elle lui créait. Suivre une ligne de conduite où la droiture s'alliât à la prudence, lui était toujours loisible, car il avait le droit de faire entendre partout la vérité. Nous n'en voulons pour preuve que l'exemple et le nombre des hommes éminents qui traversèrent cette carrière, toute périlleuse qu'elle fût, non pas seulement avec succès, mais encore en laissant la mémoire la plus honorée.

Le premier président Dubernet, s'il ne manquait pas de capacité judiciaire, semblait ignorer l'art de tenir la balance entre des prétentions passant souvent de l'opposition à l'antagonisme, et de ne pas la faire pencher, avec l'apparence d'un parti pris, plutôt d'un côté que de l'autre. Au moment de son entrée en fonctions, en 1644, le Parlement était en proie à des divisions intestines. Elles prenaient leur origine dans le procès criminel suivi en 1639 contre le président Sarran de Lalanne et quelques conseillers accusés d'altération des monnaies, et dont nous avons parlé. Cependant le président ayant été un moment condamné par contumace et privé de son office, le roi avait nommé à sa place le conseiller de Gourgues. Après la réintégration de Lalanne, le Parlement avait voulu faire annuler la nomination de de Gourgues, comme contraire aux ordonnances qui n'admettaient pas un président de plus dans la Compagnie, et en portait le nombre à huit, ce qui était excessif. Le roi persista dans sa décision, et comme le magistrat qu'elle favorisait comptait des amis nombreux et influents, il y eut des dissidences telles que l'autorité royale, mécontente des obstacles qu'y rencontrait l'exécution de ses ordres, interdit quelques-uns des opposants (1). Au cours de débats passionnés (2) amenés par ces incidents, le premier président Dubernet, voulant faire exécuter les ordres du roi, se vit exposé à des attaques personnelles d'une extrême vivacité. Des paroles blessantes, des démentis même furent échangés entre lui et de jeunes conseillers, Le Blanc de Mauvesin et Duverdier. Il y eut des allusions plus que malveillantes faites à la conduite du premier président dans le Parlement de Provence, et dont le sens nous échappe, dans l'impossibilité où nous sommes de les vérifier. Le magistrat offensé avait quitté la chambre du conseil en s'écriant que la place n'était plus tenable pour lui. Il y revenait cependant un peu plus tard, quoique les explications données dans l'intervalle eussent été de nature à aggraver, bien loin d'effacer l'injure qu'il avait reçue. C'était révéler des signes d'une faiblesse propre à en encourager de nouvelles. Or, le temps était arrivé où le Parlement de Bordeaux aurait eu besoin d'avoir, au contraire, pour chef un magistrat doué de la plus grande fermeté.

Le cardinal Mazarin, qui n'avait pas eu la main heureuse pour le choix du premier président, fut encore plus mal inspiré dans celui du gouverneur, en rendant ce titre au duc d'Épernon disgracié, comme on l'a vu, sous le règne précédent, lorsqu'il était encore duc de La Valette. On peut dire qu'il n'avait

(1) *R. S.*, 22 décembre 1644.
(2) *Id.*

de son père que les défauts, sans aucune de ses qualités : de la hauteur sans noblesse, de l'orgueil sans générosité, rien surtout de cette bravoure personnelle qui rachetait au moins dans le premier l'absence des talents militaires.

Les relations entre le nouveau gouverneur et le Parlement avaient d'abord été empreintes d'une bienveillance mutuelle très marquée. Elles ne tardèrent pas à changer de nature. Il fallait que la popularité du duc ne reposât pas sur des bases très solides pour se trouver à la merci, comme cela arriva, d'une imputation qui pouvait bien n'être qu'une calomnie et qui, dans tous les cas, provenait d'un simple bruit public. Le gouverneur ayant donné à des marchands de blés de Bordeaux l'autorisation de les faire passer en Espagne, on l'accusa d'avoir vendu cette faculté pour une somme considérable. Il n'était pas besoin, d'ailleurs, de cette rumeur pour qu'on s'opposât, dans la ville, à l'enlèvement des blés, car c'était alors, comme ce fut encore longtemps depuis, une erreur enracinée dans les esprits que la libre circulation des grains devait être prohibée. L'émeute fut assez forte pour que le Parlement s'en occupât et arrêtât des remontrances que le ministère accueillit en révoquant l'autorisation du duc d'Épernon. On a voulu que le ressentiment de cet échec ait été la première cause de son mauvais vouloir contre la Compagnie. Une autre entreprise du duc d'Épernon, dans laquelle il eut encore celle-ci pour adversaire, suffirait seule à expliquer leur rupture. Cette entreprise consista dans la tentative de la part du duc d'élever à Libourne une citadelle.

Les écrits contemporains, et entre autres celui si connu sous le titre de *Mouvements de Bordeaux,* par l'avocat Fonteneil, ont présenté d'Épernon comme ayant conçu l'idée de cette citadelle à Libourne pour tenir la capitale de Guyenne en respect sur la Dordogne, pendant qu'il en ferait de même sur la Garonne à l'aide de son château de Cadillac. Son véritable but paraît avoir été d'arrêter dans la province des troubles semblables à ceux qui éclataient alors à Paris. Si tel fut, en effet, son dessein, il montra dès lors aussi peu de maturité à le former que, plus tard, de capacité à l'exécuter. En voulant prévenir les désordres, il les provoquait et en hâtait au contraire l'explosion. Agit-il, du reste, spontanément dans cette circonstance comme dans une autre qui ne tarda pas à se présenter, ou bien sur des ordres reçus d'en haut? Nous croyons, d'après nos propres recherches, que le duc d'Épernon prit sur lui tout ce qu'il fit alors et fit si mal, pour la cause qu'il entendait servir.

Il existe, en effet, aux Archives générales, à Paris, une pièce intitulée : *Relation des troubles de Bordeaux et des soins de Leurs Majestés pour les faire cesser en l'année 1649*[1]. C'est une véritable apologie pour le duc d'Épernon et qui paraît avoir été écrite sous sa dictée, évidemment destinée d'ailleurs

---

[1] Registre KK, 1218.

à passer sous les yeux du ministère, puisqu'elle se trouve parmi les papiers d'État dont le registre ci-dessus indiqué est un recueil. Or, dans ce Mémoire, la construction de la citadelle de Libourne, ainsi que le rassemblement de troupes aux environs de Bordeaux, dont nous allons bientôt parler, sont présentés comme des mesures personnelles au duc, conçues et exécutées par lui, et il n'y est nullement question d'autorisations demandées et obtenues à ce double point de vue, et dont il n'aurait pas manqué de se prévaloir si elles eussent existé.

On ne s'étonnera pas, du reste, que dans ce même écrit, rédigé après les événements, le gouverneur ou ses avocats cherchent à en jeter d'abord les causes sur le Parlement de Bordeaux. A les en croire, à la première nouvelle du soulèvement de Paris, certains magistrats de ce corps ne craignirent pas de dire qu'il fallait profiter de l'occasion pour tenir tête aussi à l'autorité royale, et ils ajoutent que l'opposition des habitants de Libourne à l'établissement d'une citadelle avait pour instigateurs ces mêmes magistrats.

Il est plus que vraisemblable que les premiers démêlés du Parlement de Paris avec la régente Anne d'Autriche ne trouvèrent pas celui de Bordeaux indifférent. Lui aussi, lors du changement de règne, avait demandé la réforme de certains abus. Ainsi, dès 1643, la députation envoyée au jeune roi et à sa mère était chargée de réclamer, entre autres choses, la suppression des intendants dans les villes de Parlement⁽¹⁾. Il recommençait ses doléances sur cet article à la date du 13 juillet 1648, en adressant de nouvelles remontrances contre ces officiers, leurs exactions et leurs violences. Nul ne le savait mieux que le duc d'Épernon qui, à cette époque, encore en bons termes avec la Compagnie, avait obtenu un sursis à certain arrêt de règlement rendu par elle à ce sujet. Avec quelle joie n'avait-elle pas dû accueillir la célèbre déclaration des mois d'août et d'octobre de cette même année 1648, qui donnait satisfaction aux grands corps judiciaires en restreignant l'établissement des intendants aux généralités du Lyonnais, de Picardie et de Champagne, c'est-à-dire aux provinces où ne se trouvaient pas de siéges de Parlement : déclaration arrachée avec tant de peine à Anne d'Autriche, et que, dans son enthousiasme, Fonteneil appelle une ancre sacrée sur laquelle reposait la tranquillité de la France ⁽²⁾ ! Si l'avantage obtenu par les magistrats de Paris avait enflé le cœur à ceux de Bordeaux, il faut cependant remarquer que le Mémoire du duc d'Épernon ne les accuse pas en masse d'avoir puisé dans ce succès des pensées d'opposition factieuse. Ces imputations ne s'adressent pas « aux vieilles têtes blanchies dans la discipline et qui voulaient conserver le respect dû à l'autorité royale, mais à des *meneurs,* » épithète qui ne saurait convenir qu'à ces jeunes têtes ardentes de la Compagnie et qu'on a déjà eu occasion

---

(1) *Extraits des Registres du Parlement,* 1637-1647. (Biblioth. de la ville, Mss. n° 374.)
(2 *Mouvements de Bordeaux.*

de connaître. Or, n'était-ce pas une bien grande imprudence au gouverneur, averti, comme il l'était, de la disposition de certains esprits à s'échauffer, de s'y prendre de la manière la plus propre à les enflammer de plus en plus? C'est ce qu'il avait fait précisément, en ajoutant à son entreprise de Libourne des démonstrations militaires consistant à garnir de troupes Bazas, La Réole et Barsac, et à s'emparer du château de Bourg. Voilà ce qui porta les Enquêtes, en mars 1649, à demander l'assemblée des chambres : date mémorable, car elle fut celle de l'origine de la Fronde à Bordeaux.

Le but apparent de cette réunion était de délibérer sur la tranquillité publique, menacée, disait-on, par la présence dans la ville de beaucoup de vagabonds et gens sans aveu. Le véritable objet consistait à demander compte au gouverneur de l'existence de ce grand nombre de gens de guerre dans la province, où ils pouvaient causer des désordres. Sur l'invitation qu'il en avait reçue, le duc d'Épernon se rendit au palais le 4 mars et montra d'abord beaucoup de modération dans ses explications, renouvelant à la Cour ses assurances de respect et protestant de son sincère désir de vivre avec elle, comme par le passé, dans la plus parfaite union. Il ajoutait que l'éloignement des vagabonds était une affaire de police et qu'il n'y avait nulle nécessité de délibérer sur le reste, puisqu'il n'existait d'apparence d'émotion ni dans la ville ni au dehors. Mais lorsque, sur l'insistance du conseiller Suduirault qu'il fallait que la question concernant les troupes fût tranchée par arrêt, on la mit aux voix, le duc, se levant, déclara avec humeur qu'il ne pouvait souffrir qu'on entreprît sur sa charge en sa présence. Il ajouta qu'il s'opposait à toute délibération sur un point qui touchait à l'autorité du roi et à la sienne comme chargé de la maintenir; que Sa Majesté était maîtresse d'envoyer des troupes là où il lui plaisait, et qu'à lui gouverneur appartenait de leur assigner des postes; et il sortit brusquement.

Il faut rendre cette justice au Parlement, qu'il essaya de la voie des représentations pour amener le gouverneur à reconnaître son droit de prendre connaissance des garnisons assignées aux troupes et d'en demander le changement, conformément aux priviléges de la ville, et il lui envoya même une députation à Cadillac, où il s'était retiré. Elle ne produisit aucun effet. Comme la présence des soldats à Libourne y excitait des désordres; que le duc d'Épernon faisait transporter des canons du château du Hâ au Château Trompette; qu'en un mot, tout annonçait de sa part l'intention de recourir à la force, le Parlement se crut fondé, de son côté, à l'opposer. Il manda les jurats, leur prescrivit de faire l'inventaire des armes et des munitions existantes à l'Hôtel de Ville, nomma des commissaires pour y assister, et, après avoir député à Libourne les conseillers Monjon et Cursol, il défendait solennellement à toute force armée du dehors de s'approcher à plus de dix lieues de la ville. Les conseillers d'Espagnet et de Bordes étaient commis à la garde et à la défense du château du Hâ, avec des soldats, des armes et des poudres que les jurats devaient mettre à leur disposition, et ces magistrats venaient rendre compte de l'état de la forteresse. On nommait enfin d'autres commissaires pour visiter les maisons où logeaient les étrangers et faire des enquêtes à leur sujet. Pas un moment n'était perdu, l'assemblée des chambres tenant même le dimanche 7 mars et admettant à y siéger les conseillers Monjon et Cursol en habit court, bottés et éperonnés.

La rapidité, l'ensemble de ces mesures démontrent jusqu'à l'évidence que l'on pressentait depuis un certain temps la nécessité d'y recourir. Quoi de plus facile d'ailleurs à expliquer? Est-ce que le Parlement de Paris n'avait pas donné, les 13 mai et 15 juin de l'année précédente 1648, les célèbres arrêts d'union avec les autres Compagnies du royaume, lors de sa première levée de boucliers contre la cour? Cet appel à faire cause commune avec lui, sous le prétexte du redressement de certains abus, mais dans la réalité pour forcer la régente à se séparer du cardinal Mazarin, pouvait-il manquer d'être entendu par d'autres Parlements que des circonstances particulières disposaient à y prêter l'oreille : par exemple, ceux de Provence et de Guyenne, en état de mésintelligence et bientôt de querelle ouverte avec les représentants de l'autorité royale, les gouverneurs de ces provinces? C'était seulement un singulier spectacle que donnait le Parlement de Bordeaux, de commencer la guerre au moment même où celui de Paris signait la paix. Mais l'occasion ne lui avait pas été donnée plus tôt de suivre l'exemple et de répondre à l'appel de ce dernier. L'imitation venait seulement un peu tard. Quand on voit, d'ailleurs, de quoi s'occupa le Parlement dès les premiers moments de sa rupture avec le duc d'Épernon, on ne peut s'empêcher de penser qu'il était encore moins pressé de s'opposer à la violation des priviléges de la cité, que de venger ses propres injures; qu'au moins il faisait marcher de front ces deux entreprises.

Depuis près de dix ans que la Cour des Aides était établie à Bordeaux, les débats entre elle et le Parlement n'avaient pour ainsi dire pas cessé. Ce dernier corps était presque toujours l'agresseur, et souvent pour les causes les plus futiles. C'est ainsi que ne pouvant pas, comme elle était cour souveraine aussi bien que lui, empêcher la Cour des Aides de porter la robe rouge, il lui avait fait au moins interdire de la revêtir en toute autre occasion que dans les cérémonies publiques, même aux audiences de rentrée. C'étaient encore des querelles continuelles pour les places à l'église ou aux processions. Au commencement de 1649, la Cour des Aides avait eu vent que dans le sein du Parlement on mettait en délibération secrète la résolution de se débarrasser d'elle par une sorte de coup d'état judiciaire. Justement émue de ce bruit, elle en avait donné avis au gouverneur, dont elle réclamait la protection et celle du roi lui-même. Ses appréhensions ne devaient pas tarder à être justifiées. En effet, par arrêt du 13 mars, le Parlement, de sa propre autorité, arrête de très humbles remontrances au roi pour la suppression de la Cour des Aides, et en attendant, « comme l'établissement en avait eu lieu en vertu d'un édit non vérifié, à la grande foule des sujets, etc., » il prononce d'ores et déjà cette suppression, défend aux officiers de la Cour de s'ingérer à l'avenir dans l'exercice de leurs charges à peine de faux....., ordonne la remise de leurs registres à son propre greffe. Le 18 du même mois la Cour des Aides, sans se laisser intimider par cet acte d'omnipotence usurpée, y répond par un arrêt portant cassation de celui du Parlement. Le conflit est donc flagrant et le scandale à son comble. Mais il fallait une sanction à la décision du Parlement; l'occasion se présenta bientôt de la donner et sans autre droit que celui du plus fort. Le 19, la procession ordinaire de Saint-Joseph avait lieu; la Cour des Aides devait s'y rendre comme tous les autres corps, et elle se serait bien gardée d'y manquer, voulant au contraire tenir tête à l'orage. Que fait le Parlement? Il commence par défendre aux jurats chargés de la police de laisser à l'église une place pour la Cour des Aides, et, comme il est informé que celle-ci n'en a pas moins résolu de s'y rendre, voici les mesures qu'on prend pour l'en empêcher. Les conseillers d'Espagnet et Bordes réunissent 300 hommes au devant du château du Hâ. Dès cinq heures du matin, le président Daffiz, les conseillers Taranque, Suduirault, Blanc de Mauvesin, Secrétat, Duverdier, Rémond, Duval, Cursol, Massiot s'étaient saisis des portes de Saint-André. Les approches en étaient gardées par une troupe nombreuse de clercs d'avocats et de procureurs, et de laquais armés d'épées et de pistolets. Voilà ce qui fut rapporté aux magistrats de la Cour des Aides, au moment où ils allaient se mettre en marche, par des bourgeois et notables de la cité qui leur déclarèrent que le soulèvement du peuple était inévitable s'ils se présentaient à la cérémonie. La foule, en effet, criait : *Vive le Roi et le Parlement!* et quand on s'informait de ce que signifiait ce grand attroupement auprès de ceux qui le composaient, ils répondaient que c'était pour empêcher ces voleurs de la Cour des Aides de venir à la fête; qu'on les exterminerait s'ils osaient le faire, qu'on couperait leurs robes rouges. Les Aides, on le conçoit, reculèrent devant le danger qui les menaçait et, renonçant à soutenir une lutte trop inégale, se bornèrent à transmettre au gouvernement leurs plaintes par une députation chargée de demander une réparation proportionnée à l'offense. Elle se fit attendre jusqu'au mois de juin que fut rendu un arrêt du Conseil cassant tout ce qu'avait fait le Parlement. Lorsque cet arrêt fut signifié au procureur général du Parlement, Pontac, l'huissier qui en était chargé, dut dresser un procès-verbal constatant que ce fonctionnaire l'avait arraché de ses mains et lacéré, en le menaçant de le faire mettre en prison, et même de voies de fait s'il lui apportait encore de semblables significations [1]. Or, le premier président de la Cour des Aides était

(1) *R. S. de la Cour des Aides de Bordeaux*, 1645-1704. (Archives départementales.)

Pierre de Pontac, parent de celui qui se laissait emporter à de tels excès.

Après cette facile victoire, le Parlement put se donner tout entier à son différend avec le gouverneur, différend qui s'envenimait tous les jours davantage. De nouvelles tentatives de conciliation avaient avorté. Les parties se reprochaient des infractions mutuelles à quelques préliminaires convenus entre elles. Un dernier grief combla la mesure de l'irritation réciproque. Le 27 mars, un arrêt avait été rendu par lequel la Cour infirmait une procédure dirigée contre des habitants de Libourne pour avoir résisté aux entreprises du gouverneur. L'huissier Cornac, chargé de lui signifier cette décision, fut non seulement maltraité, mais, un moment, privé de liberté. En même temps, on apprenait que les propriétés des conseillers d'Espagnet et Denis, l'une près de Libourne, l'autre à Barsac, étaient ravagées par les soldats. Justement indigné de pareilles représailles, le Parlement ne garda plus aucun ménagement.

Il était en relation avec celui de Paris depuis les arrêts d'union. Le moment arrivait donc pour lui de réclamer l'appui de ce corps dont l'accommodement tout récent avec le gouvernement de la régente n'était guère solide, car le cardinal Mazarin demeurait au pouvoir. C'était sans doute la réponse à l'appel des magistrats de Bordeaux contenue dans un paquet à leur adresse, dont le conseiller Farnoux, qui l'avait reçu, offrait la communication aux chambres assemblées le 15 mars. Les gens du roi s'opposèrent vainement à l'ouverture du paquet, en demandant au moins un délai; on passa outre. Cependant il n'y eut pas ce jour-là de délibération. Le 22, le premier président donnait lecture d'une lettre du roi annonçant la paix de Paris, ce qui rendait à son sens toute délibération superflue. Le registre ne dit pas si elle eut lieu. Il se tait également sur le contenu du paquet arrivé de Paris; mais Fonteneil, moins discret, dit qu'il renfermait l'assurance d'une union parfaite, pour la conservation de la véritable autorité royale et du bien de l'État, avec toutes les Compagnies souveraines [1] : formule vague sans doute, mais où le Parlement de Bordeaux puisa l'encouragement de persister dans la ligne où il s'était engagé, en cherchant autour de lui des adhérents et des alliés. Il les trouva dans le concours de toutes les autorités et corporations locales. Sous son influence, une assemblée des membres du clergé, des trésoriers de France, de la chancellerie, du sénéchal, des avocats et procureurs, de la noblesse enfin et de la bourgeoisie, fut convoquée à l'Hôtel de Ville, où se rendirent le président Daffiz, les conseillers Suduirault et de Sabourin, et l'avocat général Dussault, au nom de la Compagnie. Là furent arrêtées les bases d'une union générale ayant pour but, dans l'intérêt commun, l'éloignement des troupes et la cessation des travaux de la citadelle de Libourne. Le gouverneur, contre qui cette assemblée était ouvertement

[1] *Mouvements de Bordeaux*, chap. Ier.

faite, n'y trouva pour défenseurs, et encore fort timides, que les jurats, dont tous les efforts pour obtenir au moins de nouvelles tentatives d'accommodement furent repoussés. Leurs propositions ne firent que les rendre de plus en plus suspects, et les débats de la délibération durent les convaincre qu'ils soutenaient désormais une cause perdue.

Les divers éléments de la population ainsi ralliés contre l'ennemi commun, il ne s'agissait plus que de pourvoir aux moyens les plus propres à répondre aux attaques de celui-ci, et même à les prévenir. Dans ce but, on procéda d'abord à la création d'une commission qui, sous le titre pacifique de *Conseil de ville et de police*, était un véritable conseil de guerre. Il se composait de deux présidents à mortier, d'un président aux enquêtes, de quatre conseillers de grand'chambre et de pareil nombre des enquêtes, d'un des gens du roi, d'un trésorier, d'un secrétaire de la Cour, d'un officier du sénéchal, de deux chanoines des chapitres de Saint-André et de Saint-Seurin, de deux jurats, d'un bourgeois, d'un avocat. Les autres présidents et membres du parquet devaient y servir à tour de rôle, d'après leur rang et par semaine. Par défiance des jurats, on leur ôta la garde des portes. Un arrêt solennel, ou plutôt un manifeste renouvelant les défenses déjà faites d'élever à Libourne aucune fortification, y ajouta, pour toutes les communes voisines, celle de fournir aucuns travailleurs, ni matériaux, ni deniers pour ces ouvrages. Enfin, on organisa la levée de trente-six compagnies bourgeoises formant près de 20,000 hommes, commandées par des conseillers avec le titre de colonel, car on suspectait aussi la fidélité des capitaines ordinaires. Les colonels magistrats furent les sieurs de Taranque, Cursol, Fayard, Muscadet, Alesme, Mosnier, Massip, Thibaud, Voisin, Muron, Volusan, Laroche et de Mons : magistrats, dit Fonteneil, « qui tous ne » faisaient qu'un vêtement de la robe et de l'innocence, » sachant ajuster l'épée à la balance. » En même temps les approches du Château-Trompette étaient barricadées, afin d'empêcher les sorties et le ravitaillement de la garnison. Mais, sur ce dernier point, le duc d'Épernon avait pris ses précautions, et elle ne manquait de rien [1].

Au milieu de ces préparatifs, ce qui faisait faute encore à l'armée parlementaire, c'étaient deux choses essentielles à la guerre : un général et de l'argent. Pour trouver le premier, un appel fut fait à toute la noblesse, en exceptant cependant les gentilshommes qui avaient pris les armes dans les derniers mouvements de Paris, scrupule qui, du reste, ne dura pas. En attendant le chef, et pour ne pas perdre de temps, les lieutenants demeuraient chargés de levées nouvelles, et c'étaient toujours des membres du Parlement. Le conseiller René Lequeux, plus connu sous le nom de Tranquart, fut autorisé à former deux compagnies de cavalerie pour lesquelles on lui ouvrit un crédit de 12,000 francs à compte. Laroche, son collègue,

[1] Lettre du duc d'Épernon au cardinal Mazarin, 16 février 1649. (*Archives historiques de la Gironde*, t. IV, p. 310.)

encore plus zélé, offrit de lever un régiment d'infanterie de 10 compagnies de 50 hommes, à raison de 1,200 francs pour chacune, et sans que la ville eût à fournir des armes, ce qui fut accepté avec empressement. Ce corps prit le nom de *régiment du Parlement*. Quant aux ressources pécuniaires pour faire face à toutes ces dépenses, le Parlement commença par y consacrer le quartier échu de ses gages, mais cela était loin de suffire. Pour réunir d'autres subsides, un conseil de finances fut chargé d'aviser aux expédients indispensables. Le président Latrêne, les conseillers Lestonat, Sabourin, Duval et Massiot, qui le composaient, s'occupèrent de faire contribuer les autres corporations aux charges communes de l'Union. Enfin, les besoins devenant de plus en plus pressants, force fut de mettre la main sur l'argent de la caisse des consignations, au moyen d'emprunts successifs, jusqu'à concurrence de 75,000 livres. En s'emparant de ces deniers publics, le Parlement, comprenant qu'il devait donner des sûretés pour leur rentrée, y affecta les gages de ses membres jusqu'à 125 livres par quartier. D'autres appels de fonds n'en avaient pas moins lieu. Dans un cas urgent, les magistrats durent verser trois cents francs chacun. Les honoraires et même leurs veuves n'en furent pas exemptés. Les réquisitions en nature arrivèrent à la suite de celle de fonds. Il vint un moment où chaque habitant de Bordeaux se vit tenu de fournir, selon ses facultés, un soldat ou un demi ou quart de soldat avec armes, et de l'entretenir mensuellement.

Le premier acte d'hostilité ouverte entre les deux partis se passa dans la ville même. Les conseillers Taranque et Mirat et l'avocat général Dussault, sur l'ordre de la Cour, s'étaient rendus au faubourg des Chartrons pour y prendre des canons et des boulets. Du Haumont, commandant du Château-Trompette, devant lequel ils devaient passer sur la rivière avec leur chargement, leur intima l'ordre d'aborder au pied de la forteresse. Après des pourparlers avec les commissaires, qui excipèrent vainement de leur qualité et de leur prétention d'agir pour le service du roi, le commandant, ne se payant pas de cette déclaration, fit tirer plusieurs coups de mousquet par dessus le carrosse des commissaires et pointer le canon sur les bateaux, forcés ainsi de regagner les Chartrons. Là-dessus, rapport des conseillers à la Cour et arrêt tant contre Du Haumont que contre un de ses archers, décrétés de prise de corps, et plaintes adressées au roi. De son côté, d'Épernon, assez peu ému du recours à ces armes toutes judiciaires, ne tarda pas à ouvrir la campagne, en s'emparant du château de Vayres à proximité de Libourne, et dont la prise devait débarrasser cette ville d'un voisin incommode. Ce poste important n'avait pas été négligé par les Bordelais. On en avait confié la défense au capitaine de Gourgues, frère du président de ce nom, à qui appartenait le château, et la garnison, déjà jugée suffisante, fut encore renforcée peu avant l'attaque. Il paraît que la défense tant du château que du bourg et des ouvrages avancés qui le couvraient, fut mollement conduite, et après une courte résistance, le commandant se rendit presque à discrétion, sans même attendre un secours envoyé de Bordeaux par eau et dont ceux qui le composaient, trompés par la rapidité de la capitulation, échappèrent eux-mêmes avec peine au désastre. On se prit principalement de ce mauvais début des armes bordelaises à un gentilhomme des environs de Vayres, Pontac de Langlade, partisan déclaré du duc d'Épernon, qui faisait de fréquentes visites au capitaine de Gourgues, et qu'on accusa de l'avoir sinon détourné de son devoir, au moins intimidé. C'est ce que font entendre les relations contemporaines. On ne voit pas pourtant que le commandant de Vayres ait été poursuivi comme coupable de trahison ou de lâcheté. La vengeance de cet échec tomba tout entière sur Pontac de Langlade, qui, indépendamment de son attachement au gouverneur, faisait aussi, disait-on, la guerre pour son propre compte, commettant dans les environs de nombreuses déprédations. Malgré ses liaisons de famille dans le Parlement, son procès lui fut fait par contumace. Une condamnation à mort s'ensuivit, et elle reçut son exécution par effigie.

Ce mauvais succès ne découragea ni le Parlement ni la population, à laquelle il avait communiqué son ardeur guerrière. Il fut résolu de continuer la lutte avec d'autant plus de vigueur qu'on avait enfin trouvé un général. C'était le marquis de Chambret, gentilhomme limousin, déjà âgé, mais encore actif et brave, sur les antécédents duquel nous n'avons, du reste, pu rien découvrir. Lors de la réception solennelle qui lui fut faite au Parlement, il prêta serment de servir fidèlement le roi et la ville; car, dans cette guerre, c'était la prétention commune des deux partis, non seulement de ne pas manquer de loyauté envers le souverain, mais encore de lui en donner les témoignages les plus éclatants. Le Parlement surtout, même en prenant les armes contre le représentant de l'autorité royale, affirmait hautement qu'il ne cessait pas de respecter celle-ci, et que c'était pour la maintenir qu'il combattait. Il fallait bien néanmoins qu'il comprît que toutes ses protestations ne pouvaient sauver la contradiction entre ses paroles et ses actions, puisqu'il arrêtait à la même époque une députation au roi pour l'apologie de sa conduite. Elle devait se composer du président Daffiz, du conseiller Mirat et de l'avocat général Lavie. Ce dernier partit seul prenant les devants, et on lui alloua 2,000 francs pour ses frais de voyage. Ses instructions n'ont pas été conservées, mais on les devine sans peine, quand on lit la volumineuse correspondance retrouvée depuis aux Archives nationales [1]. Le redressement des torts du gouverneur en était sans doute l'objet, mais il devait insister principalement sur son renvoi, et, sous ce rapport, il fut l'organe constant et pressant de la Compagnie. Celle-ci, aussi bien, appuyait son message par de nouveaux arrêts. A la date du 20 avril [2], elle en rendait un contre le duc d'Épernon, ses fauteurs

[1] *Archives historiques de la Gironde*, t. III et IV, *passim*.
[2] *R. S., loc. cit.*

et adhérents, par lequel il était déclaré privé du droit de séance en la Cour, et où elle suppliait le roi de lui donner un successeur. Il était défendu, par la même décision, à tous présidents et conseillers d'avoir aucun rapport, même de proposer aucun accommodement avec lui, sous peine de privation à jamais pour eux-mêmes de l'entrée au Parlement. A cette sorte d'anathème, celui qui en était l'objet ne répondit, comme on devait s'y attendre, que par une nouvelle et plus vive impulsion donnée aux hostilités. Ses troupes, mal payées, commirent aux environs de Bordeaux toute espèce de désordres. Impatient d'y mettre un terme et de justifier la confiance placée dans son courage et sa capacité, le marquis de Chambret saisit la première occasion d'une sortie.

L'ennemi se montrait en forces dans les paroisses de La Tresne, de Camblanes et de Quinsac, à proximité de Bordeaux. Chambret marcha à sa rencontre et le combattit avec le plus grand succès. Il mit en déroute la cavalerie épernoniste, lui tua quarante homme et dispersa le reste, dont une partie fut assommée par les paysans exaspérés des excès de cette troupe indisciplinée. Le butin de cette brillante affaire fut estimé à 25 ou 30,000 fr. [1]. Quelques jours après, le duc d'Épernon, voulant prendre sa revanche, fit attaquer Camblanes par des forces imposantes. Les habitants, réfugiés et retranchés dans l'église, n'ayant répondu à la sommation de se rendre

(1) *Mouvements de Bordeaux*, chap. II.

que par une décharge qui tua quelques assaillants, ceux-ci, furieux, mirent le feu aux portes à la faveur de la nuit, et couverts par des tonneaux remplis de sable qu'ils avaient roulés au pied du clocher, firent périr dans les flammes une partie des malheureux assiégés. Ils se livrèrent ensuite dans l'église à toutes sortes de profanations. En effet, peu de temps après un vicaire du voisinage apportait au Parlement des vases sacrés provenant du pillage et qu'il avait rachetés aux gens de guerre. Pendant qu'on en faisait l'inventaire, quelques parcelles d'hostie furent aperçues dans un ciboire. Les magistrats présents tombèrent aussitôt à genoux, et les saintes espèces furent sur-le-champ transportées à la chapelle du palais, tous les accompagnant un cierge à la main. Le lendemain, le curé de Saint-Pierre, paroisse du Parlement, fut invité à venir les chercher. On ne manqua pas de donner avis du sacrilége de Camblanes aux vicaires généraux du diocèse, en l'absence de l'archevêque. Ces administrateurs se montrant peu empressés à prendre fait et cause, le Parlement délibéra de s'adresser à l'évêque le plus voisin. Ceci démontrait que, parmi les membres de l'Union, dont le clergé avait, dans l'origine, consenti à faire partie, il y avait déjà du refroidissement. On verra bientôt d'autres défaillances.

Il faudrait s'étonner que l'état d'une grande province livrée, comme l'était celle-ci, à tant de désordres, n'eût pas attiré plus tôt l'active intervention du gouvernement, si d'autres affaires de

même nature qu'il avait ailleurs n'expliquaient pas
ce retard. Il y mit enfin un terme par l'envoi du
conseiller d'État René Voyer d'Argenson à Bordeaux.
Il arriva dans les premiers jours d'avril et fut reçu au
Parlement avec tous les honneurs dus à son rang et
à sa mission. Elle était conçue dans des termes
propres à lui ménager un bon accueil, car il ne s'y
trouvait ni blâme, ni préjugé même des faits
accomplis. On doit reconnaître que, dès l'ouverture
des négociations, le Parlement se montra disposé à
se contenter d'avoir satisfaction des deux griefs pour
lesquels il avait eu recours à la résistance armée : les
rassemblements de troupes à moins de dix lieues de
Bordeaux, et l'érection d'une citadelle à Libourne.
Non seulement il déclara qu'il était prêt à traiter,
mais il fut encore le premier à demander une
suspension d'armes et à l'observer. — Il n'en fut
pas de même du côté du gouverneur. Ses troupes
continuèrent leurs déprédations dans l'Entre-deux-
Mers. Le siége qu'il avait mis devant le château de
Lormont ne cessa pas, et un officier du parti du
Parlement, Lamothe Guyonnet, y fut fait prisonnier.
Sur les plaintes de ces infractions à la trève pendant
laquelle les deux partis devaient demeurer dans le
statu quo, d'Argenson les porta au duc, à Cadillac.
Après plusieurs allées et venues, on arriva enfin
à formuler un projet de traité communiqué au
Parlement le 26 mai et accepté par lui. Le 29, ce
corps donnait encore une preuve de ses dispositions
pacifiques. Le gouverneur ayant, en effet, demandé

le ravitaillement du Château-Trompette, trois magistrats, les conseillers Duverdier, de Tarneau et Dubourg s'offrirent pour otages de l'exécution de cette convention et se rendirent à Blaye pour y demeurer jusqu'à son accomplissement. Mais, pendant qu'ils y étaient, Du Haumont, commandant du château, invité à faire connaître la quantité de farine dont il avait besoin, répondait ironiquement par l'exhibition d'un pain blanc nouvellement cuit. Il poussait même la hardiesse jusqu'à faire tirer un coup de feu du côté des Chartrons. Ces fanfaronnades d'un subalterne fier de tenir la ville sous le canon de sa forteresse ne laissèrent pas de causer dans Bordeaux une assez vive émotion. Elle fut telle que, tout en continuant les négociations, le Parlement crut devoir prendre deux partis dans l'éventualité de leur rupture. Le premier consista à appeler aux armes les villes environnant Bordeaux contre les violences et pillages commis journellement par les gens de guerre; le second, à renouveler l'Union déjà formée et jurée dans la cité. Tous les bourgeois et citoyens furent de rechef conviés à promettre l'emploi de leur vie et de leurs biens *au service du roi*. Une cérémonie religieuse, organisée à cet effet dans chacune des églises, y fut présidée par des commissaires de la Cour. A Saint-André, elle était suivie d'un discours prononcé par le curé de Sainte-Eulalie, Bonnet, ancien oratorien que le cardinal François de Sourdis avait fait venir à Bordeaux dans le temps, et qui inaugura dans cette occasion son rôle de prédicateur de la Fronde, dont il était un des plus ardents soutiens (1).

Ce fut sous ces auspices assez peu favorables, du reste, qu'enfin, le 1ᵉʳ mai, on arrêta les conditions définitives du traité de paix conclu et publié sous le titre d'*ordre* pour faire cesser les troubles de la province de Guyenne et de la ville de Bordeaux. Il portait en substance : le désarmement au plus tôt; et dès à présent, l'éloignement des troupes de terre et de mer à dix lieues de ses murs, conformément aux anciens règlements; les gens actuellement à Libourne y resteraient en nombre suffisant pour garder la citadelle en l'état où elle se trouvait, et sans pouvoir augmenter les travaux; les prisonniers faits de part et d'autre seraient rendus, et les châteaux de Vayres et de Langoiran restitués à leurs propriétaires; sécurité complète pour les personnes et les propriétés de tous à Bordeaux et au dehors; remise du château de Hâ à M. de Roquelaure ou à ses mandataires; ravitaillement du Château-Trompette de 150 sacs de farine. Ces principaux articles et d'autres secondaires furent signés d'Argenson, Dubernet, de Suduirault, Cursol, Dussault, ceux-ci pour le Parlement; Richon, Calvimont, Constant, Fouques, pour les jurats et la bourgeoisie.

En exécution de ces conventions, le Château Trompette fut ravitaillé, de sorte que les otages purent quitter Blaye et revenir; les troupes soudoyées

(1) *R. S.,* 29 avril 1649.

à Bordeaux reçurent leur congé, et le régiment du colonel Laroche son licenciement; les conseillers chargés de la garde du château du Hâ en furent déchargés, pour qu'on le remît à Roquelaure ou à ses mandataires. Mais, du côté du gouverneur, les choses restèrent dans l'état où elles étaient. C'est du moins la constante assertion des Registres. Ainsi, il ne se pressait pas d'éloigner ses troupes, et bien en prit à ce sujet aux Bordelais d'avoir stipulé que leurs portes resteraient fermées jusqu'au départ des épernonistes. Enfin, le mauvais vouloir de leur chef sur cet article, comme sur la discontinuation des travaux militaires dans Libourne, devenait de jour en jour plus évident. Il semble que, s'il appartenait à quelqu'un de le faire cesser, c'était au négociateur d'Argenson. Mais il agit de manière qu'on le rendit responsable de l'inexécution du traité; qu'on le soupçonna d'abord, puis qu'on l'accusa hautement ensuite, non seulement de partialité complaisante pour le gouverneur, mais encore de duplicité envers les Bordelais. Le mécontentement et la défiance en vinrent au point d'exciter contre lui dans la ville un véritable soulèvement. Effrayé, d'Argenson donna l'ordre formel à celui qui commandait à Libourne de suspendre tous travaux à la citadelle, et comme cet officier refusait d'obéir à tout autre ordre qu'à celui du gouverneur, on crut de plus en plus à un concert entre celui-ci et l'envoyé. En vain d'Argenson annonça-t-il qu'il allait se transporter lui-même sur les lieux, ce départ fut mis uniquement sur le compte de la frayeur causée par l'émoi populaire. Et quand on apprit que ce voyage n'avait rien produit, l'indignation publique monta à son comble, et la multitude annonça qu'elle allait elle-même se porter à Libourne.

Au milieu des reproches mutuels de mauvaise foi échangés entre ceux qui l'avaient souscrit, à propos de l'inexécution du traité, en est-on réduit à croire que l'envoyé du gouvernement se serait sciemment prêté à tendre un piége aux Bordelais? La réponse à cette question est déjà à moitié faite dans une réflexion de Fonteneil, quoique exprimée sous la forme d'un jeu de mots. « D'Argenson, dit-il, était bien plus puissamment *possédé* dans Cadillac qu'*obsédé* à Bordeaux[1]. » L'examen attentif de la correspondance tirée des Archives générales et récemment découverte et publiée[2], confirme la justesse de cette appréciation. Les lettres du duc d'Épernon et de plusieurs autres personnages au cardinal Mazarin, sur les événements de Bordeaux à cette époque, démontrent que ce ministre était induit en erreur sur les moyens d'y rétablir le calme. Et tandis que la conduite du Parlement est représentée sous le jour le plus propre à le faire réputer séditieux et rebelle, ses justifications n'étaient pas écoutées, et ses députés, ceux même dont la fidélité était le moins suspecte, tels que l'avocat général Lavie, se voyaient environnés des préventions semées par le duc d'Épernon et même confinés dans une sorte d'exil à Senlis. Il faut donc regarder

(1) *Mouvements de Bordeaux.*
(2) *Archives historiques de la Gironde*, t. III et IV, *passim.*

comme certain que les instructions des négociateurs envoyés en Guyenne leur prescrivaient de se laisser diriger par le gouverneur. Leur conduite en effet, comme leur langage, prouve qu'ils ne voyaient que par ses yeux, qu'ils n'agissaient que d'après ses inspirations, en un mot qu'ils étaient moins les agents du ministère que les siens.

Cependant, ainsi qu'il arrive toujours lorsque l'opinion est fortement surexcitée, le Parlement était sous sa pression. Un arrêt rendu le 13 mai, après un réquisitoire énergique du procureur général contre le duc d'Épernon, n'avait pas suffi pour donner satisfaction à l'irritation générale contre ce dernier. Elle exigeait davantage et que des paroles on passât aux actes. Ainsi, le 16 du même mois, le Parlement étant encore assemblé, quoique ce fût un dimanche, la foule envahit le palais et pénétra jusqu'à la porte de la chambre du conseil. Elle voulait qu'on marchât à Libourne. Un nouvel arrêt intervint, ordonnant que, sous le bon plaisir du roi, les forces jugées nécessaires pour l'exécution de ce qu'on appelait la volonté du souverain, seraient employées par le marquis de Chambret[1]. Le lendemain 17, ce dernier vint lui-même à la Cour annoncer qu'il allait, pour suivre ses ordres, verser jusqu'à la dernière goutte de son sang. Il présenta en même temps son fils unique. On croit voir, au travers de toutes ces protestations, que le général qui avait voulu se retirer deux jours

---

[1] *R. S., loc. cit.* et la suite.

auparavant parce qu'il était, lui aussi, en butte aux soupçons du peuple, et ne cédait, pour rester, qu'aux instances du Parlement, avait très peu de foi dans l'avenir. Il semblait être sous l'empire d'un pressentiment sinistre. En déclarant, d'ailleurs, qu'il avait assez d'infanterie pour l'expédition qui se préparait, il demanda des chevaux pour sa cavalerie et de l'argent. On vota donc un emprunt de 10,000 livres selon le Registre, et non de 100,000, comme l'a dit D. Devienne. Chacun de Messieurs, porte la délibération, devait s'obliger à cette fin avec deux bourgeois. Le Parlement, au surplus, ne se sépara pas sans ordonner qu'il y aurait toujours au palais une compagnie de garde pour assurer la liberté des votes.

Les préparatifs par terre et par mer furent proportionnés à l'importance du but qu'on se proposait : la prise de Libourne. Cinq gros vaisseaux armés au total de 64 canons ; 1,500 hommes d'infanterie dont le régiment du colonel Laroche faisait partie; 300 chevaux : tel était l'ensemble des forces régulières. A leur tête se trouvaient les conseillers Pichon-Muscadet, Thibaut, Andrault et Blanc de Polignac. Indépendamment de ces troupes, il y avait un grand nombre de volontaires.

Les premières opérations du siége obtinrent d'abord quelque succès, malgré l'inexpérience de ceux qui les conduisaient. Ainsi Pichon, dit Fonteneil, pointait si mal ses canons, que les boulets passaient au-dessus de la ville, maladresse qui l'exposa même à des soupçons. D'un autre côté, le général était mal obéi. « Les huttes des vivandières étaient les retranchements les mieux construits, » ajoute le même écrivain, qui cède souvent à son penchant au sarcasme, même contre son propre parti. D'Épernon ayant réuni toutes ses forces, arrivait au secours de la ville. Le 26 mai, un engagement partiel amena bientôt une action générale. Sur un faux rapport de Laroque Saint-Macaire, maréchal de camp dans l'armée bordelaise, Chambret marcha avec sa seule cavalerie à la rencontre d'un corps ennemi qui lui avait été signalé comme peu nombreux, tandis qu'il comptait 1,500 chevaux et 2,000 fantassins, c'est à dire presque toute l'armée épernoniste. Trop avancé pour reculer, et peut-être poussé au désespoir en se croyant trahi, le malheureux général se précipita au milieu de ses ennemis qui allaient l'envelopper. Un moment, l'arrivée d'une partie de son infanterie put lui faire espérer d'être dégagé; mais ce secours était trop faible contre le nombre et la supériorité de troupes aguerries. Celles-ci cependant avaient d'abord plié sous l'impétuosité du choc. D'Épernon fit alors mettre pied à terre à ses gardes, et une charge de cavalerie qui les seconda considérablement décida l'affaire. Dans la mêlée, Chambret fut tué de trois coups de pistolet. Plusieurs Bordelais de marque périrent à ses côtés. La déroute devint bientôt générale. L'artillerie des assiégeants, prise et dirigée contre une partie de la flotte qui, n'ayant pu appareiller avant le retrait de la marée, demeurait échouée, en amena la capture. Parmi les prisonniers faits en assez grand nombre, se trouvaient le curé Bonnet et le conseiller Andrault, à qui le gouverneur dit : « Monsieur, on vous a pris la pique à la main, et c'est dans cet état que je veux vous montrer au roi. » La victoire était complète. La relation qu'il en adressa le lendemain au cardinal Mazarin [1] diffère peu de celle que nous venons d'en faire d'après les récits bordelais. Il donne seulement aux vaincus l'avantage du nombre, qu'il porte à 6,700 hommes de pied, tandis qu'il n'y en aurait eu que 600; mais il avoue une cavalerie supérieure. Selon lui encore, il aurait tué ou noyé plus de 3,000 hommes, ce qui paraît exagéré. Dans cette même relation, il prodigue l'injure à ceux qu'il appelle les insolents rebelles, et demande au roi la confiscation des biens et charges des officiers du Parlement qui ont pris emploi parmi *cette canaille*. Il saisit enfin l'occasion d'une attaque particulière contre Lavie, à qui il impute de presser ses collègues du Parlement de se rendre puissants et considérables par leurs armements. Il savait que Lavie ne cessait de demander son renvoi du gouvernement de Guyenne.

Dans la consternation générale causée à Bordeaux par ce grand revers, le Parlement fit preuve de beaucoup de fermeté. Il commença par ordonner que le régiment portant son nom fût réorganisé et qu'on en formât un second. Il envoya complimenter sur la perte qu'il venait de faire le jeune Chambret, qui

---

[1] Archives nationales, recueil KK, 1217.

demandait l'intervention de la Cour pour que le corps de son père lui fût rendu. On apprit depuis que ces restes avaient été honorablement ensevelis dans l'église même de Libourne, par ordre du gouverneur. Il fallait se hâter de pourvoir au remplacement de Chambret, et on lui donna pour successeur le marquis de Lusignan, qui déjà avait offert ses services. Dès le 29 mai, une assemblée des habitants de Bordeaux, menacés d'un siége prochain, se réunit et nomma d'urgence un conseil composé de commissaires de la Cour et de huit bourgeois pour délibérer de la paix et de la guerre. Une chance de conciliation se présentait en ce moment. C'était la médiation de l'archevêque Henri de Béthune, depuis peu installé sur son siége, et qui l'offrait avec empressement. Il vit le duc d'Épernon, qui demanda tout d'abord des gages de la sincérité du Parlement à se prêter à ces ouvertures, garanties indispensables, puisque, selon lui, le Parlement avait été le promoteur de la guerre. Elles consistaient dans la remise du château du Hâ aux mains du marquis de Roquelaure; le désarmement de la flotte; la suppression des barricades devant le Château-Trompette et à la porte Saint-Julien; la cessation de la garde de la ville. Quelque rigoureuses que fussent ces exigences, on s'y soumettait, tant le besoin de la paix était devenu impérieux. En même temps et pour liquider les dépenses de la guerre, il fut décidé que toutes les épices des après-dînées et les autres émoluments demeureraient aux mains des greffiers d'audience jusqu'à ce qu'on eût trouvé un autre fonds. Tout en pourvoyant ainsi aux embarras légués par le passé, le Parlement ne négligeait pas les nécessités du présent. Il nommait une députation au roi à l'effet de lui porter de nouvelles remontrances. Elle se composa définitivement du président de Gourgues et des conseillers de Moujon et Mirat.

A ces témoignages de dispositions pacifiques s'en joignaient de plus significatifs encore, tels que le découragement de la population, aussi prompte à s'abattre qu'à s'exalter. L'ardeur des premiers jours s'était aussi bien refroidie parmi les magistrats. Des vides se faisaient journellement dans les rangs. « Il y avait des faux frères, dit Fonteneil, les uns délateurs des délibérations, les autres s'en abstenant volontairement ou par des absences déguisées sous de feintes indispositions. » Quant à la première de ces assertions, sa certitude est attestée par l'existence de rapports faits au cardinal ministre par des membres de la Compagnie, et on peut voir à ce sujet deux lettres fort curieuses que lui adressait le conseiller Dubourg, découvertes récemment dans les papiers d'État de ce temps [1]. Le second trait est dirigé contre le premier président, dont la maladie, selon le même auteur, aurait été contagieuse puisque tous les chefs en étaient également atteints. La vérité est que le premier président, succombant sous le poids d'une impopularité telle qu'il avait vu, en sortant du palais, les

---

[1] *Archives historiques de la Gironde,* t. III, p. 292 à 309 et 341.

épées et les pistolets dirigés contre sa poitrine, évitait de s'exposer à de tels périls. Les frondeurs les plus emportés n'auraient-ils pas eux-mêmes reculé devant la tache imprimée à leur cause par le meurtre du chef de la magistrature? Sa correspondance officielle, retrouvée également [1], peint les douleurs, les anxiétés de sa position. Ses ennemis pouvaient, sans intercepter ses lettres, comme ils le firent quelquefois, être assurés qu'elles ne contenaient pas autre chose; qu'il ne méritait pas le reproche de n'avoir pas voulu faire partie de la députation envoyée à Paris, pour se ménager la possibilité de la desservir par écrit auprès du ministère. Non; il était sincère en déclarant qu'il ne pouvait quitter son poste sans la permission du roi, et, certes, il y avait pour lui du courage à y rester. Mais, comme les abstentions se multipliaient au point qu'on était obligé de convoquer les absents par huissier et d'écrire à d'autres qui avaient quitté la ville, ceux qui, malgré le désastre de Libourne, n'étaient pas découragés de continuer la guerre voulurent mettre un terme à cette situation. Les Enquêtes, où ils étaient toujours en force, requirent l'assemblée des chambres pour délibérer sur les affaires. On va voir le véritable but qu'elles se proposaient.

A peine l'assemblée fut-elle formée qu'une voix — demeurée inconnue — s'éleva pour demander qu'on *légitimât* les juges avant toute délibération. « Il y a,

---

[1] *Archives historiques de la Gironde*, t. III, p. 292 à 309 et 341.

dit l'auteur de cette proposition, des messieurs qui ont vu le sieur d'Épernon, qui lui ont écrit ou envoyé des courriers. Il n'est pas convenable qu'ils assistent aux délibérations qui le concernent. » Comme un silence général avait accueilli ces paroles, un autre, plus hardi, le rompit en dénonçant nominativement le premier président et un conseiller pour avoir communiqué avec le gouverneur. Dubernet, présent à l'assemblée, convint qu'il avait vu ce dernier la veille, mais après en avoir donné connaissance à la Cour. « Il est étrange, ajouta-t-il, qu'on incrimine des visites particulières. » Il sortit après cette observation, pour laisser, dit-il, délibérer en liberté. Son frère (le conseiller désigné comme ayant tenu la même conduite) l'imita. On différa de prononcer sur ce dernier ; mais un arrêt intervint portant que le premier président et le conseiller Salomon, dont le fils était avec le gouverneur, ne pourraient opiner sur tout ce qui aurait trait aux différends entre le duc d'Épernon et le Parlement [1]. Quelques jours après, l'exclusion était appliquée encore au conseiller Gaston Secondat de Montesquieu, gendre du premier président [2]. Enfin, et pour arrêter le cours des absences qui se multipliaient, une nouvelle décision portait défense à tous présidents et conseillers et officiers de la Cour de sortir de la ville sans congé, à peine de 1,000 livres d'amende, avec injonction à tous ceux qui étaient sortis de revenir. Il faut croire que les magistrats

---

[1] *R. S.*, 20 juillet 1649.
[2] *Id.*, 31 juillet.

frappés ainsi d'ostracisme pour ces affaires politiques s'abstinrent dans toutes les autres, car quelque temps après, sur le rapport du président aux requêtes de Geneste, auquel Fonteneil délivre, et non sans raison, un brevet de frondeur très zélé, il était mis en délibération si les meubles du premier président, saisis pour le paiement de l'amende, seraient vendus tant pour l'acquit de la sienne que pour celle du sieur de Montesquieu, son gendre, demeurant avec lui. En même temps, la question de savoir si les membres de la Cour revenus longtemps après l'arrêt qui le leur avait prescrit et ceux qui ne l'étaient pas encore, seraient assujétis à l'amende, était posée et résolue affirmativement pour les deux cas [1]. La rigueur était telle sur cet article — il est vrai que la pénurie pécuniaire était extrême, — que le président de Pontac, ayant voulu excuser son absence sur ce qu'il présidait la Chambre de l'Édit, n'en fut pas moins condamné à l'amende [2]. Telles étaient les mesures auxquelles la majorité du Parlement, opprimant la minorité, donnait le nom de *légitimation des juges*!

Nous avons dit qu'à l'occasion des arrangements ménagés par l'archevêque, le duc d'Épernon était rentré dans la ville; mais, malgré l'intervention du prélat, la pacification n'avançait pas. Il y avait encore des plaintes et surtout des défiances réciproques. Le peuple, travaillé de nouveau par certains meneurs,

[1] *R. S.*, 20 août 1649.
[2] *Id.*, 7 septembre.

n'avait pas voulu démolir toutes les barricades. Il fallut que, pour pénétrer dans Bordeaux, le gouverneur s'abstînt de passer par la porte Saint-Julien, où elles étaient maintenues. D'ailleurs, bien loin de recevoir la visite d'étiquette qui lui était due à raison de son retour, il apprenait que les anciens arrêts portant défense de le voir continuaient de recevoir une application si sévère, qu'un conseiller, Blanc le jeune, pour avoir repoussé ce reproche avec une certaine fierté, avait été interdit de l'exercice de sa charge[1]. Est-ce à ces déboires que l'on doit attribuer la courte durée du séjour du duc à Bordeaux, ou bien faut-il — comme le prétendent les écrivains contemporains[2] — en chercher la cause dans son peu de courage? Ils rapportent qu'une nuit, les habitants ayant déchargé leurs armes pour les mettre en état, d'Épernon effrayé aurait quitté précipitamment la ville. Quoi qu'il en soit, il devait y revenir bientôt dans le dessein de tirer une vengeance éclatante du Parlement. Elle avait été préparée de longue main, et le succès paraissait assuré.

Le corps municipal, ses premiers représentants au moins, les jurats, étaient dévoués au gouverneur. Les procédés du Parlement envers eux, loin de les rallier à sa cause, les en éloignaient de plus en plus. Tout récemment, à l'occasion d'un règlement fait par eux sur la circulation des grains, il les avait traités avec autant de dureté que de hauteur, en cassant cet arrêté,

[1] *R. S.*, 9 juin.
[2] *Mouvements de Bordeaux.*

leur refusant jusqu'au titre de magistrats, prétendant réduire à de simples attributions de police ces premiers juges de la cité dans les temps anciens et qui avaient encore une juridiction municipale s'étendant jusqu'aux procès de grand criminel [1]. Mettant à profit leur mécontentement, le gouverneur n'eut pas de peine à les engager à une démarche des plus favorables à ses intérêts. Ce fut de députer à Paris Ardant, l'un d'eux, pour y aller solliciter en leur nom, et comme organes de la bourgeoisie de Bordeaux, l'abolition générale de tout ce qui avait été fait contre l'autorité royale. Malgré le mystère dont on l'avait environnée, cette mission vint aux oreilles du Parlement, où elle excita les plus vives inquiétudes. Les collègues d'Ardant, mandés et pressés de s'expliquer, éludèrent de répondre catégoriquement. On comprend combien l'objet réel de son message avait de chances d'être accueilli. Le Parlement crut parer le coup en rendant un arrêt solennel pour défendre de parler d'abolition et interdire toute publication à ce sujet; mais il était déjà trop tard, et ce fut au lendemain même de ces prohibitions qu'arriva dans la ville le comte de Comminges, capitaine des gardes de la régente, avec deux huissiers à la chaîne chargés de signifier au Parlement un arrêt du Grand Conseil qui prononçait son interdiction. Cependant la Compa-

---

[1] *R. S.*, 18 juin. — Voy., sous la date du 23 juin 1600, *Journal de Cruzeau*, la mention d'une condamnation capitale prononcée par les maire et jurats contre une femme qui avait fait mourir son mari, condamnation confirmée au Parlement sur appel.

gnie, prévenue, ne s'effraya pas. Elle résolut, au contraire, de faire face au danger, même au prix d'une désobéissance ouverte aux ordres venus d'en haut. Dès la veille de l'audience qu'elle ne pouvait refuser aux porteurs des lettres du roi, elle prit une délibération par laquelle elle déclarait qu'aucune résolution ne serait arrêtée, au sujet des affaires contre l'honneur et la dignité de la Cour, en l'absence de ses officiers compris dans les interdictions partielles dont le bruit courait; que ceux-là seuls pourraient opiner aux arrêts qu'il conviendrait de rendre, qui avaient assisté aux précédentes délibérations; qu'enfin seraient exclus de celles qu'on allait prendre, les membres qui n'avaient pas assisté aux autres pour les causes contenues aux registres, ainsi que les absents volontaires et sans permission de la Cour. On renouvela aussi les défenses antérieures aux magistrats présents de s'absenter sans congé. Ces dispositions préalables prises, on attendit de pied ferme la communication du message royal qui eut lieu le lendemain 24 juillet.

Le duc d'Épernon avait, de son côté, songé à assurer l'exécution de ce coup d'autorité destiné à rétablir la sienne. Après s'être fait accompagner au palais par sa cavalerie, il y entra avec quelques-uns de ses gardes. La grande salle étant déjà remplie par la foule, l'exécution des ordres donnés pour la faire évacuer excita des réclamations. Les cris : *Aux armes! on veut faire violence à la Justice!* furent poussés. Cependant les huissiers à la chaîne ayant frappé à la chambre du conseil, elle fut ouverte. Le Parlement s'y trouvait réuni. Avec les huissiers couverts de leurs toques, vêtus de leurs *robons* et ayant au cou leur chaîne d'or, étaient entrés beaucoup des gens de la suite du duc, l'épée au côté, en bottes et en éperons, qui accompagnaient le comte de Comminges dans le même costume, ayant à la main un bâton à manche d'ivoire et à ses côtés un exempt des gardes. Sur l'observation du président de La Trêne, contre cet appareil guerrier et offensant pour la Justice, Comminges dut inviter les gens du duc à se retirer, ce qu'ils firent, non sans déclarer qu'ils obéissaient à lui et non au Parlement. Il paraît même que quelques magistrats qui entraient à ce moment furent insultés. Ces atteintes à la dignité du Corps ne firent qu'ajouter à la fermeté du président La Trêne. Il refusa audience aux envoyés du roi jusqu'à ce que le duc d'Épernon et ses troupes qui tenaient le palais comme assiégé s'en fussent retirés. Le duc d'Épernon ne le voulut pas d'abord, malgré les instances de Comminges et du procureur général. Les récits du temps attribuent sa retraite à la nouvelle que le peuple prenait les armes et formait des barricades, et que des soldats sortis du Château-Trompette pour appuyer le gouverneur avec des canons, pris de panique, rétrogradaient, ce qui le porta à en faire autant. Il est sûr qu'il avait abandonné la place lorsque Comminges fut de nouveau invité à produire ses lettres de créance. Après des difficultés de sa part, il consentit à les montrer au procureur général, qui vint certifier qu'il était envoyé dans la province pour y faire exécuter les ordres du roi. Enfin, la parole fut donnée aux huissiers du Conseil, dont l'un s'exprima ainsi : « Messieurs, nous sommes ici de la part du roi, votre très honoré et souverain seigneur et le nôtre, pour vous porter ses ordres, dont mon compagnon d'office va vous faire lecture. » Alors s'étant couverts, le second huissier lut l'arrêt du Conseil en forme de déclaration du roi. Elle était conçue en termes très sévères.

Tous les griefs auxquels avait donné lieu la conduite du Parlement depuis le commencement des troubles, y étaient successivement repris. On lui reprochait d'abord les grâces obtenues, telles que l'octroi de la paulette ou droit annuel [1]; la suppression de l'impôt de deux écus par tonneau de vin, moyen employé pour séduire le peuple; la main-mise sur les deniers publics, tels que ceux des consignations; le recours aux armes; la guerre faite par le sieur de Chambret, leur général, au lieutenant même du roi; la menace d'interdiction au premier président pour avoir seulement visité le gouverneur; la suppression de la Cour des Aides, acte tranchant du souverain et usurpation de sa puissance. « Les officiers de notre Cour, disait ici

---

[1] On voit par cet exemple, et ce n'est pas le seul, que la *paulette* était devenue une faveur que le roi, quand il voulait punir une Cour de justice, suspendait pour elle. On se rappelle, en effet, que le paiement du droit annuel, quoique ce fût un impôt, avait ce grand avantage de rendre le magistrat qui l'avait payé, et après lui ses héritiers, propriétaires de sa charge, quoiqu'il ne l'eût pas vendue de son vivant.

» le roi, se peuvent-ils plaindre de notre justice, si
» après avoir traité avec tant de mépris notre autorité
» et fait un si mauvais usage de la puissance que
» nous leur avions départie, nous la retirons de
» leurs mains, puisqu'ils entreprennent, pour leur
» intérêt particulier, d'interdire une cour tout entière
» de la fonction que nous lui avions donnée ? » Enfin,
après avoir rappelé la fidélité des jurats comme
faisant contraste avec la félonie du Parlement, la
déclaration se terminait ainsi : « A ces causes, nous
» avons interdit et interdisons les officiers de notre
» Cour de Parlement de Bordeaux de tout exercice
» de fonctions de justice ou autrement. Tous arrêts
» par lui donnés contre notre oncle le duc d'Épernon,
» depuis le 6 janvier dernier, sont cassés. Il est fait
» commandement aux magistrats de sortir de la
» ville quatre jours après la signification des présentes.
» Donné à Compiègne le 12 juillet 1649. — Louis. »
« Messieurs, ajouta le premier huissier après cette
» lecture, nous vous faisons commandement de la
» part du roi d'obéir aux ordres de Sa Majesté et
» de sortir de la ville dans quatre jours. » Incontinent,
le procureur général Pontac se leva et demanda à
être reçu opposant aux lettres qui venaient d'être
lues. Un arrêt fut rendu sur-le-champ qui faisait
droit à ces conclusions. Le préambule rappelait ce
qui venait de se passer et les violences exercées
par le duc d'Épernon dans cette même séance; puis
en accueillant l'opposition du procureur général, on
ordonnait de nouvelles remontrances par les députés

de la Cour, ainsi que l'envoi des registres. « Et cependant, ajoutait l'arrêt, *sous le bon plaisir du Roy*, les officiers de la Cour et Chambre de l'Édit [1] continueront l'entrée du palais et l'exercice de leur charge pour le bien du service du roi et la conservation de la tranquillité publique. Fait en Parlement, les chambres assemblées, le 24 juillet 1649. »

C'était là, certes, une résolution bien osée, et jamais l'abus de la formule : *sous le bon plaisir du roy*, inventée pour couvrir la désobéissance la plus complète du masque de la soumission, ne fut poussé aussi loin. Si quelque chose pouvait excuser tant de hardiesse, ce serait l'étrange conduite que l'autorité royale elle-même avait tenue dans cette conjoncture et que l'on connaissait déjà, quoique la révélation publique n'en fût faite que quelques jours après. Le 27 juillet, en effet, le procureur général apprenait à la Cour cette particularité, que la déclaration royale avait laissé en blanc certains noms, parmi ceux des membres du Parlement, destinés à être exceptés de l'interdiction, et que ces blancs avaient été remplis à l'Hôtel de Ville, ce qu'attestait la différence des écritures et des encres. Ce fait était avoué par les huissiers du Conseil, qui n'avaient pas voulu, du reste, en donner d'autres explications, sinon que

---

[1] Cette Chambre était alors à Bordeaux. Dans les temps ordinaires, elle ne faisait pas partie du Parlement, mais on l'y associait pendant les troubles pour faire nombre, si bien que, comme nous l'avons rapporté, ceux de ses membres qui ne faisaient pas acte de présence aux assemblées encouraient l'amende, témoin le président Pontac.

c'étaient les ordres du roi et du chancelier. Nouvelle matière à réquisitoire, nouvel arrêt conforme portant que tous les membres de la Cour sans distinction continueront l'exercice de leurs offices. Les noms de ceux qui étaient exceptés de l'interdiction générale sont demeurés inconnus. Mais quelle erreur de la part du gouvernement d'avoir pu croire au succès d'une telle combinaison! Comment n'avait-il pas vu que créer dans un corps des catégories de coupables et d'innocents, c'était le meilleur moyen de rendre frondeurs ceux qui ne l'étaient pas? qu'un sentiment d'honneur imposait à tous la loi de faire cause commune? que nul, enfin, ne se soumettrait à la honte de tenir son brevet de la jurade, ou, ce qui était pis encore, du duc d'Épernon?

Le peuple s'était soulevé, ainsi qu'on l'a vu, devant l'interdiction. Il fit supplier le Parlement de rester en fonction. Deux conseillers allèrent haranguer les délégués de la multitude. Un événement sinistre ne tarda pas à confirmer la haine publique vouée au gouverneur et à ses partisans connus. Le jurat La Barrière était du nombre de ceux-ci. A une assemblée de l'Hôtel de Ville, il avait prodigué au duc les compliments les plus flatteurs, jusqu'à le traiter d'Altesse. En butte à l'animadversion générale et redoutant des vengeances, il voulut s'y dérober par la fuite. Retiré chez un ami près de la ville, il y fut découvert et atteint d'un coup de feu qui le blessa mortellement. Telle était l'animosité contre lui, que les magistrats envoyés pour constater le fait, eurent beaucoup de peine à empêcher qu'on l'achevât. Ce crime demeura impuni. Et cependant, le même jour, sur la nouvelle que deux Bordelais avaient été tués à Langon, par ordre du duc d'Épernon, une information était prescrite [1]. Tristes fruits des discordes civiles! Elles renversent toutes les notions du droit commun, elles faussent jusqu'aux balances de la justice!

La mort violente de La Barrière devint une cause de plus de désorganisation de la jurade. Béchou et Lestrilles, ses collègues, personnellement suspects au Parlement, étaient l'un et l'autre en fuite. En l'absence d'Ardant, il ne restait plus que deux jurats, Frans et Niac, dont l'un était malade. Ce fut une occasion très opportune pour le Parlement de se débarrasser de la seule autorité qui ne pliât pas sous lui. D'accord avec ses commissaires, les bourgeois convoqués avaient d'abord nommé pour jurats provisoires chargés de la police les conseillers Boucaut, de Cieutat, Sabourin et Fayard. Des élections définitives portèrent à ces charges Pontac de Beautiran, greffier en chef du Parlement, l'avocat Constant et Emmanuel Hugla. Le premier eut des scrupules et ne crut pas à la compatibilité de sa charge avec celle qu'on lui conférait. Il demanda acte de ce qu'il était entré en la Cour en robe de greffier et sans chaperon de jurat. Ses collègues éprouvaient aussi des doutes sur la validité de leur

[1] R. S., 28 juillet 1649.

élection, que le duc d'Épernon taxait d'illégale. Mais le Parlement leur enjoignit à tous d'accepter et de faire leurs fonctions, sous peine de répondre en leur propre et privé nom des événements qui, à défaut de ce, pourraient survenir; trop avancé lui-même dans la voie qu'il suivait pour reculer.

Le gouverneur était désormais hors d'état de s'opposer à ces entreprises autrement que par de stériles protestations. Après le mauvais succès de sa tentative pour assurer l'interdiction, il n'avait pas tardé à sortir de Bordeaux, où il ne se croyait plus en sûreté. Il donne, dans le document [1] que nous avons déjà cité, de si faibles raisons de cette seconde retraite, qu'il est difficile de ne pas les attribuer encore, avec les traditions de l'époque, à son peu de fermeté et même à son défaut de courage. Selon ce qu'elles rapportent, cette fois, une sorte de honte se serait mêlée à son départ, s'il est vrai qu'il fut poursuivi au sortir de la ville, ainsi que son escorte, à coups de pierres, par des enfants armés de frondes, et cela à la vue des habitants du haut des remparts. Des gentilshommes qui venaient le rejoindre à Bordeaux, ignorant qu'il l'eût quitté, le baron de Fumel entre autres, y coururent les plus grands dangers. Son maréchal de camp Marin, officier des plus distingués, demeuré dans la ville, n'en sortit lui-même qu'au péril de sa vie.

Au point où l'on en était revenu des deux côtés, un

---

[1] Archives nationales, registre KK, 1217.

nouveau recours aux armes était inévitable. Le Parlement, sur qui reposait toujours la direction des affaires militaires, dut s'en occuper sans délai. Il fallait encore, avant tout, trouver de l'argent, toutes les ressources de la campagne dernière étant épuisées. Compter sur les dons, les taxes volontaires, n'était plus possible. L'impôt obligatoire s'offrait désormais comme le seul productif. On essaya cependant encore auparavant de certains expédients que la nécessité, cette loi tyrannique, peut seule excuser. Ce fut de fouiller les couvents où l'on disait que des fuyards — la résidence était devenue forcée pour tout habitant de la ville afin de payer de sa personne ou de sa fortune — avaient déposé ce qu'ils avaient de plus précieux : extrémité peu profitable, par suite de la connivence de certains d'entre les magistrats commis à ces sortes d'exécutions, et par la fidélité des dépositaires. Le premier reproche ne saurait s'adresser, soit au président des requêtes de Geneste, préposé à la vente des meubles des absents, soit aux conseillers Duduc et de Massiot, l'un activant la rentrée des taxes, l'autre poussant le zèle jusqu'à présider en personne aux fouilles dans les caves pour y déterrer la vaisselle d'argent. Les Registres n'ont pas dédaigné de constater que celle qu'il trouva ainsi chez un certain marquis de Canteloup fut portée à la Monnaie, afin que l'argent en provenant pût être employé aux nécessités publiques, état préalablement dressé du poids et des armoiries [1].

---

[1] R. S., 28 août 1649. — *Mouvements de Bordeaux*.

Il fallut bien s'adresser encore, comme on l'avait fait naguère, aux caisses publiques et, en premier lieu, à celle du receveur des deniers de la ville. Ensuite on établit des taxes extraordinaires : 1 sol sur chaque livre de viande, 15 sols par boisseau de farine, 1 écu par tonneau de vin, cette dernière pour assurer le remboursement d'un emprunt de 3 à 400,000 livres proposé par certaines personnes, sans tirer à conséquence, dit l'arrêt, et c'était bien le cas [1]. Toutes ces perceptions, jointes à la capitation dont la rentrée fut exigée à l'avance pour moitié et assurée par des garnisaires, finirent, dit Fonteneil, par produire près d'un million : aimant, ajoute-t-il, qui attira à Bordeaux un grand nombre de soldats [2].

Quant aux officiers et aux généraux, ils ne manquaient pas non plus, par la même raison [3]. Le marquis de Lusignan avait déjà offert et fait agréer ses services. On espérait, et on attendit même pendant quelque temps un chef plus illustre. Il paraît que c'était le duc de Beaufort [4]. Ce prince, qui ne vint pas, indiqua, dit-on, pour le remplacer, les marquis de Sainte-Croix, de Théobon, d'Hauteford et de Sauvebœuf, ce dernier surtout comme ayant déjà commandé en chef. Le conseiller Guyonnet et Fonteneil furent dépêchés pour presser son arrivée. Il l'effectua en passant par le Limousin et le Périgord, en

---

[1] *R. S.*, 26 août.
[2] *Mouvements de Bordeaux*, chap. IV.
[3] *Id.*
[4] *Id.*

équipage de chasseur afin d'éloigner tout soupçon. Reçu en audience solennelle, il y prêta serment en qualité de général des *armées du roi* dans toute l'étendue du ressort de la Cour, sous l'autorité du Parlement. De son côté, le duc d'Épernon déployait le titre de lieutenant général du souverain, commandant les troupes royales. Ainsi la guerre de la Fronde avait en province le même caractère qu'à Paris, bizarre sinon même burlesque, de l'aveu des contemporains que la postérité n'a pas démenti. Mais ce n'en était pas moins la guerre civile avec toutes ses calamités.

La première fut pour Bordeaux. Le commandant du Château-Trompette se voyant de nouveau bloqué mit à son tour le siége devant la ville. Il ouvrit sur elle un feu si vif qu'en peu de jours il avait tiré plus de 4,000 coups de canon, ruiné des maisons et des couvents et tué quelques personnes. On ne s'étonnera donc pas si le gouverneur, réputé le premier coupable de tous ces malheurs, fut déclaré par arrêt ennemi public [1]. « Mais, dit Fonteneil, il faut avouer que si la justice est aveugle pendant la paix, elle est aussi bien paralytique dans la guerre, et qu'on se joue de ses arrêts, si foudroyants qu'ils soient, si elle ne les fait valoir à coups de l'épée dont on la dépeint armée. » Aussi le Parlement fit-il commencer en règle le siége du Château-Trompette. Le marquis de Sauvebœuf dirigea l'attaque du bastion principal. Le conseiller d'Espagnet, « homme très intelligent non

---

[1] *R. S.*, 9 septembre 1649.

seulement dans les affaires du palais, mais dans celles de la guerre [1], » fut chargé de battre en brèche la tour carrée de la forteresse qui regardait la ville, et d'où une pièce de canon de fort calibre faisait un feu très incommode. Dès les premiers jours, d'Espagnet atteint au pied d'un éclat de pierre qui lui coupa un tendon, dut être remplacé par un de ses collègues, le conseiller Voisin. Ce dernier établit sur l'ancien temple gallo-romain appelé *Piliers de Tutelle,* à portée du château, une batterie dont l'effet fut si heureux qu'elle démonta le gros canon de la tour carrée : succès qui devait, par la suite, devenir fatal à ce précieux vestige de l'antiquité.

La vigueur avec laquelle l'attaque du château était conduite en rendait si vraisemblable la prise dans un temps rapproché, que le moment était bien mal choisi pour parler de paix. L'avocat général Lavie, revenu seul de la députation envoyée à Paris, rapportait des propositions à la sincérité desquelles on crut d'autant moins que des lettres interceptées du duc de La Vrillière, un des ministres, au duc d'Épernon, étaient de nature à exciter la défiance. C'est ce dont se plaint Lavie au cardinal Mazarin lui-même, en lui exprimant le regret de voir ses propres efforts ainsi frappés d'impuissance [2]. Mais tout cela prouve combien on mettait peu de bonne foi vis-à-vis du Parlement, et il y avait bien de quoi légitimer son ressentiment contre

---

[1] *Mouvements de Bordeaux.*
[2] Lettre de Lavie au cardinal Mazarin. (*Archives historiques de la Gironde,* t. IV, p. 413.)

le véritable auteur de cette diplomatie tortueuse, le gouverneur lui-même. Cependant Lavie se trompait en écrivant que l'on trouverait plus de modération dans le Parlement qu'il n'y en avait eu à une assemblée de la ville où, sous l'influence des révélations de la poste, il avait été décidé que rien ne serait plus mis en délibération avant la prise du Château-Trompette et le changement de gouverneur. Cet ultimatum fut, au contraire, adopté au Parlement et transmis à Lavie avec des instructions dans ce sens. En attendant le résultat des événements militaires, ce corps ne négligeait aucun moyen de se créer au dehors des appuis. Il avait écrit aux Parlements de Toulouse et de Paris pour les attacher à sa cause. La réponse du premier consista seulement, à ce qu'il paraît, en belles paroles[1]. Quant au second, quoique lié par les arrêts d'union et par plus d'un témoignage de sympathie, les circonstances n'étaient pas favorables à son désir d'en donner des preuves. Il était en vacances. Son intervention se borna à des remontrances que la chambre des vacations, ayant à sa tête le président de Novion, alla porter au roi et à la régente. Toutes pressantes qu'elles pussent être, l'effet en était nécessairement borné. Une troisième démarche du Parlement de Bordeaux, qui consista à écrire à Monsieur le Prince, qu'il savait par plus d'un rapport très bien disposé en sa faveur, eut plus de succès, en ce sens que Condé, prenant dans le Conseil parti contre le

---

[1] *Mouvements de Bordeaux.*

duc d'Épernon qu'il haïssait, contribua sans doute à la reprise de pourparlers tendant à l'apaisement des troubles (1). Lavie, en retournant à Paris, se croisa presque avec un nouvel envoyé du ministère. Le choix de ce personnage semblait garantir à l'avance le succès de sa mission. Ce n'était rien moins, en effet, que le maréchal Duplessis-Praslin, précédé d'un lieutenant des gardes du corps, de Lisle-Sourdières. Serait-il plus heureux que ses prédécesseurs? On a vu l'échec complet de d'Argenson. Comminges, après celui de l'affaire de l'interdiction, n'avait pas réussi à se faire écouter comme porteur d'ordres à l'effet de rétablir la paix. On lui avait répondu que la Cour se pourvoirait directement auprès du roi. Une seconde tentative ne fut pas plus heureuse de sa part. Il avait commis l'inadvertance de mettre sur la suscription de sa lettre : à *Messieurs,* au lieu de *Messeigneurs* du Parlement. Elle lui fut renvoyée non ouverte. Une difficulté d'étiquette manqua d'apporter également des entraves sans dénoûment possible à la réception du précurseur du maréchal Duplessis-Praslin. Cet officier prétendait être admis avec son épée, ce que la Cour lui refusa, quoiqu'il se plaignît qu'on le traitait en faquin (2). Mais, sur le renvoi de la séance au lendemain, de Lisle-Sourdières, en homme d'esprit, déclara qu'il aimerait mieux faire tort à sa charge qu'à sa commission, et consentit à être reçu n'ayant que son

(1) *Mém. sur l'histoire de France,* collection Petitot, *Introduction aux Mémoires relatifs à la Fronde,* t. XXXII, p. 133.
(2) *R. S.,* 20 septembre 1649.

bâton d'exempt. La remise de sa lettre de créance resta néanmoins sans résultat. Les bourgeois — lui dirent les jurats — ne voulaient entendre parler de quitter les armes que le Château-Trompette fût pris. Ils l'avaient même averti, dans l'intervalle des deux audiences, qu'ils ne pouvaient répondre de sa personne; à quoi il répondit fièrement : qu'ils en répondraient, eux, sur leur tête. La qualité du négociateur en chef commandait cependant des égards. Le jurat Constant d'abord, puis quatre conseillers et les gens du roi, allèrent le saluer. Bientôt le président La Trêne se transporta lui-même à Lormont, où était le maréchal. Mais la négociation n'en marcha pas plus vite. Du côté des Bordelais, la méfiance existait toujours. De la part du maréchal c'était, on le crut du moins, un parti pris de traîner les choses en longueur, pour gagner du temps jusqu'à l'hiver, afin de donner au comte du Dognon celui de préparer à La Rochelle des vaisseaux pour venir bloquer par eau Bordeaux, tandis que les troupes occupées en Catalogne, en Italie et en Flandre viendraient l'assiéger par terre. On prétendit avoir trouvé ce plan dans quelques lettres du maréchal à des membres du Parlement qui avaient été interceptées. Que ce bruit fût fondé ou non, on y ajoutait foi, et le caractère de l'envoyé en souffrit, puisqu'il était gardé en quelque sorte à vue par deux galiotes armées placées en face de son habitation. Il ne tarda pas à sentir lui-même la fausseté de sa position, et partit pour Blaye. Il en donna pour raison, dans sa correspondance avec Mazarin, qu'il ne voulait pas être témoin de la prise du Château-Trompette.

Elle était, en effet, imminente. Les opérations, habilement conduites par Sauvebœuf, quoique ralenties par une grave maladie qu'il éprouva, l'avaient rendue inévitable. Bien instruit que le duc d'Épernon ne pouvait secourir la forteresse, il le laissa ravager le plat pays et se venger des arrêts qui le vouaient à la haine universelle, sur les propriétés des magistrats. Étroitement resserré, voyant ses ouvrages ruinés par le feu de quatre batteries, n'espérant plus rien du dehors, sur le point enfin de recevoir l'assaut, Du Haumont demanda à capituler. Il obtint pour conditions que sa garnison, se montant encore à 260 hommes, non compris les malades, pourrait se retirer à Cadillac; Fonteneil dit à Rions.

Cette conquête, en raison de son importance et du prix qu'elle avait coûté, fut célébrée avec transport à Bordeaux. Le Parlement fit dire à la cathédrale une messe d'action de grâces, à laquelle il assista en corps. Sauvebœuf vint recevoir à la Cour des félicitations sur sa convalescence. Immédiatement on nomma pour commissaires chargés de procéder à l'inventaire de tout ce que renfermait le château, les conseillers de Mirat, de Mosnier et de Thibaut. L'ordre de faire travailler incessamment à la démolition des fortifications suivit de près. On y préposa l'avocat général Dussaut. Comme le peuple voulait en même temps raser l'hôtel Puy-Paulin, résidence du duc d'Épernon à Bordeaux, le Parlement, pour empêcher cet acte d'une colère aveugle, y plaça des régiments soudoyés.

Après un avantage aussi brillant, il est facile de comprendre qu'on était moins que jamais, dans la ville, disposé à la paix. Cependant l'archevêque de Bordeaux et l'évêque de Bazas continuèrent de s'entremettre dans ce but, mais les hostilités ne cessèrent pas pour cela. Elles amenèrent de nouveaux succès pour les armes bordelaises. Dans le courant de novembre, le bourg de Podensac, les villes de Langon et de Saint-Macaire furent prises presque en même temps par les généraux du Parlement, de Lusignan et de Théobon, qui s'empressèrent de lui en donner avis, en demandant pour eux le gouvernement de leurs conquêtes. Malheureusement pour ces solliciteurs, ils ne les gardèrent pas longtemps, et les commandants qu'ils y avaient placés se virent bientôt forcés de les rendre aux troupes du gouverneur. L'un d'eux même, nommé Beaupuy, capitula si promptement, que, poursuivi pour lâcheté, il en aurait porté la peine si son protecteur Théobon n'eût pas obtenu qu'on le lui remît.

Dans cette guerre, qui avait pour théâtre circonscrit les environs de Bordeaux, les succès et les revers se balançaient ainsi pour les deux partis. Il en fut de même dans les actions navales, qui eurent lieu presque en même temps.

Le duc d'Épernon avait attendu longtemps le moment opportun de combiner ses mouvements sur terre avec ceux du comte du Dognon, qui venait d'entrer en rivière avec une flotte composée de huit gros vaisseaux dont l'amiral, nommé *la Lune*, portait à lui seul 54 canons et 800 hommes; de seize galiotes et de trois brûlots. Ces navires couvraient presque une lieue d'étendue. L'armée navale bordelaise, bien qu'inférieure en vaisseaux et en équipage, n'en était pas moins sur un pied très respectable. L'amiral était armé de 26 canons et monté par 200 hommes. Elle comptait une frégate, trois flûtes, seize galiotes, deux galères et six brûlots. Quoique le choc entre ces forces opposées dût nécessairement avoir lieu sur la rivière, il pouvait avoir de telles conséquences pour la ville qu'on y rappela toutes les troupes de terre.

Ce n'était pas sans de grands efforts qu'on avait pu réaliser un tel armement. Le Parlement avait dû recourir aussi à des moyens extraordinaires pour remonter les esprits à Bordeaux, car les préparatifs formidables du gouverneur y avaient jeté l'effroi. Après une procession à Saint-André, suivie d'une communion générale le 8 décembre, jour de la fête de la Vierge, les magistrats s'efforcèrent de conjurer autrement le danger qui menaçait la ville, en essayant de détacher le comte du Dognon des intérêts du gouverneur; mais cette tentative fut sans effet. Comme il fallait de nouveaux sacrifices dans l'état des affaires, la Compagnie voulut en donner l'exemple en se taxant, y compris les honoraires, à 300 livres par tête. On fit aussi remise à tous les redevables des impôts de 1647 et de 1648, à la condition de verser la totalité de leur contingent pour 1649. On ne négligea pas enfin, quoiqu'on y eût recours pour la quatrième fois, une cérémonie faite pour rallier tous les dévouements à la cause publique. Le 19 décembre, à l'issue de la messe à Saint-André, le Parlement jura de nouveau d'y rester inébranlablement fidèle. Les généraux, les bourgeois, les habitants en masse durent prononcer le même serment dans leurs paroisses respectives.

Les deux flottes étant en vue l'une de l'autre à peu de distance du port de Bordeaux, on devait s'attendre à un engagement général dont l'issue aurait eu beaucoup d'influence sur le conflit entre les troupes de terre. Il n'en fut point ainsi, et tout se borna à des escarmouches. La plus sérieuse eut pour objet la possession d'une des flûtes de l'armée bordelaise qui s'était échouée au départ. Son capitaine, nommé Géraut, la défendit avec beaucoup de valeur. Au moment de succomber, il allait mettre le feu à ses poudres pour envelopper dans sa propre destruction l'ennemi qui couvrait en grand nombre son pont, mais il n'en eut pas le temps. Cette prise était hors de proportion avec ce qu'il en avait coûté au comte du Dognon en hommes et surtout en brûlots pour la faire. Il ne fut pas plus heureux dans une tentative de débarquement à Lormont, où il avait voulu établir un poste fortifié. Sauvebœuf s'en empara et le détruisit. Il avait pour auxiliaires dans cette affaire les conseillers d'Espagnet et de Taranque, commandant avec le grade de colonel les troupes bourgeoises de Bordeaux. Le premier surtout se distingua par une brillante valeur. Découragé, et après avoir perdu beaucoup de monde dans ces rencontres, du Dognon redescendit la rivière jusqu'au Bec-d'Ambès, où on ne jugea pas à propos de le suivre.

Cependant les conférences tendant à la cessation des hostilités n'avaient pas été tout à fait rompues. Le Parlement sentait qu'il ne pouvait y renoncer sans inconséquence avec ses protestations constantes de combattre non l'autorité royale, mais seulement un gouverneur odieux à toute la province, et qu'il lui serait cependant honteux de paraître subir la domination d'une multitude voulant la guerre à outrance. Il avait donc encore des commissaires auprès du maréchal Duplessis-Praslin. Il autorisait même les jurats à le voir, en les rassurant contre les dangers de cette démarche. En effet, à des placards injurieux contre les partisans de la paix, avaient succédé des menaces contre les magistrats du peuple qui se mêleraient d'y travailler. Constant, l'un deux, était venu déclarer en pleine audience que ses collègues, comme lui, ne pourraient, sans injonction de la Cour, se rendre près du maréchal, car ils devaient être poignardés s'ils osaient se charger de cette mission. Pontac de Beautiran la déclina pour les mêmes motifs. Mais on était loin de se trouver d'accord sur les bases d'un traité. Le Parlement posait pour condition *sine quâ non* de la soumission de la ville la démolition du Château-Trompette, et l'abandon de son emplacement à celle-ci pour garantie de la certitude qu'il ne serait jamais reconstruit. Le maréchal répondait par l'exhibition des ordres contraires du roi sur ce point capital. Il est donc à croire qu'on ne serait pas parvenu à s'entendre si, tandis qu'on s'épuisait en vains efforts sur les lieux mêmes pour faire la paix, la nouvelle ne s'était pas tout à coup répandue qu'elle avait été conclue à Paris, nouvelle qui était vraie. Comment donc la guerre continua-t-elle? Sur qui doit peser la responsabilité du sang qui allait être encore versé?

Dans les combats qui avaient eu lieu sur la rivière, le comte du Dognon s'était vu livré à ses seules forces, et le duc d'Épernon ne l'avait nullement secondé. Il se trouvait enfin en mesure d'agir. Les renforts qu'il attendait de Flandre, d'Italie et d'Espagne, composés de troupes aguerries, lui étaient arrivés. Sa nombreuse cavalerie empêchait toute sortie de la ville du côté de l'Ouest. Au Nord, son infanterie occupait l'Entre-deux-Mers jusqu'aux portes. En se concertant avec le comte du Dognon, il espérait pouvoir investir Bordeaux de toutes parts et prendre enfin une éclatante revanche de ses échecs passés. Il n'avait pas manqué d'informer le premier ministre de ses plans, de lui communiquer ses espérances. Voilà pourquoi, sans doute, l'avis officiel de la paix, que des correspondances privées avaient annoncée, n'arrivait pas. — Munis de ces renseignements particuliers qui consistaient, entre autres, dans l'arrivée du secrétaire de Lavie, porteur de plusieurs copies, mais non authentiques du traité, les envoyés du Parlement, voulant s'éclairer sur ce point, s'adressèrent au maréchal, qui déclara ne rien savoir. On douta de sa véracité; rien ne paraît plus réel cependant que son ignorance. Sa bonne foi se puise dans une lettre de lui au cardinal Mazarin, en date du 20 décembre 1649, où il exprime lui-même son étonnement des conventions faites à Paris et qu'il ne connaît pas [1]. Cette lettre est donc exclusive de tout accord entre lui et le duc d'Épernon pour tromper les Bordelais. Quoi qu'il en soit, grâce à des dissimulations dont la pensée coupable doit remonter au duc d'Épernon, non seulement la publication de la paix fut retardée, mais ce retard occasionna le combat le plus meurtrier qui eût encore été livré jusque-là. Il eut pour théâtre La Bastide, lieu situé en face de Bordeaux, dont il n'est séparé que par la rivière, qu'il fallait traverser alors au moyen d'embarcations pour y aborder.

Le choc fut des plus acharnés, car la possession d'un poste qui aurait complété le blocus de la ville était d'une extrême importance à conserver pour elle comme à conquérir pour l'ennemi. Un petit fort et quelques barricades en constituaient les seules défenses; Théobon, qui fut chargé de les soutenir, avait à peine eu le temps d'y ajouter quelques fortifications de campagne au moment de l'attaque. Les épernonistes eurent d'abord le dessus en emportant les barricades et réduisant leurs adversaires

---

[1] Lettre au cardinal Mazarin. (*Arch. hist.*, t. III, p. 342.)

à n'avoir plus d'autre point de résistance que le fort. Le tocsin sonnait dans la ville à l'église Saint-Michel, située en face du lieu de l'action. Des renforts, parmi lesquels se trouvaient les jeunes Chambret et Lusignan, arrivèrent en hâte, et, quoiqu'il eût en tête de vieilles troupes, secondé par la valeur des nouveaux venus, Théobon fit reculer l'ennemi. Dans ce moment où l'affaire était encore incertaine, le duc d'Épernon espéra la décider pour lui en pressant l'arrivée du comte du Dognon. Celui-ci envoya en effet un de ses vaisseaux escorté de plusieurs chaloupes pour disperser les embarcations bordelaises qui traversaient la rivière. Dans le conflit qui s'engagea alors sur l'eau, ces dernières eurent l'avantage et parvinrent à empêcher les barques du comte du Dognon de gagner La Bastide. Une diversion qu'il essaya contre un faubourg de Bordeaux, appelé Bacalan, et riverain du fleuve, n'eut pas plus de succès. Ainsi le fort de la bataille continua d'être à La Bastide, où, par leur courageuse résistance, les Bordelais parvinrent non seulement à arrêter tout progrès de l'ennemi, mais encore à le mettre en fuite. Témoin, à distance, de la déroute des siens, le duc d'Épernon, voyant parmi ceux qui battaient en retraite Marin, un de ses maréchaux de camp les plus braves, lui dit : « Eh! Monsieur de Marin, où est donc l'honneur? » — « Il est à La Bastide, où les généraux bordelais combattent en personne, » répondit Marin. Toute piquante qu'elle fût, cette repartie ne put décider le gouverneur à suivre la leçon qu'elle contenait, lorsqu'il voulut recommencer l'attaque le lendemain. Ses officiers y avaient mis pour condition qu'il se placerait à leur tête. Il aima mieux se retirer avec son armée, parti aussi honteux pour lui qu'heureux pour les Bordelais, qui, épuisés par les efforts héroïques, mais très pénibles de la veille, n'auraient peut-être pas pu les recommencer le jour suivant. Un succès des plus brillants les en avait récompensés. S'il fallait en croire certaines relations, ils auraient eu à peine 7 ou 8 tués et 40 blessés, tandis que le gouverneur aurait perdu 800 hommes, dont 80 officiers : différence énorme et selon toute apparence exagérée. Il paraît mieux avéré que les épernonistes perdirent 260 hommes, parmi lesquels quelques officiers. En songeant que cette sanglante collision entre concitoyens aurait pu être évitée, on trouve bien étrange la réflexion qu'elle suggère à l'auteur des *Mouvements de Bordeaux,* après le compte des morts et des blessés : « On ne vit jamais rien de si agréable, dit-il; ces escarmouches sur terre et sur mer étaient de véritables carrousels. » Ce n'est pas avec cette légèreté de pamphlétaire que s'exprime Lavie. Ce magistrat, qui accourait de Paris avec la nouvelle de la paix, quand il écrit à Mazarin pour lui dénoncer d'Épernon comme n'ayant pas voulu épargner les troupes du roi, quoique l'emploi de leur courage fût devenu inutile, ajoute, en parlant de ceux qui ont succombé dans l'action : « Dans les deux partis, qui n'en feront bientôt qu'un, on regrette également la mort de ces braves hommes qui pouvaient servir utilement ailleurs, et de voir qu'on les ait sacrifiés sans aucun sujet, puisque le roi avait donné la paix à ses peuples [1]. »

Les lettres-patentes contenant la pacification furent apportées à Bordeaux par d'Alvimare, maréchal de camp, et présentées au Parlement le 5 janvier 1650. Elles étaient datées du 23 décembre et auraient pu dès lors être expédiées à temps pour empêcher l'affaire meurtrière de La Bastide. En même temps la Compagnie entendait la relation de Lavie, que l'on regrette de ne pas trouver sur le Registre à côté de celle des députés ayant eu à Blaye la dernière conférence avec le maréchal Duplessis. Sauvebœuf, Lusignan et Théobon assistaient à cette séance, dans laquelle furent immédiatement ordonnées et la publication des lettres et les mesures relatives à leur exécution : le licenciement des troupes, une proclamation propre à dissiper les faux bruits, la libre circulation des grains permise de nouveau. Un *Te Deum* solennel était chanté à Saint-André le surlendemain, en présence des magistrats et des généraux, qui s'y rendirent sans gardes.

Les principales conditions de la paix portaient amnistie pour toutes les personnes compromises; la liberté rendue à tous les prisonniers; abolition de la taxe de deux écus par tonneau de vin; l'annulation de tous les arrêts rendus contre le duc d'Épernon; tous les châteaux pris étaient restitués; le privilége

---

[1] Lettre de Lavie au cardinal Mazarin, 3 janvier 1650. (*Archives historiques de la Gironde*, t. III, p. 356.)

d'exemption de logement des gens de guerre pour ceux qui en jouissaient auparavant, ainsi que celui de l'éloignement des troupes, renouvelés; la démolition de la citadelle de Libourne; remise du Château Trompette, en l'état où il serait, à un exempt des gardes du corps sans soldats ni garnison, mais les canons devaient être replacés. L'article 7 des lettres est encore à remarquer : « Sa Majesté, y est-il dit, trouve bon que la Cour de Parlement de Bordeaux et autres corps d'officiers étant en ladite ville, même les jurats d'icelle, lui fassent telles remontrances qu'ils aviseront bon être dans six semaines. Et, pendant ledit temps, tous les officiers de la Cour des Aides de Guyenne continueront la fonction de leurs charges dans la ville d'Agen où, pour cet effet, toutes lettres seront expédiées [1]. »

Ces concessions parurent satisfaisantes à tous ceux qui les obtenaient, au point que, d'après l'autorité que nous venons de citer encore et qui n'est pas suspecte, la joie fut universelle à Bordeaux. Elle s'y manifesta par des fêtes et un *remercîment* au roi imprimé et répandu avec profusion [2]. Cette pièce peint avec les couleurs les plus vraies l'état des esprits. On y voit qu'au bonheur de la cessation des maux de la guerre se mêle le ressentiment encore subsistant contre celui qui en est toujours regardé comme le véritable auteur. L'interdiction du Parlement, sur laquelle la déclaration du roi avait gardé

[1] *Mouvements de Bordeaux.*
[2] *Id.*

le plus profond silence, y est rappelée en ces termes :
« Dieu a protégé la Justice contre la honte de cette
interdiction dont le duc d'Épernon voulait la diffamer.
Il a béni nos armes. » La main d'un parlementaire
se révèlerait ici suffisamment si un discours de
l'avocat général Dussaut, lors de l'enregistrement
des lettres-patentes, vigoureux — dit Fonteneil — ne
venait pas, de plus, prouver la participation de la
magistrature à cette sorte de chant de triomphe qui
se termine par ces mots : « Votre Majesté absout
notre innocence et condamne la calomnie. » C'était
donc une apologie de tout ce qui avait été fait, une
protestation que l'amnistie était reçue bien moins à
titre de grâce que de réparation.

Un grave incident manqua jeter, au milieu des
dispositions prises de bonne foi à Bordeaux pour
le retour de la tranquillité, un germe de perturbations
nouvelles. On apprit tout à coup que, dans la ville
même, se trouvait un envoyé du roi d'Espagne, le
baron de Vatteville. Ce n'était pas le Parlement qui
l'y avait appelé, car l'émotion fut grande dans ce
corps lorsque Lavie vint lui rendre compte de ce
fait. L'arrivée récente de cet étranger était due aux
généraux, qui l'avaient fait venir, ainsi qu'ils en
convinrent, et dont la seule excuse, si toutefois il
pouvait y en avoir à l'appel d'un secours en vivres
et en argent adressé à un souverain ennemi de la
France, consistait en ce qu'il était postérieur à la
conclusion de la paix. Le blâme énergique qu'ils
reçurent de la part du Parlement pour avoir ainsi

agi sans ses ordres et sans avertissement préalable était à peine une répression suffisante de leur faute. Il fallut cependant aviser promptement à la réparer. La générosité empêchait de traiter Vatteville en espion; la loyauté commandait son renvoi immédiat. On chargea Lavie d'en négocier les moyens. Il écrivit à ce sujet au ministère, en se concertant avec le maréchal Duplessis, à l'effet d'obtenir un passeport pour l'Espagnol, que l'on mit, en attendant, dans un couvent, tant pour sa propre sûreté que pour empêcher toute communication de sa part au dehors. Le passeport arriva bientôt, et Lavie pressa le départ du baron. A en croire Fonteneil, si l'arrivée de cet envoyé n'eût pas eu lieu après la paix, elle aurait bien *chatouillé* les esprits. Il est certain qu'au lendemain de tant d'agitations, plus d'une cause de troubles intérieurs subsistait encore; et si d'autres apportées du dehors venaient s'y joindre, Bordeaux pouvait, comme Paris, avoir sa deuxième Fronde, fertile en scènes plus émouvantes, et pour le Parlement en épreuves plus rudes encore que la première.

CHAPITRE II

1650

Symptômes du peu de durée de la paix. — Diverses causes de sa rupture. — Arrestation des princes de la maison de Condé à Paris. — Intrigues de leurs partisans à Bordeaux et dans le Parlement. — La princesse de Condé pénètre dans la ville malgré les ordres du roi. — Sa requête au Parlement. — Lenet. — La princesse est reçue au palais. — Les magistrats soumis à la pression du peuple. — Arrêt d'admission. — Tentatives de négociations de la part du gouvernement. — D'Alvimare envoyé à Bordeaux. — Moyens pris pour l'empêcher de remplir sa mission. — Efforts de l'avocat général Lavie dans le sens opposé; périls qu'il court; il est obligé de s'éloigner ainsi que d'Alvimare. — Les ducs de Bouillon et de La Rochefoucauld organisent à Bordeaux la résistance armée à l'autorité royale. — Ils échouent dans leurs démarches pour rallier à leur cause les protestants et le gouverneur de Blaye. — Opérations militaires à Vayres, Castelnau et à l'île Saint-Georges. — Union avec les princes votée à l'Hôtel de Ville. — Le maréchal de La Meilleraye, commandant de l'armée royale en Guyenne; ses propositions pacifiques écartées par une difficulté de forme élevée au Parlement. — Situation de ce corps. — Le président Daffiz; son portrait; vendu au parti des princes. — La Compagnie amenée à se prononcer de plus en plus en faveur de ce parti. — Membres frondeurs; leurs noms et leur mission. — Participation de quelques-uns aux préparatifs et aux actes de la guerre. — Le président Pichon à Blanquefort. — Succès des Bordelais à l'île Saint-Georges. — La princesse de Condé et son conseil négocient avec les Espagnols. — Envoi de Sauvebœuf et de Sillery au baron de Vatteville. — Premier secours illusoire donné par celui-ci; lettre de change non acquittée d'abord, puis payée. — Envoi de vaisseaux espagnols à Bordeaux. — Arrivée et réception publique d'Ozorio. — Émotion publique. — Parti que prend le Parlement : son arrêt du 9 juillet 1650. — Suite. — Émeute du 11 juillet. — Le Parlement menacé et même attaqué. — Comment et par qui il est délivré. — Deux récits différents de ces événements : celui de dom Devienne, d'après les Registres du Parlement de cette époque; celui des Mémoires de Lenet, d'après lequel l'arrêt du 9 juillet n'était qu'une feinte. — Rapprochement et examen des deux versions. — Documents mis sous les yeux des lecteurs. — Le Parlement, peu de jours après l'émeute du 11 juillet, se prononce enfin pour l'union avec les princes. — Il est amené par les intrigues et la pression populaire à se déclarer non seulement contre le duc d'Épernon, mais encore contre le cardinal Mazarin. — Ce ministre conduit le jeune roi et la régente en Guyenne. — Arrêt contre lui au Parlement. — Ce corps expulse de son sein onze magistrats comme suspects d'être favorables au parti du roi et de son ministre. — D'autres sont à la cour à Libourne et proscrits comme traîtres par leurs collègues. — Députation du Parlement au roi. — Affectation du président Pichon de ne pas saluer ni même regarder le cardinal Mazarin. — Réponse modérée du chancelier au nom du monarque — Les hostilités continuent pendant la trêve. — Affaire de Vayres. — Richon pris et pendu à Libourne. — Représailles des Bordelais par l'exécution de Canoles. — La guerre reprend avec énergie. — Elle n'empêche pourtant pas de nouvelles tentatives d'accommodement. — Ducoudray-Montpensier porteur de propositions au Parlement. — Les frondeurs mettent obstacle à ce qu'on l'écoute. — Manifestes réciproques du gouvernement et du Parlement au moment où les belligérants recourent de nouveau aux armes. — Lettre de Lenet aux Espagnols interceptée ; sa teneur criminelle. — Appréciation de la réponse du Parlement à l'arrêt du Conseil, au point de vue de ses assertions sur l'arrêt du 9 juillet et les faits qui le suivirent. — Détails militaires. — Combats aux faubourgs et sous les murs de Bordeaux. — Le jeune Du Vigier. — Malgré les efforts des ducs pour la continuation de la guerre, on songe de nouveau à la paix. — Dispositions mutuelles favorables dans les deux camps. — Arrivée à Libourne des députés du Parlement de Paris, porteurs des conventions proposées par le duc d'Orléans et approuvées par ce corps. — On traite sur ces bases à Bordeaux. — Véritable motif qui y faisait désirer la paix, selon Lenet. — Articles arrêtés et signés. — La princesse et les ducs se retirent en liberté. — Amnistie générale. — Louis XIV et sa mère à Bordeaux. — Le Parlement persiste à ne pas visiter le cardinal Mazarin. — Froideur dans les relations des magistrats avec la cour. — Départ de celle-ci. — Présages de mésintelligence future.

Il était facile de prévoir, au lendemain même de la pacification des premiers mouvements de Bordeaux, qu'elle n'avait pas d'avenir. Les conditions en étaient mal observées, surtout de la part du duc d'Épernon. Ainsi, il mit beaucoup de retard à exécuter la principale : la destruction de la citadelle de Libourne, prescrite cependant par ordres formels du roi. Il fallut que les avis de ses amis à la cour fissent céder sur ce point sa répugnance. Il n'est pas besoin de dire que les habitants de cette ville, aussitôt que la garnison l'eut abandonnée, mirent le plus vif empressement à raser jusqu'aux fondements cet ouvrage élevé contre leurs libertés. Mais le duc ne se pressait pas non plus de retirer ses troupes des environs de Bordeaux. Les ruines des propriétés incendiées de plusieurs membres du Parlement : Pichon, Lalanne, d'Uzeste, d'Éguilles étaient encore fumantes [1]. A la veille même du combat de La Bastide, il avait fait mettre le feu à une maison appartenant à la présidente Pichon, d'une valeur de 40 à 50,000 écus, et presque en vue de Bordeaux. On peut juger si ce spectacle y porta au plus haut degré l'indignation publique et si, cette fois, la dévastation, par représailles, de l'hôtel du Puy-Paulin put être empêchée. Enfin, ce que le Parlement aurait eu le plus à cœur en signant la paix, un autre gouverneur pour la Guyenne, ne lui avait pas été accordé. Aussi, le maréchal Duplessis-Praslin, venu à Bordeaux pour s'y faire recevoir conseiller d'honneur, s'épuisa-t-il en vains efforts pour obtenir de la Compagnie un témoignage quelconque de déférence envers le gouverneur, ne fût-ce que le plus simple compliment. Il se vit repoussé avec perte et réduit à mander au premier ministre son opinion sur l'impossibilité d'un rapprochement. Le duc d'Épernon était allé cacher son dépit à Agen, où il donnait le scandale d'une liaison immorale. Tels étaient les nombreux griefs que l'inexécution des clauses de la pacification, et surtout le défaut de réparation des maux de la guerre laissaient subsister. Aussi le Parlement s'assemblait-il pour dresser des cahiers

---

[1] Lettre de Lavie au cardinal Mazarin, déjà citée, et Notice sur le président Pichon, par M. Jules Delpit. (*Archives historiques de la Gironde*, t. IV, p. 554.)

de doléances destinés à être présentés au roi par Lavie et les autres députés qui étaient encore à Paris. La demande d'un changement de gouverneur y était renouvelée, mais sans beaucoup d'espoir de la voir accueillie.

Ce fut dans les premiers moments qui suivirent l'enregistrement de la déclaration du roi relative à la cessation des troubles de la Guyenne, que l'on y reçut une nouvelle bien propre à en préparer le retour : celle de l'arrestation à Paris des princes de Condé et de Conti et du duc de Longueville. Le cardinal Mazarin, tout occupé d'empêcher la guerre civile de se rallumer dans la capitale, avait cru en trouver le moyen dans cette action hardie. Il ne réussit, au contraire, qu'à la provoquer de nouveau.

Le prince de Condé, soit qu'il eût songé depuis longtemps à se créer au loin des soutiens dans son projet de renverser le premier ministre, soit qu'il saisît l'occasion de mettre à profit le souvenir des bons offices par lui rendus au Parlement de Bordeaux dans les démêlés de ce corps avec le duc d'Épernon, tourna ses regards vers cette ville lorsque, du fond de sa prison, il cherchait des ennemis à Mazarin et des amis pour lui-même. Il est certain que ceux qui prirent les premiers les armes en sa faveur pensèrent tout de suite à faire de Bordeaux le centre de leurs opérations militaires et à y conduire la princesse de Condé et son fils, parce qu'ils avaient là, dit l'un d'eux, beaucoup d'amis disposés à les recevoir [1]. Cela

---

[1] *Mémoires de La Rochefoucauld,* p. 120 et 129, édit. de 1662.

prouve qu'ils y entretenaient depuis longtemps des intelligences, et une autorité décisive en cette matière ne permet pas d'en douter : c'est celle de Lenet, que nous aurons si souvent occasion d'invoquer, qui nomme même le conseiller au Parlement Le Blanc de Mauvesin, comme ayant donné à la princesse des avis pour presser son arrivée à Bordeaux [1]. Elle y était attendue dans les derniers jours de mai 1650. Quelques soins qu'on eût pris d'y préparer les esprits, il s'en fallait encore de beaucoup qu'elle pût y pénétrer facilement, si les autorités s'entendaient pour y mettre obstacle.

Prévenu à temps de ses desseins, Mazarin se hâta d'envoyer les ordres du roi d'empêcher la princesse d'entrer dans la ville. En même temps, il chargeait Lavie d'aller préparer les voies aux porteurs de ceux de ces ordres adressés au Parlement. Ce corps était bien certainement celui qui devait et pouvait le mieux, s'il l'eût voulu, en assurer l'exécution. Le sentiment du devoir, le danger de plonger de nouveau le pays dans les malheurs auxquels il venait à peine d'échapper, traçaient, ce semble, aux magistrats la seule ligne qu'ils eussent à suivre. Ce ne fut pas la faute de Lavie s'ils s'en écartèrent. Dès son arrivée, précédant de quelques jours celle de la princesse, il s'était empressé d'agir dans le sens de sa mission. Ses démarches auprès de quelques membres influents du Parlement n'eurent pas de succès. On verra bientôt pourquoi.

[1] *Mémoires de Lenet*, t. I, p. 271. (*Collection de Mémoires sur l'histoire de France*, édit. Petitot.)

Plus heureux avec les jurats, il était parvenu à les amener, conformément à la volonté du roi, à fermer les portes de la ville, ce qui avait causé une grande agitation. Pour la faire cesser, ils s'adressèrent au Parlement. Cette Compagnie tenait donc, à ce moment, entre ses mains les destinées de l'avenir. Mais le peuple, séduit par les mêmes manœuvres qui avaient recommandé la cause des princes dans le Parlement même, et dont on peut voir le détail dans Lenet[1], le peuple remplissait les abords et la grande salle du palais. Il criait qu'il ne voulait point être enfermé dans la ville. Les magistrats cédèrent et prescrivirent aux jurats d'apaiser le désordre en rouvrant les portes, ce qu'ils se virent obligés de faire au milieu des acclamations: *Vivent le roi et messieurs les princes!* que la multitude les força de répéter avec elle. Les plus ardents avaient même été par avance briser les serrures de deux portes. Sur le rapport fait à la Cour, elle se borna à ordonner, sans assemblée des chambres, qu'il serait informé contre les auteurs du bris de serrures, et on continua les audiences comme à l'ordinaire. Cependant le président Daffiz, alors à la tête de la Compagnie, avait reçu les mêmes ordres que les jurats. Mais les hésitations, la peur même des uns, devenaient, comme il arrive toujours en pareil cas, complices des mauvais desseins des autres. La princesse entra donc le 30 mai dans Bordeaux avec son fils. Quelques jours après, elle

[1] *Mémoires de Lenet*, t. I, p. 276 et suiv. (*Collection de Mém. sur l'histoire de France*, édit. Petitot.)

y était suivie des ducs de Bouillon et de La Rochefoucauld, qui avaient déjà levé quelques troupes en Limousin et en Saintonge et se tenaient prêts à les introduire dans la cité.

Cependant, presque en même temps que ceux qui venaient ainsi recommencer la guerre civile en Guyenne, arrivait l'envoyé du roi chargé de la prévenir. C'était encore d'Alvimare, que l'on a vu porteur, au mois de décembre précédent, du traité qui y avait mis fin. On l'avait alors reçu avec joie; les conjonctures actuelles lui préparaient un accueil bien différent. Arrêté en arrivant, en butte à la fureur du peuple, son caractère inviolable ne l'y eût pourtant pas soustrait, si la princesse, comprenant qu'un tel attentat perdrait à jamais sa cause, ne se fût entremise pour le protéger. Conduit chez le président Daffiz et ensuite chez l'avocat général Dussault, l'un et l'autre refusèrent de recevoir la lettre qu'il apportait, le premier par crainte de se compromettre, le second par suite de son dévouement sans réserve aux intérêts des princes. Tout conspirait ainsi à entraîner de plus en plus le Parlement dans leur parti. Celle qui le représentait à Bordeaux et les habiles conseillers dont elle était entourée ne perdirent pas un moment pour profiter de cette disposition générale des esprits.

Dès le 1er juin, la princesse avait présenté au Parlement une requête contenant le récit de l'arrestation de son époux et des persécutions dirigées contre sa famille par le premier ministre. Le rédacteur de cette pièce y avait mis tout son talent et toute son expérience, et ce n'est pas peu dire quand on parle de Lenet, ancien conseiller d'État et auparavant procureur général au Parlement de Bourgogne, homme d'esprit s'il en fut[1] et type achevé de l'intrigant politique. Les conclusions de la requête, après une violente diatribe à l'adresse du cardinal Mazarin, dénoncé comme voulant établir sa tyrannie sur les ruines d'une maison qui avait tant de fois empêché celle du royaume; après une peinture éloquente des services éclatants rendus par le premier prince du sang au roi et à l'État, tendaient à supplier la Cour de prendre sous sa sauvegarde et protection son épouse et son fils, M. le duc d'Enghien, et tous les siens, avec défense d'attenter à leurs personnes directement ou indirectement [2].

Une princesse du sang aux pieds de la Justice, c'était déjà de quoi en flatter les ministres; mais on résolut dans son conseil de rendre le recours plus efficace encore par une sorte de mise en scène, en y ajoutant les formes usitées alors pour les parties suppliant leurs juges.

Elle se rendit donc au palais le 2 juin, jour auquel la requête devait être mise en délibération, et accompagnée de son fils. A mesure que les magistrats entraient en la grand'chambre, elle s'adressait à eux toute en larmes, implorant leur appui et les attendrissant par l'éloquence naturelle dont elle était douée. Le

[1] Madame de Sévigné, qui l'avait beaucoup connu, disait qu'*il en avait comme douze*. (Édit. Hachette, t. IX, p. 69.)
[2] D. Devienne, *Histoire de Bordeaux*, Ire partie, p. 368.

jeune prince se jetait à leur cou, les conjurait de lui accorder leur protection. C'est sous l'empire de ces émotions que les membres de la Cour allaient prendre leur siége; et comme si ce n'eût pas encore été assez, pendant qu'ils délibéraient, la princesse se précipita dans la chambre du conseil. Elle allait s'y mettre à genoux, lorsqu'on l'en empêcha. Alors, d'une voix entrecoupée de sanglots : « Je viens, Messieurs, dit-elle, demander justice au roi, en vos personnes, contre les violences du cardinal Mazarin, et remettre la mienne et mon fils entre vos mains. Il n'est âgé que de sept ans. Son père est dans les fers. Vous savez tous, Messieurs, les grands services qu'il a rendus à l'État, l'amitié qu'il vous a témoignée dans toutes les occasions, celle qu'avait pour vous mon beau-père. Laissez-vous toucher de compassion pour la plus malheureuse maison qui soit au monde et la plus injustement persécutée. » Le duc d'Enghien mit un genou en terre et s'écria : « Servez-moi de père, Messieurs, le cardinal Mazarin m'a ôté le mien ! » Un spectacle aussi pathétique ne laissait guère de place au calme nécessaire pour délibérer. Le président Daffiz pria la princesse de se retirer pour rendre à la Cour toute sa liberté. Il la fit engager même à quitter le palais, mais cela n'entrait pas dans ses vues ni dans celles de ses conseillers. Il leur fallait encore agir par sa présence sur la foule qui réclamait à grands cris un arrêt favorable, menaçant, au cas contraire, le Parlement de son ressentiment. Les gens du roi furent entendus. Lavie parla le premier et s'efforça de faire prévaloir un moyen terme, consistant à renvoyer au roi la requête sans qu'elle fût lue. Dussault conclut dans un sens tout opposé, ainsi qu'on devait s'y attendre. L'arrêt, après une discussion prolongée, fut rendu en ces termes : « La Cour, suivant les Registres de ce jour, a ordonné que la requête de la dame princesse de Condé et le Registre seront envoyés à Sa Majesté, et qu'elle sera très humblement suppliée, attendu les protestations et déclarations faites par ladite dame de son inviolable fidélité à son service, d'agréer qu'elle et le jeune duc d'Enghien, son fils, restent dans la ville en toute sûreté, sous sa sauvegarde et celle de la Justice. » L'allusion aux intentions de la princesse se rapportait à la précaution prise par le Parlement avant l'arrêt de lui envoyer le doyen des conseillers Pomiers de Francon et le conseiller Taranque, rapporteur de la requête, pour prendre d'elle l'assurance que, dans le cas où elle serait admise à rester à Bordeaux, elle y entendait vivre en bonne et fidèle sujette du roi, et qu'elle emploierait son autorité pour empêcher qu'il s'y passât rien contre son service. La réponse avait été, bien entendu, conforme à l'interpellation. Le lendemain, la princesse alla remercier tous ses juges. Le Parlement ne lui rendit pas sa visite en corps, mais ses membres la virent individuellement. On croyait, par là, concilier les convenances avec les défenses du roi. Les jurats seuls ne se présentèrent pas chez elle, influencés, dit-on, par Lavie. Le peuple leur témoigna son mécontentement par des menaces, au point qu'ils n'osèrent, pendant plusieurs jours, se rendre à l'Hôtel de Ville et voulurent abandonner leurs fonctions. Ainsi, la seule présence de la princesse à Bordeaux y était déjà un sujet d'effervescence publique, d'atteintes à l'indépendance de la magistrature, de révolte contre l'autorité municipale. Là ne devaient pas se borner les suites de l'asile donné à un tel hôte.

Les ducs de Bouillon et de La Rochefoucauld n'étaient pas encore entrés dans la ville même et demeuraient dans les faubourgs, à cause d'une déclaration du roi qui les concernait particulièrement. Le Parlement hésitait à la transgresser, malgré une requête qu'ils lui avaient adressée à ce sujet et dont ils n'attendirent même pas le résultat pour pénétrer dans Bordeaux, comme l'avait fait celle dont ils venaient y soutenir la cause. Il est vrai que leurs amis dans le Parlement les avaient assurés qu'ils y auraient gain de cause à son exemple. La même certitude avait été transmise à la princesse, qui manifesta l'intention de présenter elle-même leur requête. Mais l'affaire ne marcha pas aussi aisément qu'on l'avait cru d'abord. Lavie parvint à en faire prononcer l'ajournement, et, pour produire une diversion avantageuse à ses projets de négociation de la paix, obtint que d'Alvimare fût enfin entendu. Les magistrats, sensibles à l'appel qu'il faisait à leur protection et se piquant d'honneur d'y pourvoir, avaient déjà pris des dispositions dans ce but, lorsque ceux qui tenaient le fil de toutes les intrigues en nouèrent une nouvelle pour se débarrasser de cet envoyé dont la présence les contrariait. Le soulèvement du peuple fut encore l'arme à laquelle ils eurent recours. La foule entoura la maison où se trouvait d'Alvimare, et qui n'était autre que celle du marquis de Lusignan. Elle menaçait de mettre en pièces l'homme qu'on lui avait dépeint comme l'émissaire du cardinal Mazarin. Effrayé de ces cris de mort, d'Alvimare fut aisément amené à consentir de quitter Bordeaux au plus vite, ce qui s'exécuta par l'entremise même de l'auteur de ce stratagème, Lenet, qui n'a mis, du reste, ni mystère ni embarras à en convenir. L'affaire des ducs ne devait donc plus désormais présenter de difficulté, d'autant plus que la princesse, offensée du retard qu'elle subissait, se plaignait qu'on lui avait manqué de parole. Elle menaçait même de sortir de Bordeaux si on ne lui donnait pas satisfaction. Or, il suffisait qu'une pareille rumeur fût répandue dans la ville pour y exciter la plus vive émotion, tant la princesse y était populaire, grâce surtout à ses largesses.

La peur dicta encore au Parlement, en faveur des ducs, un arrêt semblable à celui qu'avait obtenu la princesse. Mais on avait compté sans le courage d'un magistrat étranger à l'influence qui dominait les autres. Lavie fit distribuer des copies des instructions particulières données à lui et à d'Alvimare contre l'entrée des deux ducs et appela les jurats à le seconder. Ceux-ci étaient les mêmes qui avaient été nommés naguère sous la direction du Parlement. On ne pouvait donc les accuser d'autres vues que d'épargner à leurs concitoyens le retour des maux qui venaient à peine de finir. Mais il était des hommes ayant des intérêts différents : Sauvebœuf et Lusignan, par exemple, généraux sans armée depuis la paix. Ils se mirent à la tête des ennemis de Lavie, et il y en avait beaucoup dans une ville en proie à l'esprit de faction. Sauvebœuf, le plus animé contre lui et d'un caractère emporté, courut à la maison de l'avocat général, dont les portes furent enfoncées. Lavie réussit à s'échapper et à se réfugier dans le couvent des Feuillants. Cependant les larmes de sa femme touchèrent Sauvebœuf, qui la protégea contre la fureur des assaillants. Il alla ensuite s'efforcer de persuader à Lavie de quitter la ville, à quoi l'intrépide magistrat opposait un refus obstiné. Ce ne fut qu'à la vue de sa femme et de ses enfants que le peuple voulait prendre pour victimes, qu'il se laissa vaincre et consentit à s'éloigner. Dans l'intervalle, sa maison était livrée au pillage, et on enleva jusqu'aux portes et aux fenêtres. Elle eût même été brûlée sans Sauvebœuf, dont l'intervention préserva des mêmes dévastations deux autres habitations que Lavie avait à la campagne, non loin de Bordeaux. Il fallut que le Parlement fît mettre des gardes aux portes pour empêcher ces nouvelles violences. L'avocat général put s'embarquer pour Blaye, sous l'escorte de Sauvebœuf et du conseiller de Mirat. Les informations ordonnées sur sa plainte en restèrent là. Il aurait fallu remonter aux véritables auteurs de ces désordres, et ils étaient à l'abri de toute atteinte. On eut honte de sévir contre de misérables et obscurs instruments, et personne ne fut puni. Quant aux jurats, exposés aux mêmes traitements, ils ne durent d'y échapper qu'à leurs liens de famille avec les parlementaires. D'ailleurs ils se résolurent enfin à visiter la princesse.

Son parti s'occupait d'organiser des moyens de défense d'autant plus nécessaires que l'attaque préparait les siens. C'étaient, en premier lieu, les troupes sous les ordres du duc d'Épernon, puis celles du maréchal de La Meilleraye que le cardinal Mazarin envoyait en Guyenne. On cherchait à Bordeaux de tous côtés des alliés pour leur résister, d'abord parmi les protestants, dont le chef dans cette province et celles du voisinage, le duc de La Force, vivement sollicité de prendre les armes contre la cour, ne se pressa pas de répondre. La fidélité du duc de Saint Simon, gouverneur de Blaye, fut également tentée, car cette place avait une grande importance, comme on l'a vu toutes les fois qu'il en a été question dans cette histoire, relativement à Bordeaux. Cette double négociation était d'un succès difficile, tant que la cause des princes n'en avait pas obtenu elle-même. Une troisième entreprise, qui en promettait davantage, mais d'une nature bien plus grave pour ceux qui y recouraient, fut dès lors commencée par eux; mais, avant d'en parler plus au long, il importe de faire connaître les premiers incidents de la nouvelle guerre qui s'engageait aux environs de Bordeaux et auxquels fut mêlé le Parlement.

Les ducs, qui avaient amené avec eux plusieurs gentilshommes et quelques soldats, comprirent qu'ils ne pouvaient rester dans une complète inaction. Aussi, en attendant que des ressources qu'ils espéraient seulement alors, leur permissent de plus grands efforts, ils firent une démonstration dans les environs de Libourne, où le frère naturel du duc d'Épernon, qu'il avait appelé à lui dès avant la fin de la dernière campagne, et qui prenait le titre de général de La Valette, commandait les troupes du gouverneur. L'expédition des ducs se borna à occuper Vayres et à y laisser des troupes et des approvisionnements. Bourg eût été une position plus militaire à prendre; mais l'approche du maréchal de La Meilleraye avec des forces considérables, les obligea d'y renoncer. On dut se rabattre sur le Médoc pour s'emparer de la plus forte place de cette contrée, Castelnau, qui se rendit au comte de Meilles sans résistance. Il se saisit ensuite des ports de La Teste et d'Arcachon, afin de préparer des lieux de débarquement pour des secours attendus du dehors et que la surveillance exercée à Blaye par le duc de Saint-Simon ne permettait pas d'espérer de ce côté-là.

Un revers beaucoup plus sensible que ces avantages vint bientôt en tempérer la satisfaction. Ce fut la prise de l'île Saint-Georges, localité très voisine de Bordeaux, par les gens du duc d'Épernon. Mais qu'aurait dit la population de cette ville, qui en fut très alarmée, si elle avait su que c'était l'effet d'une manœuvre des chefs de la Fronde, concertée pour forcer la main au Parlement, trop lent à leur gré à prendre tout à fait parti pour les princes? Tel était cependant leur but, et voici comment il fut atteint. Le mécontentement public se manifesta, comme à l'ordinaire, par des rassemblements au palais. On criait à la trahison. Le Parlement ne put donc se dispenser de donner l'ordre aux bourgeois de s'armer pour garder les portes de la ville, car les habitants se croyaient à la veille d'y voir entrer le duc d'Épernon. L'arrêt de la Cour prescrivit en outre une assemblée générale de tous les corps pour organiser la défense commune. Il alla même plus loin en confiant aux ducs celle des faubourgs Saint-Seurin et de La Bastide et en autorisant le prélèvement sur les caisses publiques de 10,000 écus, qui seraient prêtés à la princesse pour la formation de deux régiments d'infanterie. Le conseiller d'Espagnet, toujours belliqueux, fut le promoteur de ces mesures militaires.

Ce premier pas du Parlement dans la voie du recours patent aux armes ne suffisait pas pour contenter ceux qui auraient voulu l'entraîner plus loin, c'est-à-dire à s'unir aux princes et à rompre ainsi le dernier lien de fidélité à l'autorité royale. Ils espérèrent l'y amener au moyen de l'assemblée que lui-même avait indiquée. Dès son ouverture, la proposition d'union fut faite formellement. En vain les députés du Parlement représentèrent-ils que tel n'était pas l'objet de la délibération. On se plaignit de la restriction apportée à la liberté des opinions. Il fallut laisser celles-ci se produire, et l'Union fut votée à la majorité des voix, malgré les nouvelles observations des magistrats. Le Parlement, il est vrai, n'était pas compris dans le vote, mais il demeurait invité à agir contre tout *épernoniste* ou *mazarin* de l'intérieur. Ainsi, désormais le cardinal était associé au gouverneur dans l'expression de la haine publique : grand point obtenu par les instigateurs de toutes ces démonstrations. Dès le lendemain, ils recueillaient les fruits de leurs intrigues.

Le maréchal de La Meilleraye était venu en Guyenne selon les ordres dont il était porteur, l'épée d'une main et la branche d'olivier dans l'autre. Il envoya par un trompette une lettre au Parlement. Elle portait que le roi avait enfin résolu de répondre au vœu des habitants de la province en ôtant au duc d'Épernon son gouvernement, pourvu que ceux qui étaient venus depuis peu se réfugier à Bordeaux fussent contraints d'en sortir. C'était assez clairement désigner la princesse et les ducs, quoiqu'ils ne fussent pas nommés. Le Parlement se trouva d'autant plus embarrassé que, quelque temps auparavant, ayant envoyé à celui de Paris le conseiller Voisin pour solliciter son appui et ses conseils dans les conjonctures critiques où il se trouvait, ce député avait reçu l'assurance de la bouche même du duc d'Orléans, présent à la séance, que le roi avait rappelé le duc d'Épernon près de lui et, en même temps, celle des dispositions les plus favorables pour les magistrats de Bordeaux, que l'on savait plutôt trompés que coupables. Comment donc éluder les ouvertures si conformes à ces avis du maréchal de La Meilleraye? Il paraît que les opinions furent très partagées dans la délibération, les uns penchant pour les écouter, les autres pour refuser de les accueillir. L'intimidation exerça encore ici, tout porte à le croire, son influence accoutumée. Renvoyer la princesse et les ducs, c'était s'exposer à devenir victimes de la colère du peuple. Mais comme un tel motif de décision ne pouvait être avoué, il fallut aviser à en trouver un autre. On imagina, à cet effet, un de ces faux-fuyants peu honorables pour ceux qui y recourent. Ce fut de quereller le maréchal de La Meilleraye sur le mode par lui pris de communiquer avec le Parlement. Il avait transmis sa lettre par un trompette, comme si le Parlement eût été en guerre avec le roi, tandis qu'il eût dû, à son entrée dans le ressort de la Cour, lui faire parvenir ses pouvoirs et sa commission de négociateur. On lui renvoya donc sa dépêche dont il paraissait qu'on n'avait pas pris lecture, tandis que le contraire était certain, son contenu même ayant déterminé la résolution adoptée. Il faudrait souhaiter, pour l'honneur du Parlement, que cette circonstance eût été la seule où la politique l'eût conduit à bannir la vérité de ses actes.

Quoi qu'il en fût, il n'avait qu'ajourné et non résolu les difficultés de sa position. Les mauvaises nouvelles du dehors, les ombrages qu'elles suscitaient étaient toujours des causes ou des prétextes de manifestations menaçantes contre lui. On s'en prit, cette fois, au président Daffiz, en particulier, de ce que sa

Compagnie reculait encore devant l'union avec les princes, mot d'ordre évidemment donné à la multitude. Il est temps de faire connaître ce magistrat que son rang, en l'absence du premier président exilé du palais, avait appelé au dangereux poste de chef de la Compagnie. Double malheur pour elle et pour lui! Une élocution facile, qu'il aimait à faire briller, constituait à peu près tout son mérite. La vanité avait aussi beaucoup de prise sur lui, mais il était dépourvu de fermeté d'âme et, ce qui est bien plus fâcheux, de moralité. Quoique très riche, il était esclave de l'avarice. Comment expliquer autrement sa facilité à accepter les dons de la princesse de Condé, non seulement en diamants, mais encore en argent? — Tel était l'homme auquel on s'en prenait, parmi les frondeurs, de ce que le Parlement n'avait pas encore consenti à donner les derniers gages de son entier asservissement au parti. Ils se transportèrent chez lui, le traitèrent de mazarin, le menacèrent de mort ou tout au moins de le renvoyer à Toulouse, son pays d'origine. L'assistance de l'avocat général Dussault le sauva du danger. Il songeait à s'y soustraire en quittant cependant la ville, lorsque le Parlement le fit prier de rester, en lui promettant de pourvoir à sa sûreté. Une explication qu'il eut avec Lenet, et que raconte celui-ci dans ses Mémoires, où il ne cache pas son peu d'estime pour Daffiz, décida ce dernier à ne pas s'éloigner. Le résultat de cette conférence fut un nouvel arrêt contre le duc d'Épernon, son frère le général de La Valette et leurs adhérents, qui ne différait guère des sentences qui l'avaient précédé; mais Lenet l'avait jugé suffisant dans les circonstances. D'ailleurs, ni lui ni ses cointéressés n'avaient renoncé à obtenir du Parlement les dernières concessions. Jusque-là on lui faisait de nouveau prendre part à l'action commune contre l'ennemi public par la nomination de quatre commissaires, les conseillers Blanc de Mauvesin, Florimond de Rémond, d'Espagnet et Mirat, pour assister à tous les conseils de guerre tenus en vue des prochaines expéditions.

La première qu'on y résolut était la reprise de l'île Saint-Georges. Elle fut néanmoins précédée de précautions pour la sûreté de la ville, auxquelles concoururent d'autres magistrats, préposés, les uns à la direction d'un quartier, comme les conseillers Bordes et Monier au faubourg de Saint-Seurin, de Fayard à La Bastide; les autres, Muscadet et Pichon à l'artillerie; Boucaut, Le Roux et Dussault à la distribution des deniers du convoi; d'Alesme à un armement sur la rivière. La participation du Parlement aux opérations militaires s'accentuait donc ainsi de plus en plus. Elle alla même quelquefois de la part de quelques membres jusqu'à payer de leurs personnes. Ainsi, dans une affaire fort peu brillante, du reste, pour les armes bordelaises, entreprise, malgré toutes les représentations des gens de guerre, pour reprendre le château de Blanquefort, mal à propos évacué par un des généraux, laquelle échoua complètement, le président

Pichon, qui, dit Lenet, se piquait de chevalerie, eut un cheval tué sous lui, ce qui ne l'affligea nullement malgré la perte par lui éprouvée; car la princesse de Condé, attentive à flatter son goût, lui avait fait présent de plusieurs beaux chevaux. L'attaque de l'île Saint-Georges fut plus heureuse. La position reconquise, une partie de la garnison tuée, le reste fait prisonnier dans l'église où, menacé de périr par le feu, il se vit forcé de se rendre, constituaient un succès propre à dédommager de l'échauffourée de Blanquefort. On en fut si enivré à Bordeaux, que le peuple voulait massacrer les prisonniers, ce que le duc de Bouillon eut beaucoup de peine à empêcher. Parmi les productions locales consacrées à célébrer cette victoire, les mémoires contemporains signalent une relation du curé Bonnet, empreinte d'un tel fanatisme politique que la princesse se crut obligée d'en arrêter la publication.

Il faut maintenant remonter à une date antérieure à ces derniers événements, pour placer à celle qui lui appartient le point de départ des négociations entamées entre le parti des princes à Bordeaux et le baron de Vatteville, agent de la cour d'Espagne, qui déjà y avait été appelé, ainsi qu'on l'a vu, par les généraux de la première Fronde. Dès son arrivée, la princesse de Condé avait essayé de renouer avec lui des intelligences bien nécessaires, car elle manquait d'argent. Vatteville ne demandait pas mieux, et, en réponse à une première demande, il envoya une lettre de change de 100,000 livres tirée sur un banquier de Bordeaux, qui refusa néanmoins de la payer, faute par les Espagnols d'avoir fait les fonds. Ce début n'était pas encourageant. Mais la princesse et ses conseils n'étaient pas en position de s'en offenser. Non contente d'accréditer auprès de Vatteville un certain baron de Baas, lieutenant du roi à Rocroi, avec pleins pouvoirs de conclure un traité semblable à celui que les autres mandataires de son époux en Flandre avaient déjà signé avec Sa Majesté Catholique, elle envoya plus tard un nouveau plénipotentiaire à Vatteville, qui en avait demandé un plus marquant. Ce fut Sauvebœuf, que son caractère insoumis rendait peu propre à servir sous les ordres des ducs à Bordeaux et dont on se débarrassa ainsi en lui adjoignant Sillery, investi de la confiance de la maison de Condé. Ils s'embarquèrent sur un bâtiment espagnol que Vatteville était parvenu à faire remonter à Bordeaux; mais le duc de Saint Simon, gouverneur de Blaye, les fit attaquer à leur passage et serrer de si près qu'ils furent forcés de se jeter dans un esquif pour gagner la côte, d'où ils se rendirent comme ils purent en Espagne. Lavie, qui était toujours à Blaye, crut devoir écrire à ce sujet au Parlement. Il lui dénonçait ceux qui avaient eu l'audace de faire venir un navire ennemi jusque dans le port de Bordeaux, demandait qu'on en fît une justice exemplaire et qu'on avertît la princesse du tort que lui faisait sa liaison avec des hommes capables d'appeler ainsi l'étranger et l'ennemi pour traiter avec lui. Sa lettre témoignait des sentiments les plus patriotiques. Le duc de Saint-Simon s'adressait à peu près dans les mêmes termes au président Daffiz. Ces communications furent très mal reçues. Le Parlement s'offensa de ce que l'on eût voulu en quelque sorte lui donner des leçons, nom qu'appliquent toujours à des conseils ou des avertissements, même les plus sages, ceux qui ne veulent pas les suivre.

Les messagers de la princesse ayant réussi à joindre Vatteville, il commença par faire acquitter la lettre de change une première fois refusée. Il annonça bientôt un envoi plus considérable sur trois frégates qui devaient louvoyer à l'embouchure de la Gironde jusqu'à ce qu'on les aidât à forcer le passage devant Blaye. Sur cet avis, plusieurs bâtiments de diverses grandeurs furent amenés à Bordeaux et allèrent au devant des Espagnols, après s'être emparés du seul garde-côte de Blaye impuissant à les arrêter. La flottille combinée ne tarda pas à arriver à Bacalan, entrée du port de Bordeaux. Elle amenait D. Joseph Ozorio, porteur du traité signé par Vatteville avec le baron de Baas, et mouilla pendant la nuit. Le lendemain matin 8 juillet, la vue du pavillon espagnol ne laissa pas d'exciter une surprise mêlée de quelques murmures. Mais la princesse, de l'avis d'un conseil où assistaient, dit Lenet, des commissaires du Parlement, les jurats et quelques-uns des principaux bourgeois, résolut de ne pas s'arrêter à ces signes de mécontentement, afin de faire voir aux étrangers qu'elle était maîtresse dans Bordeaux. En conséquence, une réception publique et splendide fut faite à Ozorio, amené au logis de Lenet dans un carrosse à six chevaux escorté de gentilshommes, en le faisant passer par une des promenades les plus fréquentées de la ville. On donna à l'envoyé une fête brillante. Dans son entrevue avec la princesse, les assurances les plus fortes de la protection du roi son maître furent prodiguées de sa part et reçues avec les marques de la plus vive reconnaissance. Le lendemain cependant, quand l'examen du traité révéla que le secours apporté avec tant d'apparat se bornait à une somme de 60,000 livres, l'aigreur prit presque la place des compliments. Il y eut même de vifs reproches adressés à Ozorio dont le sang-froid, l'adresse et surtout les nouvelles promesses étaient parvenues à ramener le calme, lorsqu'un orage inattendu vint menacer de rendre entièrement stériles des avantages dont la médiocrité ne rachetait pas assurément les sacrifices de tout genre qu'ils avaient coûtés.

On apprit tout à coup, en effet, que ce même jour 9 juillet, le Parlement rassemblé extraordinairement venait de délibérer sur ce qui se passait depuis la veille au vu et su de tous : l'arrivée et la réception sur des bâtiments de sa nation d'un envoyé de la puissance avec laquelle la France était en guerre en ce moment. Un arrêt solennel était rendu. Il portait « qu'il serait informé de l'arrivée de frégates biscaïennes dans le port, de l'entrée dans Bordeaux d'un personnage sujet du roi d'Espagne; qu'il en serait fait recherche pour être mené, sous bonne et sûre garde, dans les prisons de la conciergerie de la Cour; injonction à tous les sujets du roi, de quelque qualité et condition qu'ils fussent, de s'en saisir, d'arrêter les frégates et ceux qui les montaient, et, en cas de résistance, de leur courir sus, avec défense de donner retraite, soit au personnage étranger, soit à tous autres l'ayant accompagné, de leur fournir ni vivres ni subsistances; en un mot, qu'il serait procédé extraordinairement, selon la rigueur des ordonnances, devant des commissaires à ce députés. » Il fut arrêté en même temps qu'on enverrait les conseillers Blanc de Mauvesin et d'Espagnet à la princesse pour lui donner avis de la délibération du Parlement, et la prier d'en poursuivre l'exécution, la Compagnie étant persuadée que, suivant ses premières protestations, elle n'avait aucune part à l'arrivée des frégates.

La surprise de la princesse et de tous ceux qui l'entouraient fut, comme on l'imagine aisément, égale à son mécontentement en entendant les députés. Elle se retrancha dans des protestations nouvelles de sa fidélité au roi et de sa reconnaissance pour la Compagnie, y mêlant ses plaintes ordinaires contre le duc d'Épernon et le cardinal Mazarin. Quant aux faits relatés dans l'arrêt, elle ne s'en expliqua pas, puisqu'il lui aurait été également difficile de les avouer et de les nier. Les commissaires se retirèrent pour porter sa réponse à leur Corps.

Délibérant ensuite avec ses conseillers, la princesse

fut amenée à considérer l'incident qui se présentait inopinément sous des aspects moins désavantageux qu'on l'aurait cru d'abord; qu'il y avait même un utile parti à en tirer. On chercha donc à persuader à Ozorio que tout ce qui venait d'arriver était le résultat du mécontentement du président Daffiz, parvenu à connaître la modicité de la somme apportée et qui trompait ainsi ses propres calculs de cupidité; qu'il fallait que les promesses de l'augmenter faites par Ozorio fussent tenues; qu'on se faisait fort d'empêcher l'exécution de l'arrêt rendu à une simple majorité de voix; qu'alors rien ne ferait obstacle à la poursuite des opérations militaires; que, jusque-là, tout ce que la princesse avait d'argent à sa disposition serait consacré à l'achat des munitions de guerre ou de bouche, sans en distribuer aucune portion à ses partisans. Mais, vis-à-vis du Parlement, les frondeurs se servirent d'autres arguments. Ils firent jouer de nouveau les ressorts accoutumés pour en avoir raison, et, toujours maîtres du peuple qu'ils conduisaient à leur gré, ils lui persuadèrent que c'était la Compagnie qui s'opposait à la continuation de la guerre et tarissait ainsi la source des bienfaits de la princesse. Par ses insinuations, ils parvinrent à susciter la crise la plus dangereuse qui eût encore éclaté depuis le commencement des troubles.

Le 11 juillet, comme les Enquêtes demandaient l'assemblée des chambres pour la lecture de l'arrêt du 9, pendant qu'on délibérait, le procureur général vint rendre compte de la présence au palais d'une

grande foule qui s'avançait jusqu'aux portes de la salle d'audience. Bientôt un huissier annonça que ce local même était envahi. Le président Daffiz voulut alors interrompre toute délibération, sur le motif que la Cour n'était pas libre. On s'occupa de transmettre aux jurats l'ordre de veiller à la sûreté du Parlement, en faisant mettre les compagnies bourgeoises sous les armes. Diverses tentatives pour obtenir l'évacuation du palais par représentations ou par menaces n'avaient eu aucun succès, lorsqu'un gentilhomme arriva de la part de la princesse pour savoir si la Cour agréerait qu'elle envoyât des troupes pour la défendre. On lui fit répondre, par les conseillers Blanc de Mauvesin et d'Espagnet, que la Compagnie la remerciait et qu'elle lui continuerait toujours sa protection ainsi qu'à sa maison. Les magistrats essayèrent alors de sortir, le président Daffiz en tête, revêtu de sa robe rouge; mais la multitude en armes s'y opposa. Les épées furent tirées; on les menaça de mort, et dans le tumulte plusieurs furent renversés. Le président Pichon et le conseiller Desbordes reçurent même des blessures quoique légères. Tous se virent donc obligés de rentrer dans la chambre du conseil, où le procureur général prit des réquisitions afin d'enjoindre aux jurats de délivrer le Parlement de l'oppression sous laquelle il se trouvait. En ce moment, deux gentilshommes se présentèrent au nom des ducs pour offrir leurs services et ceux des gens de guerre sous leurs ordres pour faire évacuer le palais. On leur répondit que de pareilles offres ne pouvaient être acceptées que de la part de ceux qui étaient dépositaires de l'autorité royale, offensée elle-même si gravement par tout ce qui arrivait. La princesse envoya à son tour réitérer les mêmes propositions et reçut les mêmes réponses; elle crut, toutefois, devoir venir en personne, accompagnée de Lenet seulement et de ses femmes. Averti de son arrivée par les acclamations du dehors, le Parlement lui envoya le procureur général, auquel elle exprima tout son déplaisir des désordres dont elle était témoin et des violences exercées sur quelques magistrats, et son dessein d'user de son influence pour y mettre un terme. Pendant que le procureur général rapportait ses paroles à la Compagnie, elle entra elle-même et les répéta. Après de nouveaux remercîments, la Cour lui représentant que les dangers qu'elle courait en ce moment ne provenaient que de la protection qu'elle lui avait accordée, lui fit sentir que la France apprendrait avec indignation que le seul Parlement qui eût fait des remontrances pour la liberté des princes était assiégé dans son propre palais par des gens qui en fermaient l'accès à ceux mêmes qui venaient le secourir. La princesse protestait qu'elle était au désespoir des insultes faites à la magistrature, et qu'elle ne sortirait pas du palais que tout ne fût pacifié. Au moment où elle pressait de nouveau pour qu'on lui permît de travailler utilement à rendre au Parlement sa liberté, on apprit que les jurats Pontac et Frans, et le procureur syndic marchaient sur le palais avec des bourgeois et les archers de la ville. La perspective d'une collision sanglante dans le palais même ayant donné lieu à quelqu'un d'émettre l'avis de prendre tous les moyens de prévenir une telle extrémité, et l'envoi d'un huissier aux jurats pour les engager à éviter autant que possible l'effusion du sang venant à l'appui de cette proposition, la princesse crut y voir les symptômes d'un commencement de frayeur parmi les magistrats. Elle saisit cette occasion pour renouveler l'offre de son intervention, en la couvrant, pour ménager les susceptibilités de ses auditeurs, d'une sorte de plaisanterie. « Je vois bien, Messieurs, dit-elle, ce qui vous tient. Vous ne seriez pas fâchés que je fisse retirer la populace et que je vous sauvasse du péril qui vous menace, mais la petite vanité gasconne vous empêche de m'en prier. » Affectant de prendre les sourires qui suivirent ces paroles pour un assentiment, elle sortit aussitôt, et, se faisant jour dans la foule armée, l'assura que le Parlement lui avait donné toute satisfaction. Arrivée sur le perron, et apercevant le jurat Pontac qui se disposait à commander une décharge, elle se mit à crier : *Vivent le roi et les princes!* et, prenant un ton d'autorité, ajouta : *Qui m'aime me suive!* Cet ordre, toutefois, ne fut pas obéi de la multitude tout entière. Il en resta assez pour que Pontac-Beautiran, qui avait fait prévenir les magistrats de son arrivée avec des secours, par un Basque parvenu jusqu'à la chambre du conseil en passant par dessus les toits, pénétrât enfin dans la grande salle du palais avec sa troupe. Alors s'adressant à la foule : « De par le roi, je vous commande à tous tant que vous êtes de sortir; insolents! Vous tenez la Justice assiégée. » Et comme aucun de ces gens ne bougeait, il ordonna aux siens de faire feu. Trois hommes furent tués, un pareil nombre fut blessé. Les autres demandèrent à capituler, ce qu'on leur accorda. Les magistrats purent alors sortir, défilant gravement deux à deux entre la haie formée par leurs sauveurs. Il était huit heures du soir, et il y en avait près de dix qu'ils étaient exposés aux derniers attentats.

Ce qu'on vient de lire est le récit de D. Devienne, tiré sans doute, puisqu'il les cite, des Registres du Parlement[1]. Nous avons tout lieu de croire à son exactitude, quoique nous soyons hors d'état de la vérifier par suite d'une lacune dans la copie de ces mêmes Registres venue jusqu'à nous [2]. Mais voici maintenant la relation de Lenet dans ses Mémoires, et l'on va voir qu'elle diffère à beaucoup d'égards, et sur des points très importants, de celle qui précède.

Selon Lenet, l'arrêt du 9 juillet contre l'Espagnol Ozorio portait bien, en effet, dans son texte officiel toutes les formules applicables en pareille matière, et de nature à faire croire que l'exécution en devait être poursuivie; mais au moment où la princesse et ses amis apprenaient avec stupeur un acte aussi hostile à ses intérêts, ils virent arriver les conseillers Mauvesin et d'Espagnet chargés de leur apporter des explications

---

[1] *Histoire de Bordeaux*, Ire partie, p. 385 et suiv.
[2] V. les Registres secrets du Parlement à la Bibliothèque de la ville. La lacune s'étend du 9 février au 16 octobre 1650.

destinées à servir de correctif à ce même arrêt. « Ils venaient lui faire entendre, dit l'auteur des Mémoires, qu'il n'avait été donné que pour mettre les magistrats à couvert envers le roi, qui pourrait quelque jour leur faire un crime de leur connivence, et envers les autres Compagnies du royaume, qui ne voudraient pas sans doute s'unir avec eux si elles savaient qu'ils fussent avec les ennemis de l'État; et ils ajoutèrent qu'il en avait été ainsi usé pour le mieux; mais que la princesse ne devait en être en aucune peine, parce qu'il y avait une délibération secrète de ne point exécuter cet arrêt[1]. » Lenet, qui l'appelle un coup de foudre, car nul ne s'y attendait, l'attribue au président Daffiz, homme inconstant et léger, qui donnait à tous sa parole et y manquait de même[2]. La princesse, toujours d'après lui, ne fit pas aux deux députés du Parlement la réponse équivoque et pleine de réticences que lui attribue la version suivie par D. Devienne. Elle n'hésita pas, au contraire, à convenir vis-à-vis d'eux de l'arrivée et de la réception de l'envoyé d'Espagne, en reprochant au Parlement de nuire, par ses mesures, au secours qu'elle attendait de son maître, et sans lequel elle ne pouvait continuer la guerre commencée de concert contre le cardinal Mazarin. Elle ajouta qu'elle voulait, une fois pour toutes, savoir si le ministre, qu'on disait se préparer à amener le roi en Guyenne, serait reçu ou non à Bordeaux, afin qu'elle prît de bonne heure ses

[1] *Mémoires de Lenet,* édit. de 1729, t. II, p. 12, 13 et suiv.
[2] *Id.*

précautions pour en sortir elle et son fils[1]. Malgré toute la franchise qu'il met ordinairement à avouer ses manœuvres exemptes de tout scrupule pour le succès de ses intrigues, Lenet ne convient pas ici qu'il en ait employé pour intimider le Parlement au sujet de son arrêté du 9 juillet. Il déclare même ne pas ajouter foi à certains bruits de cette époque accusant le duc de Bouillon d'avoir préparé sous main les scènes du 11 du même mois, en excitant le peuple contre le Parlement. Il n'en était pas besoin d'ailleurs d'après lui ; la rumeur qui avait couru que la princesse, ne se trouvant plus en sûreté à Bordeaux, avait résolu d'en sortir, suffisait bien pour exciter la colère de la multitude. Quant aux détails mêmes de ce qui se passa dans la journée du 11 au palais, Lenet diffère encore, dans sa manière de les retracer, avec l'historien de Bordeaux. Le premier représente l'émeute comme si menaçante qu'il fit lui-même de vains efforts pour la dissiper. Il en attribue tout l'honneur à la princesse, dont l'influence seule obtint ce résultat. Nulle mention, d'ailleurs, par lui, de l'arrivée de Pontac de Beautiran avec des renforts et de sa victoire sur les séditieux.

Telles sont les deux versions très divergentes — comme on peut en juger — sur les principales circonstances de ce grave incident. De quel côté est la vérité ?

Si elle se rencontre dans les Registres du Parlement

---

[1] *Mémoires de Lenet,* édit. de 1729, t. II, p. 12, 13 et suiv.

où D. Devienne a puisé sa narration, cet écrivain a eu toute raison de la terminer en disant que dans la journée du 11 juillet, ce corps « fit le personnage » qui convenait à une Compagnie aussi respectable » et montra une grandeur d'âme et une fermeté » romaines [1]. » Éloge auquel nous serions heureux de nous associer. Si, au contraire, Lenet a fidèlement rapporté les faits tels que nous les lui avons empruntés, comment souscrire à ce même éloge? Dans ce dernier cas, l'arrêt du 9 juillet rendu contre ceux qui avaient introduit dans Bordeaux l'Espagnol Ozorio, ce vigoureux arrêt destiné à frapper de la vindicte publique un crime d'État, n'est plus qu'une lettre morte, un faux semblant de justice et de loyauté. Alors les dangers qu'aurait courus le Parlement deux jours après n'avaient pas une cause honorable. Au lieu de l'admiration due au courage des magistrats exposés à payer de leur vie l'accomplissement de leur devoir, il n'y aurait plus de place, pour caractériser leur conduite, qu'à ce sentiment d'une nature bien différente, que fait naître la vue de gens pris au piége de leur propre duplicité.

Notre devancier s'est facilement dispensé de l'examen critique de ce point d'histoire si important en gardant le plus complet silence sur le passage des Mémoires de Lenet relatif à ces événements, quoiqu'il ait fait d'ailleurs de cet ouvrage un usage aussi fréquent que nous-mêmes. Mais après avoir omis, et

[1] *Histoire de Bordeaux*, Ire partie, 1re édit., p. 393.

volontairement sans doute, d'y puiser dans cette circonstance, cherchant ailleurs une autorité favorable à son parti pris de faire du Parlement le panégyrique qu'on a lu, D. Devienne cite les Mémoires du cardinal de Retz, où celui-ci déclare qu'il tenait du duc de Bouillon que, dans l'affaire d'Ozorio, cette Compagnie avait fait preuve du plus grand courage [1]. Or si le duc de Bouillon a été sincère dans ce tribut de louanges payé au Parlement de Bordeaux, s'il n'y a eu de sa part aucun intérêt de rapporter ce qui s'était passé d'une manière différente de Lenet, voilà deux témoins et acteurs mêmes de faits s'étant accomplis sous leurs yeux, qui les peignent sous des couleurs très diverses. Choisir entre ces deux dépositions si peu d'accord entre elles est un véritable sujet de perplexité, et ce terme n'a rien d'exagéré lorsqu'il y va de l'honneur d'une grande Cour de justice.

Mais il est une circonstance de nature peut-être à faire ici pencher la balance. C'est encore D. Devienne qui nous l'apprend, les Registres du Parlement sous les yeux [2]. Peu de jours seulement après les scènes du 11 juillet, ce corps, qui venait de sévir naguère avec tant de vigueur, en apparence au moins, contre

---

[1] *Mémoires du cardinal de Retz*, t. II, p. 164, édit. de 1777. En rapportant, du reste, ce que lui avait dit à ce sujet le duc de Bouillon, de Retz ajoute : « Ce qu'il y a de curieux, c'est qu'on crut à la cour » que tout ce que faisait le Parlement n'était que grimace. » En présence du récit de Lenet, cette méfiance de la cour est bien curieuse aussi.

[2] *Histoire de Bordeaux*, Ire partie, p. 394.

le moyen criminel d'un recours à l'ennemi de l'État par le parti des princes; qui avait résisté à l'émeute voulant lui arracher la rétractation de son arrêt; ce même corps se ralliait tout à coup à ce parti et y adhérait enfin complètement par l'union qu'il lui avait refusée jusque-là. Ce brusque revirement excite au plus haut degré l'étonnement de l'historien, qui en cherche vainement la raison tant il lui paraît inexplicable. Comment, en effet, comprendre cette capitulation au lendemain d'une victoire? Mais ce changement ne cesse-t-il pas d'être incompréhensible dans l'hypothèse de la véracité du récit de Lenet? Il n'y aurait alors en effet, dans ce cas, aucune versatilité de la part des magistrats, puisque leur opposition aux intérêts de la maison de Condé n'avait été que feinte et qu'au fond elle n'existait pas. Ils étaient seulement amenés, par la force des événements, à se donner à eux-mêmes, et plus tôt peut-être qu'ils ne l'auraient voulu, et à leurs risques et périls, un démenti : juste peine de leur simulation, et heureux encore d'en être quittes à ce prix!

Quelque opinion que l'on se forme, du reste, sur les causes de la subite déclaration d'union du Parlement avec les princes, on ne peut méconnaître que sa liberté d'action en reçut la plus fâcheuse atteinte. Du rôle d'arbitre qu'il avait occupé jusque-là il descendait désormais à celui d'instrument. Plus de direction des événements, plus d'initiative de sa part. Il allait être plus que jamais livré aux intrigues d'hommes consommés dans cet art, et habiles à exploiter toutes les circonstances propres à le faire agir dans le sens de leurs intérêts et de leurs passions.

Ils lui proposèrent d'abord de suivre l'exemple du Parlement de Paris, qui, lors des premiers troubles de la capitale, avait déjà rendu contre le premier ministre des arrêts sanglants. Il était d'autant plus opportun d'engager les magistrats de Bordeaux dans cette voie, que Mazarin, sentant la nécessité de pacifier la Guyenne, avait résolu de conduire dans cette province le jeune roi et sa mère. Ce projet allait être mis à exécution. L'opinion fut donc travaillée à Bordeaux dans le sens de la demande unanime du renvoi du cardinal, et ceux qui faisaient tous leurs efforts pour arriver à ce but, ne négligèrent rien à l'effet de s'assurer cette unanimité. Lenet nous apprend encore par quels moyens la princesse et son parti y parvinrent. Dans une nouvelle requête présentée au Parlement, elle exposait que le voyage de la cour avait pour objet de maintenir le duc d'Épernon comme gouverneur, au moyen du mariage du duc de Candale, son fils, avec une des nièces du cardinal. Menacée de nouveau dans sa liberté et celle de son fils, s'ils étaient livrés à cet ennemi implacable, la princesse se plaçait toujours sous la protection de la ville de Bordeaux, de sa population généreuse, de ses puissantes corporations, à l'effet de maintenir inviolable l'asile qu'elle en avait reçu. Cette requête, dressée, comme la première, par Lenet, fut, dit-il, communiquée par lui, chez le

conseiller Massiot, esprit borné, mais caractère emporté, à vingt-cinq membres de la Compagnie qui promirent de l'admettre de tous points. Si elle ne passait pas à la pluralité des voix, ils devaient sortir et exposer les malintentionnés à la vengeance du peuple. Cependant, le Parlement se borna, après avoir entendu le rapport de la requête, à ordonner qu'elle serait soumise, avant d'en délibérer, à l'assemblée de l'Hôtel de Ville, à laquelle ses commissaires assisteraient. Comme on n'avait pas manqué de s'assurer d'avance des voix des principaux bourgeois et des capitaines de quartier, ce circuit concerté eut tout le succès qu'on s'en promettait. L'assemblée retentit d'imprécations contre le cardinal et il fut arrêté de supplier le Parlement d'entériner la requête, ce à quoi il ne manqua pas. Le 28 juillet en effet fut rendu l'arrêt dont voici la teneur : « La
» Cour, toutes les chambres assemblées, sur ce qui a
» été représenté que la ville n'étoit pas en assurance
» si le cardinal Mazarin y venoit, à cause de la pro-
» tection qu'il a toujours donnée au duc d'Épernon, a
» arrêté qu'il ne seroit point receu ni aucunes de ses
» troupes qui pourroient donner de l'ombrage à la
» ville, et que le Roy sera très humblement supplié
» d'avoir pour agréable la présente délibération pour
» le bien de son service, repos et tranquillité de ses
» sujets. A esté aussi déclaré qu'on députeroit vers le
» Roy un président et quatre conseillers pour saluer
» Leurs Majestés, avec défense de voir directement
» ni indirectement le cardinal Mazarin, le duc

» d'Épernon, et le premier président de Bourdeaux,
» Lavie, Constant et autres qui ont vendu et trahy
» les intérêts de la ville, ni faire ou recevoir aucune
» proposition ni traité *ex tacito senatus consulto.*
» A esté aussy arresté qu'au premier acte d'hostilité
» on publiera l'arrest du marquis d'Ancre contre le
» cardinal Mazarin; ce faisant, on le déclarera auteur
» des désordres de l'État et l'on envoyera des lettres
» circulaires aux autres Parlements de France contre
» luy [1]. »

C'était bien là une déclaration de guerre au roi lui-même dans la personne de son premier ministre. Mais s'il est vrai, comme on l'a écrit, qu'il y avait déjà à ce moment, dans Bordeaux, 600 Espagnols, outre les troupes de la Fronde, combien on était déjà loin au Parlement de l'arrêt du 9 juillet!. Comment s'en étonner lorsque Lenet rapporte que le président Daffiz n'avait pas craint de se vendre de nouveau, en se faisant payer d'avance deux années de la pension de 6,000 livres que lui avait assurée la princesse?

Les termes de l'arrêt qu'on vient de lire font voir que le premier président Dubernet, proscrit comme traître, avait dû quitter Bordeaux pour se rendre auprès du roi. Comme en fait de violences, dans les temps de troubles, on ne s'en tient presque jamais à une seule, le Parlement en subit une autre non moins tyrannique que la proscription de son chef. Onze conseillers, désignés comme suspects, furent

---

[1] *Mémoires de Lenet*, t. Ier, p. 419, et Archives nationales, recueil KK, 1218, p. 403, arrêt imprimé.

exclus des délibérations. On n'alla pourtant pas jusqu'à les chasser de la ville comme beaucoup d'autres personnages de la bourgeoisie. Lenet en donne la raison. « Ils n'étaient suspects, dit-il, que parce qu'ils étaient affectionnés au roi, et nous n'avions rien à leur donner. Ils n'étaient pas, d'ailleurs, d'humeur ni de résolution à rien prendre de nous; mais leurs collègues craignaient que s'ils se retiraient de Bordeaux, le roi ne s'en servît pour établir un Parlement ailleurs. » Les noms de ces magistrats si honorablement suspects n'ont été conservés ni par Lenet ni par les Registres.

Le roi étant arrivé à Libourne, la députation du Parlement nommée pour aller l'y haranguer, et composée du président Pichon, des conseillers Pomiers de Francon, doyen, et Suduiraut, et du président aux enquêtes Grimard, s'y rendit. Le président Pichon, portant la parole, affecta de ne pas jeter les yeux sur le cardinal Mazarin, placé derrière le fauteuil du roi. A plus forte raison la députation se dispensa-t-elle d'aller le saluer. La réponse du roi, transmise par le chancelier, était remarquable par sa modération. Sans adresser aucun reproche à la Compagnie, et sans faire nulle mention de la princesse de Condé, le monarque se bornait à demander à son Parlement s'il entendait continuer à recueillir et assister le duc de Bouillon, déclaré criminel de lèse-majesté dans tous les Parlements; qui traitait avec les Espagnols, ayant encore des envoyés à Madrid à l'effet d'obtenir des secours en hommes et en argent; qui faisait la guerre au roi, soit par lui-même, soit par son frère le vicomte de Turenne? Le roi voulait enfin savoir si le Parlement n'entendait pas qu'il entrât à Bordeaux comme ses prédécesseurs, accompagné des troupes nécessaires pour sa sûreté et le soutien de la dignité royale [1]. Telles étaient les questions auxquelles la Compagnie était mise en demeure de répondre [2]. Elle se préparait à le faire, et les assurances données aux députés par Servien, qui se trouvait à la suite de la cour, des intentions où l'on était d'accorder à la princesse et à son fils des conditions honorables, formaient d'heureux présages d'un bon accord définitif, lorsqu'un événement imprévu vint rallumer la guerre et lui imprimer en même temps un caractère d'animosité qu'elle n'avait pas eu jusque-là. Le château de Vayres, dont le siége, poussé avec vigueur par le maréchal de La Meilleraye, n'avait pas été interrompu, fut obligé de se rendre. Richon, bourgeois notable de Bordeaux, qui en était le commandant, trahi par un officier chargé de stipuler, pour lui et deux de ses parents, qu'il aurait la vie sauve, devenu prisonnier à discrétion par la faute de celui qu'il avait chargé de cette convention, fut pendu sans forme de procès aux halles de Libourne. On ne manqua pas d'imputer cet acte aussi impolitique que cruel à Mazarin, accusé même d'avoir contemplé l'exécution d'une fenêtre.

(1) Archives nationales, recueil KK, 1218, n° 422. Imprimé.
(2) Registres du Parlement cités et analysés par D. Devienne, qui donne (p. 398 et suiv.) le texte de la harangue du président Pichon et de la réponse du chancelier, et que nous n'avons pas cru devoir reproduire comme étant très insignifiantes.

Rien n'était plus faux. C'était le maréchal qui avait cru à son droit de traiter en rebelle un homme assez audacieux pour soutenir un siége dans une simple maison de plaisance contre les troupes du roi [1]. La fureur du peuple à Bordeaux fut portée au comble quand on y sut le sort funeste de Richon. Il exigea des représailles, et le Conseil où se trouvaient, avec beaucoup de représentants des autres corps, les conseillers Blanc de Mauvesin, de Rémond, d'Espagnet et Mirat, fit pendre aux Chartrons le capitaine Canot ou Canoles, l'un des prisonniers de guerre faits à l'île Saint-Georges. Le supplice de ce malheureux officier eut lieu à la nuit et avec tant de hâte qu'on ne lui donna pas le temps de se reconnaître. La multitude l'eût déchiré, si on n'eût mis la bourgeoisie sous les armes. On alla jusqu'à lui refuser l'assistance d'un prêtre, quoique, étant huguenot, il eût demandé à se convertir. Il fut question, à la cour, de faire raser le château de Vayres; mais comme le Parlement, informé de ce dessein, avait donné l'ordre, s'il était exécuté, de démolir le château de Lormont, résidence de l'archevêque qui était alors près du cardinal, on y renonça.

Il ne fallait plus songer à des rapprochements. Les hostilités reprirent par une attaque de l'île Saint Georges dont le général La Valette, avec les troupes du duc d'Épernon, voulut s'emparer. Il y fut blessé

---

[1] Lettre du ministre de La Vrillière au président Pichon, contenant de vifs reproches de l'exécution de Canoles, protégé par les lois de la guerre. (Recueil KK, p. 440.)

dans un combat de nuit, de deux coups de feu dont il mourut peu après. Il y eut aussi une rencontre à Saint-André-de-Cubzac, où une partie des gardes de la reine fut enlevée par le capitaine de ceux du duc d'Enghien. Tout annonçait que le cardinal se préparait à faire le siége de Bordeaux. Cette prévision très probable donna lieu à de grands préparatifs de défense aux faubourgs Saint-Seurin, des Chartrons, à Bacalan et à La Bastide. Des vaisseaux furent aussi équipés pour s'opposer aux entreprises de l'ennemi par la rivière. A l'effet de subvenir aux dépenses générales de la guerre, spécialement à la subsistance de troupes levées, disait-on toujours, pour le service du roi, tout en combattant contre les siennes, le Parlement délibéra de faire un fonds de 5o,ooo écus dont il devrait supporter un septième. Les autres corps s'assemblèrent pour fixer leur quote-part dans cette somme. Enfin, les bourgeois et autres habitants ayant des valets durent en fournir chacun un équipé et nourri à leurs frais pour faire le service de soldat.

Le recours à l'emploi d'autres armes d'un effet purement moral, il est vrai, n'était pas pour cela négligé. Tous les Parlements de France recevaient de celui de Bordeaux, exécutant ses précédentes menaces, l'invitation de se liguer avec lui contre Mazarin. Déjà le Parlement de Toulouse avait pris l'initiative, par une supplique au roi de donner la paix à la ville de Bordeaux en accordant un autre gouverneur à la Guyenne, sur le motif que les parties de son propre ressort situées dans cette province étaient foulées et opprimées par les levées de deniers et exactions du duc d'Épernon. Tout semblait maintenant conspirer au succès d'un vœu devenu général même à la cour. Il y avait déjà quelque temps en effet que, sur la plainte du maréchal de La Meilleraye et du duc de Saint-Simon qu'ils ne pouvaient s'entendre avec le gouverneur, dont la hauteur était insupportable, d'Épernon avait reçu l'ordre de se retirer à Loches. C'est ce qui explique comment, à Paris, le duc d'Orléans, qui y dirigeait les affaires en l'absence du roi, avait pu promettre en plein Parlement l'éloignement des ducs d'Épernon et de Candale du gouvernement de la Guyenne; amnistie et abolition du passé, même pour les ducs de Bouillon et de La Rochefoucauld; sûreté pour la princesse et son fils, avec liberté de se retirer où ils voudraient. Ces bonnes nouvelles parvenaient avec celle de l'arrivée à la cour des députés du Parlement de Paris, porteurs de ces articles. On apprenait enfin que Ducoudray Montpensier, gentilhomme de la reine-mère, s'annonçait à La Bastide comme investi de pouvoirs à l'effet de préparer un arrangement sur les bases qui viennent d'être exposées. Il ne manquait pas dans la ville de gens disposés à saluer en lui le messager d'une paix depuis longtemps désirée. Mais les frondeurs n'en voulaient pas, car ils demandaient avant tout la liberté des princes, et le projet de traité n'en parlait nullement. Une suspension d'armes de dix jours avait été convenue pour travailler à son examen. Après que des difficultés d'étiquette, soulevées par ceux qui auraient rejeté volontiers toute proposition d'accommodement, eurent été écartées, il fallut bien entendre Ducoudray et l'admettre à présenter en personne ses lettres au Parlement. Dans le trajet qu'il fit pour s'y rendre, quoique escorté par le chevalier du guet et ses soldats, il fut insulté et menacé. L'autorité des magistrats ne suffisait plus à faire observer les plus simples bienséances envers un homme que son caractère seul d'envoyé devait mettre à l'abri de toute injure. Ils ne voulaient pas s'apercevoir que ce manque de respect remontait jusqu'à eux-mêmes. Un incident imprévu les aida, du reste, à sortir d'une position assez fausse. Il résulta des premières paroles échangées que l'envoyé croyait la trêve expirée, tandis que, d'après le Parlement, elle n'était même pas commencée, et qu'avant de prendre communication de la lettre dont il était porteur, il fallait que tous les passages fussent ouverts et les postes ennemis retirés. On ne put donc tomber d'accord, et ce malentendu fut mis sur le compte de la mauvaise foi du cardinal. C'est ce que demandaient les opposants à la paix. — Ducoudray repartit donc, heureux d'échapper au danger qu'il courait dans une ville où il était représenté comme l'agent d'un ministre qui avait voulu s'en emparer à l'aide de perfides manœuvres.

On sait que la Fronde fut une guerre de plume au moins autant que d'épée. Indépendamment des innombrables pamphlets qu'elle enfanta, les belligérants combattaient à coups d'arrêts et de manifestes — sans compter l'emploi fréquent d'une arme plus légère, mais toute-puissante en France : la chanson [1].

Mazarin jugea à propos de commencer la nouvelle campagne qui allait s'ouvrir par un arrêt du Conseil, à la date du 30 août, portant condamnation des habitants de Bordeaux, comme criminels de lèse-majesté, à la perte de leurs priviléges, si dans les trois jours ils

[1] On aura dans le chapitre suivant la preuve que ce qui se passait à Bordeaux excitait au loin assez d'attention et avait, en particulier à Paris, assez de retentissement pour que, dans ce centre de tous les intérêts, il y eût comme une officine de libelles qui s'y fabriquaient et qu'on expédiait ensuite là où ils étaient destinés à produire leur effet. Cela n'empêchait pas que, dans telle province ou telle ville au pouvoir de la Fronde, les beaux esprits du lieu ne se missent en frais de *Mazarinades*, luttant quelquefois sans trop de désavantage contre celles de la capitale. C'est ainsi que Bordeaux eut les siennes. Ce serait sans doute faire injure à l'œuvre de Fonteneil que de la ranger dans la catégorie de ces productions légères, fugitives comme l'événement du jour qui les faisait naître et ne devant guère lui survivre. Sans parler de son mérite littéraire, celle dont nous parlons, par son étendue, son objet, le développement qu'elle donne, a une consistance bien autre que le pamphlet éphémère. Et cependant, on ne saurait le méconnaître, c'est une œuvre de parti, et l'auteur ne s'en cache nulle part. Il a visé sans doute à l'exactitude historique et s'en est prévalu en disant dans son Avis au Lecteur : « J'ai dit ce que j'ai su... C'est tout ce qu'on doit désirer. » Mais enfin, comment lui reconnaître ce caractère de gravité, d'austérité même propre à l'historien vraiment digne de ce nom, lorsqu'on le voit céder à chaque instant au penchant de semer ses pages d'épigrammes et d'allusions plus ou moins plaisantes, penchant qui n'épargne même pas les gens de son propre parti ? A notre avis, il reste pour Fonteneil un rang fait pour le distinguer parmi les écrivains de son temps. C'est la première place en tête de ceux qui justifient si bien ce qu'on disait même déjà sous la Fronde que la vraie manière d'en retracer l'histoire était de la faire en style burlesque. Quelque inférieurs que soient sous tous les rapports aux *Mouvements de Bordeaux* les autres ouvrages du même genre contemporains et locaux, nous ne pouvons passer sous silence

n'imploraient la clémence royale. Les principales clauses s'appliquaient aux magistrats de la cité et notamment au Parlement, dont les officiers étaient sommés de se transporter près du roi, à peine de nullité de toutes délibérations, arrêts, jugements et sentences rendus dans un lieu où, à raison du trouble et de la confusion qui y régnaient, la justice ne pouvait plus être administrée en sûreté. Le préambule de ce

certains d'entre eux, parce qu'ils se rattachent plus ou moins directement à notre sujet.

Nous avons déjà parlé du premier en date après les *Mouvements de Bordeaux*, de ce *Remercîment au Roi*, si étrange comme hommage de reconnaissance et de respect. Il y a encore moins de naturel et plus de traces du faux goût du temps dans un écrit pseudonyme publié, vers la même date, sous la forme d'une *Lettre des Dames du Parlement de Bordeaux à celles du Parlement de Paris* [a], après la seconde pacification, en 1650. On ne peut, sans doute, se montrer trop exigeant à l'égard d'un opuscule aussi dénué d'importance. L'auteur est demeuré inconnu; quel qu'il soit, nous avouons notre complet dissentiment avec celui de nos devanciers à qui nous en devons la connaissance, dans le jugement beaucoup trop indulgent, suivant nous, qu'il a porté de cette œuvre. Il en est encore deux autres de la même espèce à l'égard desquelles notre liberté d'appréciation n'est pas tout à fait complète, car elles ne sont pas parvenues jusqu'à nous, et nous ne les connaissons que par l'analyse que le même écrivain nous en a donnée [b]. La première est un libelle sous le titre de *Curé bordelais*, dirigé contre le Parlement et assez violent, à ce qu'il paraît, pour que ce corps dût déployer contre cette attaque anonyme toutes les sévérités judiciaires accoutumées, sur le réquisitoire de l'avocat général Dussault. Ce *Curé bordelais* n'était autre que le fameux Bonnet, curé de Sainte Eulalie, qui venait de mourir, et dont la mémoire, chère aux artisans de trouble, mais détestée des amis de l'ordre, était ici l'objet d'un sévère examen. « Son église, disait-on en effet, était une halle pour rassembler les factieux; son confessionnal, une mine; sa chaire, une machine contre l'autorité royale; sa langue, un glaive pour mettre en pièces le gouvernement; son presbytère, un magasin de

[a] D. Devienne, *Histoire de Bordeaux*, Ire partie, p. 424.
[b] Id., p. 433.

document reprochait surtout à ceux auxquels il s'adressait l'illégalité de l'établissement de taxes créées uniquement pour payer des dettes qu'ils n'avaient contractées que pour faire la guerre au roi. Le rejet des propositions d'accommodement envoyées par le duc d'Orléans était attribué à un calcul imaginé pour traîner les choses en longueur, afin de donner le temps aux secours attendus d'Espagne d'arriver; ce

toute sorte d'armes. » On rappelait tous les gages par lui donnés à la cause des frondeurs. Mais ou l'auteur de l'écrit ou dom Devienne lui-même se trompent en y comprenant une oraison funèbre du marquis de Chambret. Il est bien vrai que Bonnet l'avait préparée, mais l'archevêque de Bordeaux, Henri de Béthune, ainsi que le remarque Fonteneil, lui ferma la bouche, ce qui irrita Bonnet, au point que, ne gardant plus aucun ménagement, il se mit à la tête des ennemis de l'autorité légitime dans Bordeaux. Il faisait donc ainsi cause commune avec le Parlement, et c'est à cette occasion que l'auteur du pamphlet aurait attaqué cette Compagnie elle-même avec une force qu'elle ne crut pas pouvoir tolérer. Elle n'y gagna rien au surplus. En aucun temps, en effet, la presse, quand elle combat dans l'ombre, ne cède aux actes de répression dont elle se rit s'ils ne peuvent l'atteindre, et n'en devient que plus agressive. C'est ce qui eut lieu ici. A la condamnation dont le *Curé bordelais* avait été l'objet, il fut riposté, toujours sous le masque de l'anonyme, par un nouvel écrit plein de malice contre le Parlement, et tracé, ce qui était de nature encore à le faire rechercher avidement, avec une véritable supériorité littéraire. Des mémoires particuliers contemporains pourraient seuls, en levant les voiles qui couvrent les personnes et les choses, nous dire à quelle plume habile était attribuée cette vive réplique à l'arrêt de condamnation. La forme en était aussi piquante que le fond remarquable par sa solidité. Dans la fiction qui sert de base au plan suivi, comme dans la manière dont il a été exécuté, on serait tenté de retrouver des réminiscences de la *Satire Ménippée;* et quoi de plus vraisemblable, en effet, que les souvenirs de la Ligue aient été évoqués à propos de la Fronde? C'est une véritable perte pour l'histoire littéraire, autant qu'au point de vue de la suite des faits, que celle du texte entier de cette pièce, dont l'auteur mériterait d'occuper une des premières places parmi les écrivains de son temps.

dont on avait eu la preuve par des lettres interceptées. Cette dernière assertion était de la plus grande exactitude. Elle faisait évidemment allusion à une lettre de Lenet au baron de Vatteville, sous la date du 30 juillet 1650, tombée entre les mains du gouvernement on ne sait comment. C'est une invitation des plus pressantes à l'agent de l'Espagne de hâter l'envoi des secours par lui promis en hommes, en argent et en vaisseaux. Elle contient des renseignements précis sur l'état des forces des frondeurs, portées ici à 5,000 hommes de pied et près de 1,000 chevaux. « Le Parlement, ajoute Lenet, et la ville font deux mille hommes. Le roi n'en a pas plus de six. Il y a de grands désordres à Paris, chacun y soutenant le parti de Bordeaux et celui des princes. — Mensonge diplomatique des plus effrontés, pour le remarquer en passant, puisque l'arrêt du Parlement de Paris et l'envoi de ses députés à Libourne prouvaient le contraire. — *Sans l'argent*, dit encore Lenet, *tout est perdu. La diligence fera des biens incroyables, car on portera tout aux dernières extrémités. Quant au Parlement, aujourd'hui il a chassé les onze conseillers suspects qui troublaient toutes choses dans cette Compagnie; par là nous sommes maîtres absolus* [1]. »

L'arrêt du Conseil fit sentir au Parlement la

[1] Cette lettre en chiffres avec la traduction interlinéaire a été trouvée par nous en original dans le recueil KK, n° 404, des Archives nationales, déjà plusieurs fois cité. On voit que si son procès eût été fait à Lenet pour crime de haute trahison, elle eût constitué contre lui une preuve matérielle accablante.

nécessité de ne pas le laisser sans réponse. Il releva donc le gant et publia à son tour une longue apologie. Elle est le développement de ses griefs contre le gouverneur et le cardinal, déjà articulés dans ses précédents arrêts. Le premier ministre surtout n'était pas ménagé dans cette pièce, qui est à beaucoup d'égards un acte d'accusation contre lui. On voit que le Parlement de Bordeaux s'était inspiré des violentes sorties de celui de Paris contre Mazarin et qu'il ne voulait pas demeurer en reste. Quant au reproche de connivence au traité avec l'Espagne, les magistrats le repoussent avec indignation. Il est bon de citer ici textuellement : « Le dernier trait de la haine de M. le Cardinal est de nous calomnier ; il veut nous faire passer pour coupables d'intelligence avec l'étranger dans le temps que toute la France est instruite de la résistance que nous avons faite pour ne pas donner un titre qui aurait pu choquer notre fidélité et notre devoir. Oui, Sire, si M. le Cardinal permet que la vérité perce jusqu'à votre trône, Votre Majesté saura que nos collègues ont versé leur sang dans cette occasion, que leur vie a été exposée un jour entier à la fureur de ceux qui assiégeaient votre palais de justice ; qu'ils vinrent, les épées nues, nous attaquer jusque sur nos sièges ; qu'ils se retirèrent plus effrayés que nous ne l'étions nous-mêmes ; que nous ne quittâmes jamais ni la dignité ni la fonction de juges et que notre fermeté triompha de tous les efforts de la sédition et de l'intrigue. Si cette action, qui n'a jamais eu d'exemple, était connue de Votre Majesté dans toutes ses circonstances, nous oserions nous promettre qu'elle nous attirerait des marques de sa reconnaissance, comme elle nous a acquis une gloire éternelle. Non, Sire, nous n'avons jamais traité avec l'étranger. Lorsque nous avons souffert, nous avons eu recours aux armes de la justice pour terminer nos peines. S'il est venu dans notre rivière des vaisseaux et des ennemis de votre État, nos arrêts et nos registres, que nous avons envoyés à Votre Majesté, justifient la manière dont nous nous sommes comportés à leur égard... »

En présence d'une protestation que l'on ne peut s'empêcher de trouver quelque peu fastueuse, car il semble que la vérité a des accents plus simples, et d'une défense qui ne se recommandait guère par la modestie, les révélations de Lenet reviennent de nouveau à la pensée. Si elles sont dignes de créance, que penser de l'assurance avec laquelle le Parlement se prévalait ici de son arrêt du 9 juillet comme d'un témoignage de sa fidélité au roi, de son attachement inviolable aux lois du royaume? Comment lui reconnaître le droit de se glorifier, ainsi qu'il le fait, des périls que lui aurait attirés ce même arrêt, s'il ne l'avait rendu que pour sauvegarder les apparences sous le masque d'un faux patriotisme et d'une loyauté menteuse? Il sera sans doute toujours très difficile, et on ne sait s'il faut le regretter, de convaincre des ministres de justice d'aussi coupables déguisements dans une adresse au souverain. Il n'en est pas moins vrai que, mis en demeure de s'expliquer d'abord sur l'inexécution complète de l'arrêt du 9 juillet, ensuite de leur adhésion, qui le suivit de si près, à une cause dont il flétrissait précisément les criminelles menées, on ne voit pas quelle réponse ils eussent pu faire à ces pressantes objections.

Nous reprenons le cours des événements. L'armée royale avait dirigé contre La Bastide une attaque demeurée infructueuse, quoiqu'elle eût été faite sous les yeux du cardinal. Les assaillants y essuyèrent, à ce qu'il parut, de grandes pertes. La reprise du château de Blanquefort, que les Bordelais avaient réoccupé, mais qu'ils évacuèrent comme hors d'état de soutenir un siége, fut une faible compensation à ce premier échec. Cependant, elle avait l'avantage de resserrer la ville, dont le blocus en règle était évidemment dans le dessein de l'ennemi. On y travailla donc avec la plus grande ardeur aux fortifications. Tous, jusqu'aux dames encouragées par l'exemple de la princesse et de son fils, y mirent la main. On pourvut ainsi à la défense des faubourgs Saint-Seurin et des Chartrons, des quartiers Sainte Croix et Saint-Julien.

Les travaux faits à Saint-Seurin étaient à peine terminés, que le maréchal de La Meilleraye y marcha avec toutes ses forces. D'abord repoussées, elles revinrent cinq ou six fois à la charge et finirent par occuper les maisons les plus éloignées de la ville. Les Bordelais mirent alors le feu aux plus rapprochées. Leur défense opiniâtre coûta beaucoup de monde à l'ennemi, entre autres les maréchaux de camp Marin et Saint-Mégrin, mais ils firent aussi de leur côté des pertes sensibles. Loin de se décourager, et les fortifications de la ville demeurant intactes, ils ne demandaient qu'à continuer la lutte. Dans les rangs opposés, on tenta de nouveaux efforts, ce qui amena peu de jours après des combats sanglants pour la possession d'une demi-lune couvrant la porte Dijeaux et dont la conquête eût ouvert la ville à l'armée royale de ce côté-là. L'importance de ce poste fit qu'on se le disputa avec acharnement; mais au bout de douze jours d'engagements presque continuels, l'avantage resta aux assiégés. Fiers de l'avoir obtenu et voulant le conserver, ils firent une sortie pour combler les travaux de la tranchée ouverte par l'ennemi. Elle eut lieu en présence de la princesse, qui y assistait du haut des remparts, et le but fut atteint. On perdit là néanmoins un jeune officier dont la mort fut un sujet de deuil général à cause de sa brillante valeur. Il se nommait Du Vigier et était fils d'un conseiller protestant, membre de la Chambre de l'Édit, dont la famille, convertie dans la suite, donna des procureurs généraux au Parlement.

Malgré les résultats jusque-là heureux de la résistance, la pensée de la paix n'était pas abandonnée dans la ville, au grand regret des ducs et de la princesse attendant toujours du secours d'Espagne pour pousser la guerre avec vigueur. Ils apprenaient de Paris que la position politique du cardinal s'y compliquait de nouveaux embarras; mais par cette raison même, Mazarin était d'autant plus porté à prêter l'oreille à des propositions d'accommodement, sinon même à les prévenir. Cela s'accordait à merveille avec le vœu secret de certains personnages influents à Bordeaux. On comptait, dans le nombre, des membres du Parlement que toutes les manœuvres des ducs et de Lenet ne parvinrent pas à empêcher d'obtenir de la Compagnie l'autorisation de faire une démarche dans ce sens. Ainsi, le 10 septembre, il fut décidé qu'une députation, composée du président La Trêne, homme estimé de tous les partis, des conseillers Pomiers et Lacroix-Maron, à laquelle furent adjoints, sur la demande des frondeurs, Blanc de Mauvesin et d'Espagnet, irait à Libourne. Fouque, bourgeois, Dalon, avocat, et Blanc le fils, procureur syndic, en firent également partie. Il ne s'agissait, disait-on, que d'écouter les propositions qu'on pourrait leur faire. Mais n'était-ce pas déjà une preuve bien significative du désir de les connaître, que d'aller les chercher?

Les députés s'abouchèrent à Libourne avec ceux du Parlement de Paris, les conseillers Lemeunier, Lartigue et Bitaut. Des conférences commencèrent entre eux et les secrétaires d'État, dont le premier fruit fut la convention d'une trêve de dix-huit jours. Deux des députés s'empressèrent d'en apporter la nouvelle à Bordeaux, où les accompagnèrent les députés de Paris auxquels on fit une réception solennelle. Deux membres de la Cour, Tarneau et Massiot, allèrent les complimenter et leur exprimer la reconnaissance de tous pour les soins et l'assistance que leur Compagnie, la plus auguste du royaume, lui avait donnés. Invités à entrer au palais, où ils vinrent dans l'après-dînée du même jour 16 septembre, ils y prirent séance aux premières places du banc du côté droit et firent le récit de tout ce qui s'était passé tant à Paris, en présence du duc d'Orléans, qu'à la cour depuis leur arrivée, et de leurs sollicitations près du roi et de la régente. Le président Daffiz leur répondit. Dès le lendemain on s'occupa de la rédaction des mémoires à remettre aux commissaires et contenant les bases sur lesquelles on traiterait. Les principales concernaient, on le conçoit, la princesse et son fils, les deux ducs, Lusignan et Sauvebœuf. On n'eut garde d'omettre la destitution du duc d'Épernon de son gouvernement de Guyenne. Au milieu des articles relatifs à ces intérêts généraux, le Parlement n'oublia pas les siens en particulier, tels qu'une augmentation de gages, le rétablissement de la paulette, la translation définitive à Agen de la Cour des Aides, qui n'y était encore qu'à titre provisoire.

Quoique bien assurés du zèle avec lequel ils savaient que leur cause était soutenue dans les négociations, la princesse et ses défenseurs avaient trop à perdre à leur conclusion pour ne pas essayer de l'empêcher. Mais tout conspirait contre eux : la lassitude générale de la guerre, le défaut de secours de l'Espagne en hommes et en argent surtout. Enfin, comme dit Lenet, « la saison des vendanges approchait, et les principaux de la ville voulaient aller les faire à quelque prix que ce fût, car en temps pareil Bordeaux cesse d'être la capitale des Gascons. » Remarque d'autant plus juste que déjà pendant les conférences on voit les magistrats s'inquiéter de leurs récoltes, et des plaintes s'élèvent dans la Compagnie de ce que, au mépris de la trève, *les soldats vendangent les vignes de Messieurs.*

Après que Ducoudray-Montpensier fut venu, en grande partie pour la forme, délivrer son message, et que les députés de Paris eurent attesté ce qui avait été arrêté en leur présence, les gens du roi ouïs, le Parlement donna son adhésion définitive à la paix. Le 1er octobre, les lettres en forme d'édit qui la sanctionnaient, étaient proclamées dans la ville et enregistrées. On chantait le *Te Deum,* et les troupes licenciées déposaient les armes.

Il n'avait pas été, d'abord, inséré dans l'édit de clause expresse relative à la révocation du duc d'Épernon. Sur l'insistance des députés du Parlement elle y fut textuellement mentionnée. Les autres portaient en substance :

Amnistie générale accordée à tous les habitants de Bordeaux, de quelque qualité et condition qu'ils fussent; autorisation à la princesse de Condé de se retirer avec son fils et tous leurs officiers et domestiques dans une de ses maisons en Anjou;

Les ducs de Bouillon et de La Rochefoucauld, Sauvebœuf, Lusignan et les autres gentilshommes qui se trouvaient à Bordeaux, compris nommément dans l'amnistie, non seulement pour avoir porté les armes, mais encore comme ayant traité avec les Espagnols ou autres étrangers;

Tous les arrêts et jugements rendus à raison des mouvements contre qui que ce fût, depuis le 26 décembre de l'année précédente, déclarés nuls et de nul effet, ainsi que les ordonnances du duc d'Épernon.

Comme on le voit, le traité se taisait absolument sur la liberté des princes. Tant d'arrêts rendus, tant de protestations contre la tyrannie de Mazarin sur ce sujet, le sang versé même pour l'obtenir, n'avaient donc abouti à rien! L'histoire générale de la Fronde donne l'explication de cet avortement. Nous nous bornerons ici à rappeler que le parti dominant à Paris, au moment de la paix de Bordeaux, loin d'être favorable aux princes, leur était, au contraire, hostile. Mazarin avait habilement profité de cet état de choses, en grande partie son œuvre, pour faire son expédition de Guyenne en venant y attaquer le parti des princes dans son principal foyer et le plus dangereux à cause du voisinage de l'Espagne. Le Parlement de Paris étant soumis à l'influence des ennemis de la maison de Condé, cessait par cela même d'être pour celui de Bordeaux un appui dans l'entreprise formée par ce dernier de la soutenir. Voilà comment les intérêts les plus chers de la princesse avaient dû être entièrement sacrifiés dans la pacification. Néanmoins ce n'était là qu'un revers momentané et non la ruine complète de sa cause, comme l'avenir devait le faire voir.

L'entrée du roi à Bordeaux avait été annoncée

dès le 1er octobre, et les jurats reçurent l'autorisation d'emprunter 4,000 livres pour les dépenses de sa réception. Comme ils avaient ordre transmis par le maître des cérémonies de visiter le cardinal Mazarin dès qu'il serait dans la ville, ils vinrent en référer au Parlement. Il leur fut répondu — et, dit-on, à l'égalité des voix sur cinquante-quatre opinants — qu'ils en useraient ainsi qu'ils aviseraient, et, de fait, ils se conformèrent à l'intimation. Mais on savait à la cour que, pour ce qui le concernait, le Parlement avait pris la résolution de ne pas aller saluer le premier ministre, et il ne reçut pas le même ordre que les jurats. Le maître des cérémonies vint seulement lui annoncer que le roi le dispensait de celles qui se pratiquaient lors de l'entrée des souverains. Il est difficile de ne pas voir dans cet avis un témoignage de mécontentement. Pour la première fois depuis qu'il existait, le Parlement était invité à s'abstenir de ce qui n'était pas seulement pour lui un devoir, mais un honneur.

Le 5 octobre, après son arrivée, le roi reçut dans l'après-midi tous les corps de la ville à l'archevêché où il était descendu. Le Parlement était du nombre et le président La Trêne porta la parole. L'absence des autres chefs du corps ne peut guère s'expliquer pour la plupart que par cette circonstance, qu'ils n'étaient pas encore rentrés dans ses rangs. La reine mère négocia, dit D. Devienne, cette réintégration. D'autres relations portent que Servien vint le 9 octobre au Parlement déclarer la volonté du roi : que les membres de la Compagnie qui en avaient été éloignés fussent rétablis de bonne grâce dans l'exercice de leurs charges. Les deux récits peuvent se concilier par le désir qu'on avait d'éviter tout nouveau sujet de division. Au message du roi, le Parlement répondit en arrêtant qu'il serait rendu compte à Sa Majesté de son obéissance à remettre dans leurs offices les présidents et conseillers absents pendant les mouvements passés. Dès le lendemain, en effet, le premier président Dubernet et le président Lalanne reprirent possession de leurs siéges. La veille, il avait encore été déclaré par Servien que Leurs Majestés entendaient que tous les arrêts et délibérations intervenus contre les absents fussent rétractés. Il semble que les termes de l'édit de paix eussent dû suffire à cet égard. On jugea sans doute, et avec raison, qu'une disposition spéciale était ici nécessaire. Le Parlement, comme nous l'avons vu, avait dressé des cahiers de demandes particulières. Le ministre La Vrillière répondit assez sèchement, de la part de la régente, qu'elle avait été surprise d'entendre parler de cahiers, tout ayant été réglé par l'édit. A quoi les magistrats firent observer qu'ils n'avaient pas cru que la porte des grâces du roi leur fût fermée.

La cour ne resta pas à Bordeaux au delà de dix jours. Elle en partit après qu'une députation des présidents et de vingt conseillers du Parlement, avec les gens du roi, se fut présentée pour saluer le jeune prince et sa mère. Il paraît que la régente seule la reçut. Du reste, la Compagnie eut ordre de cesser ses séances et d'entrer en vacations, dont la chambre seule devait siéger.

Ce qu'il y avait de réserve, de contrainte, de froideur même dans ces rapports entre la cour et le Parlement se voit facilement. Or, c'était un contraste frappant avec ce que les adieux de la princesse aux diverses autorités et à la population avaient manifesté au contraire de sensibilité et même d'attendrissement réciproques. On ne peut se dissimuler qu'il y avait là des présages assez peu favorables d'une tranquillité durable pour le pays et que de nouveaux désordres y rencontreraient des éléments tout préparés. On en doutera moins que jamais en apprenant quels germes propres à les développer y laissaient ceux qui le quittaient.

CHAPITRE III
1650-1653

Dispositions de certains membres du Parlement à continuer de soutenir le parti des princes. — Révélations à Lenet et ses démarches en conséquence. — Le Parlement toujours préoccupé de la possibilité du retour du duc d'Épernon comme gouverneur. — Arrêt et mesures en conséquence contre les magistrats précédemment exclus des délibérations. — La mise en liberté des princes, suivie bientôt de la nomination du prince de Condé au gouvernement de la Guyenne, fait renaître les espérances et donne lieu aux manifestations des frondeurs. — Le prince de Condé à Bordeaux. — Sa réception au Parlement. — Ce corps embrasse ouvertement son parti. — Remontrances ou plutôt manifeste en ce sens. — Examen critique de ce document. — La Cour des Aides interdite. — Membres du Parlement exilés comme mazarins ou épernonistes. — Le premier président Dubernet renvoyé. — Arrivée à Bordeaux du prince de Conti, de la princesse de Condé et de la duchesse de Longueville. — Opérations militaires de Condé; ses ressources et ses appuis. — Commencements de l'Ormée; son origine, ses statuts, ses chefs, son esprit. — Le Parlement, frappé d'interdiction, refuse d'obéir. — Nouvelle union avec le prince de Condé et nouvelle profession de foi contre Mazarin. — Progrès des factieux dans Bordeaux. — Pamphlets, manifestations. — Le Parlement et le prince de Conti impuissants à réprimer l'Ormée; celle-ci exige le bannissement des magistrats que le Parlement avait exclus lui-même de certaines délibérations; elle veut bientôt l'exil de ceux de la *petite Fronde*. — Démonstration menaçante de la faction. — Noms des magistrats bannis. — Revirement par suite duquel ils reviennent. — Symptômes de guerre civile; elle éclate le 24 juin. — Premier combat au Pas-Saint-Georges; résultat. — Seconde action le lendemain au Chapeau-Rouge. — Échecs et pertes de l'Ormée; ses nouvelles prétentions. — Écrits menaçants adressés à certains parlementaires; ils sont obligés de s'éloigner sous peine d'être assassinés. — Politique du prince de Condé; ses ménagements pour l'Ormée; comment il voulait traiter ceux de ses partisans qui ne témoignaient plus pour lui la même chaleur. — L'Ormée continue de braver le Parlement. — Expéditions militaires du conseiller d'Espagnet à Cadillac. — Subsides de guerre votés par le Parlement. — La guerre au dehors; Marsin, Balthazar, chefs des frondeurs. — Le duc de Candale, le duc de Vendôme, le comte d'Estrades, généraux des troupes royales; leur tactique. — État des affaires de la Fronde à Paris et à Bordeaux. — Les désordres cessent dans la capitale et le roi y fait sa rentrée. — Ils continuent à Bordeaux par l'influence des factieux. — Le

Parlement transféré à Agen ; émigration nombreuse de ses membres. — Affaire du conseiller Massiot. — Mission donnée par les frondeurs de Bordeaux pour traiter avec Cromwell. — Le conseiller au Parlement Trancart et les bourgeois Desert et Blaru, députés. — Tentatives à Bordeaux pour mettre fin aux troubles à l'aide d'intrigues auprès de certains meneurs. — Le Père Berthod et le Père Ithier, cordeliers. — Leurs efforts échouent. — Procès du Père Ithier. — Évasion du Père Berthod. — Parlementaires compromis dans cette affaire. — Autre tentative du trésorier Filhot, qui échoue de même. — Arrestation et condamnation de l'avocat Chevalier. — État des mouvements militaires. — Offre d'amnistie. — Les généraux des troupes royales reprennent l'offensive. — Leurs succès. — Prise de Bourg, de Castillon, de Libourne et d'autres villes. — Bordeaux resserré. — On y songe à faire la paix. — Disposition des esprits. — Négociations. — Ce qui restait du Parlement à Bordeaux sans influence et sans crédit. — Ce corps s'organise à Agen ; sa composition. — Pontac, premier président, préféré pour cette charge à Lavie. — Dédommagement remarquable accordé à ce dernier. — Les négociations suivies à Bordeaux arrivent à une heureuse conclusion. — Conditions. — Entrée solennelle des ducs de Candale et de Vendôme dans cette ville. — Retour du Parlement retardé par différentes causes. — Prétentions intempestives. — Amnistie à ses membres. — Exceptions. — Le président Daffiz. — Fin de l'Ormée — Destinée de ses chefs Villars et Duretête. — Exécution de ce dernier. — Résultat de la politique du cardinal Mazarin à la suite des troubles de la Fronde. — Elle prépare les grandeurs de l'époque qui leur succède.

C'est toujours dans les Mémoires de Lenet que se rencontrent et qu'il faut chercher les éclaircissements les plus dignes de foi sur cette partie de l'histoire de la Fronde à Bordeaux, que les actes officiels et documents publics ne sauraient donner, car elle ne se faisait pas au grand jour. C'est là qu'on trouve particulièrement, en ce qui concerne certains membres du Parlement, des détails intimes sur les dispositions qu'ils manifestèrent au principal agent de la maison de Condé, au moment où il s'éloignait d'eux, de rester fidèles au parti des princes et de continuer à en donner des preuves. L'un des plus dévoués était, sans contredit, le conseiller Mirat, que Lenet appelle *l'arc-boutant de notre Fronde* et auquel il rend d'ailleurs cette justice qu'il était aussi désintéressé que zélé. Ce magistrat n'hésitait pas à lui promettre, en lui en répondant sur sa vie, son concours et celui de ses amis dans le Parlement, pour recommencer la guerre au printemps prochain. Il lui conseillait de chercher des ressources au dehors, non seulement en Espagne, mais encore en Angleterre et même en Hollande. Dans ce dessein, Lenet renvoyait dans le premier de ces pays le marquis de Lusignan, à peine amnistié pour des menées semblables, après avoir combiné avec lui un plan de campagne pour le communiquer aux Espagnols, et il lui remettait, comme lettre de créance, un écrit signé de la princesse de Condé l'autorisant à traiter. Avec une franchise qui touche ici au cynisme, il va jusqu'à révéler comment il s'y était pris pour obtenir de celle qu'il voulait servir, même à son insu, une signature aussi compromettante. Il la lui avait fait apposer, à moitié endormie, sur une pièce qu'il lui présentait comme étant de tout autre nature, sous prétexte d'urgence. Lenet, du reste, ne compte pas parmi les parlementaires toujours prêts pour la cause des princes le président Daffiz. A l'en croire, celui-ci s'était montré aussi ingrat que vénal en recherchant dans l'ombre la faveur du cardinal Mazarin, qu'il avait visité secrètement, malgré les défenses arrêtées dans la Compagnie. Rien, du reste, de plus vraisemblable [1]. On verra plus tard les preuves de ce jeu double joué

---

[1] V. dans les *Archives historiques de la Gironde*, des lettres du président Daffiz à Mazarin en 1651, t. VI, p. 291.

non seulement par Daffiz, mais encore par d'autres de ses collègues, connus cependant comme lui pour frondeurs et comme lui gratifiés des dons de la princesse. Quant à sa défection, elle ne put s'en taire en quittant Bordeaux, et dit tout haut, en présence de plusieurs personnages notables de la cité : que le président Daffiz l'avait mal servie pour son argent.

Le délai que, par négligence ou par calcul, le gouvernement apportait à donner un successeur au duc d'Épernon dans la Guyenne, accréditait le bruit qu'il ne tarderait pas à y être renvoyé. Il aurait fallu dissiper cet ombrage, prétexte à de nouvelles démonstrations hostiles. On eut le tort de le laisser au contraire se développer, au point que le Parlement crut devoir prendre les devants en rendant un arrêt pour défendre à toutes personnes, de quelque qualité et condition qu'elles fussent, de reconnaître le duc d'Épernon dans son ancienne qualité, sous peine de 4,000 livres d'amende, et d'être punis comme perturbateurs du repos public. Il ne s'en tint pas là, et des remontrances furent adressées au roi, aux fins du retrait des évocations accordées à la famille d'Épernon dans les années précédentes pour le jugement de leurs procès en Guyenne. Enfin, l'ancien parti des mécontents se crut assez fort pour aller beaucoup plus loin. Dès le 13 décembre (1650), moins de deux mois après la délibération prise, en vertu des ordres du roi, sur la réintégration dans toutes leurs prérogatives des magistrats absents ou éloignés pendant les discordes civiles, et l'entière abolition du passé, on leur contestait le droit d'assister à un arrêté ayant pour objet des lettres de créance aux députés envoyés à Paris, parce que leur mission comprenait des intérêts se rattachant au temps des troubles. Le président Lalanne, que ce nouvel ostracisme menaçait, s'en indigna, répondant qu'on ne pouvait ainsi dégrader des officiers que le roi avait entendu qu'on rétablît dans le plein exercice de leurs charges. L'incident n'eut pas de suite cette première fois. Une seconde tentative dans le même but échoua encore par la résistance du premier président. Mais une troisième attaque eut enfin le succès que se promettaient les opposants. Le 17 avril, les présidents Dubernet, Lalanne, les conseillers Salomon, Dubernet, Duverdier, Moneins, d'Arche, Lalanne-d'Uzeste, Blanc, de Gascq et de Montesquieu sont privés d'assister aux délibérations concernant le duc d'Épernon. — Et la majorité, on vient de le voir, voulait juger ses procès! — En vain le premier président représenta-t-il que c'était là une véritable proscription dévouant ceux qui y étaient compris à la colère du peuple.

Il faut dire tout de suite ce qui donnait tant d'assurance aux auteurs de ces injustices. Les princes venaient d'être mis en liberté par Mazarin, et lui-même était sorti du royaume, cédant pour un temps à l'orage que de nouvelles intrigues avaient soulevé contre lui. C'était un double sujet de triomphe pour les frondeurs du Parlement de Bordeaux, et une lettre de celui de Paris, qui lui faisait part de trois arrêts rendus contre le premier ministre, mit le comble à leur joie. Aussi ne manquèrent-ils pas d'adresser leurs vives actions de grâces au roi et à la reine-mère par l'intermédiaire de leurs députés. On peut juger de l'empressement qu'ils mirent à s'associer à un autre arrêt du Parlement de Paris, en date du 20 mars, prescrivant des poursuites contre le premier ministre, arrêt au bas duquel on voyait la signature de Condé. Déjà ce prince avait remercié par écrit le Parlement de Bordeaux de ce qu'il avait fait pour sa cause pendant sa captivité, et c'était le président Daffiz qui avait répondu, au nom de la Compagnie, pour exprimer la joie respectueuse de celle-ci. Les relations anciennes étaient donc renouées avec ce magistrat, sinon par l'estime, au moins par la nécessité, car le moment approchait où l'on aurait encore besoin de lui à Bordeaux.

Ce qui annonçait cet instant comme imminent, fut la nomination du prince de Condé au gouvernement de la Guyenne, détermination si impolitique qu'elle ne put être certainement arrachée à la régente que par les plus impérieuses exigences. On ne comprend pas l'erreur commise par D. Devienne, qui attribue ce choix à la nécessité de rompre l'alliance projetée par le prince avec Mademoiselle de Chevreuse, une des femmes de ce temps les plus mêlées aux intrigues de la Fronde. C'était son frère, le prince de Conti, à qui on voulait la faire épouser, ainsi que l'attestent tous les mémoires du temps. Comment l'historien de Bordeaux a-t-il pu le confondre avec Condé, marié lui-même depuis longtemps, et dont la femme venait de remplir un rôle si important dans les derniers événements? Mais Lenet nous apprend encore ici que le gouvernement de Guyenne avait toujours été l'objet de l'ambition du prince de Condé. Il nous initie à tous les détails de la négociation, qui fut longue et difficile, et qu'il connut d'autant mieux qu'il en était l'entremetteur. Elle réussit enfin au gré du prince, en l'absence de Mazarin, il est vrai, mais non à son insu, car, quoique hors de France, il gouvernait toujours les affaires[1]. Il eut sans doute de graves raisons pour donner à celle-ci la solution qu'elle reçut. Le prince, de son côté, fut si satisfait de ce résultat, qu'il se hâta de dépêcher à Bordeaux un courrier porteur de ses provisions. C'était en effet tout ce qu'on y souhaitait, à en juger par un discours du président de Gourgues à la régente, en tête de la députation du Parlement, par lequel il demandait un prince du sang pour gouverneur, à la place du duc d'Épernon et pour mettre un terme aux doutes qui s'élevaient encore sur la révocation de ce dernier[2]. Tel était l'enthousiasme universel excité par cette nomination que les avocats généraux Lavie et Dussaut se disputèrent l'honneur d'en requérir l'enregistrement. Le second l'emporta comme choisi par le prince, déjà arbitre dans les choses parlementaires. Tout était prêt

---

[1] *Mémoires* de Lenet, *dernière édition*, par Champollion, dans la *Collection de Mémoires sur l'Histoire de France*, par Michaud et Poujoulat, 3ᵉ partie, entièrement inédite, p. 525 et suiv.

[2] D. Devienne, *Histoire de Bordeaux*, Iʳᵉ partie, p. 436.

pour lui assurer une influence sans bornes sur le théâtre choisi par lui pour y organiser sa résistance armée contre la cour, dont il s'était de nouveau éloigné en mécontent et même en ennemi. Il s'était décidé à ce parti extrême après une délibération de famille entre lui, sa femme, son frère et la duchesse de Longueville, sa sœur, et avec le conseil des ducs de Nemours et de La Rochefoucauld, et du président Viole, du Parlement de Paris, célèbre frondeur. *Alea jacta est,* aurait-il dit, en cédant comme malgré lui à leurs instances au moment de son départ pour Bordeaux [1]. Il y arriva le 22 septembre 1651. Quoiqu'il n'eût pas voulu d'une entrée solennelle, il fut reçu avec les plus grands honneurs au Parlement. Après un compliment flatteur pour la Compagnie, il exposa les motifs qu'il avait eus de quitter la cour, où sa liberté était de nouveau menacée, et de se retirer dans son gouvernement. C'était un véritable cartel à ses ennemis, que le Parlement s'empressa de recueillir et de consigner sur ses registres, comme se l'appropriant en quelque sorte et répondant ainsi à la demande du prince de concourir à ses projets.

Non content de ce témoignage déjà assez significatif, le Parlement en donnait en même temps un autre de sa résolution de faire de la cause du prince la sienne propre, par des remontrances en forme de lettre au roi, que D. Devienne a reproduites tout entières. A cette même audience du 23 septembre, les

---

[1] *Introd. aux Mém. sur la Fronde,* dans la collection Petitot.

députés, de retour de Paris, rendaient compte de leur mission. Elle s'était terminée de manière à ajouter aux mauvaises dispositions du Parlement vis-à-vis de la cour, car ils annonçaient que la reine avait refusé de les voir avant leur départ, Leurs Majestés étant mal satisfaites de la Compagnie. Ce congé sévère pouvait-il étonner celle-ci qui, dès le 22 août, avait rappelé sa députation, — absolument comme une puissance qui, rompant toutes relations avec une autre à la veille de la guerre, retire ses ambassadeurs ?

Les remontrances, rédigées avec une certaine habileté et destinées à justifier l'union, cette fois aussi hautement avouée qu'étroite, entre le Parlement et le prince, ne peuvent cependant parvenir à déguiser la véritable nature de cette alliance, coalition d'un prince ambitieux aspirant à gouverner l'État, et d'un Corps aveuglé sur l'étendue de ses propres attributions, au point de se croire le droit de le seconder dans cette entreprise. Où le Parlement avait-il, en effet, puisé celui de s'immiscer ainsi dans les matières les plus étrangères à ses fonctions ? Où avait-il trouvé, tout en se décernant à lui et aux autres la qualification de Corps les plus augustes de l'État, et sous prétexte de soulagement des misères du peuple, la prérogative d'intervention dans l'administration du royaume, dans le choix des dépositaires du pouvoir ? Aucun précédent ne pouvait justifier de tels empiètements; aussi s'abstient-il d'en citer. Quant à l'exemple qu'il invoque pour motiver la prétention du prince de Condé, comme étant du sang royal et conseiller-né des rois, de diriger les affaires jusqu'à ce que le souverain ait atteint âge d'homme, il était impossible d'en choisir un plus mauvais. Quel règne, en effet, fut plus malheureux que celui de Charles VI, dont les oncles jusqu'à sa majorité d'abord, puis pendant sa maladie, gouvernèrent la France! Que de maux leur ambition, leurs rivalités n'accumulèrent-elles pas sur le royaume! Quand on sait — et le Parlement ne l'ignorait pas — ce qu'était Gaston, duc d'Orléans, frère de Louis XIII, homme sans caractère, esclave de ses favoris; quand on connaissait Condé, dont l'ambition personnelle était surexcitée par celle de sa famille, il fallait être bien téméraire pour espérer que la concorde pût régner longtemps entre eux. Ces aberrations en politique ne le cèdent qu'aux exagérations des reproches adressés au cardinal Mazarin. Les injures qui lui sont prodiguées achèvent de discréditer un document auquel ses auteurs annonçaient la prétention de donner le caractère grave et mesuré d'un manifeste et qui descend trop souvent au ton d'un *factum*.

Il y était encore question de la Cour des Aides, objet incessant des rancunes parlementaires. Ce n'était pas assez qu'elle fût reléguée à Agen. La juridiction à laquelle elle portait ombrage aurait voulu toujours l'absorber. De là une diatribe des plus violentes dans les remontrances. Cette fois on n'alla pas jusqu'à la supprimer, mais, ce qui revenait au même, le Parlement prononça son interdiction [1].

La présence du prince de Condé à Bordeaux ne pouvait manquer de donner lieu dans son intérêt à une épuration plus rigoureuse que jamais du Parlement. C'est à quoi ne manquèrent pas ceux des membres qui le soutenaient avec tant d'ardeur que, d'après Lenet, quelques-uns d'entre eux étaient allés jusqu'à lui proposer de se déclarer duc de Guyenne, ce qu'il eut pourtant le bon sens de refuser, non sans quelques marques d'humeur d'un tel excès de zèle [2]. Mais il ne mit pas la même indifférence à laisser dans la Compagnie ceux qui ne lui étaient pas dévoués. Malgré le peu d'estime qu'on lui portait, le président Daffiz, on l'a déjà vu, y était maintenu à cause du besoin qu'on en avait. Tout s'arrangea pour qu'il restât à la tête du Parlement, les présidents qui le précédaient étant absents ou exclus. En effet, le président Lalanne se trouvait parmi ceux-ci; le président La Trêne était à la Chambre de l'Édit, heureux de n'en pas sortir. On avait déjà rappelé assez malignement au président de Pontac sa parenté par alliance avec le duc d'Épernon. Il entendit à demi-mot, et sous prétexte d'affaires à Paris, il prit un congé qui dura jusqu'à la fin des troubles. Quant au premier président Dubernet, force lui fut enfin de cesser, contre les

---

[1] *R. S.*, 5 août 1651.
[2] *Mémoires*, édition Champollion. *Collection de Mémoires sur l'Histoire de France*, par Michaud et Poujoulat.

obstacles et même les dangers qui se multipliaient autour de lui, une lutte impossible. Toujours abreuvé d'humiliations par la majorité du Parlement, d'outrages de la part d'un public égaré, qui avait été jusqu'à le tirer par la barbe, menacé même de mort, il se vit enfin formellement dénoncé par le prince comme cabalant contre lui. Sur sa plainte, des commissaires de la Cour furent envoyés au premier président pour l'avertir que la Compagnie jugeait à propos qu'il quittât Bordeaux. Il répondit qu'il obéirait dans quelques jours et qu'il plaçait sous la protection de la Cour sa mère et sa femme. On renvoya les députés pour lui dire qu'il eût à partir le jour suivant, en l'assurant, d'ailleurs, que l'on aurait soin de sa famille. C'était le président Daffiz qui transmettait et faisait exécuter tous ces ordres. Dubernet eût pu mettre peut-être plus de dignité dans sa soumission à la force majeure qui l'opprimait. Quant à y résister, c'était au péril certain de sa vie, et le sacrifice en eût été inutile. Il se retira à Limoges d'où il ne devait pas revenir, car il y mourut avant la fin des troubles.

Devenu ainsi maître absolu à Bordeaux où son frère, le prince de Conti, et sa sœur, la duchesse de Longueville, vinrent le rejoindre à la fin d'octobre, Condé annonça au Parlement qu'il allait lever des troupes et lui demanda, outre son appui moral, une assistance matérielle. La lecture des remontrances du 23 septembre, en sa présence et celle de son frère, était un premier gage d'adhésion sans réserve de la Compagnie. Il avait reçu des secours pécuniaires de l'Espagne par suite des négociations de Lenet. Avec cet argent, il leva une petite armée que grossirent des soldats détournés par le comte de Marsin, gentilhomme flamand ayant commandé sous Condé en Catalogne, et qui déserta le service du roi pour venir aider son ancien chef. L'arrivée de ces renforts, composés d'hommes aguerris mais peu nombreux, ne rendait pas encore la partie égale avec le comte d'Harcourt mis à la tête de l'armée royale et général fort renommé. Confiante dans ses talents militaires, la régente prit le parti de conduire le roi au milieu des troupes, et un premier succès, la prise de Bourges, marqua heureusement le début de la campagne. On allait la poursuivre en Guyenne lorsque le retour inopiné du cardinal Mazarin et les mouvements qu'il suscita à Paris engagèrent la cour à s'en rapprocher. Dès lors, sans inquiétude pour Bordeaux, qui n'était plus menacé, Condé prit le parti de s'en éloigner pour tenter de se rendre maître de la Saintonge, de l'Angoumois et s'étendre dans l'Agenais. Il ne devait pas revenir à Bordeaux; sa famille y veillait, il est vrai, à ses intérêts, mais la tâche n'était pas sans difficulté, quoique le nom et la cause du prince fussent toujours très populaires au chef-lieu de son gouvernement.

Les hommes avides de pouvoir et d'honneurs, qui ne craignent pas, pour les conquérir de haute lutte, d'exciter les discordes civiles, ne tardent pas à s'apercevoir qu'ils ont travaillé contre eux-mêmes.

On ne réveille pas impunément, en effet, dans certaines classes de la société, les instincts d'insubordination, les mécontentements qui y sommeillent toujours. Dans les bas-fonds, c'est la licence même que les agitateurs évoquent par leurs imprudents appels. Arrive donc tôt ou tard le moment où ceux que l'on croyait pouvoir toujours conduire docilement, non seulement se montrent alliés indisciplinés, mais encore s'érigent en maîtres et bientôt en tyrans. Les troubles de Bordeaux devaient fournir un exemple frappant de ces vérités.

Dès le mois d'avril 1651, le Parlement était informé par les jurats qu'un grand nombre de personnes se rassemblaient dans un endroit de la ville appelé la Plate-forme, espèce de terre-plain entre le fort du Hâ et les remparts. Cette réunion prit bientôt le nom d'*Ormée* ou d'*Ormière,* du lieu où elle se formait en plein air et qui était planté d'ormes. Ses membres se composaient principalement d'artisans, mais il s'y mêlait quelques individus d'une condition plus relevée. Quels furent à Bordeaux les fondateurs de cette association? Sa création était-elle une importation du dehors ou bien provint-elle d'une idée purement locale? On l'ignore; mais, à ses statuts, on reconnaît une organisation étudiée et élaborée avec soin. Ses règlements ne sont pas restés plus secrets qu'elle même, car elle se montrait au grand jour. Ils ont été publiés dans les écrits contemporains. Voici leurs principales dispositions : « Obéissance au roi; service au gouverneur; fidélité à la patrie. — Réclamation des priviléges et franchises au péril de la vie, notamment qu'en qualité de bourgeois on a voix délibérative et non pas seulement consultative. — Fraternité. — Les différends entre les membres, soumis à l'arbitrage. — Secours aux membres indigents qui plaideront ou éprouveront des besoins d'argent. — Les veuves et les orphelins secourus. — Invitation aux étrangers de s'associer. — Ceux qui mènent une vie scandaleuse seront bannis et réputés traîtres [1]. » A tous les points de vue, politique et moral spécialement, une association reposant sur de tels principes était assurément irréprochable. Les œuvres y répondirent-elles ? c'est ce que l'on verra bientôt. En attendant, elles étaient interprétées par les pamphlétaires dans le sens le plus hardi en fait de tendances à secouer le joug des pouvoirs établis. Voici ce qu'on lit, par exemple, dans un de ces libelles répandus avec tant de profusion sous la Fronde : « Les Bourdelois... semblent avoir entrepris de donner à tout le royaume la liberté que nous avons perdue depuis tant de siècles... Quelques uns ont cru que c'étoient des mazarins qui faisoient courir le bruit que le parti qui leur est contraire vouloit secouer le joug de la royauté, afin de le rendre odieux à ceux qui aiment la monarchie; mais depuis que des personnes dignes de foy ont assuré que l'Ormée a prévalu sur le Parlement et le party des princes, personne ne révoque plus en doute qu'ils

---

[1] *Articles de l'Union de l'Ormée en la ville de Bordeaux.* Collection des *Mazarinades* de la bibliothèque de l'Arsenal à Paris, t. LXXV, titre : *Troubles de la Guyenne*, n° 51.

n'aient levé l'étendard de la liberté et *qu'ils ne se doivent mettre en république*. Je soutiens que la restauration de l'État françois ne peut être faite que par le peuple. Les grands et les magistrats sont les complices et les suppôts de la tyrannie. Si les peuples n'emploient d'autres capitaines que ceux qui sont d'entre eux pour les délivrer, ils ne feront que prolonger leurs maux et les rendront encore pires. » Suit un pompeux éloge des règlements de l'Ormée, qui témoignent prudence et valeur tout ensemble [1]. Le sceau de l'Ormée portait d'un côté un ormeau entortillé d'un serpent avec cette inscription : *Estote prudentes sicut serpentes,* et au revers la Liberté. La constitution démocratique de l'Ormée semblait exclure l'existence de chefs; mais là, comme ailleurs, le premier rang appartient toujours au plus habile ou au plus audacieux. Deux hommes passaient donc pour diriger l'association : l'un nommé Villars, avocat remuant et rusé; l'autre, Duretête, ancien boucher, devenu solliciteur de procès, homme énergique tel qu'en suscitent les temps troublés; tous deux exerçant sur les esprits une grande influence, le premier par le conseil, le second par l'action.

L'Ormée avait naturellement donné de l'inquiétude au Parlement. Il voyait dans cette agrégation en dehors des corporations légales une menace contre toutes, à commencer par lui. Il était pourtant difficile de couper, comme il l'aurait voulu, le mal dans sa

---

[1] *Le Manifeste des Bourdelois*, etc. Collection des *Mazarinades* (suprà), n° 42.

racine. L'association, fidèle à sa devise, avait débuté par se poser en soutien déclaré du prince de Condé et profité de sa nomination au poste de gouverneur pour se mettre en rapport avec lui. Trop habile pour négliger aucun genre d'appui dans Bordeaux, Condé s'était empressé d'accepter les offres de dévouement de l'Ormée, ainsi reconnue désormais par lui comme légitimement existante [1]. Il était à peu près inévitable que tôt ou tard les appréhensions du Parlement de trouver dans l'Ormée une puissance rivale à la sienne se réalisassent. Mais, tant qu'il conservait encore le prestige de son influence, engagé dans la voie de l'union par lui proclamée avec le prince, il ne pouvait sévir contre des hommes dévoués à la même cause.

Le 10 décembre 1651, le roi, en présence des faits accomplis à Bordeaux, avait donné une déclaration portant interdiction du Parlement, des autres juridictions de la ville et des présidiaux du ressort. Cet acte fut remis en main propre au procureur général, le 1er janvier 1652, comme il se rendait au palais, par le courrier de Paris, qui en avait reçu l'ordre. Ce magistrat se proposait de communiquer la dépêche dès le lendemain à la Compagnie; mais, dans le trajet de chez lui au palais, cent-vingt ormistes l'arrêtèrent et le sommèrent de la leur remettre. Sur son refus, après la menace de mettre le feu chez lui, un de ces hommes fouilla son secrétaire qui en était porteur et la lui enleva violemment. Compte fut

[1] Lettre du prince de Condé aux bourgeois de l'Assemblée de l'Ormée de Bordeaux. (*Archives hist. de la Gironde*, t. VI, p. 295.)

rendu immédiatement à la grand'chambre par le procureur général de ce qui venait de lui arriver ; mais il s'abstint de demander une information, et elle ne fut pas ordonnée d'office, quoique ce fût bien le cas. Très loin, d'ailleurs, de se soumettre aux ordres du roi, le Parlement s'apprêtait à les braver de plus en plus. Le 3 janvier, il rendit l'arrêt solennel dont voici la teneur et qui doit trouver ici sa place, au double titre de décision judiciaire et de document politique de la dernière importance :

« Veu par la Cour le procès faict extraordinairement contre le nommé Jule Mazarin, lequel, après avoir pris les armes en France au préjudice des arrêts donnés en conséquence qui lui en défendent l'entrée, afin d'opprimer le Parlement et la ville de Bordeaux et d'attaquer conjointement Monseigneur le prince de Condé, notre gouverneur ;

» Au nom de Dieu créateur, à tous présens et à avenir, furent présens en leurs personnes très haut et très puissant prince Monseigneur Louis de Bourbon, prince de Condé, assisté de Monseigneur le prince de Conti, son frère, des ducs de Nemours, de Richelieu, de La Trémouille, prince de Tarente, et d'autres seigneurs, d'une part ; et les très illustres seigneurs le Parlement et les Jurats de la ville de Bordeaux, stipulant pour les lois et maximes du royaume et généralement pour tous les bons François ;

I

» Que ledit seigneur Prince et tous lesdits seigneurs à sa suite prendront le Parlement et la ville de Bordeaux sous leur protection et les défendront contre les ennemis du roi qui voudroient les opprimer, jusqu'à la dernière goutte de leur sang ;

II

» Semblablement, ledit seigneur Parlement, Jurats, forment union suivant le bien de l'État et la conservation du royaume, la religion catholique, apostolique, romaine, maintenue et défendue;

» Le Prince et autres ne poseront les armes qu'ils n'aient fait retirer ou exterminer le cardinal Mazarin hors du royaume. Auteur de tous maux, perturbateur du repos public, ennemi du Roy, il sera poursuivi jusqu'à ce qu'il soit mis entre les mains de la Justice, pour être publiquement et exemplairement exécuté. L'union indissoluble ci-dessus stipulée est jurée sur les Saints Évangiles par les Princes, le Parlement et les Jurats.

» Les réformes suivantes seront érigées en lois :

» 1° Suppression des survivances des gouverneurs et autres officiers; 2° abolition des dispenses d'âge pour les charges de judicature et de finance; 3° celles du royaume seront administrées par personnes de probité, choisies entre celles que le Parlement nommera au Roy; 4° suppression du contrôle général; il sera remplacé par une commission choisie parmi ceux que les Princes ou le Parlement proposeront tous les ans; 5° les partisans ne pourront plus être créés; ils seront punis du dernier supplice; 6° le pauvre peuple sera soulagé selon la déclaration d'octobre 1648.

» En Parlement, le 3 janvier 1652. Signé de tous comparants.

» SUAU (1). »

Quelques jours après, un exemplaire de la déclaration du roi, imprimée et publiée à Blaye, ayant été apporté à la Cour par l'avocat général Dussault, la délibération eut lieu le lendemain avec le concours des membres catholiques de la Chambre de l'Édit. Quoique Dussault, dans un discours fort étendu, eût paru révoquer en doute l'existence de la déclaration,

(1) Cet arrêt fut publié à Paris sous ce titre : *Concordat de l'Union fait entre le Parlement et la ville de Bordeaux avec Messeigneurs les princes C. l'ennemi de l'État*. Jouxte la copie imprimée à Bordeaux par Guillaume Lecour, imprimeur ordinaire de Son Altesse, 1652. Collection des *Mazarinades*, t. LXXV, n° 1.

prétendant que bien qu'elle portât le nom auguste du roi, elle était l'ouvrage d'une autre main, il s'en tint, au fond, à faire ressortir les inconvénients de la cessation de la justice dans tout le ressort. On arrêta donc des remontrances dans ce sens, et il fut dit qu'en attendant, et sous le bon plaisir du roi, les officiers de justice dans la ville et au dehors continueraient l'exercice de leurs charges.

Tant que le prince de Condé était resté à Bordeaux ou même pendant ses courtes expéditions aux environs, les factieux que renfermait la ville s'étaient contenus. Mais après son départ pour des contrées plus éloignées, et surtout pour le centre de la France, les rênes du gouvernement ne furent plus tenues que par son frère le prince de Conti, esprit médiocre, homme sans fermeté de caractère et soumis à des influences qui le dominaient absolument. La princesse de Condé eut, cette fois, peu de part aux affaires : une grossesse pénible, des couches laborieuses l'empêchaient de s'en occuper. Quant à la duchesse de Longueville, qui depuis le commencement de la Fronde s'était dévouée avec tant de zèle à la fortune de sa maison, mêlant la galanterie avec la politique, comme toutes les femmes qui jouèrent un rôle à cette époque, elle n'avait plus près d'elle, pour la seconder, ni le bras de Turenne, ni même celui de La Rochefoucauld que ses légèretés avaient bien refroidi pour elle. Il n'existait donc plus à Bordeaux d'autorité assez forte ni assez respectée pour y dominer les partis, surtout le plus audacieux de tous.

Rien dès lors ne pouvait plus empêcher l'Ormée de tenir tête aux pouvoirs existants et même de se substituer à eux. Ce plan est fort clairement révélé dans un écrit allégorique publié sous le titre d'*Histoire d'une colombe qui a paru miraculeusement en un lieu appelé l'Ormage de Bourdeaux, le 15 avril 1652 sur les sept heures du matin, en présence de tous les bourgeois qui estoient là assemblés pour pourvoir à leur conservation dans les troubles* [1]. « Cette colombe, y est-il dit, a été mue d'en haut pour signifier à tous les peuples fidèles et généreux au bon succès de la sollicitude qu'ils ont d'éloigner de la ville les corbeaux et les Caïns, les Judas, les parricides, je dis ces traîtres dénaturés qui restent encore dans les ordres de la ville. Pourvoyons à notre salut et soyons sages. » Ces menaces devaient être bientôt suivies d'effet. Le Parlement, bien convaincu du danger de laisser l'Ormée maîtresse du terrain, donna, le 10 mai, un arrêt portant défense à qui que ce fût de s'assembler ni de s'attrouper sans la permission des jurats, à peine de la vie. — L'Ormée, passant outre à cette interdiction, se réunit et osa prendre à son tour une délibération contre le Parlement. Cependant, sur l'invitation des jurats, elle consentit à se séparer, mais après leur avoir remis un papier cacheté. C'était une liste de proscription contre certains membres de la Cour, au nombre de neuf, y compris le procureur général. Les Chambres

---

[1] Collection des *Mazarinades* (suprà), n° 24.

assemblées ordonnèrent bien la suppression de cette liste avec défense de rien faire ou dire à ceux qui y étaient portés, sous peine de punition corporelle ; mais les magistrats désignés ne se montrant pas suffisamment rassurés, on leur permit de quitter la ville, excepté l'un des conseillers et le procureur général. Les expulsés de cette première catégorie, réduits ainsi à sept, furent : Moneins père et fils, Menaud de Salomon, Jean Dubernet, Bernard Dache, Gaston de Secondat de Montesquieu, Jacques de Pichon-Muscadet. Que pouvait dire le Parlement au sujet de ces membres qu'il avait déjà lui-même exclus en partie de ses délibérations? L'Ormée achevait son ouvrage. Elle en triompha hautement, comme en témoigne encore un factum intitulé : *La Généreuse Résolution des Gascons, où se voit la cassation de l'arrest du Parlement de Bordeaux par l'assemblée de l'Ormière* [1]. On lit ici en propres termes : « Lorsque la nécessité compose les assemblées, c'est témérité de les désunir. La souveraine loi étant le salut public, celle-cy relevera toutes sortes d'Estats. Le Parlement se trouvant outragé, en la personne de quelques sénateurs qui ont été chassés et biffés comme mazarins, l'Ormée a biffé l'arrêt et en a donné un au contraire portant défense sur peine de la vie, à qui que ce soit, d'empêcher les assemblées. Notre Estat se porte si mal qu'on n'en peut voir de plus malades sans mourir. A peine reconnoît-on si nous sommes sous la

---

[1] Collection des *Mazarinades* (suprà), n° 36.

monarchie, l'aristocratie ou sous la démocratie. Tout ce qui branle ne tombe pas, mais tout ce qui tombe ne s'arrête pas jusqu'à ce qu'il soit au centre. C'est un présage bon et mauvais que cette hardie entreprise et généreuse résolution des Bordelois. Prendra-t-on cela pour une gasconnade? Les autres François en oseroient-ils faire autant? » L'Ormée avait donc des sympathies au dehors et fort prononcées en faveur de ses opinions républicaines, comme l'atteste ce qu'on vient de lire. On cesse de s'en étonner quand on sait que la plupart de ses membres étaient protestants, et que jamais la secte, soit à Bordeaux, soit ailleurs, n'avait abandonné son penchant pour le gouvernement démocratique. Du reste, il était facile de prévoir qu'après ce premier succès les Ormistes n'en resteraient pas là.

D'autres parlementaires furent bientôt en butte à leurs persécutions. Le président Pichon, par exemple, le même qui avait donné tant de gages à la Fronde, étant allé un jour chez la duchesse de Longueville, s'entendit traiter par les rues de mazarin et d'épernoniste. Il fut même menacé d'un mauvais parti. Il se contenta de porter plainte, mais sans y donner suite. Le Parlement avait recours au prince de Conti. Mais que pouvait pour lui ce personnage qui se laissait dire par Duretête : *Allons! Monsieur, il faut monter à cheval*, lorsqu'il était besoin de quelque démonstration, et qui obéissait docilement? Abandonné ainsi dans un conflit par trop inégal, destitué même de l'appui des jurats, qui n'en trouvaient de leur côté aucun dans la milice bourgeoise, effrayé enfin d'un attentat de Villars qui avait osé poursuivre et maltraiter un greffier jusque dans le palais, le Parlement déclara l'exercice de la justice impossible dans la ville. Durant dix jours, du 15 au 25 mai, aucun magistrat ne vint au palais. Cependant, sur la parole du prince de Conti, que cet interrègne de la justice affectait et humiliait, on crut pouvoir reprendre les audiences; mais beaucoup de membres se firent prier pour revenir. Ils prévoyaient, non sans raison, de nouvelles violences de la part de l'Ormée, que n'avait pas satisfaite une première mutilation de la Compagnie.

La magistrature offrait — comme toute autre partie de la population dans ces temps de révolutions — l'exemple d'un de ces phénomènes qu'elles amènent presque toujours : celui de la subdivision, du fractionnement des partis qui, compactes et nettement groupés dans l'origine, ne tardent pas à perdre leur unité primitive. Ainsi, il s'était formé à Bordeaux, au sein de la Fronde même, qui, dans le principe, avait réuni tous les mécontents sous la même bannière, deux nuances distinctes. L'une, composée des hommes ardents et exaltés, décidés à soutenir jusqu'au bout leur nouveau gouverneur contre un favori regardé comme l'ennemi public : on l'appelait *la Grande Fronde*. Les esprits timorés, frappés des conséquences d'une guerre sans merci à l'autorité royale, émus aussi à l'aspect d'une flotte espagnole dans la Gironde et de l'occupation de Bourg par des troupes de cette nation, deux faits ayant suivi de près l'arrivée du prince, éprouvaient des hésitations, des scrupules à suivre ses traces, et auraient voulu, sinon revenir en arrière, au moins s'arrêter : c'était *la Petite Fronde*. Il ne faut pas demander si l'Ormée était de la première, grossie de la multitude des ambitieux de bas étage. On peut dire qu'en attendant mieux, l'association était la personnification même de la grande Fronde, en même temps que sa force la plus redoutable. Elle venait de faire bannir les membres du Parlement réputés mazarins ou épernonistes. Ce n'était pas assez. Il lui fallait encore en chasser la petite Fronde. C'est ce qu'elle résolut de faire de gré ou de force, comme l'apprend, avec les plus grands détails, l'écrit publié sous ce titre : *Journal de ce qui s'est passé à Bordeaux,* etc. [1].

Elle entama à ce sujet des négociations avec le prince de Conti, ou pour mieux dire, elle lui signifia sa volonté; car, mécontente de son peu d'empressement à la seconder, elle lui intima un délai fixe pour l'expulsion des magistrats portés sur une nouvelle liste. Tout ce qu'il put obtenir, fut un sursis d'une heure seulement. A son expiration, chacun des suspects reçut la signification de l'ordre de sortir le lendemain de la ville à sept heures du matin. A l'appui de cette intimation, une démonstration fut faite par l'Ormée. Du lieu de sa réunion

[1] Collection des *Mazarinades* (suprà), n° 45.

où chaque associé s'était rendu, l'épée au côté et armé de pistolets ou autres armes à feu, 2,000 hommes partirent formés en cavalcade et parcoururent la ville, affectant de passer devant les demeures des proscrits; tous ayant une branche d'ormeau à leur chapeau, le prince lui-même tenant ce symbole à la main. Les jurats avaient voulu s'entremettre, mais on leur enjoignit de se retirer, en les traitant de mazarins. Pendant cette promenade, l'alarme était partout dans la ville; les boutiques s'y fermaient. Le lendemain, cependant, le prince ayant fait une nouvelle démarche pour la prolongation du délai, essuya encore un refus; mais il obtint plus de succès sur un point plus important, en faisant réduire de quatre le nombre des exilés. Ces quatre exceptés furent le président Daffiz, les conseillers Mirat, Taranque et de Bordes; les autres, contraints de s'éloigner, étaient les présidents de Pichon et Pomiers-Agassac, ce dernier des Enquêtes; les conseillers Duval, Sabourin père, Sabourin fils, Pomiers-Francon, Pichon-Muscadet, d'Uzeste, de Mons, Martin, de Burg, de La Roche, Lacroix-Maron, Primet, Lescure. En recevant son passeport des mains de Duretête, le président Pichon n'ayant pu se retenir de protester, disant qu'il obéissait à la force : « Non à la force, mais à la justice! » répliqua le chef de l'Ormée.

Cela se passait le 10 juin. Dès le 12, cependant, les affaires changeaient de face. Honteux de ce qui était arrivé et de se voir sous le joug d'une faction, le prince de Conti venait au Parlement donner des explications sur sa conduite, et protester qu'il était étranger aux actes qui consternaient la Compagnie. Il y eut entente avec l'assemblée générale de la ville, où avaient été députés les conseillers Blanc de Mauvesin et Lavau de Saint-Avit. Les propositions qu'ils y avaient portées furent converties en un arrêt de la Cour portant : « Renouvellement du serment d'union en faveur du prince de Condé entre le Parlement et tous les bourgeois et habitants de la ville; soumission parfaite aux ordres et volonté de Mgr le Prince, notre gouverneur; par conséquent, cessation de toutes sortes d'assemblées autres que celles légitimement autorisées; reprise du cours de la justice, sur les supplications adressées à la Cour; amnistie du passé. » Cet arrêt était signé Daffiz. Suivait une ordonnance du prince portant défense à tous bourgeois, de quelque qualité et condition qu'ils fussent, de s'assembler et s'attrouper sous peine d'être punis. Le 20 juin, les magistrats bannis revinrent de plein droit, car l'arrêt avait évité de parler, même pour la réparer, de la violence dont ils avaient été victimes.

Cependant, les ormistes, qui s'étaient vainement opposés dans l'assemblée de la ville aux résolutions prises, ne se disposaient nullement à obéir aux défenses de continuer leurs réunions. Un incident récent ajoutait à leur irritation. Deux patrouilles, l'une composée de quelques-uns des leurs, l'autre de milices bourgeoises, s'étant rencontrées, il y eut un choc, et les ormistes perdirent deux de leurs chefs : le procureur Monteau et un nommé Laferté. Ils avaient même essayé d'émouvoir le peuple par l'intervention de la veuve Monteau lors de l'assemblée municipale; mais cette tentative échoua. Dans l'état d'exaspération mutuelle où se trouvaient les esprits, un conflit sanglant devenait inévitable. Il éclata le 24 juin.

Ce jour-là, les jurats Guiraud et Fonteneil, prévenus qu'un rassemblement considérable se formait à Saint-Michel, essayèrent en vain de le dissiper par des représentations. Insultés, menacés, poursuivis même, ils purent réunir trois cents bourgeois du Chapeau-Rouge et de Saint-Rémy, avec lesquels ils marchèrent à l'émeute. La rencontre eut lieu au Pas Saint-Georges, où une très vive action s'engagea. Elle dura trois heures. Les ormistes finirent par avoir le dessous, avec perte de quarante hommes. On ne nomme du côté des bourgeois que deux morts, les sieurs Ducot et Laverrie, avec dix ou douze blessés. La princesse de Condé, qui s'était fait porter au milieu des combattants, réussit à obtenir la cessation du feu, non sans danger pour elle-même, car sa chaise reçut deux balles [1].

Le lendemain la guerre civile recommença avec plus de fureur. Les insurgés, au nombre de 2,000 hommes animés par la vengeance, après un premier combat à Saint-Michel, arrivèrent à l'Hôtel de Ville, dont le jurat Dubourdieu, qui avait été chargé de le défendre, eut la lâcheté de leur ouvrir les portes. Après s'être

---

[1] *Journal de ce qui s'est passé en la ville de Bordeaux depuis le 24 juin*, etc. — *Troubles de la Guyenne*, collection des *Mazarinades*, bibliothèque de l'Arsenal, à Paris, t. LXXV, n° 50.

emparés de deux canons et de six fauconneaux, ils s'avancèrent vers le Chapeau-Rouge dans le dessein de saccager ce riche quartier. Là se trouvait l'hôtel du président Pichon. Il les attendait de pied ferme; sa maison, ainsi que celles du conseiller La Roque, située en face, et du sieur Du Cornet, également voisine, étaient munies de défenseurs. Une vive fusillade, partie de ces trois postes retranchés, fit des ravages terribles dans les rangs des assaillants. Leur artillerie, protégée par de gros tonneaux qu'ils roulaient devant elle, leur permit d'avancer jusqu'aux portes des maisons Pichon et Du Cornet, auxquelles ils mirent le feu, après les avoir pillées à la suite d'une résistance de quatre heures. Enfin le clergé arriva portant le Saint-Sacrement. La princesse de Condé et la duchesse de Longueville se rendirent également sur le théâtre de la lutte. Il paraît que la nuit fut la cause la plus efficace de sa fin. Elle avait été des plus meurtrières pour les ormistes surtout qui, s'il faut en croire la relation citée[1], auraient perdu en tués 220 hommes, la plupart artisans. Le parti opposé n'aurait eu, au contraire, personne à regretter, ce qui n'est guère admissible. Quoi qu'il en soit, le sang répandu, les ruines fumantes, le deuil de tant de familles firent, à ce qu'il paraît, une telle impression, qu'il n'y eut pas de nouveaux combats. Le retour du prince de Conti, en l'absence duquel ceux que nous venons de raconter avaient eu lieu, contribua peut-être aussi à en prévenir d'autres.

---

[1] *Journal de ce qui s'est passé*, etc.

Mais l'Ormée, quoique vaincue, n'était pas anéantie. Loin de là, elle voulait une revanche. Voici comment elle l'obtint. Renonçant désormais à la force ouverte, elle eut recours à la terreur pour se débarrasser des hommes dont la présence l'importunait. Chacun des magistrats voués à l'exil reçut successivement de Duretête un billet ainsi conçu : « Monsieur, ayant appris que vous êtes malade, je vous porte une ordonnance pour aller prendre l'air. Si, dans tout le jour de demain, vous n'êtes point sorti de la ville, vous serez poignardé et jeté dans la rivière. » On n'en cite aucun comme ayant résisté à cet ordre. Ceux dont le séjour resta toléré n'étaient pas pour cela à l'abri des insolences du chef de l'Ormée. Un jour, le conseiller Denis l'ayant rencontré : « Eh bien ! Monsieur Duretête, lui demanda-t-il, qu'avez-vous de bon à nous dire ? — Que vous ne valez rien, Monsieur Denis, répondit l'autre. »

Le premier auteur de tous ces malheurs, celui qui était venu apporter la guerre civile en Guyenne, ou du moins l'y rallumer, ignorait-il ces événements et comment les jugeait-il ? Lenet va répondre à ces questions. Informé par lui de ce qui se passait à Bordeaux, le prince de Condé lui écrivait : « Vous croyez bien que c'est avec un extrême déplaisir que j'ai appris les derniers emportements des bourgeois de Bordeaux les uns contre les autres, et que c'est une des choses du monde qui me donne le plus d'inquiétudes. Il faut promptement y pourvoir de façon ou d'autre, et si par négociation, par adresse ou autrement, on ne peut obliger l'Ormée à se contenir, il vaut mieux se mettre de son côté que de la voir chasser de Bordeaux. C'est néanmoins un parti qu'il ne faut prendre qu'à l'extrémité; mais dans l'état présent des choses, je n'en vois pas d'autre à suivre. » Dans une seconde lettre : « Je persiste toujours dans la pensée de nous joindre tous à ceux de l'Ormée, puisque ce parti se trouve beaucoup plus fort que l'autre. » Il voudrait que l'on prît les jurats parmi les partisans de l'Ormée, afin de se servir d'eux pour arrêter la fougue de cette faction; après quoi, les jurats étant obligés de maintenir l'autorité, travailleraient eux-mêmes à la destruction de l'Ormée. Le prince continue de désigner Daffiz et Mirat comme ses meilleurs appuis dans le Parlement et propres à porter les autres à ce qu'on en veut; mais lorsque son correspondant lui apprend que le second de ces magistrats, celui-là même qui témoignait pour sa cause tant d'ardeur, est devenu frondeur modéré, il n'hésite pas à répondre à Lenet qui proposait de lui donner aussi un passeport : « Je crois qu'il sera bon de faire de ces gens-là une punition plus sévère que celle d'être simplement chassés de Bordeaux [1]. » Rude leçon à l'adresse de ceux qui, du jour où ils cessent de flatter les passions des grands, s'exposent à voir non seulement leurs services passés oubliés, mais encore à en être traités comme des ennemis.

(1) *Mémoires,* 3ᵉ édition. Collection Michaud et Poujoulat, liv. III, p. 529.

Après avoir décimé le Parlement, et s'être ri de son dernier arrêt qui ne les empêchait nullement de s'assembler, les factieux ne devaient plus se faire qu'un jeu de le priver de ses prérogatives les plus essentielles. C'est ainsi que dans deux circonstances où l'assemblée générale de la ville se réunissait pour des affaires d'un intérêt commun à tous les habitants et d'une gravité exceptionnelle, l'Ormée s'opposa à ce que les commissaires du Parlement y fussent reçus en cette qualité. Elle ne voulait les admettre que comme bourgeois seulement. En vain le Parlement cassait-il les délibérations de l'assemblée prises en l'absence de ses commissaires. Il fallait l'intervention personnelle du prince de Conti pour aider ceux-ci à y pénétrer, et qu'il les prît par la main pour les garantir de toute insulte. Mais les ormistes allaient bien plus loin. Un des leurs, nommé Dinouard, avait été condamné à mort au Parlement pour crime capital. Ses amis tentèrent, en offrant caution, de le faire sortir de l'Hôtel de Ville où il était emprisonné. Celui des jurats qui se trouvait là s'étant refusé à en signer l'acte qu'ils lui présentaient, ils le menacèrent; mais ce courageux magistrat, dont on regrette de ne pas savoir le nom, leur résista le poignard sur la gorge. Ils recoururent alors à la ruse et enlevèrent le prisonnier au concierge en simulant des ordres du jurat; puis ils s'éloignèrent en les raillant l'un et l'autre. Sur la plainte portée au prince de ce double attentat aux lois, il se borna, par un geste significatif, à témoigner de son impuissance à y faire droit.

Durant cette troisième phase de la Fronde à Bordeaux, le rôle du Parlement n'était plus, à beaucoup près, aussi militaire que sous les deux premières. Condé d'abord en personne, puis ses deux lieutenants, le comte de Marsin et le colonel Balthazar, conduisaient les opérations de la campagne, qui avaient lieu presque toujours loin de Bordeaux et dont le récit n'aurait pas pour notre sujet un intérêt direct. Cependant, la magistrature ne se borna pas toujours à donner aux généraux un appui purement moral. Dans deux cas on vit le conseiller d'Espagnet — toujours prêt à ceindre l'épée par dessus la robe — procéder en personne à l'exécution d'arrêts qui avaient ordonné le désarmement des châteaux de Cadillac et de Bénauge appartenant au duc d'Épernon. Une première fois, le 10 avril 1652, il en avait ramené 35 à 38 pièces de canon tant petites que grandes. Une seconde visite lui procura la découverte de quantité d'armes cachées dans les souterrains de Cadillac, consistant en 3 autres pièces d'artillerie et en 2,000 cuirasses, qu'il fit porter à l'Hôtel de Ville de Bordeaux. Un journal du temps [1] constate ces faits. Le même recueil nous apprend que peu après, dans l'assemblée des chambres à laquelle assistait le président Viole, et en présence du prince de Conti, il fut arrêté qu'une somme de 36,000 livres serait levée sur la bourgeoisie et sur les membres de la

---

[1] *Le Courrier bourdelois apportant toutes sortes de nouvelles*, journal publié à Paris. — Le recueil des *Mazarinades*, t. LXXV, en contient 16 numéros. Pièces 61 à 78.

Compagnie pour être employée au paiement des troupes. Ce vote paraît avoir été émis d'enthousiasme à la suite d'un succès remporté sur le comte d'Harcourt aux environs de Bordeaux, et dont la nouvelle fit même renvoyer, sans qu'on l'ouvrît, un paquet adressé par lui au Parlement [1].

Cet éminent homme de guerre n'avait pas continué de commander l'armée royale. Il fut remplacé par le duc de Candale, fils du duc d'Épernon. Les qualités personnelles de ce seigneur, au premier rang desquelles figuraient un courage brillant et une élégance de manières qui faisaient de lui un des gentilshommes les plus accomplis de son temps, le rendaient tout à fait propre à remplir en Guyenne la mission d'un conciliateur autant que celle de général. Les espérances que le cardinal Mazarin avait fondées sur son caractère autant que sur son mérite se justifièrent dans la suite. Il fut d'ailleurs parfaitement secondé quant aux actions militaires par le duc de Vendôme, grand amiral de France, qui vint, en remontant la Gironde, intercepter les secours que Bordeaux pouvait espérer de ce côté, et par le comte d'Estrades qui commandait à Agen. Ces trois chefs, entièrement d'accord sur leurs entreprises, les conduisirent avec tant d'ensemble et de succès que, malgré les efforts et la bravoure de Marsin et de Balthazar, les affaires de la Fronde entrèrent dans une période de décadence dont elles ne devaient pas se relever.

---

[1] *Le Courrier bourdelois, etc.* (Suprà.)

Elles suivirent à Bordeaux les mêmes évolutions qu'à Paris, le Parlement y étant l'écho fidèle de celui de la capitale. Ainsi, lorsque ce dernier, après la rentrée du cardinal en France, rendit contre lui un nouvel arrêt de proscription, sous l'influence et en présence du prince de Condé, il était inévitable qu'à Bordeaux, où ce dernier régnait toujours quoique absent, on en fît autant. Le Parlement proclama donc hautement que le roi n'étant plus en liberté, mais prisonnier de Mazarin, le duc d'Orléans demeurait invité à prendre la lieutenance générale du royaume, le commandement général des armées étant attribué, sous son autorité, au prince de Condé. La dernière disposition de l'arrêt est particulièrement remarquable. « Le dit sieur duc d'Orléans, y est-il dit, sera prié de choisir le nombre des officiers de la Cour actuellement servant qu'il jugera à propos, pour assister au Conseil par lui établi pour l'administration de l'État. » Ce Conseil, composé par Gaston à l'imitation de celui qui l'avait été par Mayenne pendant la Ligue, comptait, il est vrai, parmi ses membres, deux des présidents du Parlement de Paris. La prétention de celui de Bordeaux d'y faire figurer quelques-uns des siens parut-elle excessive? Ce qui est certain, c'est qu'elle n'eut pas de suite. Peut-être aussi le peu de temps qui s'écoula jusqu'à la pacification de Paris ne permit-il pas qu'il y fût fait droit.

Ce dénoûment, cette fois définitif, des troubles qui remontaient, lorsqu'ils prirent fin, à cinq années, fut précédé, sur leur principal théâtre, d'événements qui ne sont pas de notre domaine. L'habileté du cardinal l'avait préparé, quoi qu'il eût feint de donner satisfaction à l'opinion soulevée contre lui par une seconde retraite. Tout avait été si bien conduit dans la capitale vers une solution qui était dans les désirs du plus grand nombre, que le roi put y faire son entrée le 21 octobre 1652 sans attendre même le retour du premier ministre, lequel ne revint qu'au mois de février de l'année suivante. C'en était donc fait de la Fronde et de ses principaux soutiens, là où elle avait pris naissance. Le duc d'Orléans se retirait en exil à Blois; le fameux cardinal de Retz était arrêté et conduit à Nantes. Le prince de Condé n'avait plus d'autre ressource que de se jeter entre les bras des Espagnols. Sauf ces personnages, une amnistie générale était accordée à tous les autres compromis dans les mouvements, même à ceux qui avaient encore les armes à la main, à condition toutefois qu'ils les déposeraient.

Comment le Parlement de Bordeaux, appelé aussi à profiter de ces bienfaits de la paix, les refusa-t-il? C'est qu'il ne s'appartenait plus depuis longtemps, placé comme il l'était sous la double pression de la maison de Condé et des ormistes. Réduits à un petit nombre, vingt-cinq ou trente à peine, par la proscription et les désertions, les magistrats avaient été jusqu'à délibérer s'ils feraient la rentrée de 1652. Conti, au fait de leurs hésitations et comprenant quel tort ferait à sa cause la clôture du palais, les amena à y revenir à force de promesses et d'assurances de sécurité. Mais en dépit de tout ce qu'il put faire, il n'y avait plus à Bordeaux qu'une ombre de Parlement.

Informé de l'état de ce corps et des sentiments de la plupart de ses membres, le roi, dès le 8 octobre, le transféra, par déclaration expresse, à Agen. C'était y grouper, non seulement les exilés et les fugitifs de Bordeaux, mais encore y convier ceux qui voudraient s'y rendre. Il ne manquait pas de ces derniers si, comme s'en plaignait le prince de Conti, plus de quatre-vingts passeports avaient été sollicités à Paris par des officiers de la Compagnie pour obéir à la translation. Mais à Bordeaux même il s'en trouva que le désir d'échapper à la tyrannie de l'Ormée porta à tenter d'en secouer le joug. Dans les premiers jours de décembre 1651, le conseiller Massiot, depuis longtemps revenu de ses illusions, entreprit de rallier une partie de la bourgeoisie et de reconquérir l'Hôtel de Ville, toujours au pouvoir des factieux. Il ne réussit pas. Arrêté et conduit au palais au milieu d'une populace en furie, il se tourna fièrement vers elle, en disant qu'il saurait se justifier, et qu'on ne le poursuivait qu'à cause de son opposition à ce qu'on mît une garnison espagnole à Bordeaux. Devant le Parlement, où quelques magistrats intimidés, non seulement l'abandonnaient, mais encore penchaient à le déclarer coupable de conspiration, Massiot nia tout complot contre le prince de Conti et les intérêts de sa maison, mais avoua hautement son dessein de se ressaisir de l'Hôtel de Ville et de se défaire des chefs de l'Ormée. Des voix s'élevèrent alors en sa faveur, même celle du président Daffiz, qui s'emporta. Cependant la populace demandait à grands cris la tête de Massiot. Le prince de Conti le prit sous sa protection et le conduisait au logis du prince de Condé, comme à un asile inviolable, lorsque la foule força la voiture à prendre le chemin de l'Hôtel de Ville, où il fut constitué prisonnier. Il y courait les plus grands dangers ; mais sa famille, à force de démarches, eut assez de crédit pour obtenir sa liberté, à condition qu'il quitterait la ville [1].

Quoique réduit à servir sous les drapeaux des ennemis de son pays, Condé n'avait pas encore désespéré tout à fait de sa fortune. Après de nouvelles et stériles tentatives pour y rallier les réformés de France, il résolut de chercher des secours ailleurs encore qu'en Espagne, en s'adressant à l'Angleterre. Par l'intermédiaire de Lenet, des pouvoirs étendus furent donnés à trois Bordelais. Ils étaient signés du

[1] *Mémoires* de Lenet, liv. III, p. 591. — Cousin, *Scènes histor. de la Fronde à Bordeaux*. (*Revue des Deux-Mondes*, 1859.) — Indépendamment de cet épisode, que nous ne devions pas omettre puisqu'il concerne un membre du Parlement, Cousin a eu souvent occasion de parler de ce corps et de ses arrêts condamnant à être brûlés par la main du bourreau des placards injurieux au prince de Conti et à la duchesse de Longueville. Il en cite même un entre autres trouvé dans les papiers de Lenet, portant l'outrage jusqu'au cynisme. Ce côté anecdotique de l'histoire n'étant pas celui que nous envisageons, nous ne pouvons que renvoyer à l'écrivain qui a pu s'y arrêter, d'autant plus qu'il était le sien.

prince de Conti, au nom de son frère, et ils émanaient en même temps des jurats de la ville et des chefs de l'Ormée. Aux deux bourgeois Desert et Blaru, fut adjoint un membre du Parlement, le conseiller de Trancars, désigné avec cette qualité. La lacune qui existe à cette époque dans les registres secrets ne nous a pas permis de vérifier si cette désignation eut lieu en vertu d'une délibération de la Cour. Nous aimons à croire le contraire et qu'il ne se trouva qu'un traître parmi ses membres. Ces députés partirent et s'abouchèrent avec Cromwell; mais les difficultés d'une pareille négociation et la rapidité des événements contraires la firent heureusement échouer.

Tandis que la Fronde aux abois cherchait ainsi au dehors des secours, le gouvernement songeait, de son côté, à hâter sa ruine définitive en pratiquant des intelligences dans le seul centre d'opérations qui lui restât. Ce n'était pas un moyen nouveau de succès dans un temps où l'intrigue jouait un si grand rôle. On chargea d'une semblable mission à Bordeaux un religieux cordelier, prieur du couvent de Brioude, nommé le Père Berthod. Il arriva dans cette ville à la fin de 1652 et se mit sur-le-champ en relation avec le Père Ithier, qui y était revêtu du même caractère dans un couvent du même ordre. Sans entrer dans le détail de leurs démarches pour atteindre le but commun qu'ils se proposaient, et des causes qui les rendirent vaines, ainsi que des dangers qu'ils coururent, nous ne devons pas omettre de constater que, parmi les personnes mises dans le secret et qui concouraient à l'affaire, se trouvaient le sieur de Jau, conseiller clerc, le sieur de Boucaut, conseiller, et d'autres dont les noms ne se sont pas conservés. Le complot fut découvert, et le Père Ithier arrêté et traduit devant le tribunal de l'Ormée. Un apothicaire, qui y remplissait les fonctions de procureur général, conclut à ce qu'il fût mis à mort, et son corps coupé en quatre quartiers pour être exposés sur les portes de la ville. Un des juges, pâtissier de son état, vota pour le supplice de la roue, suivi du bûcher, et pour que les cendres fussent jetées au vent. Le prince de Conti et les princesses, comprenant les conséquences de la mort violente d'un tel personnage, l'arrachèrent, non sans peine, aux fureurs de l'Ormée et de la populace ameutée par elle, et, après beaucoup d'outrages, il fut condamné à rester toute sa vie dans un cachot, au pain et à l'eau. D'autres religieux et des ecclésiastiques de la ville se virent poursuivis et incarcérés, comme ayant trempé dans la conspiration. L'un d'eux fut mis à la question et demeura, pour le reste de sa vie, infirme à la suite des tourments par lui subis. Un curé de la ville, celui de Saint-Pierre, eut un bras et une jambe cassés en essayant de se soustraire aux poursuites. Outre les membres du Parlement déjà indiqués, les conseillers Desbordes et de Castelnau, le président Daffiz lui-même, accusés, soupçonnés tout au moins de participation à l'intrigue, se virent arrêtés et mis au fort du Hâ. On les relâcha néanmoins, faute de preuves. Cette fois, le président

CHAPITRE III.

Daffiz, objet de défiances qu'il ne pouvait plus espérer de dissiper, prit le parti de s'éloigner et se retira à Lombez, dont un de ses frères était évêque. On a retrouvé et publié une lettre qu'à peine arrivé dans cette retraite, il avait l'assurance d'adresser au cardinal Mazarin [1]. Elle prouve que les défiances éveillées sur son compte dans le parti qu'il avait jusque-là servi, étaient fondées, et que, de celui des princes, il se proposait de passer du côté de l'autorité royale, en entrant dans les complots du P. Ithier. Il se présente, en effet, au ministre comme une victime de la rage et de la tyrannie populaires à Bordeaux, soulevées contre lui comme fidèle serviteur du roi. A l'entendre, il subissait la persécution pour avoir conçu un dessein infaillible sans les fautes du P. Ithier. Son malheur, ajoutait-il, l'a privé de mourir pour la cause si noble et si juste du roi et pour un si noble principe; sentiments, du reste, anciens chez lui et qu'il avait témoignés à Son Excellence, lorsqu'il eut l'honneur de la saluer à Bordeaux. Ainsi il confirme lui-même cette démarche subreptice à l'égard de son Corps et la duplicité de sa conduite politique à cette époque. Cette lettre ne paraît pas d'ailleurs avoir exercé la moindre influence en sa faveur, comme nous en aurons plus tard la preuve. Les transfuges d'un parti à un autre ne sont guère bien reçus que lorsque leur défection a été utile. Malheureusement pour Daffiz et heureu-

---

[1] *Archives historiques de la Gironde,* t. VIII, p. 132.

sement pour la moralité publique, sa coopération à la tentative du P. Ithier, si elle eut lieu, ne produisit rien.

Son mauvais succès ne refroidit pas le zèle du P. Berthod. Il se trouvait à Bordeaux lors de l'arrestation du P. Ithier, et on le connaissait pour le principal agent de toute l'affaire. Poursuivi et traqué avec une grande activité, il échappa par son adresse et son sang-froid aux dangers qui l'entouraient. On en jugera par ce seul trait : au moment où on le cherchait dans toutes les maisons religieuses, il était lui-même à cheval et en costume militaire au milieu de la troupe, et il y resta six à sept heures, prenant part aux perquisitions qui avaient pour objet sa personne même. Parvenu à sortir de Bordeaux, il ne cessa d'y renouer et d'entretenir de nouvelles relations pour échauffer la bonne volonté de ceux que l'on appelait dans cette ville les bien intentionnés. Il eut donc encore la main dans une nouvelle entreprise du même genre que celle dont nous venons de parler. Elle avait été formée par un sieur Filhot, trésorier de France à Montauban, mais qui avait sa famille à Bordeaux : homme plein de courage, ayant, dans toutes les rébellions, toujours suivi le parti de l'autorité royale. Il lia aussi des rapports avec des magistrats, les conseillers Dussault, Mosnier et Desbordes. Le plan de Filhot, conduit très loin et sur le point de réussir au moment de sa découverte, n'allait pas à moins que l'entrée des troupes royales dans Bordeaux, et tout était prêt dans ce but. Il n'eut pas un meilleur succès que ceux des PP. Berthod et Ithier. Trahi, comme eux, par des dénonciateurs qui étaient du complot, il fut arrêté et mis à la torture, qu'il endura pendant quatre heures avec une fermeté inébranlable et qui déconcerta ses bourreaux. Dussault, emprisonné, obtint sa liberté grâce à son père [1].

Un avocat, nommé Chevalier, paya bien plus cher la part, beaucoup moins forte pourtant, qu'il avait prise à ces divers efforts faits dans Bordeaux pour y mettre un terme à la tyrannie populaire. Le 1er juin 1653, Villars l'arrêta dans un bateau partant pour Agen. Il était porteur d'une lettre que le conseiller de Mosnier adressait à son collègue Mirat dans cette dernière ville. Elle contenait l'avis de la prochaine exécution d'un projet concerté entre eux pour la délivrance de Bordeaux. Cette pièce entraîna la perte de Chevalier. Deux heures seulement après son arrestation, il était pendu par sentence du tribunal de l'Ormée, furieux de n'avoir que cette seule victime, car Mosnier, profitant d'un débat entre les gens armés qui venaient d'investir sa maison, put se dérober à un pareil sort. Les meurtriers de Chevalier poussèrent la barbarie jusqu'au point de

---

[1] Le P. Berthod et Filhot ont laissé chacun des Mémoires sur les événements auxquels ils prirent part. Ceux du premier font partie de la collection Petitot, t. XLVIII, 2e série. Ils se recommandent par l'accent de la vérité et la modestie de l'auteur. Le *Journal* de Filhot, que D. Devienne a eu sous les yeux, n'a jamais été imprimé, et on ignore ce qu'il est devenu.

lui refuser de se confesser avant de mourir, à moins qu'il ne le fît tout haut.

Après l'avortement successif de ces divers projets de délivrance du joug qu'elle faisait peser sur la cité, la faction dominante devait s'y croire plus puissante que jamais. En ce moment, d'ailleurs, ce qui se passait au dehors était de nature à l'affermir dans cette opinion. Les Espagnols, comme on l'a vu, occupaient Bourg. Deux mille Irlandais qu'ils soldaient augmentaient les forces de Balthazar. La flotte espagnole se trouvait dans la Gironde. Le moment était donc mal choisi, comme on le fit alors, pour offrir de nouveau l'amnistie, et il n'est pas étonnant que l'influence de l'Ormée la fît rejeter, quoique ce qui restait du Parlement à Bordeaux eût enregistré les lettres qui la donnaient. Il ne paraît même pas que ce fait, quoique sans portée dans l'état des choses, ait attiré de nouvelles persécutions aux magistrats, comme si on ne leur eût plus fait l'honneur de les craindre.

Cependant, les généraux commandant les troupes royales résolurent d'agir avec un redoublement de vigueur. Le duc de Vendôme, contenant la flotte ennemie, remonta le fleuve, débarqua à Lormont et prit ce château après quelques jours de siége. Six cents Irlandais et le colonel Dillon à leur tête, non contents de capituler, prirent parti dans l'armée royale. Deux succès plus décisifs encore suivirent celui-ci. Les ducs de Candale et de Vendôme, joignant leurs forces, mirent le siége devant Bourg. Cette ville, bien approvisionnée, aurait pu faire une longue résistance. Ozorio, qui y commandait, se rendit néanmoins après six jours de tranchée ouverte. Quoiqu'il eût obtenu des conditions honorables, cette mauvaise défense lui fut imputée à crime. Traduit devant un conseil de guerre à Saint-Sébastien et déclaré coupable, il eut la tête tranchée. La prise de Libourne suivit de près celle de Bourg. Cette ville ouvrit ses portes le 17 juillet, et sa garnison de 800 hommes passa encore au service du roi. Castillon et Saint-Émilion se rendirent également. Le duc de Vendôme étant venu jeter l'ancre devant Lormont, le duc de Candale s'avançant de son côté jusqu'à Bègles sur la rive opposée du fleuve, Bordeaux se trouva ainsi bloqué de toutes parts. La perspective d'un siége, la cherté des vivres qui commençait à s'y faire sentir, certaines manœuvres propres à simuler d'abord, puis à créer la disette pratiquées par les partisans de la paix, de plus en plus nombreux, leur permirent bientôt de la réclamer tout haut.

Parmi les notables qui poursuivirent cette œuvre presque unanimement souhaitée, avec autant d'ardeur que de persévérance, on voit les noms de magistrats tels que Bacalan, avocat général à la Chambre de l'Édit, de la religion réformée; de Baritault, lieutenant particulier; de Mercier, avocat du roi; de Lafargue, conseiller au présidial. Leur action incessante sur l'opinion à l'aide d'assemblées tenues à la Bourse, où l'intérêt de la partie commerçante de la population à une conclusion pacifique était habilement démontré et mêlé à des considérations politiques à l'appui, finit par être couronnée de succès, au point qu'une députation au prince de Conti, pour lui exprimer le vœu public dans ce sens, fut accueillie là où elle passa par les cris : *Vive le Roi! Plus d'Ormée!* Ils étaient poussés par plus de deux mille personnes qui arborèrent la couleur blanche, celle du parti du roi, pour se distinguer des ormistes qui portaient le bleu et des amis des princes ayant la couleur isabelle. La réaction faisait de tels progrès, que l'on put impunément rendre à la liberté le P. Ithier et Filhot lui-même. Enfin, dès le 20 juillet, l'assemblée de la Bourse exposait à Conti, en présence des princesses, les demandes des bourgeois et les moyens propres à jeter les fondements d'un arrangement avec les généraux du roi. Ce jour-là, le président La Trêne, les conseillers de Raymond et Duduc figuraient parmi les députés de l'assemblée. Le premier, auquel on adjoignit les conseillers Allaire et d'Espagnet, fut nommé commissaire pour travailler à la pacification.

Ce qui subsistait encore du Parlement dans Bordeaux aurait bien voulu faire représenter cette Compagnie dans la députation aux généraux. Mais on les écarta par une fin de non-recevoir, en faisant signifier aux officiers de la Cour qu'ils n'avaient plus de séance légitime qu'à Agen, où les ordres du roi l'avaient transférée. L'entrée du palais leur fut interdite par un corps de garde, et comme on apprit qu'ils voulaient se réunir dans une maison particulière, on les avertit que s'ils n'y renonçaient de bonne grâce on les disperserait par la force.

Il y avait, en effet, un Parlement à Agen, et il est vrai de dire que celui de Guyenne n'était plus que là, non seulement de par les ordres du roi, mais encore par le fait de l'exécution qu'ils avaient reçue depuis longtemps déjà. Dès le 3 mars précédent, un nombre de magistrats suffisant, réunis dans cette ville, avait permis d'y constituer la Cour de justice. Ce jour-là, chose sans précédent dans les annales du Parlement depuis sa fondation, l'unité ayant toujours existé dans la Compagnie, se réunirent dans cette ville les présidents de Lalanne et de Pichon, les conseillers Sabourin, Pichon-Muscadet, Lalanne-d'Uzeste, Duverdier, Massiot, Martin, de Montaudon, Sabourin fils, Du Périer de La Salargue, Dubourg, de Malvin, de Primet, et l'avocat général Lavie, en présence du duc de Candale et de l'évêque d'Agen, Barthélemy d'Elbène, qualifié de premier doyen de la Cour. On s'y occupa de diverses affaires de service. Mais la première délibération de ces hommes bannis de leur foyer par les violences des factieux eut pour objet, il faut le dire à leur honneur, de supplier le roi d'accorder à ses sujets de Bordeaux le bienfait d'une amnistie. On rétablit ensuite la Chambre de l'Édit qui, depuis longtemps, ne siégeait plus. Le même esprit de tolérance et de confraternité porta ceux qui réorganisaient ainsi le Corps à y admettre des collègues arrivant plus tard, à titre provisoire, il est vrai, mais avec prière au roi de surseoir en leur faveur à l'application trop rigoureuse des lettres de translation contre les membres n'y ayant point obéi dans un délai fixé. Il y en eut beaucoup dans ce cas, car malgré l'empressement de quitter Bordeaux, ainsi qu'on l'a vu, ce délai était expiré depuis longtemps. Il fallut même des ordres d'en haut pour mettre des bornes à l'indulgence envers les retardataires, car quelques-uns étaient trop compromis pour pouvoir être acceptés sans examen préalable.

Le Parlement était installé depuis peu, lorsqu'il eut à procéder à la réception d'un nouveau chef. Le 7 mai le président Arnaud de Pontac, revêtu du titre de premier président par lettres-patentes du 17 mars précédent, prêta serment en cette qualité. Ce choix avait été dicté par des considérations de diverse nature. Celui qui en était l'objet appartenait à une des premières familles de la ville et du Parlement. Sa capacité, sa position personnelle dans la Compagnie, jointes à une conduite pleine de prudence depuis l'origine des troubles, lui donnaient des droits à ce poste éminent. Mais l'avocat général Lavie, qui l'ambitionnait depuis longtemps, fut vivement affecté de cet échec. On peut juger de ses regrets par sa lettre au cardinal Mazarin, dans laquelle il les lui exprime avec quelque amertume, et non sans certains traits contre celui qui lui a été préféré [1]. Lavie avait fait preuve assurément d'un courageux dévouement

---

[1] *Archives historiques de la Gironde*, t. VII, p. 308.

à la cause de l'ordre depuis le commencement de la Fronde à Bordeaux, et rempli avec succès plusieurs missions dans l'intérêt de la pacification. Sa correspondance avec le cardinal a été retrouvée en grande partie et publiée [1]. Elle jette du jour sur les événements et fait connaître son auteur sous un aspect qui ne mériterait que des éloges, si l'on ne s'apercevait souvent qu'il songe trop à la récompense de ses services. Il n'est pas vraisemblable que le mécompte qu'il éprouva soit dû à une dénonciation anonyme contre lui adressée au premier ministre et retrouvée aussi dans les papiers d'État de cette époque. Cette note diffamatoire rappelle perfidement une aventure aussi tragique que scandaleuse arrivée en 1644 dans la famille de Lavie, et par suite de laquelle il avait été momentanément interdit de sa charge [2]. Mais, sur une information qui avait eu lieu devant le Conseil du roi, Lavie obtint à cette époque sa réintégration dans son office. Un de ses biographes a donc pu traiter de calomnies de pareilles imputations [3]. Du reste, Lavie prit le parti de rester à son poste. Il l'occupa même avec d'autant plus d'honneur que, par une faveur singulière et dont nous ne connaissons pas d'autre

---

[1] Cette correspondance est rapportée dans plusieurs volumes du même recueil.

[2] Voir cette dénonciation dans les *Archives historiques de la Gironde*, t. VIII, p. 429.

[3] *Le Parlement de Bordeaux et l'avocat général Lavie sous la Fronde.* — Discours prononcé à la rentrée de la Cour impériale de Bordeaux, le 3 novembre 1869, par M. Bazot, substitut du procureur général.

exemple, il cumula avec ses fonctions d'avocat général au Parlement celui de premier président du Parlement de Pau, en survivance de son père qui exerçait cette dernière charge et dans laquelle il lui succéda plusieurs années après.

Les négociations entamées à Lormont par les députés de Bordeaux avec les ducs de Candale et de Vendôme, et l'évêque de Tulle, Guron de Réchigne-Voisin, ne tardèrent pas à aboutir [1]. L'honneur de complimenter les ducs fut déféré au chevalier de Todias, premier jurat. Les articles du traité définitivement arrêté portaient d'abord une amnistie complète donnée aux Bordelais, avec confirmation de leurs priviléges. Les princes et princesses eurent des passeports, avec la liberté de se rendre là où bon leur semblerait. Marsin et Balthazar purent aussi se retirer en toute sûreté. Le premier profita de cette faculté; le second, officier de fortune, prit du service dans l'armée royale. Enfin, les Espagnols reçurent avis de l'établissement de la paix, et en même temps une déclaration des Bordelais qu'ils renonçaient à tout traité avec eux.

Ce fut le 3 août 1653 que les ducs de Candale et de Vendôme firent leur entrée dans Bordeaux, et qu'après un *Te Deum* chanté à Saint-André, ils entendirent un sermon du P. Ithier. En récompense

---

[1] Ce prélat, adjoint aux chefs militaires comme délégué du ministère, remplit un rôle important dans toutes les affaires de cette époque en Guyenne. (V. sa correspondance, *Arch. historiques de la Gironde*, t. VIII, p. 263 et suiv.)

de son dévouement et pour prix des épreuves qu'il avait subies, ce religieux fut fait évêque de Glandèves et promu par la suite au siége d'Amiens. Quant au P. Berthod, soit que sa modestie lui eût interdit de solliciter une récompense quelconque, soit que ses services eussent été oubliés, il rentra dans son couvent, où il paraît avoir fini obscurément sa carrière, n'en laissant d'autre trace que les souvenirs honorables de ce qu'il avait fait, consignés dans son Journal.

Dans la solennité religieuse accomplie pour la paix, la place du Parlement était restée vide, ce corps n'ayant plus d'existence légale à Bordeaux, comme nous l'avons dit plus haut. Quant à la Compagnie réunie à Agen, la peste l'en avait chassée peu après son installation, et elle était maintenant à La Réole. Son retour à Bordeaux avait été demandé avec instance; les ducs et l'évêque de Tulle répondirent que le roi s'était réservé cet article. La cour était très disposée à le concéder; mais une délibération au moins intempestive du Parlement fut cause de l'ajournement qu'éprouva son retour.

Les articles du traité ratifié à Paris lui avaient été adressés à La Réole pour les enregistrer. Il crut devoir mettre à cette formalité des réserves formulées par des remontrances. Elles avaient d'abord pour objet : le renvoi de procéder à l'enregistrement au premier jour où la séance du Corps serait établie au lieu où il pût tenir audience, ce dont il serait donné avis au roi; l'arrestation de quelques individus postérieure à l'entrée des ducs de Candale et de Vendôme, pour injure contre leurs personnes et contre l'autorité du roi; l'urgence du rétablissement du Parlement à Bordeaux pour la distribution de la justice et la publication de l'amnistie. Mais le point sur lequel le Parlement insistait le plus, c'était le rétablissement des châteaux du Hâ et Trompette, stipulé dans le traité. Opposé à cette mesure, il rappelait les anciennes représentations antérieures à 1649, il suppliait que les doléances des jurats à cet égard fussent écoutées. Il demandait enfin qu'en cas de rétablissement des châteaux, le commandement n'en fût confié qu'à des gouverneurs ou lieutenants généraux de la province même.

Ces remontrances, qui passèrent à la pluralité des voix, malgré l'avis contraire du premier président et de quelques autres, déplurent extrêmement aux généraux du roi. Ils y virent une manifestation presque hostile. Elle les refroidit dans l'intérêt qu'ils portaient auparavant à la Compagnie, et les dissuada de demander son retour. Le gouvernement partagea leur mécontentement. Sans s'arrêter aux remontrances, il fut procédé par le sénéchal à l'enregistrement et à la publication de l'amnistie. Le Parlement eut le désagrément d'être laissé à La Réole, où il dut faire sa rentrée, heureux même de ne pas aller à Périgueux où il avait été question de l'envoyer [1]. Ses remon-

---

[1] Lettres du comte d'Estrades, publiées par M. Tamizey de Larroque. — Bordeaux, imprimerie Gounouilhou, 1872. V. *infrà*.

trances ne produisirent d'autre effet qu'une dépêche aux généraux, dans laquelle étaient déduites fort au long les raisons du rétablissement des forts de Bordeaux. Elles étaient prises d'abord de ce qui s'était passé en 1650, époque où des nécessités politiques avaient empêché de faire ce dont il s'agissait aujourd'hui, c'est-à-dire de s'assurer de la ville. Or, deux voies se présentaient à cet effet : la première, de rétablir les châteaux; l'autre, de les raser entièrement.

Cette dernière avait d'abord été préférée comme plus propre à prévenir la rechute des Bordelais dans des révoltes au sujet desquelles ils étaient déjà en récidive par la violation du traité de Bourg. Mais le rétablissement des fortifications était plus facile que leur destruction, moins à charge à la cité, et offrait plus de garantie contre le retour des soulèvements. On s'y arrêta donc en définitive. L'exécution de cette mesure devait commencer par le Château-Trompette destiné, comme toujours, à commander toute la ville et, de plus, la rivière qu'il s'agissait de défendre contre la flotte espagnole. Dans le cas où les habitants de Bordeaux ne se seraient pas rendus à ces raisons et où les généraux ne jugeraient pas à propos de les amener à demander eux-mêmes la réédification des forts et à y contribuer, ces derniers étaient autorisés à demeurer en Guyenne tant que la flotte ennemie n'aurait pas quitté les eaux françaises. Cette dépêche communiquée aux jurats et aux bourgeois, ils furent les premiers à demander que le roi fût humblement supplié de faire reconstruire les châteaux pour tenir en bride le peuple et sauvegarder les bons citoyens de la canaille[1]. Ainsi, le Parlement vit non seulement ses remontrances écartées, mais, de plus, il ne trouva pas dans les autres autorités l'appui sur lequel il comptait.

Ce n'était pas seulement par des prétentions intempestives qu'il prenait en quelque sorte plaisir à prolonger lui-même sa disgrâce. Malgré les sévères leçons données aux magistrats par les événements, il existait encore parmi eux des ferments de cet esprit d'indiscipline qui leur avait fait commettre tant de fautes. Un d'eux, Pomiers le jeune, se trouvant à Bordeaux à la fin d'août, osa délivrer à main armée un prisonnier pour dettes que l'on conduisait à la maison de ville. L'autorité y était alors entre les mains très fermes du comte d'Estrades, qui avait beaucoup contribué à la pacification de la province et réunissait les deux qualités de maire perpétuel et de gouverneur de Bordeaux. Après de promptes mesures pour reprendre l'homme ainsi arraché à la justice, il s'empressa de dénoncer au cardinal Mazarin l'imprudent conseiller qui s'était mis en révolte ouverte contre elle, et le fit sortir de la ville. Une lettre de cachet l'exila bientôt au loin, et il n'en aurait pas été quitte à si bon marché si le premier président de Pontac, Pomiers, doyen des conseillers, et d'autres des plus considérables de la Compagnie n'eussent

---

[1] Termes de la supplique.

intercédé en sa faveur. On trouve dans la correspondance de d'Estrades avec le premier ministre (1) d'autres faits également relatifs au Parlement. Il parle en termes élogieux du conseiller de Lestonnac, l'un des meilleurs serviteurs du roi, mort, ainsi que son fils, de la peste. Il ajoute que le président de Gourgues, tout-puissant dans le Corps, est tout à fait repentant du passé, et répond, en général, du Parlement, et parmi les membres fidèles de ce corps, outre le premier président de Pontac, il indique les présidents de Lalanne et de Montesquieu et les conseillers de Martin, Boucaud, Salomon et Geneste. Il ne dissimule pas, du reste, au premier ministre, la triste situation de la Guyenne à la suite des guerres civiles. « Il est important, dit-il, que Votre Éminence soit avertie que toute la province est au désespoir. Les peuples ont été ruinés par quatre années de guerre et par la peste qui dure encore en plusieurs lieux. Toute leur espérance était de faire la récolte, et ils s'en voient privés par le séjour de 9,000 hommes de pied et près de 2,000 chevaux, qui restent encore en Guyenne. La désolation est si grande que je ne puis assez l'exprimer à Votre Éminence. » Combien tous ces maux étaient

---

(1) Elle a été publiée (au moins quant à la partie inédite), en 1872, par M. Tamizey de Larroque, à la suite d'une relation également inédite du *Siège de Dunkerque* (1651-1652) par le maréchal d'Estrades. Cet ouvrage, qui forme le tome III de la *Collection méridionale* du même auteur contemporain, contient des éclaircissements historiques et des notes d'une critique très éclairée sur l'époque à laquelle il se réfère.

faits pour donner des remords à ceux qui les avaient attirés sur leur pays !

Les lettres de jussion adressées au Parlement à La Réole contenaient quelques exceptions aux grâces accordées aux fauteurs et complices des dernières séditions. Elles regardaient les députés envoyés à Londres pour négocier avec Cromwell : René Lequeux, sieur de Trancars, conseiller, et les bourgeois Blaru et Desert, ses complices dans cette mission; Clairac, avocat, qui en avait rempli une pareille en Espagne; enfin les chefs de l'Ormée. Le procès des premiers fut instruit dans les formes, et on leur appliqua par contumace la peine des criminels de lèse-majesté. Sur la réquisition du procureur général, il leur fut adjoint le conseiller Guionnet, qui on ne sait pourquoi n'avait pas accepté l'amnistie et était resté dans les troupes ennemies. Si l'on s'en rapporte à certains renseignements sur ses mœurs [1], ce ne fut pas pour la Compagnie une perte bien regrettable. Un homme plus compromis encore, quoique d'une autre manière, le président Daffiz, ne reparut plus au Parlement. Retiré, comme nous l'avons dit, à Lombez, il y mourut au bout de deux ans, et sa charge fut supprimée au mois de mars 1656, faute d'acquit du droit annuel par le titulaire. Sa veuve et son fils essayèrent bien de réclamer et d'intéresser le Parlement en leur faveur. Comme il n'est plus question dans la suite de cette affaire, nous croyons

(1) *Journal* d'Olivier d'Ormesson, dans les *Documents relatifs à l'Histoire de France*, t. II.

que leurs tentatives demeurèrent sans succès. Le nom de Daffiz cessa pour toujours de figurer dans le personnel du Parlement de Bordeaux, où il avait paru avec tant d'éclat.

Il restait à faire justice de deux personnages qui avaient pendant si longtemps fait peser sur leurs concitoyens le plus dur de tous les jougs et usurpé l'autorité publique. L'un, Villars, fut assez heureux pour se soustraire au châtiment. On le laissa partir, caché dans les bagages du prince de Conti. Le second, Duretête, essaya bien aussi de fuir, mais il fut arrêté aux environs de Cadillac, et de là conduit dans les prisons de Libourne. Le comte d'Estrades tenait beaucoup à ce qu'il fût jugé au Parlement — qui, lui-même, ne demandait pas mieux que d'instruire le procès de ce grand coupable. Mazarin le voulait aussi. Faut-il croire, d'après une lettre de lui au gouverneur de Bordeaux[1], que c'était dans le but d'humilier le Parlement, pour qui ce serait une grande mortification de condamner Duretête, puisque plusieurs de ce corps étaient aussi coupables que lui? Nous verrons plus tard que le cardinal, quoiqu'il ne fût pas vindicatif, n'avait pas oublié les torts du Parlement envers sa personne. Quoi qu'il en soit, d'Estrades, comprenant toute l'importance des précautions à prendre pour assurer le châtiment de Duretête, le fit conduire par eau à La Réole devant le Parlement, sous une escorte

[1] Elle fait partie du recueil publié par Prosper Marchand en 9 vol. in-12. Londres (pour La Haye), 1743.

imposante, et ramener de cette ville avec mêmes sûretés après la condamnation. Ce fut le 11 février que l'ancien chef de l'Ormée subit le supplice de la roue sur la place du palais de l'Ombrière, après avoir fait amende honorable devant Saint-André et devant la maison de ville. Le comte d'Estrades avait jugé à propos, peut-être autant par prudence que pour donner à l'exécution plus d'appareil, de mettre sous les armes des forces nombreuses. On a dit qu'en marchant à la mort, Duretête parut moins ému de la crainte des tourments que des outrages que lui prodigua le peuple. Il ne connaissait donc pas la changeante multitude! Artisan déclassé, devenu chef de parti par l'audace, il ignorait avec quelle brutale facilité l'idole de la veille, devenue pour les masses un objet de haine et de mépris, est traînée par elles le lendemain aux gémonies. Peut-être aussi, dans les acclamations qui le saluaient au temps de sa puissance, entrait-il plus de terreur que d'enthousiasme. Sa tête resta attachée à une tour du rempart près de Sainte-Eulalie, à l'extrémité de la plate-forme où il avait tant de fois réuni l'Ormée. Ce fut là, du reste, la seule exécution capitale qui suivit le retour de l'ordre à Bordeaux.

Telle était la politique de Mazarin. Richelieu eût fait tomber plus d'une tête; son successeur donna l'amnistie. Aussi l'inflexible sévérité de l'un n'avait-elle pas abattu les grands, au point de prévenir de leur part de nouvelles entreprises contre l'autorité royale, comme le prouva la Fronde. La modération de Mazarin sut mieux atteindre ce but. Elle fit plus encore, et après avoir préparé la profonde tranquillité intérieure dont jouit la monarchie française pendant si longtemps après lui, elle jeta les fondements de cette époque féconde en grandeurs de toutes sortes qui devait s'appeler le siècle de Louis XIV.

CHAPITRE IV

1654-1760

Rétablissement du Parlement à Bordeaux. — Le prince de Conti gouverneur de Guyenne. — Voyage du cardinal Mazarin à la frontière d'Espagne pour le traité des Pyrénées. — Il évite de passer par Bordeaux. — Réception qu'il fait aux députés du Parlement à Libourne. — La cour à Bordeaux. — Le duc d'Épernon redevient gouverneur. — Les Parlements exclus de la politique sous le gouvernement de Louis XIV. — Enregistrements imposés à celui de Bordeaux. — Long intervalle de calme jusqu'à la sédition de 1675. — Ses causes. — Impôts du papier timbré et de la marque des ouvrages d'étain. — Soulèvement. — Autorité des jurats méconnue. — Révolte ouverte. — Arrêt du Parlement. — Le maréchal d'Albret, gouverneur. — Assassinat du conseiller de Tarneau. — Arrestation et dangers d'autres magistrats. — Inertie de la bourgeoisie armée. — Concessions aux séditieux. — Second arrêt du Parlement. — Surséance à la levée de l'impôt. — Apaisement de ces premiers troubles. — Amnistie. — Les désordres recommencent. — Ils sont définitivement réprimés. — Supplices de plusieurs mutins. — Le gouvernement prend des mesures pour punir la ville de Bordeaux. — Envoi de troupes nombreuses en garnison. — Translation des cours souveraines. — Le Parlement à Condom, à Marmande et à La Réole successivement. — Effets désastreux du séjour des troupes à Bordeaux. — Excès. — Elles y restent tout l'hiver. — Maintien des autres peines infligées à la ville. — Causes du ressentiment de l'autorité contre le Parlement imputées au maréchal d'Albret. — Examen de cette thèse historique. — Probabilité des vrais motifs de la longue disgrâce du Parlement. — Son injustice. — Effets d'un exil de quinze ans pour cette Compagnie à plusieurs points de vue. — Ses sollicitations pour en hâter le terme longtemps infructueuses. — Il n'obtient son retour qu'au prix d'un sacrifice pécuniaire considérable. — Détails biographiques sur plusieurs magistrats: les premiers présidents Pontac et d'Aulède; funérailles de ce dernier. — Incendie du palais de l'Ombrière en 1704, sous son successeur, le premier président Dalon. — Ce qui arrive à ce dernier quelques années après. — Il est forcé de donner sa démission à la suite de dissentiments graves avec sa Compagnie.— Notices sur d'autres membres du Parlement. — Le conseiller Jean-Jacques Bel. — L'Académie de Bordeaux. — Montesquieu.

Le Parlement inaugura sa réinstallation à Bordeaux le 1ᵉʳ décembre 1654 par des remercîments à Dieu, au roi, à la reine-mère, au cardinal Mazarin et aux autres ministres. Quelques jours après, il enregistrait sans la moindre objection des lettres-patentes portant nomination du cardinal aux gouvernements de Brouage, des îles d'Oléron et adjacentes, de Marennes, Tonnay-Charente, Saujon, Mornac, Royan, Pont-l'Abbé, Saint-Aignan, Saint-Jean-d'Angély, etc. Ce n'était pas seulement envers l'homme d'État qui venait de faire preuve de tant de capacité par la pacification du royaume que la Compagnie, qui l'avait si méconnu naguère, abdiquait tout ressentiment [1]. Elle faisait un grand pas de plus dans l'oubli du passé en renouant avec le duc d'Épernon des relations de courtoisie, par l'intermédiaire du premier président. On lui rendait, sur sa demande, des papiers enlevés de son hôtel pendant les troubles et portés au palais : présages d'un rapprochement plus complet encore dans un avenir peu éloigné, et qui démentaient l'augure qu'on aurait pu tirer d'événements encore récents qu'il y avait désormais un abîme entre Bordeaux et son ancien gouverneur. En attendant, ce titre — qui le croirait ? — ne tarda pas à être donné au prince de Conti lui-même, c'est-à-dire au frère de Condé, à son mandataire si zélé, au moins en apparence, pendant les dernières luttes de la Fronde à Bordeaux. Mais toute surprise cesse quand on sait que même alors qu'il semblait soutenir avec tant d'ardeur la

---

[1] R. S., 9 décembre 1654.

cause de sa maison, ce prince négociait secrètement avec la cour (1), et que, peu après la pacification, il épousait Anne-Marie Martinozzi, nièce de Mazarin. Soit pour ménager la transition entre les deux rôles si divers qu'il aurait remplis à Bordeaux à si peu d'intervalle, soit à raison des campagnes qu'il fit dans les années qui suivirent, il ne fut installé dans ses fonctions qu'au mois de mai 1658. En son absence, la lieutenance générale eut pour titulaire le marquis d'Épinay Saint-Luc, dont l'administration était conciliante et resta paisible. Après tant de secousses, Bordeaux respira et put se préparer à prendre part aux heureux événements qui allaient par deux fois y amener la cour : la paix des Pyrénées et le mariage de Louis XIV avec l'infante d'Espagne.

Le premier, fruit de la politique profonde de Mazarin, inséparable du second médité par lui quatorze ans auparavant (2) et qui eut des suites si importantes pour la France un demi-siècle après, motiva le voyage du cardinal à la frontière. Il s'y rendit avec un train magnifique, en passant par Libourne et évitant à dessein Bordeaux. On n'en saurait douter quand on lit sa correspondance de cette époque. De Châteauneuf il écrivait à la reine : « Le Parlement de Bordeaux ayant appris que je ne faisais pas état de passer par la dite ville, m'a fait une députation que je rencontrerai demain à Libourne,

---

(1) Voy. les *Mémoires de Daniel de Cosnac*, évêque de Valence, récemment publiés.

(2) Hénault, *Abrégé chronol. de l'histoire de France*, p. 761, 763.

nonobstant qu'ils n'en eussent jamais usé ainsi. Je les eusse bien dispensés de ce compliment, ne croyant pas que cette civilité extraordinaire m'élève beaucoup, puisque la manière incivile dont ils en usèrent autrefois avec moi à Bordeaux, ne me visitant pas, ne me fit pas grand tort. Ce sont des gens de bonne conscience qui veulent faire leur salut, me rendant à présent ce qu'ils m'ôtèrent alors [1]. » On ne pouvait railler plus finement l'arrogance d'autrefois et l'humilité d'aujourd'hui. C'est bien par ce dernier terme qu'il faut qualifier la démarche du Parlement, qui y persista quoiqu'elle fût en dehors des usages, car il n'avait été question d'abord que de saluer le premier ministre à son passage par Bordeaux. Le Parlement en fut pour son empressement excessif. Mazarin ne fit aucune réponse à la harangue pleine d'éloges emphatiques que les députés de la Compagnie lui adressèrent à Libourne, et dans laquelle il était appelé le Génie de la France. Se tournant, au contraire, vis-à-vis des magistrats de cette ville : « Messieurs, leur dit-il, Leurs Majestés n'ont pas oublié le témoignage de fidélité et d'attachement qu'elles ont reçu de la part des habitants de Libourne, lorsque tant d'autres sujets leur faisaient la guerre dans cette province. » Aux jurats, qui avaient mis plus de tact et moins d'adulation dans leur harangue, il dit, toujours en présence des députés du Parlement : que jamais la jurade de Bordeaux, quand elle n'avait pas été induite

[1] Correspondance de Mazarin.

en erreur, menacée, intimidée ou outragée, n'avait cherché à lutter contre l'autorité royale. C'était autant de leçons à l'adresse du Parlement. En quittant Libourne, le cardinal se rendit à Cadillac où le duc d'Épernon, habitué à recevoir des hôtes illustres, le traita splendidement.

Au mois d'août suivant (1659), Louis XIV et la reine-mère arrivèrent à Bordeaux. Ils avaient défendu toute dépense extraordinaire. Néanmoins le prince de Conti, qui venait de prendre possession de son gouvernement, voulut au moins déployer un grand luxe dans leur voyage de Blaye à Bordeaux. Le roi occupa dans cette ville l'hôtel du président Pichon; la reine et le duc d'Anjou logèrent à l'archevêché, Mademoiselle chez le premier président Pontac. Le Parlement avait envoyé saluer le roi à Saintes, et le monarque le fut aussi à son arrivée à Bordeaux par une députation. Son séjour, qui fut de courte durée, donna lieu à une offre de don gratuit de la part de la Compagnie montant à 12,000 livres, à prendre sur tous les membres de la Cour, même les honoraires et leurs veuves. Il est vraisemblable que cette somme vint en déduction de celle de 50,000 livres à laquelle la ville entière avait été taxée. Le traité de paix n'ayant été conclu que le 7 novembre, le mariage avec l'infante avait été renvoyé au printemps suivant, et le roi employa l'intervalle à parcourir le Midi. Ce fut donc l'année suivante (1660) et au mois de juin, après avoir épousé à Saint-Jean-de-Luz l'infante Marie-Thérèse, qu'il fit avec elle son entrée solennelle à Bordeaux. Un nouveau gouverneur y présidait cette fois : le duc d'Épernon, rappelé à ce poste, après tant de vicissitudes, et dont les lettres furent enregistrées le 18 mars. Le Parlement était préparé à ce retour; il envoya saluer le duc à son entrée dans la ville le 8 juin suivant. On ne voit pas néanmoins que celui-ci soit venu prendre séance dans la Compagnie. Il est vrai qu'il était tout entier à la douleur de la perte de son fils, ce brillant duc de Candale, mort de maladie à Lyon, sans postérité. Mais il ne paraît pas que, depuis sa réintégration dans le gouvernement de Guyenne, le duc d'Épernon ait jamais remis les pieds au palais. Cette même année, la Cour des Aides fut enfin rétablie à Bordeaux, sans opposition, mais non sans déplaisir de la part du Parlement, quoiqu'il eût la prudence de n'en rien manifester.

A partir de l'époque où nous sommes arrivés, commence, pour l'histoire parlementaire, à Bordeaux comme ailleurs, une longue période de calme qui ne laisse place à aucun événement de nature à être signalé.

C'est que la magistrature était rendue partout à sa véritable mission : la justice. Jusqu'à la mort de Mazarin, qui eut lieu en 1661, et depuis que Louis XIV, malgré sa jeunesse et son penchant pour les plaisirs, eut résolu de gouverner par lui-même, nulle occasion de rentrer dans le domaine de la politique ne se présenta pour les Parlements. Toute tentative de ce genre eût été sévèrement réprimée. Nous trouvons un exemple de la volonté de mettre des bornes même à leurs anciennes prérogatives en fait d'enregistrement des lois, dans les registres de celui de Bordeaux, à la date de 1667. Le 7 septembre de cette année, plusieurs nouvelles ordonnances réglant diverses matières judiciaires furent apportées aux chambres par le marquis de Saint-Luc, lieutenant au gouvernement, et par l'intendant Pellot, et enregistrées en leur présence, de l'ordre et très exprès commandement du roi, sans délai ni remontrances, quoique le premier président représentât que les rois les avaient toujours permises en pareil cas. La Cour, tout en se soumettant, se plaignit néanmoins par l'organe de son chef, qu'on lui faisait enregistrer des ordonnances qu'elle n'avait pas eu le temps de lire.

Ce fait est d'autant plus remarquable, qu'il fut le point de départ et la première application de la nouvelle règle relative aux remontrances et qui équivalait à leur suppression. L'ordonnance de 1667 contenait, sous le titre préliminaire : *De l'observation des ordonnances,* huit articles dont voici en résumé l'économie. Toutes les cours de justice étaient tenues de procéder incessamment à la publication et enregistrement des ordonnances, édits et déclarations et autres lettres, aussitôt qu'elles leur auraient été apportées, sans retard et toutes affaires cessant. Ces divers modes d'expression de la volonté du législateur étaient exécutoires du jour de la publication qui aurait été faite, soit en présence du roi, soit de son très exprès mandement porté par personnes qu'il aurait à ce commises. Il était permis aux juges lorsque, par la suite des temps et de l'usage ou expérience, ils découvriraient quelques articles de loi contraires à l'utilité ou commodité publique, de faire à cet égard des représentations, mais sans que, sous ce prétexte, l'exécution en pût être sursise. A l'égard des ordonnances, ou édits, ou lettres-patentes, qui pourraient être envoyés aux Cours, et n'auraient pas été apportés par des délégués chargés de les faire enregistrer sur-le-champ, les représentations étaient permises, pourvu qu'elles eussent lieu, selon que ces Cours résideraient auprès du roi ou au loin, dans huit jours par les premières, dans six semaines par les autres, après la délibération. Passé ce délai, les ordonnances, etc., étaient tenues pour publiées, et, en conséquence, elles devaient être exécutées et envoyées à cet effet par les procureurs généraux aux siéges inférieurs des ressorts. En fait, l'ordonnance de 1667 fut enregistrée au Parlement de Paris, en lit de justice tenu par Louis XIV en personne; à la Chambre des Comptes, où elle avait été portée par le duc d'Orléans, frère du roi; à la Cour des Aides, par le duc d'Enghien, prince du sang; l'un et l'autre de ces représentants de l'autorité royale accompagnés chacun d'un maréchal de France et de conseillers d'État, le même jour, 20 avril 1669. On voit que c'est une semblable mission que le marquis d'Épinay Saint-Luc était venu remplir auprès du Parlement de Bordeaux, et dont les termes impératifs étaient dictés par l'ordonnance elle-même.

Telle fut la fin des remontrances parlementaires sous le règne de Louis XIV.

Un autre témoignage du nouveau régime disciplinaire auquel les grandes Cours de justice étaient désormais soumises, suivit de près à Bordeaux celui qu'on vient de voir. Le président de Blanc, des enquêtes, et le conseiller de Volusan, étaient exilés à La Rochelle pour avoir dénoncé à la Compagnie des ordonnances de l'intendant Pellot, comme entreprenant sur sa juridiction et pouvant causer des maux dans la province [1]. Ainsi, les intendants supprimés en 1648 sur la réclamation des Parlements qui les trouvaient trop puissants, et qui peut-être, dit le président Hénault, l'étaient trop eux-mêmes dans ces temps malheureux, rétablis en 1653 avec le titre d'intendants de justice, police et finances, avaient repris toutes leurs anciennes attributions, et il était dangereux d'y trouver à redire [2]. On voit, par ce qui se passa dans ces deux circonstances, et nous pourrions en citer d'autres moins notables du même genre, que le Parlement de Bordeaux avait peine à accepter la nouvelle discipline. Il finit cependant par s'y plier comme tous les autres, et ce ne fut certainement pas à la moindre tentative pour s'y soustraire que ce corps dut de subir, plus tard, une des disgrâces les plus longues et à coup sûr la plus pénible de toutes celles dont il eût jamais été frappé.

En 1675, un nouvel impôt avait été créé. Il

[1] *R. S., loc. cit.* (Recueil Verthamon.)
[2] Hénault, *Abrégé chronolog. de l'histoire de France*, p. 749.

s'agissait de l'établissement du papier timbré et de la marque des ustensiles d'étain. Les opérations des préposés à ce contrôle devinrent à Bordeaux le signal de voies de fait exercées contre eux par des femmes du peuple poussant le cri : *Aux gabeleurs* [1]! Avertis de ce commencement d'émeute, les jurats le comprimèrent le premier jour. Dans la crainte très fondée qu'elle ne recommençât, ils en prévinrent le gouverneur. Cette haute dignité appartenait alors au maréchal d'Albret, qui avait succédé au duc d'Épernon, mort en 1671. Il paraît que le maréchal n'appréciant pas d'abord à sa juste valeur l'importance de l'avis qu'il recevait, se reposa sur le Parlement et sur les jurats du soin de défendre et d'empêcher les attroupements. Le lendemain recommencèrent les démonstrations hostiles contre les commis. Fonteneil, l'un des jurats, appuyé du capitaine et de quatre soldats du guet, cherchait à les garantir de toute attaque pendant qu'ils opéraient chez divers potiers d'étain; mais la foule grossissait et se montrait de plus en plus menaçante, les pierres commençaient à voler; elles atteignirent les agents du fisc jusque sous la robe dont le jurat cherchait à les couvrir; il fut forcé, blessé lui-même, de gagner l'Hôtel de Ville avec trois de ses collègues venus à son secours sous une grêle de projectiles, et ces magistrats se virent obligés, pour se défendre, de faire tirer sur les séditieux et de les charger ensuite

[1] Tout impôt nouveau était appelé *gabelle* par le peuple, en souvenir peut-être de ce qui s'était passé en 1548.

à coups d'épée et de hallebarde. Il envoyèrent chez le gouverneur, qui se fit porter sur les lieux, car il était malade. Ordre avait été donné de sa part aux capitaines des compagnies bourgeoises de les réunir. Pendant ce temps, le nombre des révoltés augmentait; ils arrivaient de Saint-Michel au son du tocsin et portant le corps d'un homme tué par eux comme suspect d'être un des traitants de l'impôt. Ils assiégèrent l'Hôtel de Ville, d'où les jurats qui s'y étaient enfermés eurent beaucoup de peine à sortir par une fausse porte, emmenant avec eux les commis au Château-Trompette. Le comte de Montaigu, qui y commandait, fit alors sortir des soldats, dont le feu coucha par terre quelques pillards, et qui s'emparèrent de plusieurs autres, car la populace attaquait déjà les maisons. Le mal allait donc s'aggravant. Le troisième jour, le Parlement s'assembla de très grand matin, rendit un arrêt interdisant les attroupements et manda les jurats Fonteneil et Duboscq pour en assurer l'exécution. Il les chargea de réunir à l'Hôtel de Ville les compagnies bourgeoises, de tenir fermées les portes de la ville, tandis qu'il restait lui-même en délibération avec le gouverneur et le comte de Montaigu, invités à se rendre au palais. Il arriva alors ce qui s'était déjà vu en semblables circonstances. La cause du soulèvement trouvait sans doute des partisans jusque dans les classes élevées de la population, ce qui doit d'autant moins étonner que la nouvelle taxe était encore une infraction aux privilèges de la ville de Bordeaux, maintenus expressément par le traité de 1451; et, soit pour ce motif, soit par peur, les bourgeois restèrent chez eux au lieu de prêter main-forte à l'autorité. Beaucoup se firent remplacer par leurs domestiques, qui pactisèrent avec les séditieux. On vit même des artisans établis se joindre à ces derniers aux cris de *Vive le Roi sans gabelle!* En vain l'arrêt du Parlement fut-il publié par les jurats mêmes, avec l'assistance des commissaires de la Cour. Loin d'obéir, le peuple, s'étant saisi de l'une des portes de la ville, fit entrer quantité de paysans qui, parcourant les rues par bandes nombreuses, achevèrent de frapper de terreur les bourgeois. Ceux-ci n'osèrent faire corps ni résister nulle part. Les magistrats demeurèrent donc exposés à tous les outrages de furieux qui annonçaient hautement le dessein de s'emparer de leurs personnes et de les garder en otages jusqu'à ce qu'on leur rendît les prisonniers faits sur eux. Ils menaçaient même de tout mettre à feu et à sang. Le conseiller de Tarneau, ayant eu le courage de leur adresser de vifs reproches, reçut un coup de mousquet qui le tua roide, ce qui ne les empêcha pas de percer son cadavre de mille autres coups. Le président Lalanne et les conseillers Andraut et de Marbotin, arrêtés par eux et menacés du même sort, n'obtinrent leur liberté qu'à condition d'aller avec Fonteneil la faire rendre aux prisonniers. Le commandant du château les ayant remis sur les instances des magistrats, leur retour sembla apaiser les mutins.

Cependant ils ne désarmèrent pas et passèrent la nuit au cimetière de Saint-Michel, où ils allumèrent des feux. Comme on sut qu'ils avaient envoyé chercher des renforts dans les paroisses voisines pour recommencer le lendemain leurs attaques, les jurats firent de leur côté les plus grands efforts pour tirer les bourgeois de leur apathie et les amener à une démonstration énergique en faveur de l'ordre. Ils avisèrent en même temps de l'état alarmant des choses le président de Gourgues, qui était alors à la tête du Parlement, et le gouverneur. Ce dernier — après une nouvelle tentative faite en personne en parcourant les rues pour un appel direct à la bourgeoisie qui ne produisit que bien peu d'effets, — allait se résoudre à fondre sur les rebelles avec le peu de gens de bonne volonté qu'il avait pu rallier, lorsque l'intervention des curés de Saint-Michel et de Sainte-Croix réussit à ménager une conciliation. Ils parvinrent à faire consentir les meneurs de la sédition à donner au gouverneur des mémoires contenant l'exposé de leurs griefs. Le maréchal, sur leur déclaration qu'ils voulaient les lui remettre en mains propres, consentit à se rendre au milieu d'eux entouré seulement de quelques gentilshommes et d'un petit nombre de ses gardes. Il revint ensuite, à travers une foule immense criant toujours *Vive le Roi sans gabelle!* au palais dont les abords étaient gardés par plus de mille personnes jurant qu'il ne sortirait aucun membre du Parlement avant qu'on n'eût accordé aux révoltés ce qu'ils voulaient. Ils ne laissèrent pas seulement le temps de délibérer, car impatients de tout délai, ils envoyèrent de nouveau le curé de Saint-Michel avec de telles paroles que cet ecclésiastique, apportant avec lui la terreur dont il était frappé, annonça que la ville allait être mise à feu et à sang et qu'il serait lui-même la première victime, s'il reparaissait devant les rebelles sans l'arrêt qu'ils exigeaient si impérieusement. Dans une conjoncture aussi critique, le Parlement ne crut pas pouvoir hésiter. Il ordonna de très humbles remontrances au roi, afin qu'il lui plût donner une amnistie générale, aux habitants de la ville et de la banlieue, de la prise d'armes de leur part et des actes qui s'en étaient suivis; que, sous le bon plaisir de Sa Majesté, il serait sursis à la levée des impôts établis et que la publication de cet arrêt, ainsi que son exécution, aurait lieu immédiatement. Les jurats y ayant fait sur-le-champ procéder, les révoltés se déclarèrent satisfaits et se dispersèrent. Une aussi grande émotion ne pouvant s'apaiser entièrement tout à coup, il en resta bien encore pendant quelques jours certaines traces, et les plus exaltés avaient d'abord témoigné l'intention de demeurer sous les armes jusqu'à ce que le roi eût confirmé l'arrêt du Parlement. Cependant, un ordre d'informer, émané de cette Compagnie, contre les auteurs d'un placard tendant à susciter de nouveaux troubles; une démarche du gouverneur, qui alla avec les magistrats municipaux et toute sa maison entendre la messe à Saint Michel, où le placard avait été affiché, empêchèrent le retour des scènes des jours précédents. Bientôt arriva l'amnistie sollicitée par les autorités. Elle accordait un pardon général; elle laissait même subsister l'arrêt abolissant les impôts motif de la révolte. Une telle indulgence était peut-être forcée par certaines circonstances, telles que l'état de guerre qui occupait toutes les troupes au dehors. Dans tous les cas, elle faisait une obligation, à ceux qui en avaient eu besoin, de se montrer dignes de la clémence obtenue. Ce fut le contraire qui arriva.

Le bruit courut que l'impôt ne tarderait pas à être rétabli. Les fauteurs d'une nouvelle émeute ne craignirent pas de jeter le gant à l'autorité par un placard affiché le 9 juin, et ainsi conçu : « Nous » savons que l'intendant a rendu une ordonnance » pour rétablir le papier timbré. Nous n'attendons » que cela pour tuer et brûler les jurats, qui prêtent » la main à cette tyrannie, et même le maréchal » d'Albret. — Signé : *Les enfants perdus.* » Sur les recherches dirigées en conséquence, deux individus obscurs, déclarés coupables, furent punis des galères. Le 16 août, comme on apprit que des balles de papier timbré étaient chargées pour Bergerac, des gens de la lie du peuple en saisirent une et l'apportèrent à l'Hôtel de Ville. Pendant que les jurats essayaient de gagner du temps, une seconde balle fut enlevée, ouverte, le papier lacéré et jeté au vent, le bateau destiné au transport réduit en cendres. La multitude, criant qu'on avait voulu la tromper, suivit à l'Hôtel de Ville les jurats, qui n'avaient pu empêcher ces excès. Après une harangue infructueuse du maréchal d'Albret pour exhorter le peuple à rentrer dans le devoir, l'arrivée des gens de la campagne vint donner à ceux de la ville un surcroît d'insolence et d'audace. L'archevêque voulut les calmer et échoua à son tour. Il y eut là un premier engagement avec les agents armés de la police. Bientôt 300 hommes étant arrivés du Château Trompette, le gouverneur, à leur tête, chargea les assaillants et les repoussa vers Saint-Michel et Sainte Croix. Dans cette seconde affaire, il en resta une vingtaine sur la place. Soit que ce résultat eût découragé les autres, soit grâce à l'entremise du clergé, le lendemain les rebelles vinrent implorer leur pardon, que le maréchal n'accorda pourtant qu'à la condition que le peuple rechercherait lui-même et livrerait les instigateurs de ce dernier soulèvement. Le Parlement, après avoir rétracté son arrêt de sursis à la levée des impôts cause de la sédition, comme rendu par violence, défendit de nouveau les attroupements, jugea sans désemparer et condamna douze des mutins et une femme au dernier supplice. Trois furent brûlés vifs sur la place Canteloup, les autres exécutés sur les lieux mêmes où ils avaient prêché la révolte. La tête de l'un d'eux remplaça le crâne de Duretête, qu'on voyait encore à l'endroit où il avait été planté et qu'on jeta alors dans les fossés. Une pyramide commémorative et expiatoire fut élevée au-dessus de la maison du conseiller de Tarneau. Le compte de ces derniers événements ayant été rendu au marquis de Châteauneuf, secrétaire d'État, par les jurats, ils en reçurent une réponse portant que le roi approuvait ce qu'ils avaient fait. On croyait ainsi cette fâcheuse affaire entièrement finie; on était dans l'erreur.

La nouvelle arriva bientôt que les troupes qui avaient servi en Espagne allaient venir prendre leurs quartiers d'hiver à Bordeaux. Elle fut confirmée aux jurats par le maréchal d'Albret, avec ordre de faire les dispositions nécessaires. Dix-huit régiments, commandés par l'officier général Lebret, firent leur entrée dans la ville le 17 novembre 1675, l'épée haute, par les portes de Saint-Julien et de Sainte-Eulalie, et on leur distribua des billets de logement, tant pour l'intérieur de la ville que, faute de place suffisante, pour La Bastide. Une déclaration du roi, du 15 du même mois, ajoutait à ce mode de punition par garnison militaire, des rigueurs d'un autre genre. Le Parlement était transféré à Condom, son arrêt de sursis du 29 mars préalablement annulé. La Cour des Aides recevait, en même temps, l'ordre d'aller siéger à Libourne. Les exemptions des droits et franchises dont jouissait Bordeaux étaient abolies; à l'avenir, la ville devrait acquitter 15,000 livres pour le taillon, autant pour la subsistance. L'enregistrement de cette ordonnance, et l'on sait comment cette formalité s'accomplissait depuis plusieurs années, fut le dernier acte du Parlement avant de quitter la ville. Celle-ci eut à subir encore d'autres peines. La porte Sainte-Croix et 500 toises de ses murs durent être démolies. Les habitants furent contraints de porter toutes leurs armes à l'Hôtel de Ville, et on y transporta aussi les cloches de Saint-Michel et de Sainte-Eulalie. Enfin le roi avait donné l'ordre de raser le clocher de Saint-Michel, et une ordonnance des jurats, sommés de procéder à l'exécution, sous peine de répondre en leur propre et privé nom, fut rendue pour mettre en adjudication cette démolition. Cette exécution était peut-être la plus douloureuse de toutes pour le cœur des Bordelais, frappés ainsi dans le plus beau monument de leur ville. Le patriotisme l'emporta sur l'amour du gain qu'aurait procuré sa destruction. Personne ne se présenta pour l'opérer, et le roi finit par se laisser toucher et par remettre cette peine.

Mais les autres reçurent leur plein et entier accomplissement, en particulier le logement ainsi que l'entretien des gens de guerre, charge tout à fait inconnue à une ville qui en avait toujours été exemptée par ses priviléges. Les désordres, suite de la perte de celui-ci, occasionnèrent aux habitants et de lourds sacrifices pécuniaires et des maux encore moins supportables. Beaucoup avaient imaginé de se réfugier à la campagne. Des ordres sévères du maréchal défendirent cette émigration. On avait fixé par des ordonnances les rations en nature et en argent à fournir aux officiers et aux soldats, afin de prévenir les abus. Mais les règles étaient impuissantes contre ceux que devait nécessairement entraîner le séjour prolongé de troupes envoyées dans un but de châtiment et qui ne l'ignoraient pas. Aussi vivaientelles à discrétion et se conduisaient-elles comme en pays ennemi. La licence était portée à son comble : le vol, le viol, le meurtre, l'incendie devenaient fréquents, et ces excès, vainement dénoncés, se reproduisaient sans cesse. L'autorité des magistrats était méconnue, leurs représentations restaient sans effet auprès des soldats et des officiers. Eux-mêmes étaient maltraités dans l'exercice de leurs fonctions. D'un autre côté, l'éloignement des Compagnies souveraines, la démolition de plusieurs maisons dans le plus beau quartier de la ville pour la reconstruction du Château-Trompette, ajoutaient à toutes les causes de désastre; et, comme en même temps, les étrangers désertaient en masse, une gêne universelle anéantissait le commerce. Tout se réunissait pour la ruine des Bordelais. Aussi les jurats, aux lettres desquels adressées aux ministres Colbert, Louvois et Châteauneuf, nous empruntons ce tableau, pouvaient-ils y dire sans exagération aucune : « Nous sommes les magistrats d'une ville désolée. » A l'appui de leurs justes doléances, ils joignaient un état de ce que coûtaient les troupes dans la ville et dans les faubourgs. Il prouvait que la dépense qui, telle qu'elle avait été taxée par l'intendant, n'aurait pas dû aller à 100,000 écus, se montait, à raison des pillages et exactions de tout genre, à *un million de livres.*

Cette déplorable situation se prolongea pendant tout l'hiver, c'est-à-dire pendant la durée du quartier de cette saison pour les troupes; elles quittèrent la ville successivement. Les maux occasionnés par leur séjour eurent donc un terme assez rapproché. Il n'en fut pas de même des autres et notamment de l'éloignement des Cours de justice. Il se prolongea tellement qu'on put le croire définitif. Le Parlement envoyé d'abord à Condom ne put y rester à cause de l'incommodité extrême d'un pareil séjour. De Marmande où il était passé ensuite, et qu'une épidémie le força de quitter, il fut transféré à La Réole en 1678. C'est dans cette petite ville qu'il siéga jusqu'en 1690. Son absence de Bordeaux dura donc en tout quinze années. Celle de la Cour des Aides fut encore plus longue.

Ceux qui ont écrit l'histoire locale, recherchant les causes de la sévérité déployée par le gouvernement après la sédition de 1675, l'ont attribuée au maréchal d'Albret [1]. Ce gouverneur, d'après eux, en voulait au Parlement de son indulgence excessive envers un jeune gentilhomme de la province, le chevalier de Courbon Saint-Léger, qui avait tué en duel le comte de Miossens, frère du maréchal. Ce dernier portait si loin le désir de la vengeance, qu'il aurait excité sous main le soulèvement du peuple au lieu de le réprimer et, pour perdre le Parlement, supprimé une dépêche de ce corps aux ministres, remplacée par une autre dans laquelle les faits étaient présentés sous les couleurs les plus défavorables à cette autorité. Il est impossible de charger d'imputations plus odieuses

---

[1] Ces écrivains sont : La Colonie, D. Devienne et O'Reilly. Les deux derniers ont adopté les assertions du premier sans examen ni critique.

la mémoire d'un haut fonctionnaire, et cependant elles sont absolument dénuées de preuves et ne paraissent même pas vraisemblables.

Rien dans la vie de César-Phébus d'Albret, connu d'abord dans le monde sous le nom de comte de Miossens, ne tend à le soupçonner capable de pareilles noirceurs. Il n'était pas encore gouverneur de la Guyenne lorsque son frère fut tué. Celui-ci était un duelliste connu, qui avait succombé en combat singulier contre un jeune homme de seize ans provoqué par lui et qui se battait pour venger l'honneur de sa mère. Il y avait donc lieu à quelque indulgence pour le meurtrier, et il paraît que le Parlement ne fit que donner à ce dernier, par la lenteur des informations, le temps de solliciter une grâce qu'il obtint. Le maréchal d'Albret, lors de la sédition, était déjà atteint de la maladie dont il mourut l'année suivante, ce qui ne l'empêcha pas de montrer de l'énergie, de la bravoure même, en marchant contre les rebelles avec un petit nombre de gardes et de gentilshommes. Il n'était donc nul besoin de sa part de chercher des torts aux autres pour couvrir ceux qu'il n'avait pas. Quand on consulte enfin sa correspondance avec Louvois, que nous a conservée l'historien de ce dernier, on voit le gouverneur solliciter l'amnistie, au moins pour la première phase de la révolte [1]. La seconde ne méritait aucune indulgence. A l'égard du Parlement,

---

[1] *Histoire de Louvois,* par M. Camille Rousset, t. II, p. 134.

on cherche vainement, il est vrai, les torts dont il se serait rendu coupable et d'une gravité telle qu'ils ne pussent être expiés que par une punition presque équivalente à sa suppression. L'absence des Registres à l'époque même de la sédition nous empêche de connaître la raison pour laquelle il ne commença à délibérer que le troisième jour. Mais ce retard ne pouvait avoir eu pour conséquence nécessaire les développements qu'elle prit. Les causes en sont ailleurs, comme nous allons le voir. La Compagnie avait fait ce qui dépendait d'elle pour amener la cessation des attroupements. Si elle n'y parvint pas, si elle fut même forcée de prononcer un sursis à la perception de l'impôt prétexte de la révolte, comment lui en faire un crime? Cette décision fut rendue sous les cris de mort de la populace. A moins de se faire massacrer sur leurs siéges, lorsque déjà un des leurs l'avait été pour son dévouement au bon ordre, les magistrats pouvaient-ils faire autrement? Le sursis, enfin, n'avait-il pas été accordé de concert avec le gouverneur?

C'est donc autre part qu'il faut chercher les véritables motifs du traitement sévère infligé à Bordeaux à la suite de la sédition de 1675. C'était cette ville principalement que le gouvernement entendait punir : cette ville qui, jouissant du privilége de se garder elle-même, en avait si mal usé; ces bourgeois demeurés sourds aux appels réitérés de leurs magistrats et se rendant ainsi suspects d'approuver l'émeute. Voilà ce qui ressort encore clairement de la correspondance de Louvois avec les autorités de Bordeaux, entre autres avec l'intendant. Il faut ajouter que de semblables révoltes avaient éclaté en même temps dans d'autres provinces, telles que la Bretagne et la Franche-Comté, et rendu les répressions nécessaires. Enfin, la découverte d'un fait particulier à la Guyenne dut exercer une grande influence sur le parti à prendre au sujet de la capitale de cette contrée. Louvois avait été informé par notre ambassadeur en Hollande de l'arrivée de deux hommes à La Haye, se disant députés de Bordeaux et chargés de promettre aux États Généraux, moyennant l'appui d'une flotte, un soulèvement général de la province [1]. Il est vrai que leurs ouvertures n'eurent pas de suite, les Hollandais étant trop prudents pour ne pas exiger des pouvoirs plus significatifs que de simples propositions verbales. Il faut convenir que le souvenir de ce qui s'était passé pendant la Fronde était bien fait pour donner l'alarme au gouvernement de Louis XIV et le disposer très mal à la clémence. La conspiration du chevalier de Rohan pour livrer Quillebœuf aux Hollandais récemment découverte, n'était guère propre non plus à l'y encourager. Mais si l'on peut ainsi s'expliquer le désir et le besoin de sévir contre une grande cité, portés au point de la découronner d'institutions qui faisaient en même temps sa gloire et sa richesse, était-ce elle seule que l'on atteignait par ce mode de

---

[1] *Histoire de Louvois*, loc. cit.

châtiment? Les membres des Cours souveraines bannis de Bordeaux n'étaient-ils pas ainsi condamnés pour les fautes d'autrui? Que reprochait-on, par exemple, à la Cour des Aides, restée étrangère à tout ce qui s'était passé? Quant aux parlementaires, c'était, avait dit l'autorité royale, pour assurer l'indépendance de leurs arrêts qu'on les tirait d'un milieu où elle avait souffert violence. On reconnaissait donc que leur vote n'avait pas été libre. Pourquoi alors les en punir? Pourquoi envelopper dans la même disgrâce les opprimés et les oppresseurs?

La Bibliothèque nationale contient une collection de lettres adressées à Colbert en 1675, dont une centaine sur la seule révolte de Bordeaux. (Mss. 1675, *Lettres adressées à Colbert.*) M. Pierre Clément, dans son Histoire de la vie et de l'administration de ce ministre (Paris, 1846, in-8º), y a puisé, sur l'événement que nous venons de retracer, quelques détails intéressants et que nous citerons, parce qu'ils viennent à l'appui de notre propre récit et de notre opinion sur les causes de la disgrâce des Bordelais. De Sève, l'intendant de Guyenne, écrivait à Colbert : « Si le roi d'Angleterre voulait profiter des dispositions » de la province, il donnerait dans la conjuration » beaucoup de peine. » Il s'était tenu, en effet, des discours insolents sur l'ancienne domination des Anglais. Le même fonctionnaire ajoute ceci sur le Parlement : « Jusqu'ici, Monsieur, le Parlement a » fait en corps, et chaque officier en particulier, tout » ce qu'on pouvait souhaiter du zèle de cette

» Compagnie; mais vous connaissez l'inconstance
» des Bordelais, et d'ailleurs ils (les magistrats)
» témoignent publiquement leur douleur que le Roy
» ne leur ait pas voulu marquer par une lettre la
» satisfaction que S. M. a de leur conduite. » Que
l'on joigne l'avis donné ainsi par l'intendant des
inquiétudes que les troubles de Bordeaux pouvaient
faire naître du côté de l'Angleterre, à celles que l'on
avait déjà du côté de la Hollande, et l'on aura
l'explication des mesures militaires prises tout autant
pour la sûreté que pour la punition de cette ville.
L'insinuation de l'intendant relative au Parlement
alla peut-être plus loin qu'il ne l'aurait voulu
lui-même, dans la pensée de Colbert, ministre
naturellement sévère et irrité déjà des suites que
des impôts établis sur ses propositions avaient eues
à Bordeaux. La haute magistrature de la Guyenne
put donc lui paraître aussi suspecte que la population.
En Bretagne également, le Parlement avait été exilé
à Vannes, comme ayant pris part aux manifestations
hostiles contre le duc de Chaulnes, gouverneur de
la province. Mais son exil ne dura que quelques mois.
La Bretagne était un pays d'États qui demandait
des ménagements, le Parlement tenant à toute la
noblesse. Cependant le gouverneur s'en était pris
formellement à ce corps des désordres du pays, et
l'on ne voit nulle trace de semblables imputations
contre le Parlement de Bordeaux de la part du
maréchal d'Albret.

Les gênes, les incommodités, les souffrances même

de magistrats forcés de s'éloigner ainsi du lieu de leur principal établissement, du centre de leurs affaires, de tous les avantages dont ils y jouissaient, se comprennent aisément. Il n'est pas besoin de recueillir à cet égard leurs épanchements intimes. Leurs Registres en disent assez. Il leur avait été matériellement impossible de rester à Condom, première résidence assignée. Ils faisaient donc la rentrée de 1676 à Marmande, où il manquait plus de la moitié de la Compagnie et le parquet tout entier. Dès ce jour-là, c'étaient des plaintes unanimes sur l'excessive cherté des vivres et des logements dans une petite ville dont les habitants spéculaient sur ces objets de première nécessité, et le Parlement demandait sa translation dans une ville moins éloignée de Bordeaux s'il ne pouvait obtenir d'y rentrer [1]. Ce ne fut qu'en 1678, au mois de mai, qu'il fut envoyé à La Réole, où son établissement éprouva encore bien des difficultés. En vain les exposait-il, en vain le premier président était-il sans cesse sur le chemin de Paris pour solliciter le terme de leurs misères. Au bout de neuf ans, en 1684, ils ne l'entrevoyaient pas encore, toujours réduits à présenter humblement aux ministres les sacrifices de tout genre, les dépenses excessives, auxquels les condamnait une situation aussi anormale [2]. Deux ans après, c'est, disent-ils, une Compagnie sur le penchant de sa ruine, qui renouvelle ses instances ; une Compagnie dans laquelle

---

[1] *R. S.* (Recueil Verthamon.)
[2] *Id.*

le prix des charges est tellement avili qu'il y en a six ou sept à vendre sans qu'on trouve d'acheteur [1]. Rien ne fléchissait l'autorité. Loin de là, à cette même époque de 1686, le Parlement recevait une lettre du roi très dure dans la forme et peu juste au fond, par laquelle il était repris avec aigreur d'avoir voulu que le procureur général Denis, qui avait succédé à Pontac, lui rendît compte des pamphlets séditieux saisis dans le ressort. Ce chef du ministère public avait résisté, en alléguant des ordres particuliers reçus par lui, de remettre ces écrits au marquis de Boufflers, commandant militaire dans la province. Le roi confirmait ces ordres en déclarant qu'il était mal satisfait de ce qui s'était passé en cette occasion, en ajoutant qu'il voulait qu'en pareil cas ce Parlement consultât le commandant et suivît les avis qu'il en recevrait. Ainsi, tout se tournait contre lui, jusqu'à son zèle qu'on affectait de prendre pour un excès de pouvoir, comme si la haute police ne lui eût pas toujours appartenu, et que son silence, dans le cas qui s'était présenté, n'eût pas pu être interprété comme une négligence de ses devoirs [2].

Devant tant de persistance dans des rigueurs qu'aucun nouveau grief n'autorisait, et en présence d'un mauvais vouloir si évident, il est difficile de se défendre de l'idée que le souvenir d'anciennes fautes n'avait pas été oublié, et quoiqu'on répugne à supposer des ressentiments si durables, on est amené

---

[1] R. S. (Recueil Verthamon), aux dates citées.
[2] Id.

à croire que la conduite du Parlement de Bordeaux sous la Fronde continuait de peser sur ce corps. Enfin, ce ne fut qu'en 1690 que sa longue disgrâce trouva un terme. A cette époque, elle datait de quinze années, dont douze passées dans la petite ville de La Réole, non loin de son chef-lieu, ce qui la rendait peut-être plus pénible. Encore le retour du Parlement à Bordeaux fut-il moins dû alors à sa sollicitation qu'à certaines circonstances qui firent naître une occasion favorable de l'obtenir. A cette époque, la guerre entre Louis XIV et l'Europe presque entière était plus active que jamais. Les besoins d'argent se faisaient vivement sentir. On eut recours, pour s'en procurer, aux expédients ordinaires : la création de nouvelles charges. Ainsi, à Paris, deux offices de présidents à mortier, seize de conseillers, un d'avocat général, furent établis [1]: La Cour de Guyenne offrit le prix d'un titre nouveau de président et de six de conseillers, sacrifice considérable pour elle dans l'état de dépréciation où étaient tombées ces places, et qui n'allait pas à moins de 400,000 francs [2]. Mais que n'était-elle pas résignée à faire pour revenir à Bordeaux! Quant à ce nouvel exemple du droit de rendre la justice mis à l'encan, dans le marché qui le donnait, la plus forte partie du blâme ne doit-elle pas atteindre, non pas celui des contractants qui en subissait la nécessité, mais celui qui l'imposait?

[1] *Abrégé chronologique de l'Histoire de France*, p. 852.
[2] La Colonie.

Rien n'indique que le retour du Parlement à Bordeaux, après une si longue absence, ait été l'occasion d'une cérémonie quelconque pour célébrer cet événement. Il est vrai que la fin d'un deuil ne donne pas lieu ordinairement à des fêtes. Mais il existait ici une raison particulière qui les aurait empêchées, alors même que la bienséance les eût permises. C'est que la seule autorité qui, dans Bordeaux, aurait pu se faire l'organe officiel de la joie publique du retour du Parlement, se trouvait avec ce corps dans des relations d'une nature telle qu'elle lui interdisait tout désir d'une manifestation de ce genre.

On a pu remarquer plus d'une fois, au cours de cette histoire, que la meilleure harmonie ne régnait pas toujours entre la haute magistrature et le collège municipal de Bordeaux. Cette mésintelligence tenait à plusieurs causes déjà anciennes; mais il en était une assez récente qui pesait douloureusement au Parlement. Il s'en expliquait, en termes pleins d'amertume, pendant son exil même, dont l'effet naturel était de le rendre plus sensible que jamais à tout ce qui était de nature à l'offenser. Ainsi, en 1684, il parlait dans ses Registres[1] « du méchant usage que faisaient des particuliers, *communautés* et *jurats* de la ville de Bordeaux, de *commissions* par eux obtenues de se pourvoir à Libourne et de là au Grand Conseil, pour opprimer des adversaires impuissants à aller plaider au dehors, attaquant

---

(1) Recueil Verthamon, *loc. cit.*

d'incompétence les arrêts de la Cour; sur quoi, elle décidait qu'elle se déclarerait incompétente dans tous les procès civils et criminels dans lesquels les dites communautés et jurats avaient intérêt [1]. » Voilà comment le Parlement caractérisait l'évocation qu'en 1661 les jurats avaient eu le crédit de faire prononcer à leur profit, au Grand Conseil, de leurs causes en charge et hors charge, c'est-à-dire de tous les procès où ils étaient partie à titre soit public, soit privé, et non seulement eux, mais encore leurs femmes et leurs enfants, avec renvoi au sénéchal de Libourne pour en connaître en première instance [2]. Ce privilége leur avait été concédé à la suite de l'annulation par le Parlement d'une élection municipale dans laquelle il avait cru voir des brigues et qu'il avait cassée, ce que l'autorité royale ne lui permit jamais, comme constituant de sa part un excès de pouvoir. Le Parlement *remontra* encore dans cette circonstance, mais si vainement que ce fut, au contraire, à la suite de cet échec qu'il subit l'affront de l'évocation dont nous venons de parler, et dont le souvenir le poursuivait, ainsi qu'on l'a vu, pendant sa disgrâce. Les esprits n'étaient donc disposés, ni d'un côté, ni de l'autre, à célébrer par des réjouissances publiques le retour à Bordeaux de sa Cour souveraine. Les jurats avaient, d'ailleurs, contre le Parlement d'autres griefs bien plus anciens. On nous permettra à ce sujet des détails rétrospectifs, mais indispensables

---

[1] Recueil Verthamon, *loc. cit.*
[2] *Id.*

pour achever de faire apprécier la position respective des deux autorités.

Bordeaux jouissait, dès les temps anciens, ainsi que la plupart des grandes communes de France, de franchises municipales très étendues. De la période anglaise qui les avait maintenues et même augmentées par des ménagements politiques faciles à concevoir, elles étaient arrivées à l'époque de la reprise de possession par les rois de France, qui les avaient reconnues. Une des plus importantes de ces libertés — celle dont les habitants de la cité se montraient le plus jaloux — consistait dans leur droit de procéder à l'élection des membres du corps municipal, sans le contrôle ni l'assistance d'aucune autorité. Ce droit, toujours exercé dans sa plénitude depuis l'annexion de 1451, reçut tout à coup, par des lettres-patentes du 31 juillet 1566, l'atteinte la plus grave. Elles disposaient que les maire, jurats et prud'hommes, chargés par les anciens statuts du choix de leurs successeurs, ne pourraient plus y procéder désormais qu'en la présence et sous la surveillance de commissaires du Parlement députés *ad hoc*. Cette décision était motivée sur ce que les officiers municipaux alors en fonctions, en procédant dernièrement à l'élection des nouveaux maire et jurats, n'avaient pas gardé les règlements de la ville, *ains* les avaient souvent et récemment surtout pervertis, en procédant par intelligences particulières contre la forme prescrite [1]. Le Par-

---

[1] R. E., à la date citée.

lement ayant fait signifier cet édit aux jurats par huissier, ce fut pour eux un coup de foudre. Ils se récrièrent énergiquement contre ce qu'ils appelèrent la rupture du plus ancien privilége et de l'honneur de la ville, affirmant que l'édit avait été rendu sur un faux exposé dont ils étaient les victimes. Ils ne balancèrent pas à nommer l'auteur de la calomnie servant de base aux lettres-patentes. C'était, selon eux, un certain avocat nommé Mulet, se disant substitut du procureur général : personnage n'étant autre, ajoutaient-ils, que le *négociant* du premier président Lagebâton. Ils déclaraient hautement les récuser l'un et l'autre et, dès à présent, se porter plaignants et dénonciateurs contre eux et les attaquer en diffamation. Devant une si véhémente opposition, le Parlement crut devoir s'abstenir de passer outre, et renvoya devant le roi. Les jurats se présentaient peut-être avec une certaine défaveur, car nonobstant les lettres-patentes, ils n'avaient pas craint de procéder à une élection de trois nouveaux officiers selon le mode anciennement pratiqué. On aurait donc pu s'attendre à ce que, s'ils obtenaient la restitution de leurs priviléges pour l'avenir, au moins l'usage qu'ils s'en étaient permis d'avance serait blâmé et le résultat annulé. Ce fut précisément le contraire qui arriva. Les nouvelles lettres-patentes confirmèrent l'élection faite, mais les premières furent maintenues en ce qu'elles prescrivaient, comme droit commun à l'avenir, que toutes les élections qui auraient lieu se feraient avec l'assistance de deux conseillers du Parlement dans les villes où siégeaient des Compagnies souveraines, et des membres des sénéchaussées dans les autres. Ainsi, le gouvernement avait saisi l'occasion de ce qui s'était passé à Bordeaux pour porter une loi générale applicable à toutes autres localités sans exception, loi qui atteignait même Paris, dont les jurats de Bordeaux avaient cité le privilége comme étant le même que celui de leur propre ville. Celle-ci perdait donc le sien, et le Parlement y gagnait au contraire. Faut-il croire ici à quelque intrigue dont un simple substitut du procureur général aurait été l'instrument? Serait-il vrai que le premier président Lagebâton eût, lui aussi, un rôle actif, quoique occulte, dans cette affaire? Tout demeure ici dans l'obscurité la plus profonde. Une seule chose est prouvée : c'est que le Parlement fut appelé à profiter de la spoliation exercée envers la ville de Bordeaux d'une de ses plus antiques prérogatives, et qu'il se prévalut toujours, à l'occasion, de celle qu'il avait acquise pour lui-même.

On éprouve un sentiment pénible à voir les jurats, toutes les fois qu'il y a une assemblée électorale à l'Hôtel de Ville, venir en informer le Parlement pour qu'il ait à y envoyer ses députés. Mais aussi les habitants ressentirent toujours vivement cette altération de leurs franchises, et l'on se souvient que lorsque, pendant l'Ormée, les magistrats se présentaient à la mairie, ils ne pouvaient y pénétrer qu'avec l'appui moral et matériel du prince de Conti, parce que leur présence réveillait la mémoire d'une violation des libertés communales.

L'autorité royale, au surplus, ne devait pas en rester là en fait d'entreprises de ce genre, et elle sut bien se passer du Parlement pour les accomplir. Il y avait longtemps déjà, par exemple, que le maire était nommé par elle seule, lorsqu'elle alla encore plus loin. En 1669, les jurats se présentaient inopinément devant le Parlement pour lui exposer qu'ils avaient reçu un ordre du roi pour *continuer* un d'entre eux de l'ordre de la noblesse, et en élire deux autres, désignés nommément à leurs suffrages, dans celui des avocats et dans celui des marchands. Ils venaient supplier la Cour de lui maintenir l'honneur de sa protection dans cette occasion où la ville se voyait privée du plus grand de ses priviléges. L'assemblée des chambres accueillit favorablement cette demande et s'empressa d'écrire au roi pour appuyer la réclamation des jurats. On ne voit pas néanmoins que cette recommandation ait produit le moindre effet [1].

Les magistrats furent plus heureux dans une autre circonstance où la jurade avait eu également recours à leur intervention. Il s'agissait d'un arrêt du Conseil qui privait du droit de bourgeoisie les marchands et négociants de Bordeaux qui ne se seraient pas engagés au moins pour 1,000 fr. dans la Société du Nord ou sur un vaisseau de fabrique de

[1] *R. S.*, Recueil Verthamon, t. XXXIX, p. 859.

France (1). On reconnaît, dans ce mode étrange d'appel à concourir à des œuvres utiles sans doute dans l'intérêt du commerce et de la marine, mais où la liberté aurait dû être respectée, les procédés du gouvernement de l'époque. Malgré toute sa volonté de faire réussir ses créations, Colbert ne persista pas cependant à forcer ainsi le public à aider à leur succès, et le Parlement eut la satisfaction d'annoncer aux jurats que le roi laissait aux bourgeois la liberté de s'engager ou non dans la Société du Nord.

La magistrature s'était-elle flattée que les jurats pousseraient la reconnaissance jusqu'à renoncer au bénéfice de l'évocation par eux obtenue? Si tel avait été son espoir, elle s'était trompée. Il fallait donc que le souvenir d'anciens et blessants griefs l'emportât chez eux sur celui de ce récent service. Il est certain qu'ils avaient eu à essuyer, eux et leurs prédécesseurs, bien des déboires de la part du Parlement. On en a déjà vu plus d'un exemple. En voici d'autres dont l'occasion se présente de faire mention, et qui remontaient loin. De bonne heure en effet, le Parlement semblait avoir pris à tâche de faire sentir sa domination au corps municipal. Dès 1531, un arrêté portait condamnation des sous-maire et jurats à de fortes amendes pour n'avoir pas fait nettoyer les rues de la ville, avec prise de corps

(1) *R. S.*, Recueil Verthamon, t. XXXIX, p. 867. — La Société du Nord était une de ces compagnies de commerce que Colbert tenta de créer à l'imitation de celles qui avaient si bien réussi aux Hollandais, mais qui n'eurent aucun succès en France. (V. Pierre Clément, *Histoire de Colbert.*)

jusqu'à parfait paiement et cette singulière clause :
« Ceux qui parleront aucunement de rabattre les
dites amendes, les paieront en leur propre et privé
nom [1]. » Ce ne fut pas, à beaucoup près, la seule
fois que les officiers municipaux se virent traiter avec
une hauteur qui les ravalait au rang des agents les
plus subalternes. Cependant, le Parlement, tout en
agissant ainsi vis-à-vis d'eux, affectait quelquefois
de les relever, au profit de ce qu'il appelait sa dignité
et qu'on pourrait qualifier autrement. Il exigeait
d'eux qu'ils assistassent à ses rentrées, ainsi qu'au
prononcé des arrêts présidentaux, dans leurs costumes
appelés *livrées*, c'est-à-dire avec leur robe de satin,
mi-partie blanc et cramoisi, à peine encore de
500 livres d'amende, leur rappelant qu'ils l'avaient
déjà encourue. Il exigeait cela, disait-il, non pour
lui, mais pour le roi qui parlait par sa bouche;
formule dont il usait toutes les fois qu'il sentait la
nécessité de couvrir du nom du monarque des
mesures arbitraires [2]. Voilà comment il agissait
envers une corporation bien plus ancienne que lui,
première et véritable gardienne des franchises locales,
qui l'avait précédé dans l'administration même de
la justice, et ayant conservé, comme nous l'avons
déjà remarqué, le droit de la rendre au criminel
au premier degré, magistrature composée de six
membres, dont deux pris parmi la noblesse, deux
dans l'ordre des avocats, deux dans le commerce :

[1] *R. S., loc. cit.*
[2] *R. S.,* 14 novembre 1538.

tous dans l'élite de la population. On voit encore avec peine une Compagnie souveraine, si riche en attributions, disputer aux jurats, jusque vers le milieu du xviiie siècle, les fonctions de juge de simple police, et, ne pouvant les en dépouiller, prétendre les partager avec eux. Il est vrai que dans le xvie siècle, en vertu des ordonnances de Moulins (1566), d'Amboise (1572) et de Paris (même année), une chambre de police avait été créée dans les villes de Parlement, composée d'officiers de ce corps, de jurats et d'autres personnes prises même dans la bourgeoisie, ayant pour compétence le règlement des affaires de cette mesure. Ces chambres, après avoir fonctionné pendant un certain temps, furent supprimées par Henri IV. Les Parlements, au moins quelques-uns, en obtinrent sans doute le rétablissement, puisque, en 1624, celui de Bordeaux prenait une délibération à l'effet de solliciter une déclaration du roi pour mettre à fin des contestations élevées entre lui et les jurats au sujet de la composition de la chambre, qui cessa définitivement de fonctionner en 1729. Mais à cette dernière époque, le Parlement — s'il n'avait plus à coopérer avec les jurats à la police municipale — ne se faisait pas faute de dénoncer avec aigreur, au pouvoir supérieur, les abus que selon lui ils commettaient journellement dans son exercice [1]. Comme pour se consoler d'y être

(1) *R. S.*, juillet 1729. — Mémoire dressé par le procureur général sur la police municipale, telle que l'administrent les jurats, lu à l'assemblée des chambres et adopté par elles. — Quoique le

désormais étranger, ce corps prit sur lui, quelques années après, de créer une institution dont nous saisirons l'occasion de dire ici quelques mots, par anticipation de date, à cause de la connexité de cette matière avec celle dont nous venons de parler.

C'était, en effet, une création toute parlementaire par son origine et sa composition, que celle d'un bureau dit de *grande police,* institué, nous disent les procès-verbaux qui nous en restent, par arrêté de la Cour, « pour la recherche de tous les abus, vexations et malversations de tous genres qui se commettent dans l'étendue du ressort. » Les commissaires étaient : deux présidents à mortier, six conseillers de grand'-chambre, appelés ici, pour la première fois, *grands-chambriers,* deux présidents et quatre conseillers des enquêtes. Le domaine de ces magistrats était, comme nous venons de le dire, des plus vastes. Si

---

Parlement n'eût pas toujours coopéré à cette branche de la justice inférieure, il ne s'était jamais fait faute de s'en mêler par des arrêts de règlement sur des matières qui semblaient étrangères à sa juridiction. On est même étonné de la nature comme de la multiplicité des objets de sa sollicitude en ce genre. Ainsi, il ne dédaigna jamais de fixer, non seulement le prix de la viande de boucherie, et cela à plusieurs époques, mais encore celui du gibier, ce qui apprend qu'en 1535, 12 novembre *(R. S.),* le couple de perdrix valait 5 sols, de palombes, 3 sols. En 1721, il publia un tarif de la pierre à bâtir, de la tuile et de la chaux (*R. S.*, 5 mai), tarif renouvelé à plusieurs époques. Enfin, il n'était pas jusqu'aux chaussures dont il ne s'occupât. Ainsi, en 1551, à une rentrée, il blâmait les jurats, en outre de leur absence de la cérémonie, de leur négligence à laisser élever la valeur de certaines denrées, telles que le prix d'une paire de souliers à 12 ou 15 sols, le double de ce qu'ils coûtaient auparavant, et de la mauvaise qualité de la chandelle de suif mélangé de graisse de pourceau.

l'on jette d'ailleurs les yeux sur le compte-rendu de leurs séances, on voit qu'il n'était guère d'objet qui pût échapper à leur vigilante attention. Ce qu'ils définissent *grande police* embrasse l'économie sociale tout entière : justice, administration, commerce et surtout finances, depuis la perception des droits d'octroi jusqu'à la question de savoir de qui était justiciable la pairie française. Objectera-t-on que ce dernier sujet semble assez étranger à ce qui a été déterminé par le protocole du bureau, au ressort du Parlement, par exemple ? Oui, sans doute, à moins que l'on admette que, depuis les déclarations solennelles de l'unité et de l'indivisibilité des Compagnies parlementaires ne formant que des classes de la première, celle de Paris, et un seul corps par conséquent, le Parlement de Paris était seul essentiellement délibérant et l'unique juge des pairs. En tout cas, le bureau décidait que l'assemblée des chambres en jugerait. Ce référé est, en général, la conclusion de l'examen des affaires, et elles étaient assez multiples pour que le Parlement dût se réunir souvent. C'est ce qu'il est malheureusement impossible de vérifier, les registres secrets faisant faute absolument à partir de 1763, c'est-à-dire précisément de la date d'entrée en fonctions du bureau de la grande police. Quant à la nomenclature aussi variée qu'étendue des objets que ces commissaires lui soumettent en vertu de leur initiative individuelle, elle tiendrait trop de place pour que nous puissions la donner ici. Ce ne serait pourtant pas sans regret que nous y renoncerions, si nous ne savions que le relevé et l'analyse raisonnée des procès-verbaux a été le sujet d'une étude spéciale de la part du laborieux écrivain qui a déjà traité ainsi plusieurs chapitres détachés de l'histoire du Parlement [1], et qui a pu dès lors se livrer à des développements qui nous étaient interdits. Les lecteurs trouveront dans ce travail, non seulement la preuve de la vive sollicitude du Parlement pour la réforme des abus en tout genre commis dans son ressort, mais encore de curieux exemples des idées et systèmes en vigueur à cette époque sur certaines matières commerciales, particulièrement les vins, cette branche si importante de la richesse locale; idées et systèmes formant avec ceux en vigueur aujourd'hui (c'est-à-dire à cent ans de distance) les plus étonnants contrastes. Pour tout dire, les critiques du Bureau de la grande police atteignent encore assez souvent les jurats à l'occasion de la petite, et ne les ménagent guère. La viabilité de la ville est presque toujours le motif de ses plaintes. Constatons enfin, et non sans un vrai sentiment de satisfaction, que pendant la durée de cette enquête judiciaire qui fut de quatre ans — rien n'indique qu'elle se soit prolongée au delà, — les travaux des commissaires ne se bornèrent pas à de stériles tentatives de réformes. Il y eut quelques exactions réprimées, des perceptions illicites ou excessives abolies, et l'honneur de ces résultats qui leur appartient doit leur être maintenu.

[1] M. Émile Brives-Cazes. [*Le Parlement de Bordeaux. — Bureau de la grande police, 1763-1767.* — Broch. in-8º, 1875.]

C'est pendant la résidence prolongée du Parlement hors de Bordeaux, c'est-à-dire en 1679 [1], que fut supprimée la Chambre de l'Édit. Cette dérogation expresse à celui de Nantes précédait ainsi la révocation de ce dernier, qui eut lieu en 1685. Mais on sait que la plupart des garanties assurées aux protestants leur furent successivement retirées avant qu'on achevât de les en dépouiller tout à fait. Nous ne pouvons, du reste, que persister dans l'opinion que nous avons déjà émise du peu d'avantages que cette juridiction exceptionnelle avait produits. Pendant les soixante-cinq ans de sa durée, elle porta toujours l'empreinte de son cachet d'origine, c'est-à-dire de la méfiance et de l'antagonisme. Elle fonctionna péniblement et obscurément. Il paraît même que soit négligence, soit découragement, les membres protestants de la Chambre s'y montraient si peu assidus, que, le service manquant, des lettres-patentes de 1665 leur rappelèrent leurs devoirs et introduisirent une modification importante à l'organisation primitive de la juridiction. Elles portaient qu'à raison de ces fréquentes absences des magistrats de la religion prétendue réformée, par dérogation à la règle qui exigeait un nombre égal de juges de chaque croyance, lorsqu'il se trouverait moins de quatre officiers protestants, tous ceux des catholiques présents pourraient opiner et juger avec les premiers dans chaque procès indistinctement [2]. On se demande ce

---

[1] Hénault, *Abrégé*, etc., t. III, p. 824, édit. in-8º.
[2] *Registres de la Chambre de l'Édit*, 1665, 1666.

que devinrent les présidents et conseillers de la religion après la suppression de la Chambre. Ils étaient encore en ce moment au nombre de sept, dont on voit les noms sur son registre particulier [1]. Comme ils appartenaient au Parlement, en dépit de ses répugnances, et par leur titre et par leur institution, ils durent y rester, quoique avec les inconvénients de leur position dans une Compagnie qui ne les avait jamais adoptés. On voit qu'en effet ils y étaient toujours l'objet d'exclusions et de suspicions presque injurieuses. En 1685, on les déclarait inhabiles à faire partie de la chambre de retenue ou des vacations probablement parce que le hasard aurait pu leur y donner la majorité. Le président Daugeard appartenait de droit à la grand'chambre, mais il n'était pas admis à y délibérer. M. de Virazel, conseiller à la première chambre des enquêtes, était destitué de ses fonctions de rapporteur dans un procès où se trouvait partie un gentilhomme nouvellement converti [2]. Et comment s'étonner de cet ostracisme judiciaire quand on voit de quelle manière le public lui-même traitait ceux qui en étaient l'objet? Dans les rues de Bordeaux, dès 1647, alors que la Chambre y siégeait, des membres protestants, le président Charron et le conseiller de Ségur, avaient été insultés par la populace, qui leur jetait de la boue quand ils allaient au prêche, et voulait les obliger de se mettre

[1] Voici ces noms : Daugeard, *président;* de Vivans de Launay, de Morin, de Gachon, de Rabar, de Virazel, Du Vigier, *conseillers.*
[2] *R. S.* (Recueil Verthamon), 22 février 1684.

à genoux lorsque le Saint-Sacrement passait! S'ils cherchaient un refuge contre ces outrages dans des maisons, on ne voulait pas les y recevoir [1]. Voilà où on en était déjà vis-à-vis des réformés dans une ville qui, peu d'années auparavant, comptait quatre ou cinq cents familles de cette secte. Combien donc leur nombre avait-il dû diminuer pour que des hommes revêtus d'un caractère respectable pussent être maltraités par cela seul qu'ils lui appartenaient? Du reste, le rôle des magistrats protestants était déjà réduit, au moment de la révocation de l'édit, si même il en restait encore. La perspective du sort qu'elle leur réservait, les avait-elle engagés à prendre les devants par un changement de religion? Ce qui est certain, c'est que, depuis cette révocation, on trouve sur les listes du Parlement dont ils ne pouvaient plus faire partie sans abjuration, les noms de trois des anciens membres protestants de la Chambre de l'Édit : le président Daugeard et le conseiller de Rabar. Quant au troisième, le conseiller Du Vigier, dès 1684 il obtenait un avancement évidemment provoqué par son changement de croyance, en devenant président des enquêtes. Le Registre constate qu'on ne le reçut pas sans information préalable de cet article, ce qui prouve qu'il était nouveau converti [2]. Du reste la *Chronique,* en annonçant, en 1698, sa promotion au poste de procureur général, dit qu'elle était le prix de son zèle et des services importants par lui rendus

---

[1] *R. S.*, 16 janvier.
[2] *R. S.* (Recueil Verthamon), 28 février 1684.

dans les affaires de religion [1]. Les faveurs successives dont il avait été l'objet ne s'arrêtèrent pas là, car il obtint plus tard, en 1752, la survivance de sa charge pour son fils.

Lorsque le Parlement fut transféré hors de Bordeaux en 1675, il avait déjà changé de chef, et ce fut peut-être un malheur, car celui qui l'était auparavant lui eût probablement évité une telle disgrâce. Le premier président de Pontac quitta volontairement ce poste en 1673. Son grand âge et surtout la perte de son fils unique, François-Auguste de Pontac, reçu, en janvier 1656, conseiller à la Cour et président aux requêtes du palais, dans lequel il avait sans doute espéré un successeur, le décidèrent à se retirer. Il eut le crédit de faire passer sa charge sur la tête d'un de ses gendres, d'Aulède de Lestonnac, et mourut à Bordeaux en 1681. La *Chronique* s'exprime ainsi sur son compte : « Cet illustre premier président
» avait toutes les qualités qui forment les magistrats
» de premier ordre : une vertu solide, un grand
» désintéressement, une âme noble; affable surtout aux
» pauvres qui venaient réclamer sa justice, laquelle il
» distribuait également, à eux comme aux riches.
» Il était révéré des grands, aimé du peuple, et fut
» universellement regretté dans la province [2]. » A cet éloge, que confirme la vie entière du premier président de Pontac, nous pouvons ajouter que, loin de manquer de fermeté, comme le dit une note

---

(1) *Chronique bourdeloise,* à la date.
(2) *Id.,* Tillet, 26 avril 1681.

anonyme sur plusieurs membres du Parlement [1], ce magistrat savait en déployer au besoin et tenir tête aux Enquêtes, dont la turbulence jetait souvent le désordre dans la Compagnie. Il réprimait leurs prétentions et les contenait dans de justes bornes [2]. Son successeur, d'Aulède, mourut en 1694.

On trouve sur un des manuscrits que possède la Bibliothèque de la ville de Bordeaux, sous le titre de *Registres du Parlement* [3], une relation circonstanciée de la cérémonie de ses obsèques. Nous y relèverons quelques particularités remarquables. C'est d'abord la pompe de ces funérailles, auxquelles assistaient les autres corps de la ville, tels que l'Université, les trésoriers de France, les secrétaires du roi, avocats, procureurs, jurats, officiers de la ville, juges, consuls. En second lieu, outre les marques de la dignité de premier président, c'est-à-dire le mortier, la robe rouge, le manteau présidental et l'épitoge, portées dans le cortége par des domestiques appelés ici officiers dudit seigneur président, d'autres portaient également les marques de chevalerie, savoir : un casque, des gantelets, une épée et des bottines: parties de costume singulier pour un magistrat, mais qui s'expliquent par la prétention que ceux des Cours souveraines dans l'ancien régime avaient de prendre le titre de chevalier. Le même document nous apprend, du reste, que le corps du premier président

---

[1] O'Reilly, *Histoire de Bordeaux*.
[2] *R. S.*, janv. et fév. 1661. — Recueil Verthamon, t. XXXVIII.
[3] N° 367, in-4°.

d'Aulède fut inhumé dans l'église du noviciat des Jésuites à Bordeaux.

Il fut remplacé par Jean-Baptiste Lecomte de La Trêne, un des présidents à mortier, reçu le 3 août de l'année suivante, 1695. Nous avons vu de ce magistrat plusieurs discours de rentrée de sa Compagnie, qui témoignent de son talent d'écrivain comme de l'élévation de ses sentiments [1]. Après sa mort, arrivée en 1703, la première présidence fut donnée à Romain Dalon, déjà revêtu de cette dignité au Parlement de Pau. Avant d'être élevé à celle-ci, il avait exercé les fonctions d'avocat général à Bordeaux, et non sans distinction. Mais on l'accusait d'avoir pris tellement à cœur les intérêts de sa nouvelle Compagnie, qu'il était allé à Paris tout exprès à l'effet d'obtenir qu'on détachât le pays de Soules du ressort de Bordeaux pour l'annexer à celui de Pau. C'était là une mauvaise recommandation auprès de ses anciens collègues. L'impression n'en était pas sans doute encore effacée lorsque, plusieurs années après, mis à la tête du Parlement de Bordeaux, il débutait par des difficultés de cérémonial lors de sa réception. La Cour avait sagement cédé dans ce conflit peu important; mais il en survint un plus tard bien autrement sérieux.

En 1713, le comte d'Eu, fils du duc du Maine, avait été pourvu du gouvernement de Guyenne. Un gentilhomme de la province (le comte de Chambonas) fut chargé d'apporter au Parlement les lettres de

[1] Bibliothèque de la ville de Bordeaux: *Manuscrits provenant de la terre de La Trêne.*

nomination du prince. La question d'admission de ce délégué à l'audience du Parlement, porteur de son épée, surgissait ici dans une conjoncture délicate puisqu'il s'agissait du représentant d'un prince du sang. Le comte de Chambonas s'étant présenté l'épée au côté, l'enregistrement n'en fut pas moins prononcé. Mais des protestations s'élevèrent presque immédiatement dans la Cour, et d'autant plus vives qu'il avait été convenu, à ce qu'il paraît, que le gentilhomme se conformerait aux règles suivies devant le Parlement, qui lui interdisaient d'y paraître armé. De là des discussions intérieures, dans lesquelles le premier président fut fortement attaqué, car on lui reprochait d'avoir, soit pour faire sa cour au nouveau gouverneur, soit par complaisance pour le comte de Chambonas, subrepticement donné la main à la violation d'un privilége si cher au Parlement. La querelle s'envenima par suite d'un autre acte également irrégulier du premier président. Il avait fait insérer sur le Registre secret une opposition à la mention des débats élevés sur ce point, sous prétexte d'inexactitude. De plus en plus blessée, la Cour, par une délibération expresse, déclara que le premier président avait entrepris sur son autorité. Elle ne garda plus aucun ménagement, et une plainte au chancelier dénonça Dalon comme ayant usé de dissimulation et d'artifice envers ses collègues, en leur cachant, contrairement à ce qui avait été décidé, que le comte de Chambonas garderait son épée. L'affaire s'instruisit, et sans doute au désavantage du magistrat incriminé, car le chancelier de Pontchartrain fit connaître, par ses réponses, que le duc du Maine avait lui-même désavoué le procédé de Chambonas; et, en approuvant la conduite du Parlement, le ministre déclara irrégulière celle du premier président. C'était déjà pour celui-ci un résultat des plus fâcheux.

Mais ce ne fut pas tout. A l'occasion de la délivrance au premier président d'une expédition du Registre secret, sans l'autorisation de la Cour, par un des commis-greffiers, cet homme avait été poursuivi disciplinairement et chassé du palais; car, outre ce fait, on lui reprochait encore des malversations. Profondément affectée, la Cour, dans sa correspondance avec le chancelier, allait jusqu'à dire : « Des bruits publics courent à la honte de la justice et au scandale des gens de bien, qui portent les choses encore plus loin, mais nous ne devons parler que de celles qui se passent sous nos yeux. » Les vacances s'écoulèrent dans cette situation respectivement pénible du Parlement et de son chef. Cet intervalle fut sans doute mis à profit par l'autorité pour réfléchir au moyen d'y remédier. Dès le 17 novembre, peu après la rentrée, une lettre du chancelier, communiquée à la Cour par le président de Montesquieu, annonça que le roi, pour des raisons à lui connues, avait ordonné au sieur Dalon de lui envoyer sa démission de la charge de premier président et d'en cesser les fonctions avec ce titre, sauf à exercer seulement comme l'ancien des présidents. Dalon, ainsi qu'il est facile de le comprendre, n'usa pas de cette dernière faculté. Il se retira tout à fait.

Son successeur dans la dignité de premier président fut Gilet de Lacaze, l'un des présidents, reçu et installé dans cette nouvelle dignité au mois de mai 1714. Cet exemple de l'amovibilité des premiers présidents est remarquable à ce point de vue que la politique y fut entièrement étrangère.

C'est pendant la première présidence de Dalon qu'eut lieu un événement désastreux pour le Parlement, pour ses justiciables et même pour ceux qui ont entrepris de travailler à son histoire. Dans la nuit du 31 janvier 1704, un incendie, dont la cause demeura inconnue, éclata au palais de l'Ombrière et consuma la salle d'audience, la grand'chambre, un salon de plain-pied entre elles, les chambres de la tournelle et de la deuxième des enquêtes. Mais la perte la plus considérable fut celle des archives existantes au-dessus de ces diverses pièces. C'étaient des liasses d'arrêts et autres documents judiciaires. L'inventaire très détaillé qui en fut alors dressé comprend : 1º les originaux des arrêts depuis le commencement du xviie siècle jusqu'à l'année 1670; 2º deux grandes liasses d'arrêts rendus depuis cette dernière année jusqu'en 1687; 3º deux coffres de bois de noyer fermant à deux et trois clefs et contenant des lettres des rois Louis XIII et Louis XIV; 4º — et c'est ici la perte la plus regrettable pour l'histoire — les Registres secrets du xviie siècle tout entier, à la réserve de quelques-uns qui avaient été égarés; 5º deux grandes caisses, dont l'une contenait les lettres-patentes en parchemin des xvie et xviie siècles, le premier tout entier, le second jusqu'en 1687; 6° enfin, tous les arrêts d'audience depuis la création du Parlement, c'est-à-dire à partir de 1461, sans aucune exception [1].

On procéda immédiatement au devis des travaux à faire pour la reconstruction des bâtiments détruits. Ils furent évalués à 50,000 francs, et répartis entre les trois généralités de Bordeaux, Limoges et La Rochelle. Des avis et affiches imprimés pour l'adjudication de ces travaux existent encore. Selon Bernadau, depuis cette époque, on percevait sur toutes les expéditions du greffe un menu droit en sus du tarif sous le nom de *droit du palais brûlé.* Nos recherches ne nous ont fait découvrir aucune trace de ce droit singulier.

Ce n'est pas seulement pour la suite des faits généraux qu'une lacune, comme celle dont nous venons d'expliquer la cause, est regrettable; elle rend encore plus difficile, souvent même impossible, la vérification de faits particuliers d'un intérêt historique incontestable. De ce nombre est une affaire criminelle de la nature la plus grave, dont toutes les sources

[1] Bernadau, dans ses *Chroniques bordelaises* (xviiie siècle, t. II), remarque que ni les chroniques, ni le Registre de l'Hôtel de Ville ne font mention de cet incendie, qui fut cependant assez fameux dans son temps. Aucun auteur d'alors n'en parle non plus. « Cependant, ajoute-t-il, nous avons trouvé, en arrangeant les archives des tribunaux par ordre du gouvernement, beaucoup de documents sur ce désastre. Le principal est un procès-verbal dressé le lendemain même, 1er février 1704, par M. Dalon, premier président, assisté des conseillers Andraut, doyen, Malvin de Primet, Martin de Mosnier, de La Chabanne et Demons-Latour, tous de la grand'chambre. » — Cette pièce en original fait partie de celles que Bernadau a jointes à ses recueils.

d'information authentique paraissent avoir été détruites par l'incendie de 1704. Un membre du Parlement, porteur de l'un des noms les plus anciens de ce corps, le conseiller de grand'chambre d'Alesme, fut assassiné par son propre fils en 1695, et ce crime de famille aurait clos le xviie siècle, qui avait commencé, pour le Parlement, ainsi qu'on l'a vu, par un fait du même genre. Le parricide aurait été conduit à ce forfait par la passion effrénée du jeu. Il réussit à se soustraire par la fuite à la vindicte publique, mais quatre complices qui l'avaient aidé dans l'accomplissement de son crime furent rompus vifs. Les détails de cet événement, sur lesquels se taisent absolument les chroniques, auxquelles ne supplée, au moins à notre connaissance, aucun autre document local ou contemporain, ne se rencontrent que dans un ouvrage étranger en quelque sorte et tellement suspect de tenir plus du roman que de l'histoire, que nous avons dû nous abstenir de les lui emprunter [1]. Mais quant au fait lui-même, la mémoire en a été conservée par une tradition si unanime et si constante, qu'il ne peut être révoqué en doute. Des témoignages matériels, tels qu'une pyramide votive et une lampe expiatoire, en auraient même subsisté longtemps. Leur disparition s'explique peut-être par cette circonstance qu'en 1733 le nom de d'Alesme reparut sur les listes du Parlement. Il est naturel de penser que lorsque la Compagnie

---

[1] *Mémoires du marquis de Langallerie.* La Haye, 1753, in-12.

rouvrit ses rangs au descendant d'une famille si longtemps et si justement honorée, on ne voulut pas laisser subsister les traces publiques et pénibles pour elle du malheur dont elle avait été frappée.

Si le rôle des Parlements, en ce qui touchait aux affaires publiques, fut nul ou à peu près sous le long règne de Louis XIV, il recommença à devenir actif aussitôt après la mort de ce monarque. Nous rencontrerons bientôt le Parlement de Bordeaux dans cette voie, où il ne fut pas des derniers à s'engager, dès qu'elle fut rouverte. Avant de l'y suivre, nous trouvons parmi ceux de ses membres contemporains de la première moitié du xviiie siècle quelques noms qui réclament, à des titres divers, une attention spéciale et qu'on ne nous pardonnerait pas d'avoir oubliés. Plusieurs se groupent dans l'histoire à l'occasion d'une fondation des plus utiles, et qui, pour n'avoir pas un caractère judiciaire, n'en honore pas moins beaucoup la mémoire de ses auteurs. En 1707, les présidents de Gascq et Le Berthon, et le conseiller César de Caupos, guidés par l'amour des lettres, jetèrent les bases d'une réunion destinée à en propager le culte. Quelques années après, cette société, d'abord libre, recevait l'approbation royale et une existence légale. Elle devenait l'Académie de Bordeaux. Un des hommes qui contribuèrent le plus depuis à ses progrès et à sa prospérité, était encore un magistrat, Jean-Jacques Bel, conseiller au Parlement.

Né à Bordeaux le 21 mars 1693, après avoir fait

ses études au collége des Oratoriens de Juilly, il suivit le barreau et entra à vingt-sept ans dans la magistrature. C'était déjà un homme de lettres. La politesse qu'elles communiquent presque toujours au caractère, l'aménité naturelle du sien, outre les qualités solides qu'il y joignait, le firent choisir par ses collègues, quoique un des plus jeunes conseillers des enquêtes, pour aller défendre les intérêts de la Compagnie auprès du gouvernement. Il s'agissait de débats entre elle et la Cour des Aides, éternel objet des ombrages du Parlement. S'ils n'avaient roulé que sur des querelles de préséance ou autres sujets de disputes semblables, le choix du jeune député s'expliquerait aisément, mais il se mêlait à ces causes frivoles de conflits des questions de compétence d'une nature sérieuse et qui exigeaient de l'instruction unie à la gravité dans le mandataire du Parlement. Bel fit preuve de l'une et de l'autre qualité pendant sa mission, qui dura plus de deux années. Sa correspondance avec la Compagnie en fait foi et n'est pas moins remarquable par le fond que par la forme. On en fut tellement satisfait, qu'on vota à l'unanimité l'impression d'un Mémoire rédigé par lui sur l'ensemble des affaires dont il avait été chargé. Il n'est pas sans intérêt, à propos de messages de ce genre remplis par des membres de la Cour, de constater ce qu'ils lui coûtaient. Dans le compte que Bel rendit du sien à son retour, on voit que les dépenses de son séjour à Paris et ses voyages, dans un intervalle de vingt-six mois, se montaient à

27,800 livres, somme que, loin de la trouver exorbitante, ses collègues s'empressaient de lui faire payer. Le Parlement, nombreux et riche, pouvait faire aisément cette dépense. Il n'en était pas de même de la Cour des Aides, dont le personnel était infiniment plus restreint et à laquelle l'entretien d'un député au siége du gouvernement devenait onéreux. Aussi, le chancelier Daguesseau faisait-il témoigner au Parlement le désir, pour ne pas dire la volonté du roi, qu'il renonçât à traiter ses intérêts par députés [1]. Celui que cette Compagnie avait si longtemps retenu loin de ses foyers s'était montré empressé d'y revenir, rappelé qu'il y était, entre autres motifs, par les liens qui l'attachaient à l'Académie de Bordeaux. En 1736, il en était directeur et prononçait comme tel un discours sur une question d'anatomie. Mais les lettres avaient toujours pour lui le plus grand attrait. Il est reconnu aujourd'hui pour auteur d'une œuvre de critique fort remarquable publiée sous le voile de l'anonyme et ayant pour titre : *Dictionnaire néologique*, censure spirituelle du style précieux et affecté de quelques écrivains du temps, tels que Lamothe, Marivaux et Fontenelle lui-même. L'abbé Desfontaines s'était approprié ce livre, dont le succès se justifia par sept éditions successives. Données par lui et sans

[1] Les nombreux sujets de difficultés de toute nature entre le Parlement et la Cour des Aides furent enfin terminés par un règlement en forme de déclaration du roi, en cinquante articles, sous la date du 1er septembre 1734. Il est inséré tout entier au Registre secret à cette date. (*Arch. hist. de la Gironde.* — R. S.)

mention du nom de l'auteur, elles avaient fini par lui faire attribuer l'ouvrage, mais il a été enfin restitué à qui de droit [1].

Ce qui recommande encore la mémoire de Bel à l'estime de la postérité, ce sont ses bienfaits signalés envers la Société savante à laquelle il appartenait. Par son testament fait en 1736, il légua à l'Académie de Bordeaux, avec sa bibliothèque, le vaste hôtel qu'il occupait dans le plus beau quartier de la cité. Le premier de ces dons a été le noyau de la riche collection qui forme aujourd'hui la Bibliothèque de la ville de Bordeaux; le second sert à la loger. L'Académie a cependant continué de jouir de l'asile que la munificence de Bel lui avait assuré dans cet édifice.

Ce n'est pas d'une renommée modeste et restreinte comme celle-ci à un horizon peu étendu que nous avons encore à parler, parce que nous la rencontrons à la même époque dans le Parlement de Bordeaux. La gloire du grand homme dont nous allons prononcer le nom a rempli le monde; et l'écrivain a tellement dominé en lui le magistrat, que toute notre crainte serait de l'amoindrir, si cela n'était pas impossible, en ne le peignant que sous le dernier aspect.

On a vu, pendant la Fronde, au nombre des membres du Parlement, Jean-Baptiste-Gaston de Secondat, d'abord conseiller, puis président à mortier, gendre du premier président Dubernet et

---

[1] V. une Notice sur Jean-Jacques Bel en tête du volume *Histoire* du *Catalogue des livres composant la Bibliothèque de la ville de Bordeaux*, par Bernadau, 1851.

que cette alliance mit de moitié dans les épreuves de ce dernier. Ce magistrat fut le fondateur d'une de ces familles qui, par leur illustration et leur occupation héréditaire des grandes charges, pourraient être appelées des dynasties parlementaires. Son fils, Jean-Baptiste de Secondat, commença à prendre le nom de Montesquieu. Dans l'éloge de l'auteur de l'*Esprit des lois*, Mauperthuis dit que ce second titulaire de l'office de président fut un des plus grands magistrats de son temps. Il est certain qu'il présida la Compagnie dans plus d'une occasion solennelle avec une grande distinction et qu'il y était entouré de beaucoup de considération. Ainsi que son père, il avait le culte de sa profession, et l'on voit encore à La Brède la riche bibliothèque qu'ils formèrent successivement[1]. Un frère de Jean-Baptiste, Jacques de Secondat, suivit le parti des armes. Il eut pour fils Charles-Louis de Secondat, né à La Brède le 18 janvier 1689. Le président, son oncle, ayant perdu un fils unique auquel il destinait sa charge, résolut de la transmettre avec tous ses biens à son neveu qui se trouva ainsi appelé à la magistrature par un

---

[1] On lit dans le *Nobiliaire de Guyenne*, par O'Gilvy *(Notice sur la famille Dubernet)*, que le président Gaston de Secondat avait recueilli les curieux détails des conflits élevés dans le Parlement au sujet de la présidence disputée entre les sieurs Lalanne et de Gourgues en 1642 et années suivantes. Les scènes violentes, tumultueuses et quelquefois même grotesques de l'intérieur de la Cour, au milieu de ces débats, auraient été crayonnées par lui avec esprit. Celui de ses descendants qui rédigeait cette Notice y annonçait l'intention de donner cette œuvre au public. On ne peut que souhaiter la réalisation de ce projet.

arrangement de famille, beaucoup plus probablement que par son penchant. Il a, du reste, raconté lui-même, qu'obligé par son père de passer toute la journée sur le Code, il s'en trouvait si excédé, que pour se délasser, il composait une lettre persane qui coulait d'elle-même de sa plume [1]. Il entra au Parlement à vingt-cinq ans, le 21 mars 1714, avec le titre de conseiller. Son oncle étant mort deux ans après, il lui succéda comme président à mortier avec dispense d'âge, car il lui aurait fallu ou dix ans de magistrature ou être arrivé à quarante ans pour pouvoir s'en passer. En 1726, Montesquieu quitta sa charge. Sa carrière judiciaire se circonscrit donc dans un espace de douze années. Quelque courte qu'elle ait été, ses fréquentes absences en abrégèrent encore la durée. A partir de 1721, en effet, on le voit presque chaque année prendre des congés pour aller à Paris. Il ne paraît pas que ces voyages multipliés aient jamais éprouvé le moindre obstacle de la part de ses collègues, maîtres d'en apporter cependant, puisque c'était la Cour entière qui donnait les congés. On peut croire aussi que personne n'ignorait que les affaires qui appelaient Montesquieu au dehors n'étaient autres que ses travaux littéraires, auxquels nul ne trouvait à redire, malgré leur nature assez peu judiciaire. Montesquieu n'avouait pas, il est vrai, la paternité

[1] *Œuvres de Montesquieu*, édition Lefèvre. Paris, 1816, t. VI, p. 440. — Nous rapportons, mais sans en garantir l'exactitude, cette anecdote qui peut reposer sur la vérité, comme avoir été imaginée pour faire ressortir tout à la fois la précocité du génie de Montesquieu et son peu d'inclination pour la jurisprudence.

des *Lettres persanes;* il ne la désavouait pas non plus. Il lève même en partie le voile de l'anonyme dans la préface, où il s'exprime ainsi : « Si l'on savait qui » je suis, on dirait : Son livre jure avec son caractère. » Il devrait employer son temps à quelque chose de » mieux; cela n'est pas digne d'un homme grave. » Objections qui, du reste, ne l'effrayaient guère, non plus que ceux qui siégeaient à côté de lui, plus fiers peut-être déjà eux-mêmes de sa célébrité que blessés du contraste entre l'œuvre et l'écrivain. Ce sentiment et leurs ménagements pour un collègue déjà illustre nous paraissent ressortir encore d'une circonstance de sa vie de magistrat, que nous devons rapporter, non seulement par ce motif, mais encore parce qu'elle se rattache aux usages judiciaires du temps. En 1721 une difficulté sérieuse s'était élevée entre les présidents et les conseillers de la Cour, au sujet des audiences appelées *de relevée* ou *des après-dînées*. Les présidents se prétendaient exempts de l'obligation d'y assister même quand les juges n'étaient pas en nombre nécessaire, ce qui faisait manquer l'audience lorsque ce cas se présentait. De là des réquisitions du procureur général et une délibération de la Cour qui prit un arrêté pour rappeler l'exécution des anciennes ordonnances sur la justice remontant à Charles VII, lesquelles ne distinguaient nullement entre les présidents et les conseillers pour l'assiduité obligatoire aux audiences. Elle enjoignit aux premiers de s'y conformer, sous peine de privation de leurs gages. Ils résistèrent et déclarèrent se pourvoir devant le chancelier. La querelle s'échauffa au point de passionner les esprits et qu'un des avocats généraux, Dudon, fut puni disciplinairement pour s'en être mêlé avec un zèle plus qu'indiscret [1]. Or, il faut savoir que c'était Montesquieu qui, le premier, comme président, avait élevé la prétention qui divisait ainsi le Parlement. Il l'avait fait, sans doute, autant au nom de ses collègues en grade, qu'au sien, car ils le suivirent unanimement et vivement dans la voie qu'il leur avait ouverte. On ne voit pas pourtant que, soit son initiative, soit la communauté de cause qu'il continua d'avoir avec eux dans cette affaire, l'ait exposé de la part des conseillers à la moindre malveillance. Loin de là : pendant un de ses nombreux séjours à Paris, en 1723, il y avait entre eux et lui échange de bons offices, ce qui nous fournit l'occasion de rectifier un fait inexactement rapporté par tous les biographes de Montesquieu. Ils ont dit que le président avait été chargé de présenter des remontrances de sa Compagnie contre un impôt sur les vins, et l'un d'eux, Auger [2], a de là pris texte de vanter l'éloquence du jeune magistrat plaidant auprès du ministère la cause du peuple et obligeant le fisc à lâcher sa proie ! Il n'est pas douteux que, chargé d'une telle mission, Montesquieu ne s'en fût fermement acquitté; mais la vérité est qu'il ne se passa rien de semblable. Tout se réduit à ceci. Pendant qu'il était à Paris en 1722 et 1723, il avait offert

(1) *R. S.*, du 22 janvier 1721 au 20 juillet 1723, *passim*.
(2) *Vie de Montesquieu*, en tête de l'édition Lefèvre.

gracieusement à la Cour de se charger des intérêts qu'elle pourrait avoir à y soutenir. Elle réclamait, en effet, contre un droit de 40 sols par tonneau de vin chargé à Bordeaux pour le compte des habitants. Par suite de ses démarches à titre purement officieux auprès de l'intendant Fagon et du contrôleur général Dodun, Montesquieu, ainsi qu'il l'explique dans ses lettres à la Cour [1], avait obtenu, non la suppression de cet impôt, mais son allégement au moyen de la répartition d'une somme équivalente à son produit sur toute la généralité de Bordeaux ; ce qui dégrevait, comme on le voit, les propriétaires vinicoles de cette ville, jusqu'à un certain point, puisqu'ils la supportaient seuls tout entière auparavant. Or, Montesquieu était lui-même, ainsi que beaucoup de ses collègues, grand propriétaire de vignes.

En 1725, peu de temps avant de quitter la magistrature, Montesquieu présida le Parlement à sa rentrée et fit, en l'absence du premier président, selon l'usage, le discours de la reprise des audiences. C'est l'acte le plus connu de toute sa carrière judiciaire. Cette harangue, heureusement conservée dans ses œuvres, est digne, à tous égards, de son auteur. C'est une étude concise et rapide, mais pleine, ferme et vivement accentuée des devoirs du juge, et qui n'a rien du lieu commun, ni dans le fond, ni dans la forme. Comment celui qui mettait en tel relief le portrait du vrai magistrat se séparait-il bientôt après

[1] *R. S.*, 10 décembre 1722 et 2 mars 1723.

d'un état dont il comprenait si bien les obligations? Cette question a exercé la sagacité de ceux qui ont écrit sa vie, et ils l'ont diversement résolue.

« Cette continuelle présence d'esprit, dit Walkenaër [1], ce jugement prompt et facile, cette patience attentive qui suit dans tous ses détails les détours de l'intérêt privé, ces qualités indispensables dans un juge manquaient entièrement à Montesquieu. » Un autre [2] croit « que quelque importante que fût sa charge, il s'y sentait pour ainsi dire à l'étroit; qu'il ne trouvait à déployer *dans un parlement de province* que les moyens d'un homme ordinaire, et que, comme il arrive quelquefois que l'on devient inférieur à son emploi pour y être trop supérieur, il avait le dépit de ne pouvoir atteindre, dans certaines parties de la judicature, à des succès que la médiocrité même aurait pu regarder comme au-dessous d'elle. » Mais pourquoi, au lieu de raisons si péniblement cherchées et exprimées, ne pas s'en rapporter à Montesquieu lui-même sur les causes véritables de son peu de succès dans la profession de magistrat? « Quant à mon métier de président, dit-il avec
» autant de franchise que de simplicité, en se
» dépeignant lui-même, j'ai le cœur très droit; je
» comprenois assez les questions en elles-mêmes;
» mais, quant à la procédure, je n'y entendois
» rien [3]. » Voilà donc la vérité. L'homme qui avait

(1) *Biographie universelle de Michaud*, article *Montesquieu*.
(2) Auger, *loc. cit. suprà*.
(3) *Œuv. de Montesquieu: Pensées div.*, t. VI, p. 505, éd. Lefèvre.

trop de génie pour ne pas être doué d'abord de tout le bon sens possible avait compris le premier que son dégoût, tranchons le mot, son ignorance de la procédure était un obstacle invincible à ce qu'il réussît au palais; car la procédure est à l'intelligence et à la direction des affaires litigieuses ce que la manœuvre est au commandement des armées; il n'est point de bon juge sans la connaissance de l'une, comme d'habile général sans la science de l'autre. Mais on peut être le premier des publicistes et cependant se perdre dans le dédale d'un procès compliqué. Que le plan d'une vaste conception ait ensuite entraîné Montesquieu à se donner la liberté de s'y livrer tout entier, rien n'est plus vraisemblable. Il avait besoin de tout son temps pour se consacrer aux grands travaux dont il roulait le plan dans son esprit. Cependant la magistrature lui laissa toujours des regrets. Il se reprochait d'avoir rompu la chaîne des hauts offices occupés depuis plusieurs générations par sa famille dans le Parlement; il aurait voulu la renouer. Il avait, dans ce but, compté sur son fils pour lui transmettre sa succession judiciaire de son vivant. Une anecdote piquante recueillie par Grimm et publiée dans la correspondance littéraire de cet écrivain, citée par un des biographes de Montesquieu [1], a révélé avec la cause du mécompte éprouvé par lui à ce sujet la vive contrariété qu'il en ressentit. Il faisait élever le jeune homme à Paris, où un de

---

[1] Auger, *Vie de Montesquieu*, Lefèvre.

ses amis était chargé, en son absence, de veiller sur lui. Comme, à son retour, cet intermédiaire officieux rendait au père un compte des plus satisfaisants du caractère et de l'application de l'élève, il crut devoir ajouter que celui-ci témoignait beaucoup de goût pour l'étude des sciences et notamment de l'histoire naturelle. A ces mots, Montesquieu pâlit et laissa éclater les marques d'un véritable désespoir. « Ah! » mon ami, s'écria-t-il, vous me tuez! Voilà donc » toutes mes espérances perdues. Vous savez quels » projets j'avais formés pour cet enfant, la charge » que je lui destinais. C'en est fait, il ne sera jamais » qu'un homme de lettres, un original comme moi, » et nous n'en ferons pas autre chose. » Toutefois ce sévère pronostic, et si étrangement formulé, fut jusqu'à un certain point démenti par l'événement. Un sentiment profond de respect pour les volontés paternelles l'emporta chez le jeune Secondat sur ses penchants; car renonçant, au moins momentanément, à se vouer exclusivement aux sciences, il entrait en 1737 au Parlement comme conseiller. Une circonstance particulière à noter dans sa réception qui eut lieu le 30 janvier, c'est qu'on lui fit remise de la moitié de la somme qu'il devait verser à cette occasion et qui se montait à 1,000 livres, en considération des services rendus à la Compagnie par son père comme président à mortier[1]. Mais l'obéissance fidèle de Jean-Baptiste de Secondat n'alla

---

(1) *R. S., loc. cit.*

pas plus loin que l'acceptation du titre de conseiller. En 1748, le père écrivait à l'abbé de Guasco, son intime ami, qu'il avait à le consulter sur une affaire de grande importance : le refus de son fils de la charge de président à mortier qu'il comptait lui donner, refus par suite duquel il ne lui restait plus qu'à la vendre ou à la reprendre pour lui-même [1]. Or, non seulement Jean-Baptiste de Secondat persista à ne pas vouloir de la charge; mais encore, la même année, il quitta tout à fait la magistrature, car son nom figure pour la dernière fois parmi ceux des membres du Parlement, sur la liste imprimée de 1747 [2]. On sait que Montesquieu ne reprit pas la charge pour lui, et qu'ainsi aucune des alternatives posées à l'abbé de Guasco ne se réalisa. Ne nous en plaignons pas. Rien n'indique — tout fait présumer même le contraire — que le fils qui occupa sans éclat le poste de conseiller pendant dix ans, plus recommandable par ses vertus que par ses talents, se fût distingué dans la place bien autrement importante de président à mortier. Quant à son père, il passe pour constant que la composition de cet immense travail sur l'*Esprit des lois* qui parut précisément en 1748

---

[1] *Lettres familières*, édit. Lefèvre, t. VI, p. 383. — Cette faculté de disposer d'une charge transmise depuis vingt-deux ans ne peut guère se concevoir qu'au moyen d'une clause de réméré stipulée dans le contrat dont elle avait été l'objet en 1726, lorsque Montesquieu la vendit; clause, du reste, très possible et très licite sous le régime de la vénalité des offices, qui les mettait, comme toute autre propriété, dans le commerce.

[2] Archives départementales.

avait épuisé ses forces physiques à tel point qu'elles n'auraient plus répondu à son ardeur pour le travail. Sa vie ne devait pas être désormais bien longue, et il en avait presque lui-même le pressentiment [1]. Elle se termina, en effet, moins de six ans après. Si, dans la force de l'âge, il ne s'était pas trouvé propre aux fonctions de président, qu'aurait-ce été au bout de vingt-deux ans d'interruption et dans les conditions que nous venons de faire connaître? En eût-il été autrement, il y aurait encore de quoi nous consoler de quelques années dérobées à l'application des lois par celui qui en avait employé tant d'autres à la grande découverte de leur esprit. La France d'ailleurs a toujours été si riche en grands magistrats, qu'un de plus ou de moins n'importe guère à sa gloire; mais il n'y a eu qu'un Montesquieu.

[1] V. son *Journal* dans l'édition Lefèvre, t. VI.

CHAPITRE V

1714-1762

Querelles religieuses du xviii° siècle. — Le jansénisme. — Le formulaire; la bulle *Unigenitus*. — Rôle des Parlements dans ces controverses; leur esprit. — Réserves du Parlement de Bordeaux lors de l'enregistrement des déclarations de 1714 et de 1730. — Circonstances dans lesquelles il les fait valoir. — 1° Thèse soutenue à Bordeaux par un *Minime*. — 2° Instructions pastorales et mandements des évêques d'Agen et de Limoges. — Lettre du Parlement au roi par laquelle il dénonce ces prélats. — Observations sur cet écrit. — Pamphlet auquel il donne lieu. — 3° Refus des sacrements par un curé de Bordeaux. — Représentations du Parlement à ce sujet; leur résultat. — Procès des Jésuites devant le Parlement; leurs ennemis, leurs défenseurs et leurs juges. — Le premier président André-François-Benoît Le Berthon. — Remontrances du Parlement contre l'édit qui avait admis les Jésuites à modifier leur règle. — Véritables causes de leur expulsion. — Les Parlements instruments de la haine portée aux Jésuites par les philosophes. — D'Alembert. — Voltaire. — La destruction de l'ordre des Jésuites, première des ruines que devait voir la fin du xviii° siècle et présage de celles qui allaient la suivre.

Si l'on retranchait de l'histoire les choses qui ont perdu entièrement ou à peu près leur intérêt pour les générations actuelles, un grand vide se ferait dans le tableau des annales du passé. Combien de sujets d'agitation pour nos devanciers qui ne rencontrent de nos jours qu'une froide indifférence, les querelles religieuses, par exemple! Plus d'un siècle s'est écoulé depuis celles du jansénisme : qu'est devenu tout le bruit qu'elles firent alors? Un écho lointain et si affaibli qu'il est à peine perceptible, voilà tout ce qui en reste. Nous ne saurions cependant nous soustraire à l'obligation de le réveiller. Garder le silence serait d'autant moins permis ici que les Parlements, celui de Bordeaux comme les autres, furent activement mêlés aux disputes sur des matières de dogme qui passionnèrent la société il y a maintenant plus de cent ans. On ne croyait pas alors qu'il y eût pour l'humanité des intérêts plus sacrés. Ils passaient encore avant ceux de la politique; et comme ce dernier sujet faisait généralement faute aux préoccupations parlementaires, rien d'étonnant qu'elles se soient attachées à celui-là.

Nous rappellerons en peu de mots l'origine et les principales phases de ces controverses.

Elles remontaient, on ne l'ignore pas, à l'interprétation de certains passages de saint Augustin sur la grâce par l'évêque d'Ypres, Jansénius. Le Saint-Siége, essentiellement compétent en pareil cas, en prit connaissance, et les bulles que donnèrent successivement les papes Urbain VIII, Innocent X et Alexandre VII, condamnèrent plusieurs des propositions du prélat hollandais. Dès 1655, le Parlement de Bordeaux avait enregistré celle du second de ces souverains pontifes [1]. Il en fut de même du célèbre formulaire dressé par l'Assemblée générale du clergé de France en 1664, en vertu de la constitution d'Alexandre VII [2]. Il est vrai que cela se passait sous Louis XIV, et selon toute apparence, ces actes d'obéissance silencieuse n'étaient pas la libre expression des sentiments de la magistrature. Il y parut aux

(1) *R. S.*, 17 juin.
(2) *Id.*, 18 juillet (Recueil Verthamon).

difficultés que l'acceptation de la bulle rencontra même alors au Parlement de Paris. Il faut bien d'ailleurs le reconnaître : les principes du jansénisme agréaient à des hommes voués à une profession austère. Ceux d'entre eux qui avaient conservé intact le dépôt des vieilles mœurs, devaient se sentir entraînés vers des opinions qui les mettaient si fort en honneur. Pour les autres, les traditions parlementaires suffisaient à les indisposer contre les bulles. De tout temps, en effet, l'immixtion des papes dans les affaires du royaume avait été vue de mauvais œil par les Compagnies de justice souveraine, qui se faisaient un point d'honneur de veiller avec un soin jaloux au maintien des libertés de l'Église gallicane. La royauté elle-même les avait suivies sur ce terrain, au moins temporairement, par la célèbre déclaration de 1682. Il fallait donc s'attendre à ce que, dès que les Parlements auraient recouvré dans leur plénitude les prérogatives qu'ils ne cessaient de regretter, leurs véritables sentiments sur ces matières se feraient jour.

En ce qui concerne la Cour de Bordeaux, on peut apercevoir, dès l'année 1714, des symptômes non équivoques de ces dispositions, lorsqu'elle eut à s'occuper de l'enregistrement de la bulle *Unigenitus*, constitution du pape Clément XI, destinée à confirmer le formulaire et à en rendre l'observation obligatoire. Quelque importance que Louis XIV, qui était alors revenu sur la déclaration de 1682, vivement poussé dans la voie contraire, a-t-on dit, par le

jésuite Letellier, son confesseur [1], attachât à la réception de la constitution par les Parlements, on n'avait pu, dans la rédaction des lettres-patentes par lesquelles elle leur était adressée, éviter une clause toujours insérée dans les actes concernant les affaires venant de Rome : la recommandation de ne procéder à l'enregistrement qu'autant qu'il n'y aurait rien de contraire dans la bulle aux prééminences de la couronne et aux libertés de l'Église gallicane [2]. Le Parlement de Bordeaux ne manqua pas de se prévaloir de cette clause pour apporter à l'enregistrement de la constitution une modification notable. Ce fut d'excepter de la condamnation qu'elle prononçait contre les propositions déclarées hérétiques et qui étaient extraites du livre du P. Quesnel, *sur le Nouveau Testament,* la quatre-vingt-onzième ainsi conçue : « *Excommunicationis injustæ metus nunquàm debet nos impedire ab adimplendo debito nostro. Nunquàm eximus de Ecclesiâ quando hominum nequitiâ videmur ab eâ expulsi, quando Deo, Jesu Christo, atque ipsi Ecclesiæ per caritatem affixi sumus.* » « La crainte d'une excommunication
» injuste ne doit jamais nous empêcher de faire notre
» devoir. En effet, nous ne sortons pas de l'Église,
» même quand nous paraissons expulsés de son sein
» par la méchanceté des hommes, lorsque par les liens

---

[1] Duclos, *Mémoires secrets sur le règne de Louis XIV, la régence et le règne de Louis XV*, t. Ier, p. 130 et suiv.

[2] Arch. départment. : *Lettres-patentes originales,* et *R. E. B.*, t. LXXX, 1714-1720, f° 14, v°, 8 mars 1714.

» de la charité nous sommes enchaînés à Dieu, à
» Jésus-Christ, à l'Église elle-même. »

L'arrêt d'enregistrement portant la date du 7 mars 1715, prononcé par le président Jean-Baptiste de Montesquieu, s'exprime ainsi à ce sujet : « Sans que la condamnation des propositions qui regardent la matière de l'excommunication puisse donner atteinte aux maximes et usages du royaume, ni que, sous prétexte de ladite condamnation, on puisse jamais prétendre que lorsqu'il s'agit de la fidélité et obéissance due au roi, de l'observation des lois de l'État et autres devoirs réels et véritables, *la crainte d'une excommunication injuste puisse empêcher les sujets du roi de les accomplir.* » Ce n'était pas seulement au palais que la condamnation de cette quatre-vingt-onzième proposition avait soulevé l'opinion. Il en allait de même dans le monde ; car l'auteur que nous avons déjà cité, peu suspect assurément de passion en matière religieuse, Duclos, fait observer que cette thèse est, au contraire, si vraie, que le principe opposé serait une hérésie politique, puisque « si l'assertion : *la crainte d'une excommunication injuste ne nous doit jamais empêcher de faire notre devoir,* est fausse, il n'y a aucun souverain qui soit en sûreté contre un sujet superstitieux [1]. » La réserve du Parlement dans son arrêt était précisément l'expression de cette pensée ; réserve féconde, puisque plus de quinze ans après elle devait encore servir à

---

[1] *Mémoires*, etc., p. 140.

justifier sa résistance au clergé dans l'application de la bulle.

Ce corps s'en montrait partisan très chaleureux et presque unanime, puisque de tous les évêques de France quatre à peine l'avaient rejetée. Mais, dans les rangs inférieurs de l'ordre ecclésiastique, elle rencontrait un plus grand nombre d'adversaires, et parmi les laïques on en voyait aussi beaucoup. De là les troubles, pour ne pas dire les scandales de cette époque. Qui n'a pas lu dans les récits du temps l'histoire des billets de confession, des refus de sacrements et des recours aux tribunaux pour les faire administrer de par la justice? Entre les magistrats dont on invoquait le secours au nom des consciences opprimées, et les ministres du culte forcés par leurs supérieurs de se soumettre à la bulle, l'autorité était bien obligée d'intervenir dans l'intérêt de la paix publique.

Tel fut l'objet des nouvelles déclarations royales du mois d'août 1717, janvier 1719 et mars 1730, dans lesquelles l'obéissance à la constitution était de plus en plus recommandée, et que les Parlements durent enregistrer, mais toujours sous la même réserve expresse des libertés de l'Église gallicane. Or, le dernier des quatre articles de la célèbre déclaration de 1682 contenant la formule de ces libertés, après avoir reconnu que c'était principalement au pape de décider en matière de foi, ajoutait « que ses décisions n'étaient *irréformables* qu'après que l'Église les avait consenties. » Et c'était en vertu de ce principe que la constitution était frappée d'appel au futur concile par un grand nombre de fidèles connus sous les noms d'*appelants* et *réappelants*.

C'est dans cette circonstance que le Parlement de Bordeaux eut à s'occuper de plusieurs incidents nés dans son ressort et se rattachant à l'exécution de la bulle. Ils se présentèrent à l'époque de la déclaration de 1730, dont la vérification avait partagé la Cour en trois opinions : l'une, pour l'enregistrement pur et simple; l'autre, pour la renvoyer à une commission; la troisième, pour l'enregistrement avec des modifications. La première finit par l'emporter; mais on voit combien les esprits étaient encore divisés dans un corps nombreux [1]. Il fallut ensuite s'occuper des incidents.

Il s'agissait, en premier lieu, d'une thèse soutenue au couvent des Minimes de Bordeaux par un des religieux, thèse dédiée à l'archevêque, qui en approuvait, par conséquent, les formules [2]. L'hétérodoxie de cet acte était dénoncée comme résultant de ce que celui qui le soutenait professait une entière obéissance et une soumission absolue à la bulle. Le Parlement, se conformant aux instructions particulières données d'avance sur ces matières au premier président et au procureur général, en référa au chancelier. Daguesseau — car c'était lui — ne manqua pas de recommander la modération aux magistrats. Sous son inspiration, le Parlement manda devant lui

[1] *R. S.*, 5 mai 1730.
[2] *Id.*, 9 mars 1731.

le P. La Trilhe, le religieux qui avait soutenu la thèse, et se contenta de sa déclaration qu'il n'avait entendu y déposer et y défendre que son opinion particulière; qu'il se soumettait aux évêques unis à leurs chefs; qu'il protestait, du reste, n'avoir rien voulu dire de contraire aux réserves sous lesquelles la bulle avait été enregistrée au Parlement en 1715 [1].

Ce premier différend réglé ainsi tant bien que mal, il en survint deux autres de même nature, mais plus difficiles à concilier.

Les évêques d'Agen et de Limoges publièrent presque en même temps, en 1730, des instructions pastorales. Le premier prescrivait aux confesseurs de son diocèse la conduite à tenir vis-à-vis de leurs pénitents. Il leur imposait l'obligation d'exiger de ceux-ci la soumission aux bulles des papes et notamment à la constitution *Unigenitus*, sous peine de péché mortel et de refus d'absolution. Le second proclamait cette constitution une règle de conscience et ordonnait à tous les fidèles sous sa conduite de l'accepter comme telle. Le Parlement prit l'alarme; mais, enchaîné toujours par les recommandations de prudence et de circonspection émanées de l'autorité, il se borna à dénoncer au roi les œuvres des deux prélats dont les diocèses étaient dans son ressort. Ses doléances sont contenues dans une lettre que nous transcrivons en entier, d'abord parce qu'elle est inédite, et ensuite parce qu'elle dépose de la persévé-

---

[1] *R. S.*, 3 avril.

rance des magistrats dans un système d'interprétation de la bulle opposé à celui que leur enseignaient et le clergé et le pouvoir civil lui-même.

« AU ROY.

» SIRE,

» Nous avons veu avec douleur l'esprit de dispute au sujet de la constitution *Unigenitus* agiter l'Église de France et porter jusques dans la ville capitale la division et le trouble; mais nous avions en même temps la consolation de voir les provinces de notre ressort tranquilles et exemptes d'une contagion si dangereuse. Notre situation, Sire, a bien changé. Nous éprouvons ce que nous ne devions pas craindre. Le calme heureux dont jouissoient ces provinces est troublé par des évêques qui sont obligés par le devoir de leur ministère de maintenir la paix et la charité parmi les fidèles. Le gouvernement de l'Église demande d'autres talens que ceux de prier et de prêcher. Le zèle passionné du pasteur peut aisément conduire le troupeau à l'égarement.

» M. l'Évêque d'Agen[1], dans son instruction pastorale, prescrit aux confesseurs de son diocèse la conduite qu'ils doivent tenir dans le tribunal de la pénitence; il rappelle par une affectation marquée les péchés les plus graves contre la loi de Dieu, et dans ce nombre il place le défaut de soumission aux constitutions des papes en général et notamment à la constitution *Unigenitus*. Il dit que celui qui n'a pas une soumission sincère à cette constitution pèche mortellement; quelque beau prétexte qu'il puisse avoir, l'absolution doit lui être refusée.

» M. l'Évêque de Limoges[2], dans son mandement du 2ᵉ décembre 1730, fait une confession publique de sa foy : il

[1] L'évêque d'Agen dont il s'agit ici était Yves d'Yse de Saléon, sacré en 1728.
[2] L'évêque de Limoges dont le mandement est ainsi dénoncé se nommait Denis-Alexandre Le Blanc, et il occupait ce siége depuis l'année 1722.

déclare qu'il accepte purement et simplement la constitution *Unigenitus* comme un jugement dogmatique de l'Église universelle. Il ordonne à tous les fidèles de son diocèse de suivre son exemple.

» Dans la thèse soutenue chez les Pères Minimes au mois de mars dernier, dédiée à M. l'Archevêque de Bordeaux, une des positions enseigne que celui qui ne sera pas soumis à la constitution *Unigenitus* n'est plus du nombre des catholiques et qu'il est par conséquent hérétique.

» Après des sentiments aussi manifestes de ces prélats, il n'est plus permis de douter qu'ils ne regardent la constitution *Unigenitus* comme une règle de notre foi.

» M. l'Évêque d'Agen porte plus loin son zèle; il fait marcher d'un pas égal dans l'ordre de la religion la constitution *Unigenitus* avec les commandements de Dieu. Il aggrave la peine des indociles. Le Concile d'Embrun n'a fait qu'interdire M. l'Évêque de Senez dans ses fonctions épiscopales et ne l'a pas privé de la communion laïque (1). L'Évêque d'Agen damne de son autorité ceux qui ne croient pas comme lui, les déclare indignes de l'absolution et les proscrit comme hérétiques.

» Si ces Évêques ne nous faisaient envisager la constitution que comme une loi de l'Église et de l'État, une règle de police, de discipline, d'économie ou de précaution contre les erreurs de Jansénius, dans la veue d'arrêter les malintentionnés et prévenir l'abus qu'ils pourroient faire des propositions captieuses de Quénel, dans l'objet de faire revivre par des moyens obliques et artificieux une hérésie déjà condamnée, nous serions tous d'accord, nous garderions le silence avec une soumission entière au Saint-Siége et au corps pastoral des évêques; mais lorsqu'ils passent ces bornes, qu'ils veulent oublier les modifications portées par les arrêts d'enregis-

---

(1) Jean Soanen, évêque de Senez, l'adversaire le plus persévérant de la bulle *Unigenitus*, avait été suspendu de ses fonctions épiscopales en 1727 par le Concile provincial d'Embrun et exilé par ordre du roi à l'abbaye de la Chaire-Dieu en Auvergne, où il mourut en 1740 à l'âge de quatre-vingt-quatorze ans, sans avoir renoncé à ses opinions et continuant à les professer.

trement, qu'ils lèvent l'étendard de l'indépendance contre les termes et l'esprit des déclarations, en un mot, qu'ils veulent faire regarder la constitution comme un jugement dogmatique, une règle de foi, notre ministère se réveille ; le Parlement ne peut garder le silence dans une conjoncture aussi importante qui intéresse l'autorité royale et le repos de nos consciences.

» Les évêques peuvent relever autant qu'ils voudront la prééminence de leur ordre, se glorifier qu'ils sont les juges de la doctrine et de la foi, qu'ils ont une puissance et une juridiction spirituelle qu'ils ne tiennent que de Dieu seul, indépendante de toute puissance temporelle, et que M. l'Évêque d'Agen, dans son instruction pastorale pour les confesseurs, n'a fait qu'user de cette puissance : on convient de tous ces principes ; mais ils ne doivent pas croire que lorsque dans l'exercice de cette juridiction spirituelle, un évêque, dans ses mandements, glisse d'autres propositions hardies et téméraires, tendantes à troubler la tranquillité publique, leur juridiction, toute indépendante qu'elle puisse être, soit pour ainsi dire une sauvegarde à toutes leurs entreprises ; ils ne doivent jamais oublier qu'ils sont sujets de V. M., et qu'en cette qualité ils ne doivent rien hasarder qui soit contraire aux lois du royaume ; et alors qu'ils veulent se soustraire à des maximes aussi certaines, ils sont répréhensibles et sujets à la censure.

» Nous pouvions, Sire, supprimer par des arrêts des mandements aussi téméraires : le Parlement de Paris a appris à M. l'Archevêque d'Embrun et à M. l'Évêque de Laon qu'ils ne doivent pas abuser du pouvoir apostolique. On peut dire que le droit et les exemples pour agir ne nous manquaient pas ; nous pouvions donner à MM. les Évêques d'Agen et de Limoges les mêmes leçons ; mais, dans les circonstances présentes, le repos de l'État qui est inséparable des arrêts nous a retenus ; nous avons préféré le parti de nous plaindre à celui de frapper. Nous voyons depuis quelque temps que V. M. veut oublier les intérêts de l'autorité royale pour agir en père et en pacificateur des troubles de l'Église. Les évêques ont l'avantage de reconnaître un médiateur dans la personne de leur maître.

» Conduits par un si grand exemple, il nous suffit de porter nos plaintes à V. M., c'est-à-dire celles de plusieurs provinces. Notre attachement inviolable pour votre personne sacrée, l'honneur de votre couronne indépendante de toutes les puissances de la terre, la tranquillité de vos peuples, le maintien de la religion sont les puissants motifs qui nous obligent à découvrir le mal que nous connaissons et celui que nous pouvons craindre.

» Il n'est plus permis de douter que l'objet principal du plus grand nombre des évêques de France est de faire recevoir la constitution comme une règle de foi; la démarche de MM. les Évêques d'Agen et de Limoges découvre les intentions de leurs confrères.

» Si la constitution était une fois reçue par les peuples comme une règle de foi, que deviendroient les modifications portées par les arrêts d'enregistrement? Car un article de foi ne reçoit ni modification ni explication : il soumet le fidèle et le cloue pour ainsi dire à la règle que l'Église lui prescrit.

» Il pourroit arriver dans l'avenir que l'on reverra dans la chaire de saint Pierre un second Boniface VIII qui, étant plus encouragé que le premier, trouveroit, à la faveur de la constitution, encore plus de disposition dans les peuples pour les soumettre à des excommunications injustes. On sait que les peuples ne se conduisent que par les préjugés de l'enfance et par l'inspiration des confesseurs, et le prince qui seroit excommunié par une audace sans égale ne pourroit rien attendre de la fidélité de ses sujets qui se croiroient liés par les principes d'une foi mal entendue.

» A ces réflexions terribles on peut en ajouter une autre très importante. Les évêques de France unis aux moines et aux religieux qui ont fait connaître dans les derniers tems l'étendue de leur crédit à la Cour de Rome, feroient tous ensemble un corps redoutable qui seroit sans cesse en état de mettre des obstacles au pouvoir des rois et à toute autorité légitime.

» C'est avec bien de la douleur, Sire, que nous sommes obligés de tirer des conséquences aussi funestes des principes que l'on veut établir, et de représenter à V. M. les malheurs qui peuvent arriver; l'amour pour notre roi et notre attachement pour la splendeur de la monarchie nous forcent à témoigner à V. M. nos justes alarmes; elles sont d'autant plus fondées que nous avons vu, en 1729, l'esprit d'usurpation sur le temporel des rois bien marqué par le renouvellement de la légende de Grégoire VII, et nous avons la mortification de n'avoir vu jusqu'à présent qu'un petit nombre d'évêques s'élever contre cette légende. Les Parlements qui l'ont proscrite avec exécration ne souffriront jamais que par aucune voie détournée on puisse porter aucune atteinte à l'autorité de nos rois, puisque c'est à cette autorité seule que la nation françoise doit sa gloire, son repos et sa seureté.

» Tous les efforts des évêques de France pour faire recevoir purement et simplement la constitution comme une règle de foi seront inutiles si la constitution par elle-même n'a pas ce caractère, et sans vouloir discuter un point de doctrine que nous convenons appartenir aux seuls évêques, nous employons pour toute réponse la définition de la règle de foi, et il nous suffit de dire qu'une règle de foy doit être une décision claire et précise de ce que l'on doit croire et de ce que l'on doit condamner.

» Si MM. les Évêques d'Agen et de Limoges avoient bien réfléchi sur les termes de la déclaration de 1730, ils auroient reconnu que V. M. avoit prévenu nos difficultés et tous les inconvénients de la doctrine qu'ils soutiennent; la déclaration fixe notre soumission et elle veut que nous regardions la constitution comme loi de l'Église et de l'État relativement aux modifications portées par les arrêts d'enregistrement; elle ordonne la signature du formulaire par ceux qui voudroient obtenir des bénéfices ou être promus aux ordres sacrés, et elle défend aux évêques d'exiger aucune nouvelle formule de souscription pour l'acceptation de la constitution. Voilà une loi bien claire pour tous les sujets de V. M. Et après des défenses aussi précises, M. l'Évêque d'Agen, qui scait qu'il ne peut exiger de signature pour l'acceptation de la constitution, veut, par une instruction pastorale, prescrire une nouvelle profession de foy; il déclare que celui qui n'est pas soumis à la constitution pèche mortellement, qu'il est indigne de l'absolution et défend aux confesseurs de la lui donner. Est-ce là se renfermer dans les termes de la déclaration ? C'est, au contraire, la mépriser et porter le signal de la séparation entre les frères unis par la même foy et par les mêmes sacrements.

» M. l'Évêque d'Agen veut renouveler nos frayeurs que les modifications avoient calmées. A-t-il oublié que son diocèse est rempli de nouveaux convertis, et que bien loin de les ramener dans le sein de l'Église, il les en éloigne et prête des armes à leur obstination? Il devoit prévoir que la nouvelle loy qu'il impose interdiroit le tribunal de la pénitence à un grand nombre des fidèles de son diocèse, ou il les exposeroit à des sacriléges.

» Vous connoissez, Sire, mieux que nous l'importance de la matière qui fait le sujet de nos plaintes. Le cri des peuples a percé jusqu'à nous, les esprits sont en mouvement et l'on ne connoît que trop les suites de ces agitations. Le mal presse et le remède doit être prompt. Nous espérons que V. M. ne désapprouvera pas que le Parlement statue sur les mandemens de MM. les Évêques d'Agen et de Limoges et sur ceux qui pourroient paraître à l'avenir, dans lesquels les évêques donneroient à la bulle une définition différente de celle qui est portée par la déclaration de 1730, et se serviroient des termes de *purement et simplement* dans la forme de l'acceptation comme contraire aux déclarations et aux arrêts d'enregistrement. Nous savons que dans les circonstances présentes la circonspection est nécessaire. Notre conduite passée doit rassurer pour l'avenir, et le Parlement n'aura jamais d'autre motif pour agir que l'intérêt de son maître et celuy de l'État.

» Nous sommes avec une soumission sincère et un très profond respect, Sire, de Votre Majesté, les très humbles et très obéissans serviteurs et sujets.

» Les gens tenans votre Cour de Parlement de Bordeaux.

» Signé : BARET.

» En Parlement, le 20e avril 1731. »

On n'attend pas de nous sans doute que nous soumettions à un examen quelconque le contenu de cette lettre. Notre tâche est d'exposer ces débats et non de les recommencer. Nous devons néanmoins remarquer que la déclaration même du 15 mai 1730 répondait d'avance, très nettement, aux demandes du Parlement sur ce qu'elle avait entendu prescrire et enseigner. Indépendamment du préambule qui explique que les bulles données successivement par plusieurs papes contre le jansénisme avaient été reçues par toute l'Église, l'article 3 dispose formellement « *que la constitution sera observée par tout le royaume comme loi de l'État; que tous nos sujets auront pour ladite bulle le respect et la soumission qui sont dus au jugement de l'Église universelle en matière de doctrine.* » On peut donc voir maintenant de quel côté était la raison, des évêques qui reprenaient ces termes pour commander l'obéissance à la bulle, ou du Parlement qui prétendait qu'elle ne contenait pas une règle de foi, c'est-à-dire de croyance religieuse.

Quoi qu'il en soit, la lettre ne produisit nullement l'effet que le Parlement avait paru s'en promettre. La réponse du chancelier portant l'explication des volontés du roi n'est pas transcrite au registre. Il est probable qu'elle n'autorisait aucune poursuite, puisque l'affaire en resta là. Cependant, quelques jours après, le procureur général Du Vigier apportait à la Cour un imprimé anonyme intitulé : *Lettre à Monsieur Combabessouse* (c'était le conseiller qui avait rédigé le mémoire au roi). — « Libelle, dit le chef du ministère public, plein de fureur et qui, bien qu'adressé à un magistrat seul, attaque tous les membres de la Compagnie. » Il ajoute qu'elle avait déjà été vengée par un arrêt du Conseil avant même que le document fût venu à la connaissance du requérant. Il n'en demande pas moins et obtient naturellement la condamnation de ce pamphlet à être lacéré et brûlé par la main du bourreau devant le palais. A la suite de l'arrêt du Conseil sont transcrits au Registre sur deux colonnes, et la lettre du Parlement au roi et les réflexions sur cette lettre. On connaît celle-ci, nous ferons grâce à nos lecteurs des autres. Ce sont de grossières injures qui rappellent par leur violence plusieurs des écrits du temps sur ces matières, dont il semble que la nature même aurait dû commander la retenue et la décence.

Un dernier exemple de ces regrettables conflits est celui auquel le Parlement avait fait allusion dans sa lettre, et qui est consigné au registre sous la date du 13 décembre 1731.

Ce jour-là, il recevait la requête d'un sieur Morel, prêtre du diocèse de Perpignan, chanoine du Saint Esprit de Bayonne, réfugié à Bordeaux et attaqué depuis plus de trois mois d'une maladie mortelle. Elle tendait à ce qu'il plût à la Cour enjoindre au curé de Saint-Projet à Bordeaux, sur le refus de ce dernier, de lui administrer les sacrements. Ce refus était motivé, à ce qu'il paraît, sur ce que le prêtre Morel se montrait réfractaire à la bulle *Unigenitus*. Le Parlement transmit l'affaire à la décision du roi, toujours par suite des invitations qu'il avait reçues. Il expose, cependant, que les déclarations de 1720 et 1730, défendant d'exiger aucune forme de souscription à la bulle, comme règle de foi, le curé, qui le savait bien, faisait indirectement par le refus des sacrements ce qu'il n'avait pas le droit de faire directement. Il revenait ensuite sur ce qu'il avait déjà avancé dans sa lettre relative aux évêques d'Agen et de Limoges. Le cardinal de Fleury, alors premier ministre, répondit, d'accord avec le chancelier : « que la grand'chambre n'avait d'autre parti à prendre dans l'affaire du sieur Morel, que de s'en rapporter à M. l'archevêque de Bordeaux, pour y pourvoir selon ses lumières, sa prudence et sa charité. » Qu'advint-il de cette solution, devant laquelle le Parlement dut s'incliner? On peut aisément le pressentir, quoiqu'il n'y ait pas de preuves à l'appui. Le curé de Saint-Projet n'avait certainement pas pris sur lui le refus des sacrements au prêtre Morel, et, après comme avant la plainte de celui-ci, tout porte à croire que la décision de son supérieur hiérarchique fut la même.

Avant d'arriver à un dernier fait, et le plus important, sans contredit, de tous ceux qui se rattachent aux affaires religieuses de ce temps, nous sommes tenu de rapporter ici, à cause de sa date, un incident d'une nature différente, qui tient une place si marquée dans l'histoire locale que le Parlement ne pouvait pas y rester étranger.

En 1747, la France fut affligée d'une de ces disettes amenées par de mauvaises récoltes et aggravées par les moyens défectueux auxquels on avait recours alors pour y remédier. C'était, en effet, une des questions économiques restées si longtemps mal comprises et mal résolues, comme nous avons eu déjà l'occasion de le remarquer, que celle de savoir comment on doit agir dans le cas de rareté et, par conséquent, de cherté du blé. A Bordeaux comme ailleurs, les autorités différaient sur les mesures à prendre devant une famine imminente. L'intendant, les chefs même du Parlement s'étaient entendus pour autoriser la formation d'une compagnie organisée à l'effet de faire venir du dehors les blés qui manquaient dans la province. Les oppositions se montrèrent bientôt aussi ardentes qu'hostiles à un expédient qu'on accusait de favoriser le monopole et d'ouvrir la porte à d'odieuses spéculations.

Le Parlement, cette fois d'accord avec les jurats, prit l'initiative d'arrêtés de police qu'il crut commandés par les circonstances critiques où l'on se trouvait. Il prescrivit la visite minutieuse de tous les greniers, un tarif d'approvisionnement par familles; fit défense aux boulangers d'avoir chez eux des provisions plus que pour une journée. Les paroisses de la banlieue étaient assujetties à certaines formalités pour obtenir dans la ville des substances alimentaires. Ces précautions furent-elles marquées au coin de la prudence aussi bien que du zèle? Le Conseil du roi sembla en douter, puisqu'un arrêté qu'il rendit paralysa en grande partie celui du Parlement. De là des discussions dont la souffrance générale augmenta encore la vivacité. Le gouvernement fut assailli de plaintes qui n'épargnèrent pas même l'intendant de Bordeaux, attaqué tout des premiers et avec plus que de l'amertume. C'était alors Louis Aubert de Tourny, dont la mémoire est restée honorée, et au plus juste titre, parce qu'à toutes les qualités du grand administrateur il joignait à un degré éminent les vertus de l'homme privé. On peut voir, dans l'historien auquel nous empruntons ces détails [1], avec quelle noble fierté Tourny repoussa les calomnies dont il était l'objet. Faut-il croire que parmi ses ennemis figuraient le Parlement en même temps que les jurats? Ce qu'il y a de certain, c'est qu'il ne récrimina pas contre cette Compagnie dans sa lettre au ministre Saint-Florentin. On en est toutefois conduit à penser qu'il comptait au moins des adversaires parmi les magistrats, et nous puisons sur ce point de fortes présomptions dans un document évidemment émané d'une plume parlementaire contemporaine et qui se trouve à la fin du manuscrit du Journal de Cruzeau, après des mémoires et réflexions sur la disette de 1747. L'auteur de ces notes y dit pour conclusion : « Il est arrivé, ce qu'on aura peine à croire, que ceux qui travaillaient le plus pour le bien public, ont été exilés à plus de cent cinquante lieues de Bordeaux, entre autres MM. Du Blanc père et fils, de Grisac, Dudon, avocat général, et que, par un contraste singulier, Monseigneur l'archevêque (Louis-Jacques de Lussan) a été récom-

---

[1] O'Reilly, *Histoire de Bordeaux*, Ire partie, t. III.

pensé d'une abbaye; M. l'intendant Louis Aubert, marquis de Tourny, a été fait conseiller d'État, et son fils intendant de Bordeaux; le premier président (André-François Le Berthon) a eu la survivance de la place pour son fils; M. le procureur général (Jacques-Armand Du Vigier), de même, et que malgré tout ce qu'on a pu faire, les partisans ont eu le dessus et le blé a été un parti. » Ce que nous voulions tirer de cette mention, c'était seulement celle de la disgrâce de quelques membres du Parlement punis, et ce ne serait pas la première fois, pour leur manière de voir et d'opiner sur les affaires soumises à leur vote. Quant aux récompenses que l'auteur de ces notes prétend avoir été distribuées, en dépit du tort fait au bien public par ceux qui les avaient reçues, on jugera de son exactitude et de sa bonne foi en apprenant que M. de Tourny ne fut fait conseiller d'État qu'en 1757, et que la survivance de la première présidence donnée au fils de M. Le Berthon date de 1753 seulement. Ces prétendues rémunérations se seraient donc fait bien attendre.

On a vu le Parlement, tout en affirmant avec énergie ses opinions sur la bulle *Unigenitus,* garder une ligne de modération remarquable dans les diverses circonstances où il s'était trouvé en contact sur ce sujet délicat avec le clergé de son propre ressort. Pourquoi déploya-t-il plusieurs années après tant de chaleur à l'occasion des mêmes questions? C'est qu'il y fut sollicité par une de ces causes toutes-puissantes sur les Compagnies : par l'esprit de corps dans ce qu'il avait de plus influent. Quelques explications historiques sont ici indispensables.

L'agitation causée par les affaires ecclésiastiques avait eu son point de départ à Paris où, depuis longtemps, le Parlement défendait la cause du jansénisme et ne craignait pas, pour la servir, de faire usage de toutes les armes à sa disposition. C'est ainsi qu'en 1752 il avait poursuivi un curé ayant refusé les sacrements, et prononcé contre l'archevêque de Beaumont, pour avoir soutenu ce subordonné, la saisie de son temporel. Il est remarquable qu'à cette époque il motivait son arrêté sur ce que la bulle *Unigenitus* n'était point un article de foi, déclaration identique à celle du Parlement de Bordeaux plus de vingt années auparavant. On peut juger si cette dernière Compagnie fut fière de voir ses doctrines ainsi adoptées et proclamées par la première de toutes les Cours de justice.

Le Parlement de Paris avait été exilé à cette même époque de 1753. Après un rapprochement avec la cour, à la suite duquel le silence avait été prescrit et observé d'un commun accord sur les matières religieuses, les dissentiments recommencèrent. En 1757, ce même corps, au plus fort de ses nouveaux débats avec l'autorité royale, ne trouva rien de plus propre à fortifier son parti que d'y rallier les autres grandes Cours de justice par la promulgation de cette fameuse thèse de l'indivisibilité de tous les Parlements de France, sous le nom de *classes* dont celui de

Paris était la première [1]. La confédération qui en était la suite naturelle, et le principe d'où elle découlait, flattaient trop les autres corps pour qu'ils ne fussent pas empressés d'y adhérer. Un lit de justice fut tenu dans le but de balancer et de détruire même les effets de cette ligue. Il avait encore pour objet l'enregistrement d'un édit fiscal établissant deux vingtièmes. La résistance des magistrats, encouragée par la popularité que leur avait value l'exil de 1753, manifestée par des refus d'opiner et par des démissions en masse, amena la suspension du cours de la justice, que le ministère punit par la suppression de deux chambres des enquêtes. Ces mesures de répression donnèrent aux autres Parlements l'occasion de témoigner leur plus vive sympathie pour celui de Paris, et Bordeaux, en particulier, crut devoir exprimer hautement la sienne. Tel est l'objet de remontrances que, sous la date du 25 mai 1757, il adressait au roi, en les faisant précéder d'arrêtés dont elles sont le développement. Il faut emprunter à ceux-ci la définition on ne peut plus claire, et telle que les Parlements étaient arrivés à les formuler, de la nature et de l'étendue du droit de remontrance, en attendant l'occasion que nous aurons plus tard de joindre à cette proposition celle, non moins digne d'attention, des prétendues origines de ce même droit.

« L'usage salutaire de remontrance, disent donc les
» arrêtés dont il s'agit [2], ne saurait être réduit à de

(1) *Histoire de France au* xviiie *siècle*, par Lacretelle.
(2) Janvier et mars 1757.

» simples formalités, sans suite, sans efficacité et sans
» succès, qui anéantiraient l'enregistrement, cette loi
» gardienne des lois;

» L'enregistrement religieusement observé doit être
» précédé de la vérification et doit être un acte libre
» de la part du Parlement;

» Le Parlement, sans participer aucunement au
» pouvoir législatif, qui réside d'une manière incom-
» municable dans la personne du seigneur roi, est
» néanmoins le conseil légal du souverain en matière
» de législation; il est tenu, par ce devoir et par
» la religion du serment, de vérifier la loi, de
» juger de l'avantage dont elle peut être pour le
» monarque et pour ses sujets, de la comparer aux
» lois anciennes et fondamentales de l'État; et il ne
» peut et ne doit l'enregistrer qu'autant qu'elle ne
» renferme rien de contraire à ces lois primitives
» d'où dépendent la sûreté du trône et le bonheur
» des peuples;

» Ce serait une erreur de confondre l'enregistrement
» avec la publication de la loi : l'un n'est que la suite
» de l'autre; la loi ne peut être publiée qu'autant
» qu'elle a été enregistrée, qu'autant qu'elle a été
» entièrement vérifiée [1]. »

On peut, ce semble, se borner ici à deux remarques. Que devenait le pouvoir du législateur que le
Parlement voulait bien cependant reconnaître au roi,

---

[1] Imprimé et publié à Bordeaux, sous le titre d'*Arrêtés et objets de remontrances du Parlement de Bordeaux à l'occasion du Parlement de Paris.*

en présence du droit que s'appropriaient les Cours de justice, de juger les actes émanés du monarque en ne les enregistrant, c'est-à-dire en ne leur donnant force de loi qu'autant qu'ils leur auraient paru susceptibles de l'être? A qui, en dernier résultat, demeurait l'autorité du législateur, en cas de dissentiment entre le roi et ces mêmes Cours?

Des prétentions si hardies présageaient des conflits qui ne devaient pas tarder à éclater. Auparavant, néanmoins, et comme dénouement de toutes ces disputes qui avaient surexcité les esprits et exalté les opinions, un événement allait survenir appelant les Parlements à l'exercice de leurs attributions judiciaires, c'est-à-dire à une œuvre où ils auraient eu besoin de tout le calme qu'exige la justice. Cet événement fut le procès des Jésuites.

Les circonstances qui l'amenèrent sont trop connues pour qu'il soit utile de les rappeler. Il est bon seulement de constater que ce ne fut pas le gouvernement de Louis XV qui déféra l'Institut à l'autorité judiciaire. Celle-ci prit à cet égard une initiative qu'elle semblait attendre depuis longtemps, à en juger par l'empressement qu'elle mit à en user et par l'unanimité des décisions; car tous les Parlements l'instruisirent et jugèrent presque en même temps. Ce qui se passa devant celui de Bordeaux rentre exclusivement dans notre sujet.

La Compagnie de Jésus était depuis longtemps établie dans la ville et aux environs et y avait acquis un grand crédit. Ses protecteurs dans la haute magistrature y avaient toujours été nombreux et puissants. Lorsqu'en 1598 l'ordre avait été banni de France, le Parlement prit à Bordeaux sa défense et écrivit en sa faveur au roi. Ses membres les plus éminents figuraient parmi les fondateurs des premiers établissements des Jésuites, entre autres Marc-Antoine de Gourgues, dont le père fit bâtir à ses frais leur église et leur maison-professe. Ils dirigeaient à Bordeaux l'enseignement public avec le même et brillant succès que dans beaucoup d'autres lieux. Ils avaient même compté parmi eux plusieurs Pères appartenant à des familles parlementaires. Tous ces souvenirs, néanmoins, parurent entièrement oubliés et, dans tous les cas, impuissants à les protéger devant le Parlement. La marche de la procédure y fut la même qu'ailleurs, c'est-à-dire rapide, presque accélérée, et arrivant à un but en quelque sorte déterminé d'avance.

A l'assemblée des chambres du 6 mars 1762, un de Messieurs dont le nom n'est pas cité, appela l'attention de la Cour sur les constitutions, la doctrine et la morale des Jésuites, ce qui avait déjà fait l'objet de l'examen et du jugement de plusieurs autres Cours de justice.

Le Parlement avait alors à sa tête le premier président André-François-Benoît Le Berthon, successeur, depuis 1735, de Gilet de La Caze. La famille de ce magistrat était des plus anciennes et des plus illustres dans la Compagnie, car dès le milieu du XVIe siècle, ses ancêtres y figuraient, et six d'entre eux, avant lui, comme conseillers ou présidents. C'est assez dire que nul ne possédait à un plus haut degré les traditions parlementaires. Tous les souvenirs et les témoignages contemporains attestent qu'il y joignait un grand savoir, un amour de la justice incorruptible, en un mot la réunion de toutes les vertus de sa profession. A ces titres glorieux au respect de ses collègues et à la vénération de ses concitoyens, André François Le Berthon unissait des qualités personnelles que sa haute position mettait en relief. On s'accordait à louer sa charité, qu'une grande fortune et l'extrême simplicité de sa vie lui donnaient amplement les moyens d'exercer. La reconnaissance comme la notoriété publique lui étaient tellement acquises sous ce rapport, qu'en 1747, lors de la famine qui désola Bordeaux, comme nous l'avons raconté, un commencement d'émeute populaire s'étant manifesté, il suffit au premier président de se montrer à la multitude pour la contenir et l'apaiser, car elle savait tout le bien qu'il faisait autour de lui. Quelques années auparavant, une autre et touchante preuve de l'attachement respectueux dont il était l'objet dans toutes les classes lui avait été donnée. Le feu ayant consumé son hôtel, les jurats lui offrirent celui de la mairie pour sa demeure, pendant qu'on reconstruirait la sienne, et il accepta. Sa réputation de grand magistrat était telle, qu'après la mort du chancelier Daguesseau, en 1752, il fut question de lui pour cette haute dignité. Tel est l'homme dont on peut dire, à l'occasion du grand procès qui allait être porté devant lui, qu'il en était digne, comme le procès était également digne de lui [1].

Le jour même où la Cour avait été saisie de la dénonciation, c'est-à-dire le 8 mars, elle ordonnait le dépôt au greffe d'un exemplaire des constitutions des *soi-disant Jésuites*. Sur la signification immédiate de cet arrêt, les Pères s'empressèrent de remettre au greffe non pas seulement un, mais trois exemplaires de leurs constitutions imprimées à Prague cinq ans seulement auparavant. Dès le 12, et sur le rapport des gens du roi de ce dépôt, il était ordonné qu'ils en prendraient communication et en rendraient compte. En même temps, des commissaires étaient nommés à l'effet d'examiner les différents points de la doctrine et de la morale énoncés dans les ouvrages publiés par les soi-disant Jésuites, principalement dans les rapports avec les libertés de l'Église gallicane, l'indépendance de l'autorité temporelle des rois, la sûreté de leurs personnes sacrées, l'obéissance et la fidélité des sujets. Ces commissaires étaient les conseillers Marbotin, Baritault, Guyonnet, Malromé, La Montagne, Bacalan, Ségur, Berbiguière.

Sous le coup d'une sentence qui, bien que préparatoire, était faite pour les inquiéter, surtout d'après

---

[1] En 1826, en vertu d'une ordonnance du roi basée sur les lois organiques de l'ordre judiciaire, le portrait en pied du premier président André-François-Benoît Le Berthon fut solennellement placé dans une des salles d'audience de la Cour de Bordeaux. A cette occasion, des discours furent prononcés par le président Blanc-Dutrouilh et par le procureur général Rateau. (V. Registre des délibérations de la Cour, 3 juin 1826.)

ce qui se passait ailleurs, les Jésuites publièrent un mémoire signé Jean de Sèze, avocat à Bordeaux. Cet écrit, remarquable par sa rédaction mesurée, contenait à la fin la longue liste des membres du Parlement bienfaiteurs de l'Institut. Par une réserve facile à comprendre, il gardait le silence sur les noms des Pères sortis, depuis l'établissement à Bordeaux, de familles de magistrats. Cette défense ne demeura pas sans réfutation. Il en parut une peu de temps après sous le titre de *Lettre d'un Curé de campagne aux Jésuites,* pièce où une mordante ironie le dispute à la véhémence. Cette œuvre anonyme fut attribuée à la coopération de Cazalet, Gonier, Bouquier et Duranteau, membres du barreau [1]. S'il en fut ainsi, que penser d'un tel procédé, dépourvu non seulement de franchise et de générosité, mais encore doublement blâmable, parce que ses auteurs appartenaient à un ordre qui, de tout temps, se fit gloire de défendre et de ne jamais accuser?

Les 13 et 14 mai l'avocat général Dudon donna lecture de son réquisitoire [2]. Ce travail soulève les

---

[1] Henri Chauvot, *Histoire du Barreau de Bordeaux.*
[2] *Compte-rendu des constitutions des Jésuites,* par M. P.-J. Dudon, avocat général au Parlement de Bordeaux, les 13 et 14 mai 1762, avec l'arrêt rendu sur ledit compte le 26 dudit mois. (Bibliothèque de la ville.) — Ce magistrat était un des descendants de celui qui, remplissant les mêmes fonctions en 1717, fut dénoncé à la Cour par le président Daugeard pour avoir dit dans un moment d'humeur « que s'il n'avait pas eu des frères jésuites, ses conclusions, dans un procès intéressant cet ordre, auraient eu un meilleur sort. » Mandé pour ces paroles imprudentes devant le premier président, il fut sévèrement admonesté et averti d'être plus circonspect à l'avenir. (*R. S.*, 13 août 1717.)

mêmes questions, développe les mêmes critiques que celles que contiennent les rapports si connus des procureurs généraux de Rennes et d'Aix, La Chalotais et Ripert de Monclar, et du conseiller Chauvelin à Paris. On en retrouve les éléments dans les deux décisions que rendit le Parlement le 26 du même mois de mai. La première prononce la dissolution de l'Institut des Jésuites, avec toutes les conséquences qu'elle entraînait : défense de vivre en commun sous l'empire des règles, constitutions et instituts de cet ordre; injonction à tous les soi-disant Jésuites de vider dans un délai de trois mois toutes les maisons qu'ils occupaient dans le ressort : professes, noviciats, colléges, pensionnats; obligation — pour être admis à des bénéfices, chaires, charges civiles et municipales — de prêter un serment de fidélité au roi, d'obéissance aux quatre articles; de détester et combattre toutes maximes attentatoires à l'autorité du roi, indépendance de la couronne, etc. Il était ordonné, enfin, qu'un inventaire de tous leurs titres et papiers quelconques serait dressé, et que tous leurs biens mobiliers et immobiliers seraient saisis et mis sous séquestre.

La seconde décision, que nous allons transcrire textuellement, parce qu'elle peut être considérée comme contenant les motifs de la première, est une remontrance adressée au roi sur un édit du mois de mars précédent, tendant à mettre en règle la Société de Jésus et à lui donner une consistance légale dans l'État. Cet édit avait été rendu après un arrêt du Parlement de Paris du 6 août 1761, dans les mêmes termes que celui du Parlement de Bordeaux du 12 mars suivant. Le clergé consulté, quarante évêques avaient voté pour le maintien de l'ordre. Un nouvel édit prescrivant des modifications dans les statuts fut présenté au Parlement, mais y essuya un refus d'enregistrement. Le Parlement de Bordeaux suivait la même voie par les remontrances qu'on va lire [1] :

« La constitution et l'institut de la Société, y est-il dit, sont inconciliables avec les lois et le droit public de la nation. *Irréformables* par essence, ils ne peuvent être de tempérament capable de les faire plier aux lois, maximes et usages du royaume; la Cour ne pourrait procéder à l'enregistrement dudit édit surpris à la bonté du roi, sans manquer à ses devoirs les plus sacrés et sans laisser subsister un germe toujours actif de tout ce que l'État, l'ordre et la tranquillité publique, l'autorité royale elle-même ont à redouter du régime de ladite Société.

» Il sera toujours contre les saines maximes du droit public et contre l'intérêt de tout État, de tolérer dans son sein le régime d'un Institut qui, sous le titre d'une Société *prétendue* religieuse, forme, partout où elle s'insinue, des colonies d'un corps privilégié, indépendant de toute autre puissance que de celle de son chef;

» D'un Institut qui dérobe à la puissance de l'État ses droits les plus légitimes sur ses sujets pour les transporter dans la main d'un monarque étranger, et qui, en asservissant la volonté, l'esprit et l'entendement des membres qui se lient à cette Société, à la volonté unique et absolue de ce monarque, leur fait une autre patrie, leur ordonne un autre souverain, d'autres lois, d'autres vues, d'autres intérêts, les rend étrangers même au milieu de leurs concitoyens;

» D'un Institut qui établit cette puissance étrangère, rivale de toute autorité spirituelle et temporelle, et qui, par la nature des engagements qu'il impose aux sujets qu'il lui soumet,

[1] *Compte-rendu*, etc., *(ut suprà.)*

lui ouvre la facilité de porter de toutes parts son esprit d'indépendance et de *destruction;*

» D'un Institut qui peuple les États d'inquisiteurs secrets, agents invisibles, instruments aveugles de cette puissance éloignée qui les fait mouvoir;

» D'un Institut qui, d'une Société mendiante par essence et incapable de posséder, forme sous certains rapports une Société capable de toutes les propriétés, pour en faire passer hors de l'État l'administration et le produit entre les mains de son chef;

» D'un Institut qui, par ce qui s'en est montré au jour, doit encore plus faire redouter ce que l'on en tient caché dans le plus impénétrable secret;

» D'un Institut qui se cache, même contre les lois, de tout engagement, à ceux qu'il appelle à lui et ne se découvre que par degrés, et à mesure qu'ils se montrent plus asservis et plus propres à remplir les desseins du despote qui les gouverne;

» D'un Institut qui, se jouant de l'état des hommes, enlève à ceux qu'il s'attache leur être civil et moral, pour les plonger dans un état perpétuel de variation et d'instabilité au gré de ce despote;

» D'un Institut qui, sous l'apparence du bien et de l'utilité, conduit ce corps politique par la voie dangereuse de la séduction, à l'exécution de ses projets ambitieux;

» Qui remplit la Société qu'il dirige d'un esprit de jalousie contre toute espèce de concurrence, source de trouble et de division dans les États;

» Qui ne présente à cette Société d'autre règle fixe que celle de son intérêt et de son accroissement, et qui ne lui montre sans cesse le ministère sacré de la religion que comme le moyen le plus sûr de parvenir à ses vues, source empoisonnée de tous les égarements en tous genres de doctrine;

» D'un Institut qui soustrait tous les vices qu'il renferme à toute espèce de réformation, de quelque autorité qu'elle puisse intervenir, de la part de quiconque pourrait avoir l'audace de l'entreprendre;

» Qu'en particulier, toutes les raisons d'État militeront perpétuellement contre le rétablissement dans le royaume d'une Société fondée uniquement sur les prétentions ultramontaines, sur ces principes directement opposés aux lois du gouvernement français, aux libertés de l'Église gallicane; d'une Société dont les priviléges combattraient sans cesse les priviléges et les droits de tous les corps de l'État et qu'on ne pourrait, en aucun temps, engager d'y renoncer, parce qu'elle renoncerait aux principes de son existence; d'une Société sur la fidélité de laquelle l'État ne pourrait trouver de garants après que l'Église l'a accusée d'en avoir manqué pour elle-même (1); d'une Société qui a osé publier que les impulsions du génie national amèneraient le dépérissement de l'esprit de ferveur et de piété, la destruction de la sage et utile administration, la ruine de la paix et de la tranquillité (2); d'une Société que deux siècles d'expérience ont convaincue d'être plus propre à détruire qu'à édifier (3). »

Aucun procès porté, non seulement devant les tribunaux ordinaires, mais encore devant le tribunal suprême de l'Histoire, n'a jamais été plus amplement instruit, n'a donné lieu à plus de débats contradictoires et animés que celui de la Compagnie de Jésus. Les éléments de controverse abondent, et le résumé seul en tiendrait ici une grande place. Nous sommes donc dispensé de la lui faire, et il nous est permis de renvoyer à ses nombreuses sources d'informations et d'examen dans les sens les plus opposés, ceux de nos lecteurs qui voudront les consulter, nous bornant à leur indiquer, dans la foule des œuvres que cette fameuse affaire a enfantées, deux productions de polémique très remar-

---

(1) *Assemblée du clergé de France de 1650.*
(2) *Observ. sur l'Institut et la Société des Jésuites.* Avignon, 1762.
(3) Jugement de la Faculté de théologie de Paris, du 1er déc. 1554.

quables. La première, dirigée contre les Jésuites, est le pamphlet de d'Alembert [1]. La seconde est une *Lettre de Monseigneur l'évêque de *** à Monseigneur l'archevêque de **** [2]. Il y a là, de part et d'autre, en arguments empruntés aux faits historiques et à la discussion, tout ce que l'esprit et la raison peuvent désirer pour s'éclairer. Pour nous, historien d'un corps judiciaire, ayant fonctionné comme tel, nous trouvant en présence d'un jugement, c'est notre droit et notre devoir de le juger à son tour.

Or, qu'est-ce que cet acte? La condamnation d'une Société dont la suppression est prononcée, non pas en raison du mal qu'elle a fait, mais de celui qu'elle peut faire par suite de son organisation. Il n'y a donc pas ici de véritable corps de délit; car la simple possibilité, l'éventualité plus ou moins probable d'un fait anti-social ne sauraient constituer un crime, suppléer à sa perpétration, et motiver, dès lors, une répression pénale. La loi et le juge, qui est son organe, ne punissent pas un futur contingent, mais un cas certain et accompli. Eh! qu'y avait-il de tel dans l'espèce?

Mais, dira-t-on, les Parlements statuaient ici par mesure de haute police; ils repoussaient une organisation de compagnie dangereuse au plus haut degré pour l'État. Ils jetaient le cri d'alarme; ils faisaient l'office du *caveant consules!* La constitution seule

---

[1] *Sur la destruction des Jésuites en France.*
[2] Document publié à Avignon en 1763, in-4°. Recueil intitulé *Affaires du temps.* (Biblioth. de la ville, n° 5822.)

des Jésuites, les engagements qu'ils contractaient, les devoirs auxquels ils se soumettaient étaient autant de menaces contre la société, qu'il fallait en garantir!... Eh! quoi, en 1762, il y avait plus de deux cents ans que les Jésuites étaient établis en France; que leurs règles, imprimées et publiées, y étaient ostensiblement observées par eux. Comment était-on resté si longtemps à s'apercevoir des principes pernicieux qu'elles renfermaient au triple point de vue de la morale, de la politique, de la sûreté publique? Quelque événement récent était-il survenu qui justifiât les craintes des magistrats et la nécessité de sévir? Assurément, ce n'était pas le procès du Père Lavalette, où ne s'agitaient que des intérêts pécuniaires, qui aurait fait sentir l'urgence de proscrire les Jésuites à cause de leurs statuts. Que l'on admette, enfin, l'existence de germes funestes dans ces mêmes statuts : il y avait lieu de les réformer. Mais voilà tous les Parlements, y compris le nôtre, qui, d'un commun accord, les déclarent *irréformables,* et supplient l'autorité royale de ne pas se prêter à un tempérament que sollicitaient et la raison et l'équité!

Il est donc impossible de le méconnaître : la perte des Jésuites était arrêtée d'avance. Ce ne fut pas la justice, mais la passion qui dicta leur condamnation concertée entre toutes les Cours souveraines, une seule exceptée [1]. A quoi attribuer cette entente, ces résolutions préconçues qui blessent si profondément

---

[1] Le Parlement de Douai.

toutes les notions du juste et de l'injuste, auxquelles purent se laisser entraîner même des magistrats intègres, tant est puissante la tyrannie de l'esprit de parti? Mais ici l'évidence parle d'elle-même. Les Jésuites étaient en France les agents actifs et infatigables des doctrines ultramontaines. Dans les dernières querelles religieuses, leur main, leur action se faisaient pleinement sentir, et ces querelles avaient attiré aux Parlements plus d'une fâcheuse disgrâce. Ceux-ci n'auraient pas dû cependant oublier que le clergé partageait en très grande partie les mêmes opinions, et pouvait-on accuser la Compagnie de Jésus d'avoir à elle seule guidé, égaré, si l'on veut, un corps aussi éclairé que nombreux? Mais le clergé n'abandonna pas la Société dans son malheur et prit hautement, au contraire, sa défense. A Paris, l'archevêque Christophe de Beaumont, célèbre par ses vertus, fit leur apologie. En province, l'archevêque d'Auch, Montillet, et l'évêque de Sarlat, de Montesquiou-Peylebon, publièrent chacun en 1764, contre les arrêts de Bordeaux, des lettres pastorales que le Parlement condamna successivement à être brûlées par la main du bourreau [1].

On se demande si les auxiliaires que les Cours souveraines trouvèrent parmi les philosophes pouvaient les dédommager de la réprobation du clergé; si les magistrats avaient bien de quoi se louer de semblables alliés qui, tout en accablant de leurs traits

---

[1] **Arrêts des 4 avril et 19 février 1766.**

les enfants d'Ignace, se livraient à des diatribes aussi violentes contre les jansénistes, ce que démontre le mot si connu de Voltaire à d'Alembert : « On nous a délivrés des renards, mais pour nous livrer aux loups. » C'était, pour les Parlements, payer bien cher la satisfaction de représailles dont le principal tort n'était pas seulement d'avoir été accomplies aux dépens de la justice, mais qui produisirent, de plus, la première de ces grandes ruines que la fin du siècle était destinée à voir, et dans lesquelles la magistrature elle-même devait être à son tour enveloppée.

CHAPITRE VI

1760-1775

Conflits multipliés entre la Couronne et les Parlements sous le règne de Louis XV; leur caractère. — Extrémités auxquelles on en était venu des deux parts au sujet de l'enregistrement des édits. — Exemples de ce qui se passa de semblable au Parlement de Bordeaux en 1718, 1761 et 1763. — Les mêmes difficultés partout; symptômes et causes de la suppression des Parlements. — Leurs prétentions à participer aux affaires publiques de plus en plus élevées. — Aperçu historique et critique du droit de remontrances et de l'origine que le Parlement de Paris prétendait lui donner. — Réfutation des erreurs sur lesquelles il était fondé. — Coup d'État du chancelier Maupeou; destruction des Parlements. — Jugement de cet événement et de son auteur. — Le Parlement de Bordeaux, bien informé que le même sort l'attend, n'en prend pas moins, ainsi que tous les autres, la défense de celui de Paris. — Ses remontrances du 3 février 1771. — Ses protestations des 26 mars, 29 avril et 23 août suivants; sa suppression. — Comment il y est procédé par le maréchal de Richelieu, gouverneur de la Guyenne. — Éléments et composition du nouveau Parlement. — Séances des 4 et 7 septembre 1771. — Installation. — Liste des magistrats de l'ancienne Compagnie ayant consenti à faire partie de la nouvelle et la composant tout entière. — Détails sur la récente organisation judiciaire; ses avantages évidents; probabilités de sa durée sans l'événement inattendu de la mort de Louis XV. — Disgrâce de Maupeou. — Maurepas conseille à Louis XVI le rappel des anciens Parlements. — Appréciation de cette mesure. — Retour du Parlement de Bordeaux. — Ovation décernée à ce corps dans la personne de son premier président Le Berthon. — Ce qu'était ce magistrat. — Cérémonie de la réouverture des séances du Parlement. — Enregistrement des nouveaux édits apportant certaines réformes dans l'ancienne discipline judiciaire. — Comment ils sont accueillis.

Aucun règne ne fut aussi rempli, que celui de Louis XV, de conflits entre l'autorité souveraine et les Parlements. Ils n'eurent pas sans doute les caractères de ceux qui avaient éclaté sous la minorité de son aïeul : la résistance poussée jusqu'à la révolte, l'opposition jusqu'à l'appel aux armes. Mais un état presque permanent d'insoumission pendant cinquante six ans; une guerre opiniâtre à tous les actes du pouvoir, soit politiques, soit financiers, soit même religieux; le retour aux plus dangereux expédients de l'ancienne lutte, tels que l'union de toutes les Compagnies judiciaires, pour se donner la force de soutenir la nouvelle; voilà ce qui rendit celle-ci plus insupportable peut-être à la royauté que l'autre, et finit par amener pour dénoûment la destruction de la haute magistrature. Au moment où nous approchons de cette crise, l'un des faits les plus considérables de notre Histoire, c'est le cas d'en rechercher les causes, en remontant même à ce sujet, s'il le faut, quelque peu dans le passé. Il est cependant nécessaire, avant tout, de conduire le récit des événements qui précédèrent immédiatement cette catastrophe, jusqu'à celui dont elle fut l'occasion.

On a vu le silence imposé aux Parlements par les ordonnances de Louis XIV en 1667 et 1673, relatives à la faculté des remontrances, et le long mutisme auquel ces corps furent condamnés. Il trouva un terme à la mort de ce monarque, lorsque le régent, pour faire casser son testament par le Parlement de Paris, jugea utile à sa cause de lui jeter presque à la tête — c'est l'expression de Daguesseau [1] — une déclaration qui lui rendait l'usage de ces mêmes remontrances et, dans l'effusion imprudente de sa reconnaissance, « assurait ce corps qu'il mériterait

[1] *Fragments sur l'origine et l'usage des remontrances*, t. XIII, p. 535, édit. in-4º.

» le pouvoir dont il l'investissait, par son zèle pour
» le service du roi, son amour du bien public, étant
» aidé par les conseils des magistrats et par leurs
» sages remontrances. » C'était se remettre sous leur
tutelle et accepter de nouveau leur contrôle. Trois
ans n'étaient pas écoulés que le duc d'Orléans était
obligé de reprendre ce qu'il avait accordé, par le
lit de justice de 1718. Encore cette ressource de
l'intervention personnelle du roi finit-elle par s'user
au point qu'on vit des exemples de refus d'opiner,
même aux séances royales. Dans les Parlements de
province, elles étaient remplacées par l'envoi des
gouverneurs ou des commandants militaires venant,
avec l'appareil de la force, faire publier et transcrire
en leur présence des édits royaux contre lesquels les
Parlements avaient fait des remontrances ou au sujet
desquels on s'attendait à leur résistance. C'est ce
qui arriva à Bordeaux, et il n'est pas sans intérêt
d'observer les diverses nuances des protestations
parlementaires, leur progrès en quelque sorte selon
les époques.

En 1718, le duc de Berwick, commandant militaire
en Guyenne au lieu et place du comte d'Eu, gouverneur, apportait au Parlement des lettres de jussion
d'enregistrement d'un édit local dont ce corps n'avait
pas voulu. Quoique ce mode fût inusité depuis le
rétablissement des remontrances en 1715, le Parlement céda, tout en constatant que la formalité
s'accomplissait en dépit de celles qu'il avait faites.
Depuis ce premier retour aux moyens employés sous

le règne précédent, avaient eu lieu bien des tiraillements entre le gouvernement et la Compagnie au sujet des questions religieuses. Nous les avons fait connaître. Quelques mécontentements qui fussent restés au fond du cœur des magistrats pour le peu d'égards qu'on avait eu à leurs représentations, ils n'avaient pas cru devoir les manifester ouvertement. Mais en 1761 et 1763, les registres relatent des incidents plus sérieux. A la première de ces dates, le maréchal de Richelieu, avec un titre de plus que le duc de Berwick, celui de gouverneur, remplissait une semblable mission au sujet d'un édit du mois de février 1760 [1]. Le vendredi 7 août il venait au palais, et là, en présence des chambres assemblées, il faisait lire en public l'édit, qui fut transcrit immédiatement sur le registre revêtu de sa signature. A la suite de cette communication vient celle de lettres-patentes portant prorogation des séances de la Compagnie, dans le but de prévenir toute délibération ultérieure de sa part. Avant de se séparer néanmoins, et nonobstant ces lettres, le Parlement rédige une protestation énergique contre tout ce qui vient de se passer. En 1763, le même fait se renouvelle. Le 7 septembre, Richelieu apportait encore au Parlement un édit dont l'apparition causa dans le temps un soulèvement universel et qui n'était

---

[1] Édit ou déclaration prorogeant la perception du 3ᵉ vingtième. V. le compte-rendu au chancelier par le maréchal de sa mission, dans une lettre publiée par les *Archives historiques de la Gironde*, t. XIV, p. 541.

autre pourtant que l'ordre du dénombrement des biens-fonds du royaume, en d'autres termes ce qu'on a appelé depuis le *cadastre;* opération qui devait être dans la suite mise à exécution avec l'approbation générale. Mais ce n'est pas le seul exemple d'innovation accueillie plus tard comme excellente et repoussée alors comme détestable. Cette fois, au moment où il allait être procédé à la lecture de l'édit, la Compagnie tout entière se lève et se retire, et il ne reste sur les siéges que le premier président enchaîné par des ordres particuliers, et le procureur général par son devoir. C'est donc en leur présence seulement et celle du gouverneur que la transcription est faite. Mais à peine est-il parti que toutes les chambres se réunissent et déclarent « la
» transcription qui vient d'être opérée, nulle, de nul
» effet et valeur, comme illégale, faite par force et
» violence, sans laisser à la Cour le pouvoir de
» délibérer, et par cela même destructive des lois
» primitives de la monarchie et des constitutions
» fondamentales de l'État, proscrite enfin par les
» ordonnances les plus sages et les plus augustes de
» Sa Majesté... En conséquence, proteste ladite Cour
» réclamer sans cesse aux pieds dudit seigneur roi
» contre un acte dont l'usage ne peut être que l'effet
» du conseil le plus pernicieux et le plus contraire
» aux intérêts de Sa Majesté et au droit impres-
» criptible de la liberté des citoyens; s'ajourne au
» 1er décembre pour délibérer et s'occuper des
» moyens de faire entendre au seigneur roi le cri de

» la misère de son peuple et son désespoir, l'horreur
» des contraintes exercées contre lui par les exacteurs
» des deniers publics, et la nécessité instante de
» changer le système actuel de ses finances, et de
» délivrer enfin ses États de cette armée des ennemis
» du repos public qui, n'ayant pour règle que les
» *mouvements* d'une cupidité insatiable, ont déjà
» accumulé toutes les richesses de son royaume et ont
» formé, par le secours de l'impunité et la protection
» de ceux qui entourent le trône, des fortunes qu'il
» conviendrait de considérer comme les vraies caisses
» d'amortissement destinées par la loi au paiement
» des dettes de l'État. » Arrêté en Parlement le
7 septembre, neuf heures et demie du soir. — En
marge de cette délibération se trouve la transcription
d'un arrêt du Conseil d'État du 15 du même mois
qui casse l'arrêté du Parlement ci-dessus comme
contraire à l'autorité du roi et à l'obéissance à lui
due. Il est dit que cette pièce est apportée au greffe
par le duc de Lorges, lieutenant général et commandant les armées du roi en Guyenne, lequel a fait
biffer et bâtonner sous ses yeux l'arrêté. Mais, à la
rentrée de la Cour, et le 14 novembre, elle ordonne à
son tour au greffier de radier l'arrêt du Conseil et de
rétablir le sien, ce qui est exécuté et ce dont le dit
greffier dresse procès-verbal.

Voilà donc à quelles extrémités on en était venu
réciproquement. D'un côté, enregistrement imposé,
exécuté de force devant les magistrats dont la
contenance indignée était une première protestation,

renouvelée dans de véhéments manifestes; de l'autre, un véritable acte de rébellion par la radiation injurieuse et illégale d'un arrêt de juridiction supérieure; puérile guerre de ratures, en un mot, et scandaleuse au plus haut degré. Or, c'était partout la même chose, parce que partout l'autorité avait recours aux mêmes formes d'enregistrement. Si les suites de ce qui s'était passé à Bordeaux, au sujet de l'édit du cadastre, n'allèrent pas comme à Rouen jusqu'à amener quatre-vingts démissions[1], il n'en est pas moins vrai que les rapports entre l'autorité souveraine et les Parlements éprouvèrent une tension excessive, symptôme et cause infaillible de brisement. Un tel état de choses ne pouvait durer. Nul cependant n'eût été assez hardi pour prédire qu'il aurait pour issue prochaine la fin de l'antique institution des Parlements.

A la distance où nous sommes aujourd'hui de ce grand fait; quand les intérêts qu'il remua si profondément n'existent plus; lorsque les passions contemporaines surexcitées par lui ont depuis longtemps fait silence, l'appréciation réfléchie et impartiale en est, nous le croyons, devenue possible. L'événement et son principal auteur peuvent compter désormais sur la justice de l'histoire.

Cet événement fut un coup d'État: celui qui l'exécuta était le chancelier de France. La magistrature périt donc sous les coups de son chef. Avait-elle

[1] *Histoire du Parlement de Normandie*, par M. Floquet, t. VI.

mérité de trouver ainsi son plus cruel ennemi dans celui qui était son protecteur naturel, son premier défenseur ? La mémoire de Maupeou doit-elle rester comme accablée sous le poids de la plus lourde responsabilité que jamais ministre ait osé encourir ?

On sait quelles circonstances précédèrent l'acte par lequel il ne craignit pas de l'accepter. Les querelles depuis si longtemps incessantes entre la couronne et le Parlement de Paris se traduisaient constamment, de la part de ce corps, en assemblées de chambres permanentes, contre les prohibitions formelles des ordonnances; en remontrances accumulées, en cessations de service, et menaces, suivies même d'exécution, de démissions collectives qui arrêtaient le cours de la justice. Du côté de l'autorité, c'étaient des admonitions si sévères qu'on les appela *flagellations,* mais qui n'en demeuraient pas moins stériles. On en était là en 1770, lorsque l'affaire du duc d'Aiguillon mit le comble à l'irritation réciproque et amena, le 7 décembre de cette année, un dernier et célèbre lit de justice où, dans le discours du chancelier, plus célèbre encore, un suprême avertissement était donné aux magistrats[1]. Ils n'y répondirent que par de nouvelles démissions en masse. Sommé individuellement de déclarer s'il entendait ou non reprendre son service, par un

---

[1] Ce discours, modèle de style comme de logique, était l'œuvre de Lebrun, auteur de l'élégante traduction du Tasse, et qui fut depuis, sous le gouvernement qui remplaça le Directoire, l'un des trois consuls; sous l'Empire, architrésorier et duc de Plaisance. *(Biographie universelle,* art. *Maupeou.)*

mousquetaire porteur de l'ordre du roi, chacun des membres ayant répondu par un refus, tous furent exilés, et dans le premier moment il parut qu'à cette peine se joignait celle de la confiscation de l'office. Il ne s'agissait pas, d'ailleurs, comme dans d'autres occurrences, d'une mesure pénale temporaire; c'était bien une destitution générale et irrévocable. Il n'y avait plus de Parlement de Paris. Dès le lendemain il était remplacé par le Conseil d'État comme cour de justice, puis peu après par le Grand Conseil complété, à cause d'abstentions volontaires, à l'aide des juges tirés d'autres tribunaux et d'avocats. Cette nouvelle juridiction souveraine prenait, du nom de son créateur — destiné à lui rester dans la postérité — celui de *Parlement Maupeou*.

A considérer uniquement les circonstances, comment le blâmer d'avoir pourvu à une des plus pressantes nécessités de l'ordre social, la justice, ce premier devoir des gouvernants envers les gouvernés, comme elle est pour ceux-ci le plus impérieux des besoins? la justice, dont les ministres, par des refus répétés de la rendre, avaient abdiqué leurs fonctions. On a, il est vrai, prodigué à Maupeou, avec toutes sortes d'injures, les plus graves imputations; on l'a accusé d'avoir agi sous l'impression de ressentiments personnels contre le Parlement de Paris dont il avait été le chef et où il aurait laissé des souvenirs de nature à le déshonorer comme magistrat[1]! L'ani-

---

(1) Voy. *Biographie universelle*, art. *Maupeou*.

mosité à laquelle il fut en butte dans le monde judiciaire soulevé tout entier contre lui, qui a dicté une foule de pamphlets tous plus virulents les uns que les autres [1], doit mettre en garde contre ces attaques qui ne reposent guère que sur des allégations. Il en est de même de beaucoup d'autres reproches et particulièrement de celui d'avoir tendu un piége au Parlement pour l'amener à provoquer lui-même sa ruine.

Pourquoi donc, néanmoins, une sorte de flétrissure est-elle restée attachée au nom de Maupeou? Elle s'explique, selon nous, par une raison qui dispense souvent d'en chercher d'autres : son indignité pour accomplir l'œuvre par laquelle il est connu dans l'histoire. Avant lui, Lhôpital et Daguesseau avaient eu aussi à se plaindre des Parlements; mais si ces grands hommes, comme lui sortis de leur sein, eussent été forcés, par les motifs les plus graves, de porter sur eux une main qu'en toute autre circonstance ils auraient cru parricide, au moins leurs vertus les auraient absous d'avance. Peu d'hommes parmi ceux qui revêtirent la simarre de chancelier étaient parvenus à cette haute dignité et s'y maintinrent par des voies moins honorables que Maupeou. L'intrigue présida à sa nomination; sa capacité n'avait rien que de très ordinaire; ses mœurs n'étaient point celles d'un magistrat, encore moins d'un chef de la justice. On ne l'a point calomnié quand on lui a reproché de

[1] On en trouvera une sorte de catalogue analytique dans l'ouvrage de M. de Bastard d'Estang, *les Parlements de France*, t. II.

chercher la protection de Mme Du Barry, de pousser vis-à-vis de cette courtisane l'adulation jusqu'à la bassesse. On le soupçonna véhémentement d'avoir trahi le duc de Choiseul, son bienfaiteur. Enfin, il avait fait une révolution. Or, pour être sanctionnés par l'histoire, il faut que les mains qui accomplissent des changements renversant brusquement l'ordre établi soient pures, et Maupeou était bien loin de satisfaire à une telle condition.

La paix publique, du reste, ne fut nullement troublée par son entreprise, car il ne faudrait pas juger de son effet sur l'opinion par tout le bruit qu'elle fit. Les Parlements et tout ce qui leur tenait y étaient pour beaucoup. L'intérêt que l'on prit à tout ce qui leur arrivait ne dépassa pas cependant la curiosité. Dans ce duel entre eux et la royauté, il y eut des spectateurs, mais pas de seconds. Il fut donc loisible au chancelier de poursuivre en toute sécurité ses desseins, qui ne se bornaient pas à la suppression du Parlement de Paris, mais s'étendaient à celle des autres cours souveraines. Celles-ci, du reste, s'y attendaient; toutes elles s'étaient senties frappées du même coup, et on leur doit cette justice, qu'à part la solidarité qu'avait établie entre elles la confédération en classes, un sentiment des plus honorables, celui de la confraternité, les porta à prendre en mains la cause du corps le premier atteint, et qu'elles n'y mirent ni retard ni faiblesse.

Le Parlement de Bordeaux fut un des premiers à élever la voix. Dès le 3 février 1771, il arrêtait des remontrances contre la suppression de la première Cour du royaume, ainsi qu'il l'appelait, et contre l'exil de ses membres. Le 25 du même mois, elles étaient publiées. Leur étendue et leur insertion dans la plupart des recueils du temps nous autorisent à n'en donner ici qu'un résumé. Elles débutent ainsi [1] : « L'anéantissement du premier Corps de la magistra- » ture et les actes de violence qui viennent de frapper » ses membres, enlèvent l'espérance. Il ne reste plus » aux magistrats que la certitude de ne pas survivre » aux lois de l'État et à la liberté de la nation. Nous » périrons, Sire, s'il le faut, mais nous périrons en » vous disant la vérité. » Suit une longue dissertation où est développée la thèse qui, depuis plusieurs années, s'était fait jour dans les écrits à l'appui des prérogatives du Parlement de Paris, justifiées, disait on, par ses origines. Cette thèse le faisait remonter jusqu'au berceau de la monarchie, jusqu'aux assemblées générales que les rois de la première et de la seconde race avaient l'habitude de convoquer et qui étaient désignées sous le nom de *champ de mars* et de *champ de mai*. On citait Hincmar, qui donnait aussi à ces assemblées les dénominations de *placites* ou *parlements*. Or, c'était sous cette dernière qualification que Philippe-Auguste en 1204, Louis VIII en 1222, Louis IX en 1230, Philippe le Bel en 1295 convoquaient la nation. Le Parlement était donc la continuation de ces assemblées. Une multitude de

[1] *Recueil des réclamations, remontrances, etc., des Parlements au sujet de l'édit de 1770.* (Biblioth. de la ville de Bordeaux.)

textes et d'autorités étaient accumulés à la suite de cette proposition, qui n'allait pas à moins qu'à attribuer aux Parlements, corps politiques aussi bien que judiciaires, un droit à la confection des lois et un pouvoir au moins égal à celui de la royauté.

On voit que de telles prétentions laissaient bien loin l'usage des remontrances à propos de l'enregistrement des actes législatifs. Celles-ci avaient presque toujours été non seulement tolérées, mais encore autorisées et quelquefois même provoquées [1]. De tout temps, la couronne avait reconnu que la faculté d'en présenter était comme le corollaire naturel de l'enregistrement des lois confié à des légistes dont la compétence pour en signaler les défauts et en indiquer les améliorations était hors de doute. La nature et les limites du droit de remontrances avaient seules donné lieu à dissentiment entre les deux autorités. Le pouvoir royal entendait le restreindre à certaines matières, telles que l'ordre de la justice, les charges, les fonctions de ses ministres, la discipline publique. La magistrature voulait l'étendre jusqu'aux affaires de l'État et à l'administration générale du royaume, surtout aux édits fiscaux. Il est vrai que les rois eux-mêmes avaient quelquefois soumis aux Parlements des questions touchant à la politique dans ce qu'elle avait de plus élevé; mais ils prétendaient demeurer arbitres de l'opportunité comme de la convenance de telles

---

[1] Daguesseau, *Maximes tirées des ordonnances : Fragments sur l'origine et l'usage des remontrances*, t. V, p. 571, et t. XIII, p. 535, édit. in-4º de ses œuvres.

communications. Ils blâmaient donc et réprouvaient comme une usurpation l'immixtion spontanée des magistrats dans le domaine politique ou administratif. Et l'on peut trouver dans un même règne des exemples de la faculté de remontrer donnée dans certains cas, interdite dans d'autres. Ainsi, les traités faits par François I*er*, pour recouvrer sa liberté, furent présentés à l'examen du Parlement de Paris; et c'était ce même prince qui, par la suite, en réponse à des remontrances qui lui déplaisaient, disait: « Mon Parlement veut trancher vis-à-vis de moi du sénat de Venise : je ne le souffrirai pas. » Plus d'un successeur de ce monarque aurait pu tenir le même langage; mais tandis que les uns, comme Louis XIII par exemple, réprimèrent par des actes autant que par des paroles sévères les hardiesses de langage des Parlements, d'autres furent forcés de leur céder. Nous en avons vu la preuve sous la Fronde, où des concessions arrachées par la violence et même par la sédition furent plus tard effacées par une réaction telle que le nom même de *remontrances* avait péri après une défense suprême que Daguesseau lui-même appelle le dernier cri de la liberté mourante [1].

Mais qu'espéraient donc au xviii*e* siècle les Parlements lorsque, non contents de maintenir avec fermeté le libre usage des remontrances tel qu'il leur avait été rendu, comme nous l'avons dit, ils s'attachaient à l'exagérer et à le dénaturer, et, dans leur dépit de se

---

[1] Daguesseau, *Maximes tirées des ordonnances*, etc.

voir repoussés comme censeurs du pouvoir, ils prétendaient devenir au moins ses coparticipants, sinon même ses maîtres; car on vient de voir jusqu'où s'étendait le système historiquement développé de leurs prétendues origines?

Si l'on ne savait que la hardiesse de certaines thèses contribue quelquefois à leur succès au moins momentané, on ne comprendrait pas comment celle-ci et les ouvrages qui l'appuyaient obtinrent dans le temps un certain crédit[1]. Il faut, il est vrai, tenir compte des circonstances dans lesquelles ils parurent, distribués sous le manteau, à une époque frondeuse, au milieu de l'effervescence de la lutte, préconisés et cités comme autorités par des magistrats qu'on devait croire profondément versés dans le droit public, tandis qu'on oubliait qu'il s'agissait ici de leur propre cause. Mais dès cette époque aussi, des hommes instruits et impartiaux réfutèrent les erreurs propagées par des plumes parlementaires. Parmi ces réfutations, l'une des plus concluantes parut dans le recueil d'un des corps savants[2]. De nos jours, d'autres érudits ont rempli la même tâche. Deux surtout méritent que leurs recherches soient citées et analysées, parce que leur compétence et leur érudition sont également incontestables.

[1] *Maximes tirées du droit public français* (Amsterdam, 1775, in-4º), attribué à Michau de Montblain, conseiller au Parlement de Paris. — *Lettres historiques sur les fonctions du Parlement*, 1753. Œuvre anonyme de l'avocat Lepaige. *(Biog. univ., art. Maupeou.)*

[2] Gibert, *Mémoire* inséré au t. XXX des *Mémoires de l'Académie des Inscriptions et Belles-Lettres*.

Le premier est le comte Beugnot, dans sa préface des deux premiers tomes des *Olim* [1]. A propos des interminables débats élevés à la fin du xviiie siècle entre la monarchie et les Parlements, il fait une part équitable de leurs torts respectifs, par une observation que nous avons eu déjà l'occasion d'émettre dans cette histoire. « Si, dans cette lutte, dit-il, la royauté parut violente et le Parlement séditieux, il ne faut s'en prendre ni au Parlement ni à la royauté. Les temps étaient changés, et si la royauté poussait trop loin l'oubli des concessions qu'elle avait faites jadis, le Parlement se les rappelait trop bien et ne tenait pas assez de compte des altérations que l'ancienne constitution de la France avait subies. » Mais, entrant bientôt dans le vif de la question, le comte Beugnot commence par démontrer que le Parlement ne descendait pas des assemblées générales que les rois de la première et de la seconde race avaient l'habitude de convoquer sous les noms de *champs de mars* et de *mai*. Il appuie cette démonstration d'une vérité de fait inébranlable; c'est que « de toutes les parties du gouvernement, il n'en est pas une qui, plus que l'organisation judiciaire, ait été soumise à l'empire absolu des mœurs et des idées nouvelles apportées par l'établissement de la *féodalité*. » L'origine du Parlement, impossible à découvrir et à supposer dans un pouvoir judiciaire préexistant à ce régime, et qui se serait maintenu en dépit, non pas d'un changement

---

[1] Dans la *Collection des documents inédits sur l'Hist. de France*.

de système judiciaire, mais d'un changement complet de principes, ne peut donc se trouver qu'au sein de la féodalité, source de toutes les grandes institutions qui, pendant huit siècles, ont servi de base à l'organisation sociale en France. Aussi est-ce de cette source commune que sortit la magistrature, dont l'origine et la filiation se placent précisément dans les conseils des rois de la troisième race, l'un desquels, sous les noms de *curia regis* ou *gallicana,* devint un vrai tribunal et s'occupa d'affaires purement contentieuses, tandis que l'autre resta investi du gouvernement et de l'administration de l'État. Voilà le véritable point de départ de cette Cour de justice, qui fut plus tard le Parlement, composée, dans le principe, des prélats, des grands feudataires, des officiers du palais, mais où s'introduisirent déjà, comme assesseurs, quelques simples clercs qui devaient sans doute cet honneur à leurs connaissances en droit. Ceux qui se rappellent les discussions empreintes de tant d'animosité et de récriminations contre les usurpations du Parlement, par Saint-Simon — ces tableaux de main de grand maître, où il peint les légistes devenus depuis d'orgueilleux robins, alors humblement assis aux pieds des seigneurs dans la cour du roi — retrouveront ici, non sans surprise, les images tracées par la plume caustique du vindicatif duc et pair, dans les affirmations calmes et impartiales de la science, émises par un de ses organes de notre temps les plus estimés.

Le second auteur amené par la nature du sujet

qu'il traitait à un examen semblable, est Pardessus, dans son *Mémoire sur l'organisation judiciaire et l'administration de la justice en France depuis le commencement de la troisième race,* etc. (1). Il envisage la question d'origine au même point de vue, et la résout dans les mêmes termes. Pour lui aussi, c'est à la féodalité seule que peut remonter le pouvoir judiciaire personnifié dans une des sections du Conseil du roi, le suivant dans ses pérégrinations pour l'assister dans ses œuvres de justice, puis rendu sédentaire, sinon encore permanent, lorsque les assises ambulantes cessèrent d'avoir lieu. Mais quand, après avoir tracé avec autant de clarté que de méthode le développement successif de l'institution jusqu'à son point culminant sous le nom de Parlement, l'auteur est conduit à s'expliquer sur les prétentions que ce corps manifeste à être réputé le Conseil général de la nation — expression de Daguesseau (2) — et à jouir des prérogatives d'une si grande mission, Pardessus signale sans ménagement les erreurs commises par les prétendus publicistes qu'égare la passion. Il ne balance pas à traiter de dévergondage de fausse érudition cette accumulation de textes dépaysés, de mots violentés dans leur acception, de termes détournés de leur sens; arguments employés au soutien d'une mauvaise cause dans les manifestes parlementaires. Et

---

(1) En tête du tome XXI de la *Collection des ordonnances des rois de France.* In-folio.

(2) *Maximes tirées des ordonnances: Fragments sur l'origine et l'usage des remontrances.*

lorsqu'on reconnaît avec lui que tout cet échafaudage repose sur ce que la dénomination de *parlement*, qui s'appliquait avec beaucoup d'autres, du reste, à toutes les assemblées délibérantes des anciens temps quelles qu'elles fussent, finit par rester exclusivement aux grands corps judiciaires parce qu'ils représentaient la *chambre aux plaids* primitive ; quand on voit que c'est à un titre aussi insuffisant que la possession de coopérer au gouvernement de l'État était réclamée par ces mêmes corps comme immémoriale et constamment traditionnelle, on est presque tristement impressionné par de pareils abus de raisonnement et par la fragilité de leur base.

Il fallait bien, du reste, que le Parlement de Bordeaux, tout en se l'appropriant, n'y eût pas grande confiance, puisque, après s'en être servi, il entrait dans une hypothèse subsidiaire qui était comme l'abandon de la première. Il continuait ainsi en effet ses remontrances de février 1771 :

« Si vos Cours n'avaient pas le droit d'examiner et
» de vérifier les lois nouvelles qu'il plairait à Votre
» Majesté de proposer, ce droit ne pourrait être perdu
» pour la nation : il est imprescriptible et inaliénable.
» Attaquer ce principe, c'est trahir non seulement la
» nation, mais les rois mêmes ; c'est renverser la
» constitution, c'est détruire le fondement de l'autorité
» du monarque. Croirait-on que la vérification des
» lois nouvelles dans les cours de parlement ne
» supplée pas ce droit primitif de la nation ? L'ordre
» public pourrait-il gagner à le voir exercer par la

» nation ? Si Votre Majesté daigne la rétablir dans
» ses droits, on ne nous verra point réclamer cette
» portion d'autorité que les rois vos prédécesseurs
» nous avaient confiée, dès que la nation les
» exercera elle-même. Mais jusque-là, Sire, daignez
» considérer que cette vérification des lois est un
» devoir inséparable de nos fonctions : point de loi
» sans cette vérification, comme il ne pouvait y
» en avoir autrefois sans le concours de la nation
» assemblée (1). »

Si le Parlement, à part les réserves qu'il fait encore ici de son prétendu droit de remplacer la nation pour concourir aux lois, s'était toujours exprimé dans des termes aussi respectueux pour le revendiquer et le maintenir en faveur de celle-ci; si surtout il avait, en réclamant plus tard ouvertement la convocation des États Généraux, mis dans cette demande autant de modération et de raison qu'il en fait voir en cette circonstance, il n'y aurait que des éloges à donner à cette partie de ses remontrances. Pour qui pourrait-il être douteux, en effet, que le retour à la vieille constitution française eût été à cette époque un remède souverain aux embarras du gouvernement placé dans l'alternative de recourir à de véritables violences contre les Parlements ou de tolérer leurs usurpations?

La fin des remontrances faisait allusion aux procédés rigoureux auxquels on avait eu recours contre des

(1) Les Capitulaires disaient, en effet : *Lex fit consensu populi et constitutione regis.*

hommes traités en criminels d'État[1] : « Ces punitions » multipliées ont répandu, Sire, dans votre royaume » la consternation et l'effroi. Chaque citoyen se » demande en tremblant : Qui protégera désormais » ma liberté, si un acte de puissance arbitraire détruit » toutes les lois ? Pourrait-on vous dissuader, Sire, que » c'est à une nation libre que vous commandez; que » détruire la constitution de la monarchie, c'est rompre » le lien qui unit le monarque et les sujets ? »

Quelque vaines qu'eussent été ces premières représentations, le Parlement ne se découragea pas et en fit d'autres, le 26 mars, contre l'établissement des Conseils supérieurs entre lesquels Maupeou avait morcelé le vaste ressort de Paris. A l'occasion de cette création de tribunaux dont les membres recevaient sans finance leurs charges de la seule nomination royale, ce qui emportait la suppression de la vénalité, ceux qui possédaient leurs offices à ce titre croyaient devoir en prendre la défense.

Le 29 avril, nouvelles protestations de la Cour tout entière adressées à la nation, et auxquelles elle ajoute la déclaration solennelle et unanime « que tous » les membres qui la composent, enchaînés par les » obligations que leur imposent leurs serments, n'accep- » teront jamais aucune place dans aucun des tribunaux

[1] Il est certain que le brusque éloignement des membres du Parlement de Paris de leur siége et de leur domicile fut aggravé pour plusieurs par des choix de lieux d'exil aussi préjudiciables à leur santé qu'à leurs intérêts, et qui parurent dictés par un raffinement de méchanceté ou par des ressentiments particuliers. *(Biographie universelle,* art. *Maupeou.)*

» formés ou qui pourront l'être en remplacement du
» Parlement, toujours subsistant aux yeux de la loi. »

Enfin, à la date du 23 août, un dernier anathème contre tout ce qui s'est fait jusque-là est formulé comme il suit :

« Considérant le cours précipité des révolutions
» qu'éprouve la magistrature; que déjà les cours de
» Besançon et de Douai viennent de subir le même
» sort que la première du royaume, et qui, par une
» suite inévitable, va bientôt devenir commun à celles
» qui destribuent encore la justice aux sujets du roi;
» dans l'incertitude du moment où elle est destinée à
» éprouver un traitement qu'elle ne croira jamais
» avoir mérité; a protesté et proteste contre tout ce
» qui pourra être fait illégalement et par voie d'autorité
» absolue au préjudice de la Cour, contre tout ce
» qui pourrait tendre à la subversion des principes
» constitutifs de la monarchie et des formes sagement
» établies; persiste dans l'arrêté du 29 avril. »

C'était comme son testament que le Parlement faisait dans l'attente et à la veille de sa fin prochaine. Il ne s'était pas trompé sur l'imminence de sa suppression. Elle était résolue, et l'exécution confiée au duc de Richelieu. Ce gouverneur, qui joignait à ses autres titres celui de duc et pair, avait pourtant protesté contre l'abolition de la haute magistrature, parce qu'elle comprenait implicitement celle de la Cour des pairs qui en était partie intégrante. Mais, courtisan avant tout et toujours empressé de plaire au pouvoir, Richelieu n'était pas à cela près d'une contradiction. D'ailleurs, il n'aimait pas le Parlement qui le lui rendait bien. On peut donc assurer que ce fut avec une joie secrète qu'il se chargea d'une mission que le prince de Beauvau et le duc de Duras, qui le valaient au moins en noblesse et en illustration, et dont ce ne serait pas assez faire l'éloge que de dire qu'ils le surpassaient de beaucoup en moralité, refusèrent de remplir, l'un à Toulouse, l'autre à Rennes.

De son château de Fronsac, où il était arrivé porteur des ordres du roi, le gouverneur avait fait signifier des lettres d'exil au premier président Le Berthon et à l'avocat général Dupaty. La Compagnie eut à peine le temps d'une protestation suprême contre ces actes de rigueur exceptionnelle [1]. Dès le 4 septembre, le maréchal se rendit au palais en grande cérémonie, accompagné de l'intendant Esmangard. Il y fit procéder sur-le-champ à la lecture de plusieurs édits précédés d'un arrêt du Conseil qui cassait les arrêtés des 29 avril et 23 août, que nous avons relatés. « Nous étant fait rendre compte, dit le roi dans cette décision, des vôtres dans lesquelles nous avons reconnu que l'intention de ceux qui les avaient rédigées, était d'exciter la fermentation dans les esprits et de les prévenir contre des opérations dictées par notre sagesse et par notre amour pour nos peuples...,

---

[1] *Journal historique*, t. II, p. 109, 121, 142 et suiv. — *Recueil de réclamations, remontrances, etc., au sujet de l'édit de déc. 1770, avec un abrégé des principaux faits de la suppression du Parlement de Paris et des autres.* (Biblioth. de la ville, n° 25517.)

nous les avons cassées comme incompétemment rendues et tendantes à altérer l'obéissance et la fidélité qui nous sont dues. »

Le premier édit déclarait supprimés les offices du Parlement de Bordeaux. Les propriétaires de ces offices étaient tenus de remettre leurs titres dans le délai de deux mois pour être procédé à leur liquidation et remboursement. Ainsi, le chancelier avait reconnu ce qu'aurait eu d'odieux la spoliation du prix des charges. Ce n'était pas seulement un retour aux principes sacrés de la propriété. On vit là un appât offert aux magistrats qui seraient disposés à faire partie des nouveaux tribunaux. Par le second édit, en remplacement des charges éteintes et par suite de l'abolition de la vénalité, il en était créé de nouvelles *à titre d'offices formés* et *inamovibles*, pour administrer gratuitement la justice et en nombre moins considérable, lesquelles seraient la récompense des vertus et des lumières. Elles comprenaient 1 premier président, 4 présidents, 2 conseillers présidents, 4 conseillers clercs, 39 conseillers laïcs, 1 procureur général, 2 avocats généraux, 3 substituts. Ce personnel était réparti dans trois chambres : la Grande, la Tournelle et une des Enquêtes. Suivant d'autres dispositions, les épices demeuraient supprimées. Il n'y avait plus que des gages fixés ainsi : 15,000 livres pour le premier président, 6,000 pour chacun des présidents, 4,000 pour les conseillers présidents, 3,000 pour les conseillers de grand'-chambre, 2,000 pour ceux des enquêtes, 6,000 pour le procureur général et les avocats généraux, 1,000 pour les substituts. Le doyen des conseillers laïcs recevait, en outre, une pension de 1,500 livres, et le plus ancien des conseillers clercs 1,000 livres. Les gages étaient répartis en autant de jours de palais que de ceux de l'année où ils avaient lieu, de manière que la portion des absents dût accroître aux autres d'après un registre de pointe et être distribuée aux vacances de Pâques et à la clôture du palais. Il n'était rien innové quant à la durée de ces vacances. Lorsque des offices de conseillers vaqueraient, la Cour présenterait trois sujets à la nomination du roi, et si aucun ne convenait, de nouvelles présentations devaient avoir lieu jusqu'à ce que Sa Majesté eût donné son agrément.

L'article le plus intéressant pour les magistrats qui en entendirent la lecture, était sans contredit celui qui s'exprimait ainsi : « Attendu le zèle et l'affection dont il nous a été donné des preuves par ceux des anciens officiers de notre Parlement dénommés en l'état attaché sous le contenu du présent édit, ils rempliront désormais leurs offices, tant en vertu du présent état que de leurs anciennes provisions et réceptions, et les continueront. Ceux seulement qui rempliront d'autres offices prêteront serment. »

Il y avait donc d'anciens magistrats ayant consenti à entrer dans la nouvelle Compagnie? Hélas! oui, malgré la protestation faite naguère par tous de n'y jamais consentir; et, il faut bien l'avouer, les défaillances furent si nombreuses qu'il n'y eut pas besoin, pour composer le corps qui remplaça l'ancien, de chercher des membres en dehors de celui-ci [1]. Comment cela avait-il pu arriver? Les récits du temps nous l'apprennent. On avait négocié, et plusieurs s'étaient laissé gagner. Le maréchal leur promit, dit-on, que, pour sauver leur honneur, ils recevraient chacun individuellement des lettres de cachet leur enjoignant de continuer leur service, ce qui eut lieu, en effet. Il avait, du reste, commencé par s'assurer du président de Gascq, en lui faisant de si belles promesses que ce magistrat, en partie par intérêt, en partie pour ne pas voir établir à Bordeaux un tribunal tel que celui dont on avait composé le Parlement de Paris, consentit à être premier président. On prétendit qu'il avait exigé, entre autres conditions, que sa charge lui serait remboursée sur le pied de la première finance de 70,000 livres, payée par son quadrisaïeul et au taux de l'argent dans ce temps-là; que la parole lui en fut donnée par le maréchal, qui avait promis au nom du roi, mais dont on ne ratifia

---

[1] Que cet oubli si prompt d'un engagement récent et solennel soit une nouvelle preuve de la faiblesse humaine, il est impossible d'en disconvenir. Nous ne devons pas, cependant, laisser peser sur ceux qui la fournirent le reproche d'avoir ajouté à ce tort celui d'un exemple unique donné alors, de la désertion des rangs de l'ancienne magistrature pour ceux de la nouvelle. Dans plusieurs autres Parlements, tels que Douai, Dijon, Toulouse, le corps dissous vit la moitié de ses membres passer dans le nouveau. Il y eut même des Parlements, tels que Grenoble, où des lettres d'expectative furent délivrées à ceux qui n'avaient pu faire partie de la première organisation. Enfin, les premiers présidents de Douai, Dijon, Toulouse, Pau, Rennes et Metz continuèrent leurs fonctions. (*Les Parlements de France*, par M. de Bastard d'Estang, t. II, ch. XXVI.)

pas l'engagement⁽¹⁾. Quoi qu'il en soit, l'exemple de M. de Gascq en entraîna sans doute beaucoup d'autres. On voit que le gouverneur et l'intendant étaient investis à cet égard de pleins pouvoirs et porteurs de blancs-seings, car l'original des lettres de nomination joint à l'édit porte la trace de grattages et de différences d'écriture qui prouvent que ce n'est qu'à Bordeaux même que furent mis les noms de la plupart des magistrats ayant consenti à rester ⁽²⁾.

Voici, du reste, la composition de la nouvelle Cour :

Premier Président.

Antoine de Gascq, ancien président à mortier.

Présidents.

Nicolas-Pierre de Pichard de Saucats, ancien président à mortier.
Jean Duroy.

(1) *Journal historique* et *Recueil* cités plus haut. Ce que les auteurs de ces ouvrages, vraies satires périodiques lancées contre Maupeou et son œuvre, ignoraient bien certainement, ce sont les grâces particulières accordées à certains des nouveaux magistrats, à la demande du maréchal de Richelieu, et qui prouvent que leur entrée dans le corps qu'il installait ne fut pas entièrement désintéressée. Ainsi, le premier président de Gascq obtint une gratification annuelle de 20,000 livres en sus de ses gages de 15,000 ; le président Pichard, pareille augmentation de 6,000 liv. en outre de ses gages de semblable somme. Le président de Bacalan, avec le remboursement de créances à lui dues, eut l'autorisation de disposer de deux chaires de professeur de droit, qu'il occupait, en faveur d'agrégés par lui indiqués. Enfin, le procureur général Dudon jouit aussi d'un supplément de 6,000 livres annuel sur ses appointements. N'eût-ce pas été une véritable bonne fortune pour les écrivains contemporains de livrer ces faits à la malignité publique ? (Arch. départ., *Papiers de l'intendance de Bordeaux,* 1771-1777.)

(2) Arch. départ., *Édits et Arrêts de 1771.*

Présidents (suite.)

Joseph de BACALAN.
Jean-Maurice DUSAULT.

Conseillers-Présidents.
(Dénomination nouvelle des présidents des enquêtes.)

Jean-Paul LORET.
Jean-François ROLLAND.

Conseillers clercs.

Alexandre GENESTE DE MALROMÉ.
Guillaume MONFORTOU.
Antoine de MESLON.
Hyacinthe-Louis BERBIGUIÈRE.

Conseillers laïcs.

Jean DUSAULT père.
Godefroy de BARITAULT.
Jean-Antoine de CURSOL.
Charles-Jacques DROUILHET DE SIGALAS.
Jean-Clément DUBERGIER DE FAVARS.
Jean FAUQUIER.
J.-V. PELET.
François de LA MONTAGNE.
Jean-François MARBOTIN.
Joseph de FONTENEIL.
Claude-Ange DOMENGE DE PIC DE BLAIS.
Jean-Baptiste-Raymond de NAVARRE.
Étienne MAIGNOL.
Pierre-André DURAND DE NAUJAC.
Jean-Baptiste d'ALPHONSE.
Jean-Sébastien de LAROZE.
Jean-Baptiste DELPY DE LA ROCHE.
François-Jacques d'ALBESSARD.
Jean CHIMBAUT DE FILHOT.
François-Joseph de CHAPERON DE TERREFORT.
Jean-Baptiste-Valentin de LORMON.
Jean-Baptiste DUBARRY.

Conseillers laïcs (suite).

François-Amanieu Ruat de Buch.
Louis-Antoine de Castelnau.
Jean-Joseph Laliman.
Jean-François de Lacombes.
Jean de Garat.
Étienne Magnol de Mataplan.
Jacques-Joseph Dumas de Fontbrauge.
Jean-Baptiste Taffard.
Jacques-Joseph de Boucaud.
André-Joseph de Minvielle.
Pierre-Nicolas Cajus.
Élie-Jean Chanseaulme.
Jean Baritault de Soulignac.
Pierre-Jean-Baptiste-Marie Barret.
Joseph-Marie de Montalier.
Nicolas-Marie Moreau de Montcheuil.
Joseph-Marie de Laroze fils (1).

GENS DU ROI.

Avocats généraux.

François Saige.
Jean-Baptiste-Pierre-Jules Dudon fils.

Procureur général.

Pierre-Jules Dudon.

Substituts.

Pierre-Joseph Bourgade.
Guillaume Duvergier.
Louis Laloubie.

Deux séances furent tenues pour l'installation de la nouvelle Cour; la première, le 4 septembre, uniquement

(1) Sur 101 magistrats formant le personnel du Parlement à cette époque, 50, non compris les gens du roi, avaient ainsi consenti à garder leurs siéges.

consacrée à la lecture et à l'enregistrement des édits dont nous avons parlé. Ces formalités accomplies, l'une par le premier président de Gascq, l'autre par l'intendant Esmangard, quelques magistrats manifestèrent l'intention de délibérer, ce dont ils réclamaient le droit, et voulaient, à défaut, lever la séance; mais le maréchal, porte le procès-verbal, fit en cet instant distribuer à chacun de ceux qui y assistaient, par le greffier, des lettres du roi portant défense de désemparer du palais et interdisant toutes délibérations et protestations ou arrêtés, même toute interruption. Tous se soumirent à l'instant, ajoute le même document, et s'y conformèrent dans le cours de la séance. Malgré sa réserve officielle, l'intendant ne put s'empêcher de dire, après une courte apologie de l'édit qui, en supprimant les anciens offices, en ordonnait la liquidation : « Vous rendrez justice, Messieurs, à la sensibilité et à la peine qu'éprouvent en ce moment ceux qui sont chargés de vous faire connaître les ordres du roi. » Quant au procureur général, il conclut en ce peu de mots : « La plus grande marque de soumission que je puisse donner à Sa Majesté est de requérir, en vertu de son commandement, l'enregistrement. » L'assemblée se sépara après la lecture d'un nouvel ordre du roi prescrivant à chacun de se retirer et défendant à tous de se réunir jusqu'à nouvel avis. Le maréchal se fit représenter les registres après la transcription des édits opérée en sa présence, les signa et donna l'ordre au greffier de fermer les portes du greffe, sur lesquelles

CHAPITRE VI.

le scellé fut apposé. Il sortit, après défense de laisser entrer au palais qui que ce fût avant qu'il l'eût permis.

La séance du 7 septembre avait été destinée à l'installation des magistrats dont on avait dû préalablement s'assurer le concours. Mais un autre moyen de ne pas manquer ce but fut encore employé. Dans la nuit, chacun avait reçu l'ordre de se rendre au palais sous peine de désobéissance, lequel leur avait été porté, nous apprend le procès-verbal, par des officiers du régiment de Bretagne, au nom du maréchal. Ainsi, ils étaient convoqués militairement. On ne saurait supposer des vues d'intimidation vis-à-vis d'hommes dont la présence était toute volontaire. C'était cependant sous de tristes auspices qu'ils se rendaient au nouveau poste qui leur était conféré, s'il est vrai que, dans l'intervalle du 4 au 7 septembre, comme le dit un document que nous avons déjà cité [1], tous les membres de l'ancien Parlement qui ne devaient pas faire partie du nouveau eussent été envoyés en exil, et que cette peine eût été même aggravée à l'égard de ceux que leur zèle et leurs lumières avaient rendus plus redoutables *au despotisme*.

Il n'est malheureusement pas permis de douter qu'il en eût été ainsi — au moins à l'égard de quelques uns — d'après des lettres retrouvées aux Archives départementales, dans les papiers de l'ancienne intendance. Elles concernent des membres de l'ancien

---

[1] *Recueil de réclamations*, etc.

Parlement, MM. de Brivasac, de La Colonie, Dasche, Daugeard de Virazel, de Mons et de Verthamon, en faveur desquels le ministre Bertin fait connaître à l'intendant que leur exil est adouci et modifié par la permission de quitter les localités qui leur avaient été primitivement assignées, mais sous la prohibition encore de revenir à Bordeaux ou dans la banlieue [1]. Les rigueurs dont ces lettres annoncent le relâchement sont assez difficiles à concilier avec le langage de l'intendant Esmangard à la séance du 7 septembre quand il exprime le regret, au nom du roi, que tous ceux qui avaient été associés autrefois au ministère auguste de la justice ne pussent y prendre part [2]. Les faits donnaient ici un démenti aux paroles. L'orateur se hâta de quitter ce terrain peu véridique, pour féliciter la nouvelle Compagnie de ce qu'elle avait été choisie par Sa Majesté avec la certitude de ne confier des *offices inamovibles, comme ils l'avaient été jusqu'à présent,* qu'à ceux sur la tête desquels le mérite et la vertu les auraient placés. Il insista aussi sur ce droit qu'auraient toujours les magistrats de porter aux pieds du trône les représentations respectueuses que le bien du service du roi, comme l'intérêt de ses peuples et le maintien de son autorité, pourraient leur dicter : communication très remarquable, puisqu'elle reconnaissait la légalité des remontrances faites dans les formes prescrites.

[1] *Archives historiques de la Gironde*, t. Ier, p. 292.
[2] Procès-verbal de la séance du 7 septembre 1771. (Arch. dép. : liasse des édits relatifs à la réorganisation du Parlement.)

Le procureur général Dudon, malgré la délicatesse de sa position, ne put se défendre d'exprimer des sentiments qui étaient sans doute dans tous les cœurs, mais dont la divulgation publique demandait un certain courage. Il parla des jours de deuil et de consternation où les habitants de cette grande ville déploraient la perte qu'ils venaient de faire. « Pouvons-nous parler des lois et de leurs ministres, ajouta-t-il, sans nous attendrir sur le sort de tant de magistrats dont nous regrettons la perte? Il en est dont le nom demeurera à jamais gravé dans notre souvenir, parce que leurs vertus ont fait dans nos âmes une impression que le temps ne saurait effacer. Puissent-ils, ces hommes respectables, être rendus à nos vœux et à ceux de la patrie! Que le plus aimé des rois daigne écouter les représentations que votre zèle pour son service vous inspirera de faire en leur faveur! »

L'indemnité provenant du remboursement des charges fut fixée, pour le Parlement de Bordeaux, par une déclaration du roi du 22 mai 1772. Elle se montait, pour cette juridiction et pour celle de la table de marbre, à trois millions cent neuf mille trois cent cinquante-six livres six sols six deniers (3,109,356 liv. 6 s. 6 d.). Cette somme devait être payée par annuités jusqu'en 1788, avec intérêts à 5 p. 100. La déclaration est suivie d'un tableau des magistrats à rembourser, comprenant tant ceux qui étaient entrés dans la nouvelle Cour, que ceux de l'ancienne n'en faisant pas partie. La totalité de ces derniers n'y figurait pas cependant. Il en était qui, poussant à outrance le principe de l'inamovibilité judiciaire, de peur d'y apporter atteinte en acceptant la liquidation de leurs charges, refusaient d'en profiter.

Dans le nombre et à la tête de ces parlementaires préférant ce qu'ils regardaient comme l'honneur à l'argent, était le premier président Le Berthon. On trouve, du reste, dans ce tableau, des indications précieuses pour la valeur des offices. Il établit que celui de conseiller, par exemple, de 1720 à 1770, s'élevait encore en moyenne à 40,000 livres, ayant toutefois baissé depuis le commencement du siècle. Quant aux présidences à mortier, celle de M. de Gascq est évaluée, en l'année 1739, à 120,000 livres; mais, en 1768, la même charge n'avait coûté à M. de Lavie que 114,000 livres; puis, en 1770, elle remontait à 120,000 liv. pour M. de Verthamon. Le même état de liquidation démontre que la différence de valeur entre les titres de conseiller clerc et de conseiller commissaire aux requêtes, avec ceux des conseillers laïcs, s'était toujours maintenu à l'avantage de ces derniers.

Rétribuer les membres du nouveau Parlement en même temps que leur rembourser leurs charges et celles des anciens qui y consentaient, était un double poids pour le Trésor. Un arrêt du Conseil du 12 décembre 1771 établit, par la nécessité de l'alléger, un impôt sur la généralité des habitants du ressort, les nobles et autres privilégiés n'en étant pas exceptés. La contribution était d'abord fixée à 174,500 livres [1]; mais il paraît que plus tard elle fut portée à 300,000 livres, dont 100,000 destinées au remboursement des charges. Les justiciables payaient donc ainsi assez cher la gratuité de la nouvelle justice. C'est l'objet des remontrances du Parlement, usant ainsi de la faculté qui lui avait été reconnue. En enregistrant la seconde déclaration, il a soin d'abord d'y mettre cette réserve que la perception des 100,000 livres affectées au remboursement des anciens offices ne pourra être prolongée au delà du temps et de l'emploi indiqués, sous quelque prétexte que ce soit. Il représente ensuite humblement que les vues généreuses du roi sur la gratuité de la justice ont été éludées de la manière la plus onéreuse pour ses sujets, parce que les frais de justice, tels que les droits de greffe, augmentés de 8 sols par livre, excèdent maintenant ce qu'ils étaient avant la suppression des épices et vacations. Le roi est donc supplié de mettre la dernière main à son œuvre si digne de sa haute sagesse, en abolissant ces droits. Ces remontrances sont signées du premier président de Gascq.

Le Parlement en formula encore d'autres sur deux sujets beaucoup plus importants, mais à l'égard desquels elles étaient des redites, car ils se représentent pour ainsi dire périodiquement dans ses

---

(1) *R. E.*, B. 94. — V. pour la répartition de cette somme entre les quatre généralités de Bordeaux, Limoges, La Rochelle et Montauban, les papiers ci-dessus cités et la correspondance officielle entre les intendants Esmangard, Turgot, Sénac de Meilhan et d'Aine. (Archives départementales.)

annales. Le premier consistait dans le maintien d'un des priviléges les plus anciens et les plus précieux des habitants de Bordeaux, de ce qu'on appelait le *franc alleu*, en d'autres termes le droit pour tous, soit nobles, soit même roturiers, de posséder leurs biens ne relevant d'aucun seigneur, exempts de toutes redevances, et transmissibles par quelque voie que ce fût, sans impôt ou prélèvement quelconque : privilége en effet des plus rares, mais qui tranchait trop avec les principes d'alors sur la possession des terres et sur les fiefs pour pouvoir être respecté. Aussi le voit-on sans cesse contesté, attaqué par le fisc, toutes les fois que le domaine royal est l'objet de dispositions législatives, et les Registres sont pleins de récits des efforts du Parlement pour soustraire ce droit à leurs atteintes [1]. Il n'y réussissait guère mieux que dans le second objet de ses sollicitudes en 1773 : la question du libre commerce des blés, assujettis de nouveau à des entraves, malgré les leçons de l'expérience et la main-levée de ces mêmes entraves qu'elles avaient fini par opérer. Mais à chaque appréhension de disette par suite de mauvaise récolte, les désastreuses mesures restrictives de la libre circulation recommençaient, l'autorité cédant avec une facilité déplorable aux démarches des personnes intéressées à se livrer à la spéculation et au monopole. Le Parlement était dans le vrai en

---

[1] *R. E.*, B. 94, 2 août 1778. *Remontrances des 18 mars 1772 et 31 août 1777.* In-18. — Imprimées à Bordeaux. (Bibliothèque de M. Clouzet.)

combattant l'une et l'autre. Cette fois, au moins, rien n'indique que ses justes représentations lui aient attiré de nouvelles disgrâces.

On a pu voir par les détails dans lesquels nous venons d'entrer au sujet de la réorganisation du Parlement de Bordeaux, que le plan de Maupeou pour le remplacement des anciennes Compagnies avait subi d'importantes modifications depuis leur exécution première. Il ne les transformait en Conseils supérieurs que là où leur maintien, comme à Rouen par exemple, eût présenté des difficultés, soit à raison de l'esprit local, soit à cause de l'étendue du ressort. Ailleurs, et quand il rencontrait des éléments moins rebelles aux changements, des hommes disposés à s'y soumettre et même à y coopérer, il ne reculait nullement devant la recomposition des Parlements supprimés, leur conservant même jusqu'à leur nom. C'est ce qu'il fit à Bordeaux. Le nombre considérable des anciens magistrats qui consentirent à faire partie du nouveau tribunal, de ceux qu'on appela d'abord des transfuges, ne tarda pas à imposer silence aux critiques élevées contre eux. N'avaient-ils pas d'ailleurs des parents et des amis dans l'autre camp? Pourquoi ne pas le reconnaître enfin? C'était à beaucoup d'égards une réforme évidemment avantageuse de l'ordre judiciaire que celle qui venait d'être opérée. Elle apportait des améliorations depuis longtemps réclamées et dont on trouve la pensée dans la plupart des cahiers des États Généraux tenus autrefois. Ils avaient, en effet, toujours demandé l'abolition de la vénalité des charges, la réduction des territoires judiciaires trop étendus, la simplification des procédures, la suppression des épices, c'est-à-dire la gratuité de la justice. Le plus bel éloge de ces innovations salutaires est assurément ce fait qu'elles ont passé dans notre organisation actuelle, réputée à bon droit la meilleure qui existe. Déjà même, et malgré les clameurs de l'esprit de parti, on en sentait alors le prix. Les nouveaux tribunaux se faisaient accepter ; la justice reprenait son cours, même à Paris où les avocats les plus célèbres consentaient à plaider devant eux [1]. Nul doute que, par l'effet du temps et de cette facilité avec laquelle se reçoivent les faits accomplis quand ils ont pour eux le succès, le nouvel édifice élevé par Maupeou n'eût fini par se consolider. Un événement inattendu et hors de toute vraisemblance vint le renverser au bout de quatre ans seulement de durée : la chute même de son auteur amenée par la mort du monarque qui avait déclaré — en détruisant les Parlements — qu'*il ne changerait jamais* [2], et qui, selon toute apparence, eût tenu parole. Un des premiers actes de son successeur fut leur rétablissement.

Quelque opinion que l'on se soit formée sur leur suppression et quand même on la regarderait comme une faute, leur rappel en fut une autre et plus grande encore. C'est ce que nous verrons bientôt. En atten-

---

[1] *Biographie universelle*, art. *Maupeou.*
[2] Paroles de Louis XV lors du lit de justice tenu à Versailles le 13 avril 1771.

dant, si, en détruisant l'œuvre des siècles, Maupeou put être accusé de témérité, Maurepas qui la releva était le plus léger, le plus frivole des hommes d'État. Le jeune monarque qui l'avait rappelé, après une longue disgrâce pendant laquelle il n'avait rien oublié ni rien appris, fut dupe de sa confiance excessive en lui et marqua ainsi le début de son règne par un acte destiné à y exercer une fatale influence.

On aurait dû espérer toutefois que les circonstances qui accompagnaient leur rappel à l'existence, l'avénement d'un nouveau roi, la spontanéité de la résolution qu'il prenait, le temps mis à profit pour réfléchir sur les causes de leur chute, auraient rendu les anciennes Compagnies reconnaissantes. Mais elles parurent voir là beaucoup moins un bienfait qu'une réparation. Il est vrai que l'enthousiasme avec lequel fut salué leur retour, était de nature à leur faire prendre le change; mais il entrait aussi dans cet accueil beaucoup de cette disposition à fronder l'autorité qui se manifeste lorsque, revenant sur ses résolutions, elle donne lieu de croire qu'elle avoue s'être trompée. Quoi qu'il en soit, à Bordeaux particulièrement la rentrée de l'ancien Parlement fit éclater des démonstrations d'allégresse publique qui furent, surtout pour son ancien chef, une véritable ovation. C'était, nous l'avons déjà nommé, André-Jacques-Hyacinthe Le Berthon, d'une très ancienne famille parlementaire et remontant au xvie siècle. Son père avait remplacé en 1733 le premier président Gilet de La Caze. La carrière du fils fut des plus rapides et des plus comblées de ces grâces exceptionnelles qui faisaient autrefois franchir si rapidement, à ceux qui en étaient favorisés, les degrés de la hiérarchie. Conseiller à dix-neuf ans et demi en 1732, avec doubles dispenses d'âge et de parenté, dès 1736 il était président aux enquêtes et en 1748 président à mortier. En 1766, enfin, il devenait premier président au lieu et place de son père dont il avait la survivance depuis 1753. Le nom de ce magistrat est inséparable de celui du corps à la tête duquel il fut pendant vingt-cinq années et dont il partagea les diverses fortunes. Il était sans doute un juge intègre, éclairé et continuant dignement les honorables traditions de ses ancêtres. Quand on cherche cependant quels mérites transcendants, quels actes de capacité hors ligne avaient illustré sa longue carrière, on ne les découvre pas. Sa plus grande recommandation auprès de ses contemporains et de ses collègues fut vraisemblablement de s'être identifié avec leurs intérêts et ce qu'ils croyaient fermement leurs droits, au point de les défendre en toute occasion avec une constance qui approchait de l'opiniâtreté. Elle l'exposa à certaines disgrâces de la part du gouvernement, mais le temps était passé où l'on considérait les premiers présidents comme des médiateurs entre la couronne et leur compagnie; et soit que l'on craignît d'ajouter à l'irritation des Parlements par la révocation de leurs chefs, soit tout autre motif, toujours est-il qu'on ne vit pas dans le xviiie siècle d'exemples de premiers présidents privés de leur titre pour des causes politiques : Dalon à

Bordeaux et François de Bastard à Toulouse n'ayant été destitués que pour avoir déplu à leurs corps [1]. Hyacinthe Le Berthon, volontairement solidaire de tous les actes du sien, frappé avec lui, rappelé avec lui, avait donc, devant l'opinion publique exaltée par cette dernière mesure, tous les droits possibles à recueillir les plus flatteurs témoignages de sa sympathie.

Il paraît certain qu'il avait passé tout le temps écoulé depuis la suppression du Parlement, à sa terre d'Aiguille, près Coutras. C'est là que vint le trouver la nouvelle qui le rendait à ses fonctions. Il en partit pour se rendre à une autre de ses propriétés plus voisine de Bordeaux, le château de Virelade. Ce premier voyage fut déjà pour lui l'occasion de félicitations de toute la population des lieux où il passa. A Castillon, les habitants le complimentèrent; à Libourne, l'artillerie salua son entrée, et tous les ordres vinrent en députation lui offrir leurs hommages. Il voulut traverser Bordeaux incognito et n'échappa qu'à grand'peine aux honneurs qu'on lui avait préparés. Les jurats lui en exprimèrent leurs regrets, certains, du reste, de se dédommager un peu plus tard. Le 28 février était le jour marqué pour son entrée à Bordeaux. Sur la route de Virelade à cette ville, le premier président fut accueilli par les témoignages de tout genre de la joie populaire. Entre les diverses localités qu'il traversa, ce fut une véritable émulation pour les lui prodiguer. Déjà les députés de

---

[1] De Bastard d'Estang, *les Parlements de France*, t. II.

la compagnie des procureurs étaient venus le saluer à Portets, lorsque, un peu plus loin, au Boucaut, se présentèrent vingt-cinq avocats dont un d'eux, Garat lui adressa un discours fort remarquable. Cet orateur était, croyons-nous, l'aîné des deux frères qui appartenaient alors au même barreau, et il y avait déjà rendu son nom célèbre. Lorsque Le Berthon, au milieu des lauriers dont les jeunes filles de la campagne et les avocats avaient déjà couvert sa voiture, arriva à peu de distance de Bordeaux, il trouva à l'endroit appelé *le Becquet* un arc de triomphe de grandes proportions et richement orné, élevé sur la route par la Société des francs-maçons. Les armes du premier président couronnaient le fronton de la principale arcade; des inscriptions à sa gloire et à celle du Parlement se lisaient sur les parois de cet ouvrage, entre autres celle-ci : *Vivant senatores religiosissimi!* Là eut lieu une scène touchante, celle de l'entrevue de ces magistrats et de leur chef se retrouvant pour la première fois après leur exil. Ils s'embrassèrent au milieu de l'attendrissement général. Un banquet avait été préparé dans une maison voisine, où prirent place plus de deux cents invités. Lorsque le cortége reprit ensuite la route de la ville, il y avait plus de quatre cents cavaliers précédant la chaise de poste du premier président et à la suite plus de deux cents voitures. Une foule immense assista à son entrée dans Bordeaux où, dans son délire, elle voulait dételer les chevaux du premier président, qui ne le permit pas. Il reçut, peu après son arrivée à son hôtel, rue du Mirail, la visite du comte de Noailles, duc de Mouchy, lieutenant général au gouvernement de la basse Guyenne, et de M. de Fourqueux, conseiller d'État, chargés par le roi de procéder à l'installation du Parlement. Le premier de ces délégués de l'autorité royale n'avait pu, dit-on, en entendant les acclamations de la multitude en l'honneur du premier président, s'empêcher de dire : « Voilà donc ce magistrat que l'on disait généralement haï de ses concitoyens ! » Il faut croire que telles étaient les couleurs mensongères sous lesquelles on avait peint en haut lieu Le Berthon, à l'époque de sa disgrâce.

La cérémonie de la réouverture du Parlement se fit le 2 mars. Elle rappelait, par sa pompe, les plus beaux jours de cette antique institution. Tous les membres de la Compagnie, tant ceux qui en étaient séparés depuis l'établissement du Parlement Maupeou que ceux ayant fait partie de ce corps, avaient reçu une lettre particulière du roi pour s'y rendre [1]. Dix présidents, deux chevaliers d'honneur, les présidents

[1] C'est par une erreur manifeste et qui prouve qu'il faut quelquefois se défier même des écrits contemporains, qu'un petit ouvrage de cette époque, intitulé : *Récit des effets de la joie publique*, etc., porte que les membres du Parlement Maupeou avaient reçu des lettres de cachet pour ne pas paraître à la cérémonie. Ils y assistaient comme les autres, ainsi qu'on peut s'en convaincre par le procès verbal officiel de la séance. Un seul manqua à l'appel ; ce fut de Gascq, et l'on comprend pourquoi. On peut juger, du reste, jusqu'où l'hyperbole de l'admiration fut poussée en faveur du premier président, en lisant ce qui suit dans une ode qui lui fut présentée :

Le Berthon est un dieu que le Ciel nous envoie
Pour réparer les maux que nous avons soufferts.

des enquêtes et des requêtes, les conseillers titulaires au nombre de 78, neuf honoraires et les gens du roi avaient pris place sur les hauts siéges. Plusieurs discours furent prononcés : les délégués du roi, le premier président et le procureur général Dudon prirent successivement la parole. Une seule idée y domina : le vœu du retour complet du calme et de la concorde; pas un mot, pas une allusion aux voies très différentes qu'avaient suivies les magistrats présents. Pourquoi la suite des événements donna-t-elle lieu de croire que ces nobles sentiments étaient sur les lèvres plutôt que dans les cœurs [1] ?

Trois édits furent présentés, publiés et enregistrés dans cette séance.

Le premier était celui du rétablissement du Parlement, tel qu'il existait avant l'édit de 1771, qui demeurait révoqué, ainsi que la création, à la même date, d'offices en remplacement des anciens. Tous les magistrats sans distinction étaient remis en possession de leurs charges. Néanmoins, comme plusieurs en avaient fait liquider et même toucher en partie le prix, ces liquidations étaient déclarées sans effet, ainsi que les quittances. Ils devaient rapporter dans le mois au trésor royal les sommes par eux touchées, et recevoir en échange leurs titres de propriété, sauf à eux à disposer de celle-ci comme devant.

---

(1) *Procès-verbal de la séance de M. le comte de Noailles, duc de Mouchy, au Parlement de Bordeaux*, etc., imprimé à Bordeaux chez Jean Chappuis, imprimeur de la Cour de Parlement. M. DCC. LXXV. (*Spicilége de Bernadau, recueil des édits*, etc. Biblioth. de la ville. — V. aussi O'Reilly, *Histoire de Bordeaux*.)

On rétablissait l'ancienne division de la Cour en grand'chambre, tournelle, enquêtes et requêtes — comprenant le même nombre d'offices.

Les jugements et arrêts rendus depuis l'édit de suppression étaient maintenus, mais les procédures en voie d'instruction contre toutes les personnes ecclésiastiques ou laïques restaient non avenues.

Le second édit, *portant ordonnance pour le Parlement,* réglait plusieurs objets de compétence et de discipline. C'étaient les attributions des diverses chambres et surtout les règles à suivre pour leur réunion en assemblée générale. Il y avait là des prescriptions propres à prévenir certains désordres nés de l'invasion tumultueuse des chambres dans la grande; formes tracées pour les modes et les cas de ces assemblées.

La matière si importante et si délicate des remontrances recevait ici une nouvelle réglementation. On avait cru rencontrer dans le rappel des Parlements l'occasion de concilier l'exercice d'un droit auquel ils tenaient tant que sa violation avait été la principale cause de leur ruine, avec des précautions destinées à sauvegarder l'autorité royale. C'est ainsi que les remontrances étaient permises, non seulement après une première présentation des édits, mais encore après un enregistrement en lit de justice ou par l'intermédiaire des délégués du monarque, et même une troisième fois, si, les deux premières, il ne les avait pas accueillies. Mais la compensation de ces concessions, c'est que, dans tous les cas et *avant toutes remontrances,* l'enregistrement devait avoir lieu nécessairement, et que jamais elles ne pouvaient ni arrêter ni suspendre l'exécution des édits.

Une autre disposition remettait strictement en vigueur l'abolition des dispenses d'âge pour les magistrats. Ils ne pouvaient plus avoir voix délibérative avant vingt-cinq ans accomplis.

Enfin, toute suspension du cours de la justice demeurait sévèrement prohibée, surtout au moyen des démissions combinées. Le recours à cette extrémité était assimilé à la forfaiture, et les coupables devaient être traduits devant une Cour plénière, haute juridiction organisée dans ce but et destinée à juger les juges même souverains.

Le troisième édit avait pour objet l'extension de la compétence des présidiaux, autorisés à juger à l'avenir jusqu'à 2,000 livres de principal et 80 livres de rente en dernier ressort, et à charge d'appel, par provision et moyennant caution, jusqu'à 4,000 livres de principal et 160 livres de rente.

Il est à remarquer que l'enregistrement de ces trois édits fut prononcé par l'intendant Fourqueux, aux termes, est-il dit, de sa commission exprimée par les lettres du roi; mais le procès-verbal de la séance porte, outre les signatures de ce conseiller d'État et du comte de Noailles, celles du premier président Le Berthon et du procureur général Dudon. Ce magistrat même, au sujet du second édit relatif à la discipline, déclara, tout en requérant l'enregistrement du très exprès commandement du roi, s'en référer à l'examen plus ample qu'en ferait la Cour. Il exprima aussi, en prenant les mêmes conclusions sur le troisième concernant les présidiaux, la crainte qu'une telle extension de pouvoir ne fût sujette à beaucoup d'inconvénients, etc.

Ainsi, tout en restaurant l'institution des Parlements et quoiqu'il parût les rétablir au même et semblable état où ils étaient avant leur anéantissement, le gouvernement se mettait en garde contre le retour des circonstances qui l'avaient amené. Si ces marques, sinon de méfiance, au moins d'une prévoyance excessive, ne troublèrent pas la fête, il est facile de concevoir qu'au fond la satisfaction de ceux qui en étaient l'objet ne resta pas sans mélange. Ce qui est certain, c'est qu'il n'y avait rien de contractuel entre les Parlements et la royauté, au sujet de ces règlements de la question si délicate des remontrances. Les premiers ne prenaient aucun engagement de s'y conformer et ne les acceptaient même pas comme une condition tacite de leur réintégration. A quoi bon, dès lors, la leur imposer? N'aurait-il pas mieux valu en éviter jusqu'à la pensée en ne se montrant pas généreux à demi dans une œuvre de réparation? Quelques paroles témoignant une noble et entière confiance dans l'avenir eussent été préférables à des précautions contre des abus dont il ne fallait même pas paraître craindre le retour.

CHAPITRE VII

1774-1790

Avénement de Louis XVI. — Ministère et projets de Turgot. — Les Parlements lui sont hostiles. — Difficultés soulevées par celui de Bordeaux contre la transformation de la corvée. — Querelles avec l'intendant Dupré de Saint-Maur. — Autre différend de la Compagnie avec le gouvernement : affaire des alluvions de la Garonne et de la Dordogne. — Opposition du Parlement aux arrêts du Conseil ; cassation de ses arrêts ; ses remontrances. — Incident Pestels. — Le Parlement mandé à Versailles ; sa comparution en corps devant le roi. — Résultat : il prouve que sa résistance était juste. — Vérité historique altérée sur cet épisode. — Tableau de la galerie de Versailles. — Assemblée des notables. — Convocation des assemblées provinciales ; le Parlement de Bordeaux prend l'attitude la plus hostile vis-à-vis de la cour en cette occasion ; il empêche l'exécution des ordres du roi. — Son exil à Libourne. — Ses remontrances multipliées. — Leur examen. — Appréciation. — Son rappel à Bordeaux. — Détails sur son retour. — Ovation décernée à ses membres et surtout au premier président Le Berthon ; jugement sur ce magistrat. — Affaires intérieures. — Le président Dupaty, l'avocat général Dufaure de La Jarthe et le procureur général Dudon. — Détails biographiques sur le premier. — Ses luttes avec la majorité de la Compagnie, qui ne veut pas l'admettre comme président. — Causes présumées de ce refus. — Le Parlement est forcé de céder. — Les dernières années de Dupaty. — Procès des trois condamnés à la roue. — Démêlés de Dudon fils avec la Compagnie pour se faire agréer comme procureur général en survivance de son père. — Étranges procédés de la Cour envers lui. — Il finit par triompher. — Suite des événements publics. — Le Parlement lors de la convocation des États Généraux ; sa conduite prudente ; elle lui conserve sa popularité. — Le premier président Le Berthon, le président Lavie nommés députés aux États Généraux. — Changements dans l'opinion locale sur le compte du Parlement depuis les décrets de l'Assemblée préparant la suppression de toutes les grandes Compagnies judiciaires. — La chambre des vacations de 1789 est dénoncée à l'Assemblée nationale à cause d'un arrêt du 21 février 1790. — Débats dans cette Assemblée à ce sujet. — Opinions de Chapelier, de Mirabeau et autres députés. — Dudon fils, défenseur de son père, traduit à la barre en même temps que le président Daugeard. — Défense écrite de Dudon père. — Discours du président Daugeard. — Décision de l'Assemblée. — Fin du Parlement de

CHAPITRE VII.

Bordeaux. — Appréciations d'ensemble des anciennes cours de justice en général et du Parlement de Bordeaux en particulier. — Ses divers genres d'influence sur le milieu social soumis à son action.

« Ce n'est pas la fortune qui domine le monde, » a dit Montesquieu [1]. Ainsi donc la fatalité entre pour beaucoup moins qu'on ne le croit communément dans les choses humaines. Ainsi encore, et par cela même que les révolutions sont presque toujours le lent ouvrage du temps, il est possible de suivre leur marche, d'en surveiller les progrès, en un mot de diriger et de maîtriser le torrent, au lieu de se laisser emporter par lui. C'est là, il est vrai, une grande et difficile tâche; il y faut une main habile autant que ferme, de l'adresse aussi bien que de la force, surtout une persévérance de volonté, une constance de résolution que ne déconcerte aucun obstacle.

Une nation profondément travaillée par le désir et, à beaucoup d'égards, par le besoin de changements : telle était bien la France dans la dernière partie du XVIIIe siècle. Les symptômes les moins équivoques, au moment où se termina un règne qui avait tant contribué à les aggraver, présageaient aux yeux les moins clairvoyants l'imminente explosion d'une crise qu'il était urgent de prévenir par des réformes indispensables. Cette nécessité comprise, les moyens d'y pourvoir, cherchés avec autant de zèle que de bonne foi, semblèrent d'abord en promettre et en assurer le succès. Un roi jeune, vertueux, dont les

---

[1] *Grandeur et Décadence des Romains,* chap. XVIII.

mœurs d'une pureté exemplaire contrastaient si fort avec les désordres qui naguère souillaient le trône, venait d'y monter. Parmi toutes ses qualités brillait celle qui, précieuse en tout homme vivant au milieu de ses semblables, est un véritable trésor dans celui qui est élevé au-dessus d'eux : la bonté, et, chez Louis XVI, la bonté la plus exquise. C'était elle dont l'inspiration lui faisait tout d'abord discerner le ministre le plus capable de le seconder dans l'accomplissement de son vœu le plus cher : le bonheur de ses sujets. C'est elle encore qui, au milieu des entraves qu'il rencontrait dans cette noble entreprise, lui dictait plus tard ces paroles touchantes : « Il n'y a que M. Turgot et moi qui aimions le peuple. »

Le programme des projets médités par cet homme d'État peut se résumer ainsi : suppression définitive de ce qui restait des abus tyranniques de la féodalité; la noblesse et le clergé assujettis à la taille au moyen d'un impôt territorial; la liberté de conscience; le rappel des protestants; la suppression de la plupart des monastères; le rachat des rentes féodales combiné avec le respect des droits de la propriété; un seul code civil pour tout le royaume; l'unité des poids et des mesures; la pensée aussi libre que l'industrie; l'abolition des jurandes et des maîtrises, celle de la corvée; un nouveau système d'instruction publique; les administrations provinciales; avant tout, enfin, la libre circulation des grains dans toutes les provinces assurée par l'abolition du monopole, et la pleine franchise de ce commerce au dedans et au dehors.

L'heure n'était pas venue encore, sans doute, de toutes ces innovations, les mêmes, on le voit, qui devaient quelques années plus tard être opérées si brusquement. L'introduction en aurait été graduelle. Turgot méditait des réformes ; il ne voulait pas une révolution. Mais, même pour les amener, il lui aurait fallu une complète liberté d'agir. Il le comprenait si bien, qu'il passe pour constant que, prévoyant les empêchements que rencontrerait son œuvre de la part des Parlements, il s'opposa, dans le Conseil, à leur rappel. Ils le surent, et le ressentiment qu'ils en conservèrent fut, avec l'orgueil que leur inspira leur rétablissement qu'ils prenaient pour une victoire sur la couronne, un des motifs de la résistance qu'éprouva de leur part la première et assurément l'une des plus sages propositions du ministre : la suppression des jurandes et des maîtrises, objets de tant de plaintes. Le récit des difficultés qu'il éprouva sur ce point de la part de la magistrature est étranger à notre sujet, car l'édit ne fut pas soumis au Parlement de Bordeaux. Mais ce corps, à l'exemple de celui de Paris, animé du même esprit d'attachement opiniâtre à des institutions surannées et d'hostilité à toutes réformes, même les plus évidemment utiles, s'empressa de manifester ces dispositions, et qui le croirait? à l'occasion de l'abolition de la corvée.

Le gouvernement, instruit par l'expérience, avait eu recours à la voie administrative pour la transformation de ce genre d'impôt, l'un des plus justement odieux aux populations. La substitution d'une prestation pécuniaire au travail en nature, progrès et bienfait tout à la fois, semblait ne devoir rencontrer qu'une approbation universelle. Dès 1775 et dans son intendance du Limousin, Turgot l'avait appliquée avec le plus grand succès. Lorsque ce ministre, si cher au cœur de Louis XVI, eut succombé sous des intrigues de cour, Necker, son successeur, profita du premier essai des assemblées provinciales en Berry pour y essayer la même modification de la corvée, et elle y avait également bien réussi. Cette double épreuve parlait donc en sa faveur. Le Parlement de Bordeaux ne voulut en tenir aucun compte. A ce premier tort il ajouta celui de prendre dans cette question une initiative qui ne lui appartenait pas, et voici sous quel prétexte.

En 1779, l'intendant de la basse Guyenne, Dupré de Saint-Maur, avait préparé la modification de la corvée dans le sens qu'on vient d'indiquer, en faisant rendre par ses subdélégués des ordonnances conformes à ce but, dans quelques parties de la généralité : à Bordeaux, Bergerac, Castillonnès et Dax. A la date du 4 juillet, le Parlement s'assemblait et prenait une délibération contre ces mesures. Il y déclarait que l'alternative proposée aux communes, des travaux en nature ou des prestations pécuniaires, était la source des plus grands inconvénients. Selon lui, la corvée même valait mieux que les impôts perpétuels et arbitraires dans lesquels elle pouvait dégénérer. Il fallait réprimer des préposés avides qui ne cherchaient qu'à ruiner la portion la plus faible et en même temps la plus utile de la société. Les cris des malheureux cultivateurs se faisaient entendre de toutes parts dans l'étendue du ressort. S'ils optaient pour le travail manuel, on leur assignait exprès des cantonnements très éloignés de leur demeure. Si pour le rachat, c'était l'intérêt public qui souffrait de mauvais travaux exécutés par de mauvais ouvriers. Enfin, les sommes employées échappaient à tout contrôle. La Cour arrêtait donc des remontrances. Si elle se fût bornée là, quoiqu'elle empiétât sur les attributions de l'administration, la dénonciation d'abus partiels, possibles dans la transformation nouvelle de l'impôt, lui servait au besoin d'excuse et avait un but avantageux. Mais, fidèle à ses précédents, le Parlement, sans attendre l'effet de ses représentations, prenait sur lui de suspendre l'exécution des ordonnances des subdélégués, de les casser même et d'ordonner que les travaux de corvée continueraient sur l'ancien pied, défendant toutes taxes ou impositions jusqu'à ce qu'une loi, dont il proclamait la nécessité, eût été rendue sur cette matière.

Sur la plainte de l'intendant, cet arrêté fut cassé lui-même par le Conseil sous la date du 11 juillet, avec ordre de poursuivre la continuation des mandements de ce fonctionnaire et de ses agents. Il fut même chargé de faire signifier ces décisions au procureur général, ce à quoi il ne manqua pas, et il les fit imprimer et publier. Le Parlement, doublement blessé dans son amour-propre et dans ce qu'il croyait sa compétence, adressa de nouvelles remontrances dès le 24 août, qui ne furent pas encore les dernières. Le conflit se perpétua, et pendant longtemps ce fut une guerre incessante entre les deux autorités à coups d'arrêts et d'écrits du style le moins mesuré, puisque les premiers allaient jusqu'à qualifier les seconds d'indécents et de calomnieux. Que gagnait le Parlement par un vain amour de popularité, et peut-être aussi parce que les modifications de la corvée tendaient à faire disparaître des exemptions et priviléges pour certaines classes des propriétaires, à se faire ainsi le champion d'une si détestable cause qu'il s'avouait lui-même réduit à l'affreuse nécessité de désirer le rétablissement de la corvée? N'eût-il pas été beaucoup plus sage, comme le lui disait l'arrêt du Conseil de 1779, de se borner à indiquer le mal, s'il y en avait dans le mode d'application d'une mesure nouvelle, au lieu de s'en prendre à elle-même et de soulever l'opinion contre une évidente amélioration dans les charges publiques? Pourquoi, enfin, ces stériles débats qui durèrent jusqu'à l'abolition définitive de la corvée par un édit du 27 juin 1787?

Ce sujet de querelles des autorités locales n'était donc pas encore épuisé, qu'il s'en élevait un autre, d'une nature plus sérieuse entre le gouvernement lui-même et le Parlement. Ici, la conduite de ce corps fut irréprochable, car il s'agissait uniquement de la justice. Malheureusement le résultat, loin de tourner au profit de l'apaisement d'irritations mutuelles et de ramener la concorde, ne fit peut-être qu'ajouter de nouveaux motifs d'aigreur à ceux que les magistrats avaient rapportés de l'exil.

Il existait sur le bord des deux grandes rivières, la Garonne et la Dordogne, après leur confluent, des terrains d'alluvions dans la propriété et jouissance desquels les riverains n'avaient jamais été troublés. Comment le Conseil du roi fut-il, en 1781, porté à rechercher la légitimité de leurs droits? Fut-ce, comme on l'a dit, à la sollicitation de courtisans avides qui auraient obtenu d'avance la concession de ces terrains? On a nommé la famille de Polignac, nous ne savons sur quelle preuve ou sur quel indice. Toujours est-il qu'un arrêt du Conseil du 5 juillet de cette année 1781, se fondant sur ce que les îles, îlots et *atterrissements ou relais* le long des rivières dont il s'agit, et dans une étendue considérable, puisqu'elle allait des environs de Bordeaux jusqu'à la mer, étaient des dépendances du domaine, prescrivit la vérification des titres pouvant exister entre les mains des détenteurs de ces diverses natures de propriétés et de recueillir leurs déclarations. L'exécution de ces opérations était confiée au grand-maître des eaux et forêts de Guyenne, mais sans que la juridiction de ce nom fût saisie de la connaissance des investigations ordonnées; elle était, au contraire, expressément réservée au Conseil lui-même. Le motif de ces dispositions était pris de ce que l'affaire rentrait exclusivement dans les matières d'ordre et d'administration. Or, rien de plus évident, au contraire, que les questions de cette nature avaient un caractère tout à fait domanial et qu'elles soulevaient, dans tous les cas, de véritables débats de propriété, de la compétence, par conséquent, des tribunaux ordinaires. L'attribution qu'on en faisait au Conseil du roi constituait donc une dérogation flagrante aux vrais principes du droit et à l'ordre des juridictions, et paraissait bien n'avoir d'autre but que de soustraire les intéressés à leur juge naturel. De là des alarmes aussi vives que faciles à comprendre de leur part, aussitôt qu'ils furent informés de ce qui les menaçait. Sur la dénonciation d'un de ses membres, à la date du 3 mai 1782, le Parlement arrêta des remontrances. En même temps, et dans la crainte, assez fondée, du reste, qu'on ne se pressât pas d'y répondre, il prit les devants en ordonnant qu'il fût sursis à l'exécution de l'arrêt du 5 juillet 1781 et fit défense au grand maître des eaux et forêts d'y procéder. Déféré au Conseil, ce sursis fut annulé, le 31 octobre 1783. Dans une lettre d'envoi, le garde sceaux prétendait expliquer les motifs pour lesquels le roi s'était réservé la connaissance de l'affaire et des difficultés litigieuses auxquelles elle pourrait donner lieu; explications, il faut le dire, évasives et vagues et qui laissaient subsister l'objection qui les dominait toutes : la question de compétence. Aussi, par un nouvel arrêt du 21 avril 1784, le Parlement persistait-il dans celui qu'il avait précédemment rendu, et ce sur la réquisition du procureur général, appelé ici à un rôle d'autant plus actif qu'il s'agissait du domaine. Ce second arrêt subit le même sort que le premier et fut également cassé par le Conseil le 26 octobre 1785. On y reprochait vivement au Parlement d'avoir fait imprimer les arrêt et réquisitoire du 21 avril ; on l'accusait d'avoir ainsi cherché à semer l'alarme parmi les populations : conduite répréhensible, ajoutait le préambule du nouvel arrêt de cassation, et dont le témoignage méritait d'être mis au néant. Pour donner apparemment plus de force à cette annulation, les lettres-patentes qui l'accompagnaient, contenaient comme une nouvelle édition des dispositions réglementaires prescrites déjà dans le principe de la procédure, c'est-à-dire le mandat au grand-maître des eaux et forêts de l'instruire; le pouvoir de traiter avec les détenteurs des terrains recherchés, de les confirmer au besoin dans leur jouissance, au moyen de déclarations conformes aux prétentions du domaine et du paiement par eux des cens et redevances fixés pour leur maintien en possession. Enfin, de nouvelles réserves et plus formelles que jamais de l'évocation au Conseil du jugement des contestations, et l'interdiction au Parlement et à tous autres juges d'en connaître, terminaient ces lettres. Comme on s'attendait, du reste, à ce que le Corps auquel elles s'adressaient ne voudrait pas les enregistrer, elles furent apportées le 30 mai 1786 par le comte de Fumel, commandant militaire de la province, et enregistrées alors de l'ordre et du très exprès commandement du roi, en l'absence de toutes conclusions du procureur général, qui refusa, dit le Registre, d'en donner. Dès la veille, le Parlement, dans l'attente de ce qui allait se passer, avait protesté et, allant cette fois plus loin encore, n'avait pas craint de déclarer nulles et illégales les lettres dont il s'agit, et arrêté de nouvelles remontrances, qu'il publia le 30 juin suivant. Avant de les analyser, il est nécessaire de rapporter ici un incident qui était venu encore passionner le différend.

Un sieur de Pestels, chevalier de Malte, se disant chargé des ordres du roi pour faire exécuter dans la province de Guyenne les arrêts du Conseil de 1781, 1783 et 1785, et, dès lors, de faire rentrer dans le domaine de Sa Majesté les alluvions objet de ces arrêts, avait apporté à l'accomplissement de cette mission un zèle des plus ardents. Par ses démarches auprès des habitants des campagnes, abusant de leur ignorance et effrayant leur timidité, il était parvenu à obtenir d'un grand nombre d'entre eux, dans les communes de Soussans et de Parempuyre en Médoc, des déclarations propres à impressionner vivement tous les autres détenteurs. Elles portaient en effet que les trente mille journaux environ de marais ou palus dont eux ou leurs auteurs jouissaient, après s'en être emparés à mesure que les eaux les délaissaient, étaient la propriété du roi; qu'ils n'avaient jamais reconnu aucuns seigneurs à raison de ces fonds, sauf pour quelques-uns dont ils payaient les cens à certaines familles du Parlement. Ils finissaient par supplier Pestels de leur faire accorder par Sa Majesté les autorisations nécessaires pour légitimer leur jouissance et l'ériger en propriété permanente, au moyen de leur reconnaissance de la tenir désormais du domaine. On voit qu'il y avait là un mélange d'intrigue et de méchanceté, puisque la résistance du Parlement semblait devoir être mise sur le compte de l'intérêt personnel de quelques-uns de ses membres. Cette malveillante insinuation fut sévèrement, et trop sévèrement peut-être, réprimée. Sur la plainte du procureur général, Pestels, décrété de prise de corps, se vit arrêté et incarcéré; des poursuites étaient en même temps dirigées contre des notaires ayant reçu les déclarations des vignerons du Médoc. Mais à ces manifestations judiciaires le gouvernement répondit par des actes d'autorité. En vertu de lettres de cachet, le comte de Fumel enleva Pestels des prisons du Parlement.

C'est à ces voies de fait qu'on en était venu de part et d'autre, lorsque furent rédigées les remontrances du 30 juin 1786 [1]. Après y être remonté jusqu'à l'origine de l'affaire, le Parlement y présentait l'apologie de sa conduite, en droit comme en fait, dans ses phases successives. Il commençait par la démonstration approfondie de ce principe incontestable sous la législation française comme en droit romain : que la propriété des *alluvions,* même des rivières navigables ou flottables, appartient aux riverains, par droit d'accroissement; que ceux-ci

[1] Biblioth. de la ville, *Catalogue historique supplémentaire,* n° 854. — On attribue la rédaction de ces remontrances au conseiller au Parlement de Bouquier. Nous avons tout lieu de croire, d'après des documents communiqués par les héritiers de ce magistrat, à l'exactitude de cette attribution.

n'avaient donc à justifier d'aucun titre et que la possession leur suffisait. Fallait-il, au surplus, des titres? ils en avaient. Sans craindre ici de citer des noms propres, quoiqu'ils appartinssent à la magistrature, on déclarait que le baron de Secondat, fils du *fameux Montesquieu (sic),* pouvait produire six reconnaissances concernant les marais en question dont l'une remontait à 1470. Le Parlement établit non moins victorieusement, en second lieu, la compétence des tribunaux ordinaires en matière de domaine ou plutôt de propriété, soit publique, soit privée, et que c'était renverser l'ordre des juridictions que de les attribuer à celle purement administrative du Conseil d'État. Des représentations étaient ensuite faites au sujet de l'enlèvement de Pestels et d'un de ses agents des prisons de la Cour, acte illégal et arbitraire et que, dans une circonstance semblable, le chancelier Daguesseau s'était refusé à autoriser. Les remontrances, chef-d'œuvre de dialectique judiciaire, où la vigueur du raisonnement s'unit à la parfaite convenance du style, se terminent ainsi : « Placés
» dans la cruelle alternative de trahir nos devoirs,
» nos serments, l'intérêt de vos peuples et le dépôt
» des lois que votre autorité nous confie, ou de
» paraître résister à des ordres surpris à Votre
» Majesté et dont on a su lui déguiser l'injustice,
» devons-nous balancer? Non, Sire, jamais! Nous
» ne cesserons d'invoquer votre bienveillance et votre
» justice, et s'il était possible que notre zèle à remplir
» des devoirs si sacrés nous attirât votre disgrâce,

» quelque accablant que fût ce coup pour nous, quelque
» douloureuse que fût cette situation, il en serait une
» plus déplorable à nos yeux, ce serait de l'avoir
» méritée. »

Devant des représentations aussi bien fondées et aussi convenablement faites, quelle aurait dû être la conduite du gouvernement? Renoncer à ses recherches dépourvues de justice, et reconnaître loyalement qu'on l'avait induit en erreur. D'autres conseils prévalurent. On a droit de s'en étonner puisque les sceaux étaient alors tenus par Hue de Miromesnil, longtemps premier président du Parlement de Rouen, et qui avait fait preuve, dans cette charge, de capacité et d'une certaine indépendance de caractère. On ignore si ce fut de son consentement ou malgré son avis qu'une détermination inouïe fut prise à l'égard du Parlement de Bordeaux. Il fut mandé tout entier à Versailles devant le roi pour y rendre compte de sa conduite. La Compagnie dut obéir à cet ordre.

Les détails de son long voyage nous font complètement défaut. Elle était rendue à Versailles le 21 juillet 1786, jour qui lui avait été assigné. De chez le premier président où elle s'était réunie, elle alla à pied, au milieu d'une foule immense, au château pour y attendre, dans la salle des ambassadeurs, les ordres du roi. Le ministre de Vergennes vint l'y prendre avec le maître des cérémonies pour l'introduire à l'audience royale. Quatre-vingt-quinze magistrats en robe noire se rangèrent debout devant le monarque assis et couvert, entouré de quelques grands de la cour et ayant le garde des sceaux près de lui. Sur l'ordre donné par lui que les arrêts et arrêtés du Parlement, dont l'apport avait été prescrit, fussent déposés, le greffier les tira successivement d'un coffret dont il était porteur. Le roi ordonna de nouveau que ces pièces fussent remises au greffe de la chancellerie pour être examinées par les deux conseillers d'État Vivaud de La Tour et Berthier de Sauvigny, en présence du premier président, du procureur général et du greffier en chef. Le Parlement reçut ensuite l'ordre d'attendre à Versailles les ordres du monarque. Dès le 26 juillet, le comité avait terminé son travail; mais des conférences et éclaircissements entre les ministres et les chefs de la Compagnie ne permirent au Conseil de s'occuper de l'affaire que le 28 au soir. Ce fut donc le lendemain 29, à onze heures, que le Parlement comparut de nouveau. La séance devant être longue, on avait fait placer dans l'œil-de-bœuf des banquettes pour que les magistrats pussent s'asseoir pendant les moments où leur présence n'était pas absolument nécessaire dans l'appartement où se tenait le monarque et appelé la chambre de parade. Après l'entrée du Parlement, il dit : « qu'il n'avait pu voir sans surprise et sans mécontentement que son Parlement de Bordeaux se fût ingéré dans des affaires qui lui étaient étrangères et se fût permis de donner des arrêts de défense sur ce qu'il avait ordonné, après avoir fait connaître ses intentions

de la manière la plus solennelle. » « Je vais faire, ajouta-t-il, biffer sur vos Registres ce qui est contraire au respect qui m'est dû et que mon Parlement n'aurait pas dû se permettre. » Cette volonté était formulée dans de nouvelles lettres-patentes explicatives de celles du 14 mai précédent. Elles ordonnaient que l'enregistrement de celles-ci tiendrait et serait exécuté. Elles portaient que tous les actes émanés du Parlement du 3 mai 1782 au 30 mai 1786 seraient biffés en présence même du monarque; mais elles ajoutaient : « Sans néanmoins que l'on puisse
» induire des lettres-patentes du 14 mai concernant
» la recherche et vérification des îles, îlots, atterrisse-
» mens et alluvions et relais formés dans les rivières
» de Gironde, Garonne et Dordogne, ni d'aucune
» rivière navigable, qu'ils puissent appartenir qu'aux
» propriétaires du fonds adjacent à la rive des dites
» rivières..... N'entendons que, sous prétexte de
» rechercher et de vérifier les terrains dépendant de
» notre domaine, on trouble les propriétaires dans la
» possession et jouissance des fiefs, terres, etc., qu'ils
» possèdent d'ancienneté par eux ou par leurs auteurs
» et que rien n'annonce faire partie de notre
» domaine, etc..... » Eh! qu'avait donc soutenu le Parlement pendant toute cette discussion, sinon cette même doctrine? Quelle autre thèse avait-il développée que celle-là dont on finissait par reconnaître la justice? Le parti pris de faire rayer les actes de cette Compagnie n'avait pas d'autre but que de sauver la contradiction entre l'aveu du mérite de ses

réclamations et le blâme qu'on lui en avait infligé en le sommant d'en venir rendre compte. Les paroles par lesquelles le roi le congédia se ressentaient de l'embarras du ministère, qui les lui avait dictées. Elles se bornaient à des généralités vagues sur la déférence obligée des Parlements envers l'autorité royale et contenaient d'ailleurs cette déclaration précise : « qu'il ne souffrirait jamais que l'on portât les prétentions du domaine jusqu'à vouloir dépouiller de leurs biens les possesseurs légitimes. » Voilà donc à quoi aboutissait la mesure sans précédent, et reconnue depuis sans motif, prise contre le Parlement. A la suite de la séance, ce corps revint à Bordeaux où il fut reçu aux acclamations des habitants [1].

Le voyage d'un si grand nombre de magistrats à une telle distance de leur résidence et leur séjour à Versailles, effectués à leurs frais, avaient coûté plus de 100,000 écus. Il paraît que le gouvernement, quelque peu honteux d'avoir occasionné une si grande dépense à des officiers reconnus en définitive à peu près irréprochables, leur fit offrir le remboursement de cette somme. Ils répondirent qu'ils ne l'accepteraient qu'autant qu'il n'en coûterait rien au peuple, et comme il était certain que ce serait le Trésor public qui paierait, l'affaire en resta là [2].

Nous complèterons la relation de la comparution du Parlement de Bordeaux en corps devant le roi à

---

[1] *Journal pour servir à l'hist. du XVIIIe siècle*, t. III, p. IX et suiv.
[2] *Lettres à un habitant de la Guienne sur les administrations ou assemblées provinciales.* (Bibl. de la ville, *partie hist.* du Catalogue.)

Versailles par celle d'un fait que nous empruntons à un écrivain de nos jours[1]. A l'époque où, par une très heureuse inspiration, l'on consacra le somptueux palais bâti par Louis XIV à *toutes les gloires de la France,* on eut, à ce qu'il paraît, la pensée d'y recueillir aussi ce qui se rattachait à l'histoire même de l'édifice. C'est à ce titre sans doute qu'on y voit un tableau représentant le Parlement de Bordeaux devant Louis XVI. Mais, selon l'explication donnée de cette peinture, ce corps remercie le monarque de l'abandon qu'il vient de faire aux riverains de la Garonne des terrains d'alluvions que le Domaine et le Conseil d'État leur contestaient. On peut juger, d'après notre récit exact de toute cette affaire, à quel point la vérité historique a été ici méconnue et altérée. Ce n'était pas, en effet, par la munificence royale que les riverains de la Garonne étaient maintenus dans leur propriété, et certes le Parlement de Bordeaux se trouvait à Versailles, en 1786, dans un tout autre but que celui d'y apporter des actions de grâces.

On aimerait à penser que l'épreuve pénible dont il venait de sortir à son honneur, ne lui aurait laissé d'autre souvenir que la légitime satisfaction du devoir accompli. Est-ce calomnier la nature humaine que de la supposer moins capable de l'oubli des injures que du ressentiment de l'amour-propre blessé? L'attitude du Parlement vis-à-vis du pouvoir royal, dans un nouveau différend qu'il allait bientôt avoir avec

[1] *Les Parlements de France,* par M. le vicomte de Bastard d'Estang, t. Ier, p. 193.

lui, fera naître la question de savoir s'il n'obéit pas à cette dernière suggestion plutôt qu'à la première.

L'Assemblée des notables réunie à Paris, au commencement de l'année 1787, sous le ministère de Calonne, avait été saisie par lui de plusieurs propositions financières dont faisait partie le projet de réunion des assemblées provinciales, conçu et même déjà partiellement exécuté par Turgot et par Necker. Il n'est pas inutile de rapporter ici textuellement les termes dans lesquels Calonne définissait, dans son Mémoire aux notables, la compétence des assemblées provinciales et l'objet de leur réunion.

« Ces assemblées doivent être chargées des soins
» relatifs *à la répartition* des contributions et des
» charges publiques. Elles doivent déterminer ce que
» chaque district doit porter dans la masse totale des
» impositions fixes de la province. Elles doivent
» proposer les chemins et les canaux qui pourront
» faciliter la circulation dans la province; surveiller
» les ouvrages; suivre les recouvrements des deniers
» que le roi décidera devoir être employés au rachat
» de la corvée en nature; désigner les lieux où il
» conviendrait d'établir des ateliers de charité. »

On sait que les autres propositions de Calonne, telles que l'impôt du timbre et la subvention territoriale, loin d'être accueillies, amenèrent sa disgrâce et qu'il fut obligé de se dérober par la fuite à l'animosité publique. Cependant, le Parlement de Paris, qui s'était montré si hostile à ces deux innovations, ne fit pas difficulté d'enregistrer, au mois de juin 1787, l'édit par lequel le ministère Loménie de Brienne réalisait les vues de Calonne sur les assemblées provinciales. Toutes les autres Cours souveraines suivirent son exemple. Le Parlement de Bordeaux seul s'y refusa, quoique le premier président Le Berthon et le procureur général Dudon, qui avaient fait partie des notables, eussent dû en rapporter des impressions favorables à l'établissement des assemblées, fondées d'ailleurs sur les bons résultats qu'elles avaient déjà produits en Berry et dans la haute Guyenne, où elles venaient de siéger. Par son arrêt du 25 juillet 1787, le Parlement déclara n'y avoir lieu à délibérer quant à présent sur l'enregistrement de l'édit du mois de juin, par le motif que les règlements particuliers relatifs à l'organisation des assemblées provinciales n'étaient pas joints à l'édit et qu'ils en étaient inséparables. Ce motif de refus était expliqué dans une lettre au roi, ayant pour objet la communication des règlements. Or, le Parlement de Paris ni les autres n'y avaient pas fait tant de façons et s'étaient bornés à émettre le vœu, après avoir enregistré l'édit, que les règlements leur fussent communiqués le plus tôt possible. La difficulté soulevée par la Cour de Bordeaux devait paraître, il faut le dire, d'autant plus surprenante au gouvernement, que le règlement dont il s'agit avait été publié par lui le 12 juillet, en ce qui concernait précisément l'assemblée provinciale du Limousin, sise dans le ressort de cette Cour. Elle connaissait donc ce règlement, et l'on ne peut attribuer la demande qu'elle en faisait qu'à la prétention de forcer le ministère à une déférence et presque à une soumission, de la part de l'autorité royale, à ses exigences. Le garde des sceaux de Lamoignon répondit en substance à la lettre du Parlement que le roi, étant le maître de faire administrer les provinces de son royaume quant aux impositions par des assemblées, des intendants ou par tout autre pouvoir que sa sagesse lui suggèrerait, ce corps n'était pas fondé à retarder l'enregistrement de l'édit sous le prétexte qu'il avait allégué. Il y avait ainsi, d'un côté, une question de dignité et d'autorité tout à la fois; de l'autre, une question d'attribution prétendue et surtout d'amour-propre intéressé à la soutenir. Ce fut malheureusement ce dernier parti auquel se laissa aller le Parlement, et dans le vif mécontentement qu'il éprouvait de n'avoir pas amené le gouvernement à lui céder, il ne craignit pas, informé qu'il se disait être de la prochaine réunion d'une assemblée à Limoges pour le 11 du mois de juillet, de rendre, le 8 du même mois, un arrêté par lequel il faisait *inhibitions et défenses* à toutes personnes de quelque ordre que ce fût, de se réunir en corps d'assemblée provinciale dans son ressort, avant que l'édit portant création de cette assemblée n'eût été enregistré à la Cour, avec injonction aux officiers des sénéchaux, présidiaux, etc., de tenir la main à l'exécution du présent arrêt, qui devait être imprimé et distribué, etc. [1]. Le

(1) *Journal pour servir à l'histoire du* XVIIIe *siècle*,.. contenant... tout ce qui s'est passé relativement à la translation du Parlement de

même jour, un courrier était expédié pour faire signifier cet arrêt au duc d'Ayen, qui avait été nommé par le roi président de l'assemblée. Il était impossible, comme on le voit, de trancher du souverain plus que ne le faisait le Parlement, puisqu'il défendait d'obéir au roi lui-même.

Un seul parti, ce semble, restait à prendre par le gouvernement pour la répression d'une entreprise si audacieuse : l'interdiction, ou tout au moins la suspension du Corps qui l'avait osée. Le ministère se borna, après avoir fait casser sa décision par arrêt du Conseil du 12 août, à la demi-mesure de sa translation. Dans la nuit du 17 au 18, chacun des membres de la Compagnie reçut, par l'entremise d'un officier du régiment de Champagne en garnison au Château-Trompette, une lettre de cachet lui enjoignant de se rendre à Libourne, au plus tard dans deux jours, pour y attendre les ordres du roi. Dès le lendemain 18, mettant à profit le délai qui leur était laissé, les chambres s'assemblèrent, et le jour même, dans la soirée, après bureau tenu chez le premier président, rendirent un nouvel arrêté par lequel elles persistaient, *sous le bon plaisir du roi,* dans celui du 8, en ordonnant la publication et l'affiche de cet arrêt. Néanmoins les magistrats obéirent à l'ordre de se transporter à Libourne, où les

Bordeaux à Libourne, les *remontrances,* les réponses du roi ou du garde des sceaux, les procès-verbaux, enregistrements militaires, protestations, etc., t. II, Paris, *chez les libraires associés,* 1789; recueil on ne peut plus complet des débats parlementaires de la fin du xviiie siècle.

avait précédés l'intendant de la province à l'effet de leur faire préparer des logements. Le 24, le comte de Brienne, commandant militaire de la province, leur présentait des lettres-patentes portant translation du Parlement à Libourne pour y rendre la justice en sa forme ordinaire. L'enregistrement n'eut lieu, comme il fallait s'y attendre, que d'autorité et donna lieu, sous la date du 3 septembre, à un arrêté dans lequel, mis ainsi en demeure de remplir sa mission judiciaire, le Parlement commençait à se retrancher à cet égard dans une fin de non-recevoir telle, que si elle était fondée, elle l'eût dispensé d'obtempérer à l'ordre même de sa translation. Nous ferons bientôt connaître ce moyen auquel, pour la première fois, et sans qu'il eût jamais songé jusque-là à l'invoquer lors de mesures semblables précédemment employées contre lui, le Parlement avait recours. Mais il faut achever le récit nécessaire de la longue procédure dilatoire à laquelle le ministère s'était imprudemment exposé. Elle consuma d'abord les deux mois de vacations ordinaires, qui furent absolument perdus pour l'expédition des procès malgré la précaution prise par l'autorité de continuer expressément le Parlement à cet effet. Dans cet intervalle, lettres-patentes, lettres de jussion demeurèrent stériles, le Parlement se retranchant toujours, en la forme d'abord, dans la nullité des enregistrements de ces actes opérés par une voie militaire, au fond ensuite persistant à réclamer la communication du règlement des assemblées provinciales. Le ministère ne se lassait pas de le suivre sur ce double terrain, avec une constance témoignant assurément de son vif désir qu'il fût satisfait aux intérêts des justiciables sacrifiés dans cette lutte, tandis que le Parlement pouvait être soupçonné à bon droit de les laisser en souffrance, pour forcer la main au pouvoir et se faire rappeler à Bordeaux. Il ne négligeait rien d'ailleurs pour amener ce résultat. Ainsi, dès le 7 septembre, la Cour des Aides de cette ville, épousant jusqu'à un certain point sa querelle, mais faisant surtout un tableau pathétique des funestes effets de la suspension du cours de la justice, sollicitait vivement le retour du Parlement dans une lettre au roi rendue publique. Le Parlement de Paris, exilé aussi à Troyes à la même époque, donnait à celui de Bordeaux un témoignage de sa sympathie dans le même but. Ces démarches demeurant sans effet, les magistrats employèrent les loisirs que leur laissaient les refus prolongés de vaquer au jugement des affaires, à l'élaboration de remontrances qui mériteraient plutôt le nom de traités politiques, par leur étendue comme par l'importance des questions qu'elles embrassent. Ce long mémoire sur l'état désastreux des finances du royaume, avec la critique violente de l'administration de Calonne, et sur l'insuffisance des assemblées provinciales pour remédier à tous ces maux, imprimé et répandu à profusion sous la date du 3 octobre, ne resta pas sans réponse. Le garde des sceaux le réfuta, tant par plusieurs passages de son discours à la séance royale du

19 novembre au Parlement de Paris, que par une lettre du 29 du même mois à celui de Bordeaux. Elle se terminait ainsi : « Le roi m'ordonne de vous mander que c'est de la seule soumission aux ordres qui vous ont été donnés, que vous devez attendre le retour de ses bontés. » A l'appui de ce sévère avertissement, de nouvelles lettres de jussion d'enregistrement de l'édit des assemblées provinciales étaient présentées au Parlement, le 19 décembre, par le comte de Fumel, commandant militaire de la basse Guyenne. Le procureur général Dudon en requérait l'entérinement avec certaines modifications de nature à le faciliter. Il paraît qu'il avait rallié dix-neuf voix à son avis, auquel se rangèrent dix autres, dont celles du premier président Le Berthon qui les avait entraînées par un discours véhément et pathétique. Mais la délibération ayant été continuée le lendemain, les opinions, partagées la veille, finirent par être unanimes pour le rejet des lettres de jussion et, sous la date du 21 décembre, un nouvel arrêté persista toujours à exiger du roi la communication du règlement des assemblées provinciales [1]. Le même jour, le Parlement rédigeait de nouvelles remontrances plus developpées encore que les précédentes et dont il est maintenant opportun de soumettre à un examen attentif les principales argumentations.

Nous avons fait connaître la définition de la

[1] *Journal pour servir à l'histoire du* XVIII*e siècle,* etc.

compétence des assemblées provinciales donnée par Calonne. Que pouvait objecter le Parlement à des termes si précis et en même temps si satisfaisants? D'abord, il s'était livré à des soupçons véritablement offensants pour le pouvoir. « On pouvait croire, allait-il jusqu'à dire, que le but de ces assemblées était de procurer la connaissance exacte des revenus de chaque particulier, et non de diminuer la masse des impôts; que l'on se proposait d'imposer plutôt les fonds qui payaient le moins que de soulager la partie indigente du peuple qui payait trop. L'objet secret du gouvernement serait-il d'augmenter les impôts, sous le spécieux prétexte d'une plus égale répartition?» Or, il avait été solennellement annoncé dès 1779 par Necker, que le roi n'entendait recevoir que la même somme de subsides qu'auparavant; qu'il s'agissait seulement de bannir l'inégalité et l'arbitraire de leur répartition. Rien donc de plus injuste que les prétendus ombrages du Parlement. Aussi, un écrivain qui a porté sur les assemblées provinciales les jugements les plus judicieux, en rappelant que cette même Compagnie qui les refusait aujourd'hui, les avait pourtant approuvées et même louées quelques années auparavant, ne peut retenir une sorte d'indignation en présence de cette contradiction choquante. « Et à propos de quoi, s'écrie-t-il, ces imputations injurieuses à l'autorité? Était-ce donc un coup de despotisme violant et confisquant tous les droits, que l'établissement des assemblées provinciales? Non; mais l'acte le plus libéral, le plus utile, la concession la plus décisive qu'ait jamais faite un gouvernement absolu. Le Parlement réclamait les États Généraux; mais l'un n'empêchait pas l'autre. Les assemblées provinciales étaient, au contraire, la préparation la plus utile aux États déjà promis [1]. »

Après l'expression de ses défiances contre les assemblées, le Parlement, se prévalant toujours de son droit de n'enregistrer les lois qu'après les avoir vérifiées et approuvées, veut bien ne plus remonter jusqu'aux champs de mars ou de mai pour en prouver l'origine. Il s'en tient à une déclaration des États Généraux de Blois en 1577, portant : « que tous les » édits doivent être vérifiés et comme *contrôlés* ès » cours souveraines ou parlements devant qu'ils » obligent à y obéir, lesquelles ont pouvoir de » suspendre, modifier et refuser lesdits édits, pouvoir » qui leur a fait même donner le nom d'États » Généraux en raccourci et au petit pied. » Et c'étaient des hommes ayant sans cesse à la bouche les protestations de fidélité à la royauté, qui allaient chercher un tel exemple dans les cahiers de ces États Généraux de 1577, notoirement vendus aux Guise, remplis de ligueurs et sapant à l'envi l'autorité royale par ses bases [2]. Où le Parlement avait-il vu que jamais celle-ci eût souscrit librement à une

---

[1] M. Léonce de Lavergne, *Des Assemblées provinciales*, p. 310 et suiv.

[2] *Histoire de France*, par Mézeray. Édit. in-folio, t. III, p. 126 et suiv. — Duranthon, avocat à Bordeaux : *Consultation sur diverses questions relatives à la convocation des États Généraux.* (Biblioth. de la ville, n° 25619.)

déclaration tendant à l'assujettir ainsi aux cours de justice ?

Le garde des sceaux, devant le Parlement de Paris et dans sa lettre aux magistrats de Bordeaux, avait formellement accusé ceux-ci d'attentat à l'autorité royale par leur arrêté du 25 juillet interdisant la réunion de l'assemblée provinciale de Limoges. L'objection était aussi pressante que formelle. Comment le Parlement de Bordeaux essaie-t-il d'y échapper ? On aurait peine à croire, quand on se souvient des termes de cet arrêté, qu'il soutienne — et cependant rien n'est plus vrai — que ce n'était pas là un arrêt de défense, mais une simple précaution qui ne faisait que suspendre la tenue des assemblées provinciales dans le ressort avant l'enregistrement de l'édit, afin de les rendre plus utiles ! N'est-on pas douloureusement affecté de voir des magistrats recourir à de tels subterfuges et se réfugier dans de si misérables arguties ?

C'est avec les mêmes armes et toujours aussi peu de succès que les auteurs des remontrances tentent de se disculper du reproche de l'interruption volontaire de la justice. Après des subtilités tenant à la forme de la translation du Parlement à Libourne, qui l'aurait laissé dans l'indécision de savoir s'il était interdit ou seulement transféré, obligé enfin de reconnaître que cette seconde situation, la seule exacte, lui laissait la liberté de fonctionner en même temps qu'elle lui en imposait le devoir, il se retranche, pour s'en être dispensé, dans des obstacles matériels : le défaut de chancellerie, de greffe, l'absence des avocats et des procureurs, l'insuffisance des locaux pour les séances. Comme si c'eût été pour la première fois qu'il siégeait soit à Libourne, soit même dans des localités plus petites; qu'il n'eût pas dépendu de lui de s'y faire suivre par les accessoires et auxiliaires indispensables au jugement des procès! Enfin, il se plaignait du défaut de place pour tenir des audiences de chambres, et il savait en trouver pour délibérer des remontrances en assemblée générale!

Mais il faut en venir à l'examen de ce que nous avons appelé une fin de non-recevoir contre le fait même de sa translation, constituant, en effet, un véritable moyen préjudiciel de sa défense, quoiqu'il ne l'ait pas lui-même proposé et discuté en première ligne. Ce moyen s'élève à la hauteur d'une question de droit public; il ne va pas à moins que de reprocher à la couronne la violation des priviléges de la province de Guyenne dans la personne de son Parlement, la transgression de l'article du traité de 1451 par lequel Charles VII avait consenti à l'établissement d'une Cour souveraine de justice à Bordeaux, avec cette clause expresse : que toutes les causes d'appel y seraient portées *sans pouvoir être traitées hors de ladite cité*. Et, à cette occasion, les remontrances invoquaient la foi des capitulations qui devait être gardée, disaient-elles, aussi religieusement aux peuples conquis qu'aux ennemis. A quoi le ministre avait simplement opposé, dans sa réponse, le texte même de l'acte d'institution du Parlement de

Bordeaux par Louis XI en 1462, contenant cette condition que ce corps y siégerait : *quamdiù nostræ placuerit voluntati;* clause certainement préméditée et mise à la place de l'engagement pris, dans le traité de 1451, de faire juger les appels à Bordeaux et non ailleurs. Aussi, ajoutait le garde des sceaux, c'était pour la première fois que le Parlement excipait de l'illégalité de sa translation, et, dans toutes celles qu'il avait subies auparavant, il n'avait jamais imaginé d'élever une telle réclamation. — La citation était embarrassante, il faut le reconnaître, pour ceux auxquels elle s'adressait. Comment, dans les secondes remontrances, essaient-ils d'y répondre? Forcés, ce qu'ils n'avaient pas fait dans les premières, de tenir compte de ce fait capital de la révocation des priviléges de Bordeaux, et par conséquent du bénéfice du traité de 1451, en ce qui concernait l'établissement d'un parlement, par l'effet de la révolte des habitants en 1452 et de la seconde capitulation qui la suivit, ils essaient de se prévaloir d'une charte de Louis XI de 1461, par laquelle ce monarque restitua aux Bordelais les priviléges dont son père les avait dépouillés. Cette charte existe, en effet [1], mais elle se rapporte évidemment aux seules anciennes franchises de la ville de Bordeaux, c'est-à-dire à celles préexistantes à la première capitulation. Cela est si vrai, et l'article concernant le parlement concédé par le traité de 1451 est tellement en dehors de cette restitution, que

[1] *Ordonnances des rois de France*, t. XV, p. 33 et 373, et Arch. muni. de la ville de Bordeaux.

Louis XI, comme on l'a vu dans le premier chapitre du tome premier de cette Histoire, en 1462, établissait cette cour par des lettres-patentes spéciales, sans aucune mention de celle accordée par Charles VII en 1451, silence bien préconçu et ayant pour cause la volonté de faire aux Bordelais, par la création d'une juridiction souveraine, une grâce toute nouvelle, qu'il savait devoir leur être d'autant plus agréable qu'elle était sollicitée par les États de Guyenne et les bourgeois de la cité. Enfin, si la charte de 1461 avait rétabli de plein droit le Parlement de 1451, l'édit de Louis XI, de 1462, était bien inutile. Ainsi tombe toute l'argumentation du Parlement fondée sur la prétendue violation du traité de 1451. Voilà ce que le ministère n'aurait pas manqué de répondre victorieusement aux secondes remontrances s'il avait jugé une réplique nécessaire.

Il est maintenant facile, après cette discussion critique des principales justifications du Parlement dans ses apologies multipliées, d'en apprécier toute la faiblesse. Elle est telle qu'on a peine à se défendre de l'idée que la honte de revenir sur ses pas le porta seule à continuer la lutte. Autrement, il faudrait croire que des hommes habitués par état à faire justice des sophismes, des faux raisonnements, auraient, en devenant parties eux-mêmes, perdu toute leur sagacité de juges.

Comment expliquer, cependant, le succès de ces appels à l'opinion publique, l'espèce d'enthousiasme qu'ils excitaient? C'est qu'ils répondaient à l'état des esprits, exaltés par l'impatience des grands changements qui s'annonçaient; c'est qu'avant tout, les magistrats avaient l'air de paraître plutôt les défenseurs des intérêts locaux que des leurs propres. Ainsi, ils semblaient ne repousser les assemblées provinciales que parce qu'ils voulaient à leur place le retour des anciens États provinciaux avec leurs formes d'élection et leurs attributions, et ce vœu était des plus flatteurs pour toutes les catégories de personnes pouvant participer à la formation de ces mêmes états. C'était bien pourtant une véritable contradiction avec la demande de convocation des États Généraux, et faire passer la petite patrie avant la grande : tort, du reste, presque général alors dans toutes les provinces, et dont la future Assemblée constituante devait faire bonne justice. Mais, en attendant, quiconque flattait ces penchants, dans chaque contrée, était certain de se créer des auxiliaires nombreux et dévoués. Le Parlement en trouva donc beaucoup. Ce n'était pas assez de toutes les corporations judiciaires et même religieuses, telles que la Cour des Aides, le Présidial-Sénéchal, la Chambre du commerce, l'Élection, la Cour des monnaies, l'Université, le chapitre de Saint-André, exprimant, tous, leurs vœux pour son retour; les avocats se firent aussi entendre, mais dans un but particulier. Il manquait, en effet, à ce concert une voix que l'on désirait vivement y joindre, celle de la commune même de Bordeaux représentée par l'assemblée la plus compétente et la plus nombreuse à cet effet, celle des Cent-Trente [1]. Or, les jurats, que sa convocation aurait regardés, ne se montraient pas disposés à la faire. L'autorité supérieure, avertie d'ailleurs de l'espoir que l'on fondait sur cette assemblée pour une démonstration populaire en faveur du Parlement, ne voulait pas leur en donner l'autorisation. L'intervention des avocats, qui, sous forme de réquisition, et sous prétexte que deux des jurats et huit des notables étaient pris dans leur ordre, réclamèrent cette mesure, ne fit que fortifier la résolution de ne pas la permettre. Le garde des sceaux avait répondu à la réquisition par un blâme formel dans lequel il enveloppait la Cour des Aides pour l'avoir approuvée en en recevant une copie. Cependant les jurats, en présence des sentiments exprimés par tous les corps de la cité, crurent devoir, quoique avec une hésitation dont leur arrêté à ce sujet porte l'empreinte, convoquer l'assemblée des Cent Trente; mais le ministre de Breteuil, qu'ils avaient dû informer de cette détermination, se hâta, courrier par courrier, de leur en défendre l'exécution. Du reste, dès qu'on avait eu connaissance, dans les conseils du gouvernement, de la réquisition des avocats, leurs syndics Plassan et Buan, qui en étaient signataires au nom de l'ordre, avaient reçu par lettres de cachet l'ordre de quitter la ville, et le garde des

---

[1] Nommée dans les anciens temps le *Conseil étroit de la cité*, et qui était restée, au travers des modifications subies par l'organisation municipale bordelaise, l'expression la plus exacte des intérêts et des droits collectifs de la communauté.

sceaux, en réponse à une supplication de leurs confrères, faisait connaître que le terme fixé à la punition des syndics n'était pas encore arrivé. C'est par cet incident et ses suites que commença l'année 1788. De là, matière à représentations très énergiques de la Cour des Aides. On devait s'attendre que le Parlement ne demeurerait pas silencieux dans une conjoncture où, à la vérité, des tiers souffraient pour sa cause. Aussi, sous la date du 4 mars, adressait-il de nouvelles remontrances au sujet du refus d'autorisation de l'assemblée des Cent-Trente et sur les lettres de cachet lancées contre les syndics des avocats. Ce dernier point devenait le texte des plus fortes doléances. Le langage qu'y tenait le Parlement était, on doit le reconnaître, conforme au sujet, traité avec une véritable éloquence. « Nobles principes, sans doute, vérités éclatantes à proclamer, ainsi que le remarque l'écrivain que nous avons déjà cité, que le maintien de l'autorité des lois, l'abolition des actes arbitraires, des lettres de cachet! Mais c'était à Louis XV qu'il eût été bon de tenir ce langage. Aujourd'hui il fallait plutôt ménager l'autorité royale battue en brèche de tous les côtés et travaillant elle-même à se désarmer [1]. » Un autre narrateur de ces faits les apprécie ainsi : « Le peuple, qui aime les mots sonores, lisait avec enthousiasme des écrits où il n'était parlé que de franchises, de libertés, d'États Généraux. Il ne songea pas un moment à demander

---

[1] M. Léonce de Lavergne, *Des Assemblées provinciales.*

pourquoi ces parlementaires si ardents à dépouiller le roi de ses plus essentielles prérogatives se montraient si jaloux de conserver leurs priviléges [1]. »

Enfin, sept mois s'étaient écoulés dans ces déplorables conflits pendant lesquels le Parlement, se perpétuant dans l'attitude coupable de magistrats ne voulant pas rendre la justice, avait en outre entretenu l'agitation la plus fâcheuse dans son ressort et même dans plusieurs autres, car la plupart des Parlements adressaient aussi des remontrances au roi contre l'exil de celui de Bordeaux à Libourne [2]. Il est vraisemblable que le besoin de mettre un terme à ces désordres dicta en grande partie au ministère une dernière tentative pour en sortir. Le 8 mai 1788, dans un lit de justice tenu à Paris, le roi fit enregistrer plusieurs édits de réforme de l'organisation judiciaire et de législation générale. C'était la création de tribunaux qui, sous le nom de grands bailliages, auraient eu le droit de juger en dernier ressort jusqu'à 20,000 livres de capital; la réduction du nombre des membres des Parlements — celui de Bordeaux aurait perdu quarante-huit des siens; — l'institution d'une Cour plénière formée sous la présidence du roi, des pairs, des princes, de la grand'chambre du Parlement de Paris, de députés de celle des autres, et qui était

---

(1) *Les dernières années du Parlement de Bordeaux*, discours prononcé à la rentrée de la Cour impériale de cette ville le 3 novembre 1867, par M. de Larouverade, substitut du procureur général.

(2) Remontrances des Parlements de Normandie, de Bourgogne, de Nancy, de Navarre. (*Journal pour servir à l'histoire*, etc., t. IV.)

destinée à l'enregistrement des édits; les Cours souveraines actuelles étaient mises en vacances jusqu'à la constitution des nouvelles juridictions : — projets d'un succès plus difficile peut-être que ceux qu'avait exécutés Maupeou, car, au lieu de couper le mal dans sa racine, ils en laissaient subsister le foyer. Mais recommencer l'œuvre du fameux chancelier était impossible, et il n'y avait nul avantage à ne la réaliser qu'à moitié. Aussi les innovations proposées rencontrèrent-elles une désapprobation générale. En vain le gouvernement offrait-il en même temps des changements dont la plupart répondaient aux vœux des bons esprits et au progrès des idées de tolérance et d'humanité : la liberté absolue du commerce des grains; le renouvellement de l'abolition de la corvée; la promesse formelle de la révision de l'ordonnance criminelle de 1690, et, en attendant, la suppression de la sellette et de la question préalable, c'est-à-dire de ce qui subsistait encore de la torture; l'énoncé, dans les arrêts de condamnation pour crimes et délits, de leurs motifs; la majorité de trois voix pour l'application de la peine de mort et le sursis de droit d'un mois entre le jugement et l'exécution; l'état civil rendu aux protestants et régularisé; les assemblées provinciales généralisées ou réglementées. Toutes ces dispositions, que la reconnaissance publique aurait, en d'autres temps, accueillies avec joie, ne rencontrèrent que l'indifférence ou même la censure : inopportunes ou tardives, elles ne répondaient plus déjà aux exigences de l'opinion.

On ne sera pas surpris d'apprendre le mauvais accueil que ces édits reçurent au Parlement de Bordeaux, où les apporta le comte de Fumel. Sous l'empire des mêmes sentiments d'irritation qui l'animaient depuis son exil, il continua de protester contre le mode de présentation et de transcription sur ses registres des lois nouvelles. Dès le 6 mai, il le déclarait d'avance nul, illégal, et arrêtait encore des remontrances à l'effet d'accélérer la convocation des États Généraux, seul remède, selon lui, aux maux actuels et futurs. Dans la crainte de nouveaux coups d'autorité contre la magistrature, il proclamait plus haut que jamais « que le droit d'enregistrement et celui de représentations étaient la seule ressource des peuples contre l'oppression du souverain; que les magistrats seraient de lâches prévaricateurs s'ils abandonnaient la cause publique et les vrais intérêts à la fois du monarque et de la nation. » Prévoyant enfin le cas extrême où, par la dispersion de ses membres, la Cour ne pourrait plus se rassembler, elle arrêtait par avance que chacun d'eux n'en conserverait pas moins le caractère d'officier public, dont il ne pourrait être dépouillé que par résignation, forfaiture ou juges compétents [1].

A ces prédispositions si hostiles à l'égard du gouvernement, des circonstances particulières en ajoutèrent d'autres lors de l'enregistrement des édits nouveaux. Ils étaient, en y comprenant quelques lois

[1] *Protestation du Parlement à Libourne*, 6 mai 1788. (Archives départementales.)

locales étrangères à la politique, au nombre de quatorze. C'était un parti pris déjà depuis longtemps de les rejeter tous, quels qu'ils fussent. En effet, dès le 15 mars de la même année, six édits ayant été déposés sur le bureau par le sous-doyen de la Cour chargé de les présenter à l'enregistrement selon les usages traditionnels, et, dès lors, en l'absence de toute intervention d'agents de l'autorité, le Parlement n'en avait pas moins refusé de les vérifier, sur le motif qu'il était hors du siége ordinaire de son tribunal, éloigné du dépôt des lois, déclarant, de plus, que tant qu'il serait en exil et jusqu'à ce qu'il eût plu au roi de le rétablir au lieu de ses séances, il en agirait ainsi. Le 6 mai, comme on vient de le voir, il persistait dans ce système. Il avait donc fallu que le pouvoir revînt au mode d'enregistrement forcé. Or, pour en motiver de nouveau le rejet et le fonder sur la nullité et les protestations accoutumées, un arrêt était nécessaire pour chaque édit. Ainsi la séance commencée le 8 mai fut aussi longue que laborieuse, et dura vingt-quatre heures sans désemparer, n'ayant fini que le 9, à sept heures et demie du matin. Dans le quatorzième et dernier de ses arrêts, le Parlement résume tous ses griefs contre une telle délibération. Il en appelle à l'humanité du roi de la dureté du traitement que lui ont infligé ses délégués. Il parle des dangers auxquels on a exposé des vieillards infirmes, des magistrats fidèles et irréprochables qui avaient eu le bonheur d'inspirer au monarque des témoignages d'intérêt pour le reste d'une vie consacrée à son service, lorsqu'il les avait reçus dans des circonstances semblables dans son palais de Versailles [1]. Mais de quoi se plaignait le Parlement? Quel futile prétexte que celui de son éloignement de ses archives? Comme si c'eût été la première fois qu'il se trouvait dans une semblable situation! Comment faisait-il donc lorsque, fuyant la peste qui ravageait Bordeaux, il allait siéger à Agen, à La Réole, villes plus distantes de Bordeaux que Libourne, et dans des localités d'un séjour encore bien plus incommode, telles que Bergerac et Saint-Émilion? Quant aux conditions matérielles de la délibération, il ne pouvait espérer persuader à personne qu'elles eussent été le résultat d'un calcul de vexation odieuse de la part des ministres ou de leurs agents, au lieu de naître purement et simplement de la nature des choses, et surtout de son propre fait. Combien il eût été facile, en effet, en cas de bon accord et d'abjuration de sa part de toute opposition systématique, d'éviter les inconvénients qui excitaient ses doléances! Il paraît, il est vrai, en élever de plus sincères, lorsque, à propos des innovations proposées à l'ordonnance criminelle, il allègue qu'à raison de l'importance du sujet, elles auraient dû être communiquées d'avance et soumises à l'examen réfléchi de la magistrature. Mais on peut d'abord se demander à quoi aurait servi cette communication préalable lorsque, dès à présent, des vices considérables sont

[1] Arrêts des 8 et 9 mai rendus à Libourne, imprimés et publiés. (Biblioth. de la ville, n° 25629, sous ce titre : *Recueil de pièces*.)

signalés par lui dans la réforme de l'ordonnance, à laquelle il reproche non seulement des dispositions dérisoires, mais encore d'autres en opposition avec l'humanité; ce qu'il ne nous a pas été donné, nous l'avouons, d'y découvrir. Pour achever la censure des procédés du ministre actuel et en particulier de son manque de déférence pour les organes de la justice, à propos des changements à apporter à la législation, le Parlement cite la conduite tout opposée de Daguesseau, qui, dit-il, avec cette modestie qui caractérise les grands hommes, soumit aux Cours les ordonnances si célèbres sur les *donations*. Exemple bien mal choisi; car celle de ces Compagnies qui tenait ce langage oubliait que, précisément, elle avait répondu au témoignage de confiance de l'illustre chancelier par un refus d'enregistrement de la principale de ces ordonnances, qu'il avait fallu des lettres de jussion pour obliger le Parlement de Bordeaux à mettre au nombre des lois du royaume un monument législatif regardé, de tout temps et sous tous les régimes, comme un de ceux qui honorent le plus la jurisprudence française [1].

Par son arrêt du 6 mai, le Parlement avait pris des garanties contre un nouveau coup d'État; mais si le ministère en eut jamais la pensée, il ne s'en reconnut pas la force. Revenant sur ses pas, il céda à la tempête qui grondait de tous côtés contre lui et rappela à Bordeaux le Parlement, sur le motif que

---

(1) *R. S.*, 18 juillet 1731.

la nouvelle organisation judiciaire allait occasionner des délais pendant lesquels les fonctions de la Cour demeurant suspendues, la prolongation de son séjour à Libourne devenait inutile. Toutefois il lui était défendu de s'assembler pour délibérer sur aucune affaire, soit publique, soit particulière. Il va sans dire que l'enregistrement des lettres de rappel n'eut lieu encore qu'avec l'assistance purement passive du Parlement. Les gens du roi ne donnèrent même pas leurs conclusions.

Le retour si vivement désiré des magistrats à Bordeaux ne pouvait demeurer inaperçu ni indifférent, en dépit de l'obstacle mis à la reprise immédiate de leurs fonctions. Ce fut donc le signal de démonstrations bruyantes, malgré leur résolution de revenir individuellement et presque secrètement. Ainsi le premier président Le Berthon et son fils étaient rentrés en ville dans la nuit du 8 au 9 juin. On leur avait bien préparé à La Bastide, pour la traversée du fleuve, la maison navale, esquif appartenant à la cité, richement décoré, et qui ne servait que pour les grands personnages; mais ils prirent un simple bateau de pêcheur. « Le chef d'un sénat auguste, dit une relation du temps [1], gravit à pied les fossés de Bourgogne, vêtu d'un surtout gris, et se rendit sans suite à son hôtel, appuyé sur le bras de son fils. » Ils en avaient fait fermer les portes pour se

---

[1] *Récit de ce qui s'est passé à Bordeaux à l'arrivée de M. le premier président, les 10, 11, 12 et 13 juin 1788.* (*Journal pour servir à l'histoire,* etc.)

dérober aux empressements de la population. Elles furent forcées, et la multitude pénétra dans la cour et la remplit malgré une pluie torrentielle. Une couronne civique est présentée au premier président et posée sur sa tête en dépit de sa résistance. Attendri jusqu'aux larmes, il s'écrie : « Mes enfants! non, je ne puis refuser votre hommage; il paie avec usure soixante années de travaux et de peines. » En même temps, un jeune avocat s'avançait et lui donnait lecture d'une pièce de vers en son honneur. Des fontaines de vin avaient été établies aux deux extrémités de la rue. On tirait des feux d'artifice dans tous les carrefours. Le peuple, extrême en tout, alla casser les vitres des hôtels qui n'avaient pas illuminé, parmi lesquels il s'en trouva plusieurs appartenant à des membres du Parlement. Celui même du premier président ne fut pas épargné, et il y eut un grand dégât de carreaux et de glaces. Le barreau se présenta en corps devant lui pour l'assurer qu'aucun membre de l'ordre n'entrerait dans les tribunaux créés par les derniers édits, et qu'ils s'abstiendraient tous d'y plaider. Cette résolution ne fut pas, du reste, mise à l'épreuve. Ces édits restèrent à l'état de lettre morte. Les projets qu'ils devaient réaliser étant abandonnés, un arrêt du Conseil du 8 août annonça enfin la convocation des États Généraux. Loménie de Brienne et Lamoignon avaient dû se retirer. Necker était rentré aux affaires, et, le 23 octobre, l'assemblée générale des députés des bailliages et sénéchaussées de France fut de nouveau décrétée et indiquée, d'abord pour le mois de janvier, puis pour celui d'avril 1789, par édit adressé au Parlement, en même temps que des lettres-patentes pour la tenue d'une chambre des vacations jusqu'à la Saint-Martin prochaine. Les portes du palais lui étaient donc enfin rouvertes.

Il y rentra au milieu des transports d'une joie populaire poussée jusqu'au délire [1]. Une foule immense inondait les rues jonchées de fleurs, qui couvraient aussi les façades des maisons, surtout depuis l'hôtel du premier président jusqu'au palais. L'entrée de cet édifice était ornée de lauriers. Dans l'intérieur, dit la relation, *on ne marchait que sur les lauriers;* un arc de triomphe s'élevait devant la chapelle. Deux amphithéâtres de musiciens, dressés dans la grande salle, annonçaient l'arrivée de chaque magistrat. L'ivresse redoubla lors de celle du premier président et du doyen de la Cour, La Colonie, vieillard nonagénaire. L'un et l'autre eurent grand'peine à gagner leurs places, pliant sous le poids des couronnes civiques qui chargeaient leurs têtes. Dans la salle d'audience ou chambre du plaidoyer, où la Cour était assemblée, on voyait aux tribunes les premières dames de la ville et d'éminents personnages, tels que le duc de Luxembourg, le comte de Clermont-Tonnerre, l'abbé Louis, conseiller clerc au Parlement de Paris. Tous les corps, le

---

[1] *Récit de ce qui s'est passé à Bordeaux lors de la reprise des fonctions du Parlement et de la Cour des Aides, 20, 21, 22 et 23 octobre 1788*, par Duvigneau. (Biblioth. de la ville, *Spicilége de Bernadau*, t. XV et XVI.)

sénéchal, les chapitres de Saint-André, Saint-Seurin et Sainte-Croix, l'Université, les jurats, l'ordre des avocats, les procureurs, haranguèrent successivement le Parlement, au nom duquel le premier président répondit. Son allocution aux jurats fit seule exception au ton de reconnaissance affectueuse sur lequel il s'était exprimé vis-à-vis des autres corporations. Les deux magistrats municipaux alors en fonctions se trouvaient, en effet, en butte à l'animadversion publique, parce qu'au lieu d'avoir été élus selon les formes anciennes et par les suffrages des citoyens, ils devaient leur nomination au roi. Ils portèrent la peine de cette situation; mais le chef du Parlement, en la leur faisant sentir dans ses paroles pleines de sécheresse et de froideur, ne s'aperçut pas peut-être que leur humiliation s'étendait jusqu'au monarque lui-même de qui ils tenaient leurs pouvoirs.

Ce magistrat était, du reste, plus que jamais pour le public le type par excellence de l'indépendance parlementaire, la personnalité sur laquelle se réunissaient tous les hommages rendus à sa Compagnie. Au retour du palais, ils dépassèrent tout ce qui avait été fait jusque-là. Le peuple détela les chevaux de sa voiture, malgré sa résistance, et la traîna jusqu'à son hôtel. En passant près des tours où est la grosse cloche de la ville, on voulait la sonner; il eut beaucoup de peine à obtenir qu'on s'abstînt d'une démonstration qui pouvait devenir un signal de désordre. La fête générale se prolongea jusqu'au soir, et les effigies des anciens ministres furent brûlées publiquement. En même temps que les sérénades adressées aux magistrats, des charivaris étaient donnés aux jurats. Le lendemain, comme en l'absence de l'archevêque, les vicaires généraux faisaient quelque difficulté de laisser chanter le *Te Deum,* le peuple alla entonner lui-même l'hymne d'actions de grâces. Le Parlement avait eu soin, la veille, en enregistrant l'édit relatif à la reprise des audiences, de déclarer qu'il n'avait pas besoin de ce même édit pour vaquer à l'exercice de ses fonctions et user de la plénitude de ses « imprescriptibles droits ». Au lendemain d'un tel triomphe, ce corps aurait-il pu jamais croire que le jour n'était pas éloigné qui mettrait fin à son existence?

Il ne nous resterait plus qu'à rapporter le petit nombre d'événements politiques qui nous en séparent si notre devoir d'historien ne nous imposait l'obligation de retracer des faits d'une autre nature contemporains des dernières années du Parlement. Ils prouveront que ce n'était pas seulement à l'occasion d'actes publics qu'il tenait tête à l'autorité royale; mais que, sur des affaires purement intérieures, il ne se montrait pas moins insubordonné.

En 1768 — il nous faut remonter jusque-là — un homme tout à fait nouveau dans la famille judiciaire était pourvu de la charge d'avocat général. Né en 1744 à la Rochelle, Charles-Marguerite-Jean-Baptiste Mercier-Dupaty n'avait donc que vingt-quatre ans lorsqu'il fut élevé à ce poste. Déjà cependant il était connu par des succès littéraires. Ses débuts dans la magistrature furent brillants, mais orageux. Il prit aux conflits élevés entre les Parlements et la couronne une part si active, qu'à la suite d'un réquisitoire des plus véhéments contre les édits de cette époque, il fut exilé d'abord dans les environs de Toulouse, puis arrêté et conduit à Pierre-Encise. Le Corps dont il faisait partie, réclama énergiquement contre ces actes qualifiés d'arbitraires et d'enlèvement illégal d'un accusé au jugement de ses pairs [1]. Dupaty était donc en pleine disgrâce au moment de la révolution de l'ordre judiciaire et il fut alors remplacé dans sa charge. Mais le retour des anciennes Compagnies souveraines en 1775, non seulement l'y réintégra, mais devint encore pour lui l'occasion d'un véritable triomphe. Il partagea les honneurs rendus alors au premier président Le Berthon et reçut comme lui les félicitations du barreau par la bouche de l'avocat Garat. La reprise des audiences de la grand'chambre se fit par un discours de Dupaty, où l'on trouve les qualités et les défauts de son talent oratoire : une diction élégante, de la chaleur, des images souvent heureuses, mais de l'emphase, de la prolixité, peu d'ordre et de méthode. Tous les applaudissements étaient d'abord prodigués au jeune magistrat que la persécution n'avait pas moins rendu illustre que son éloquence. Cette situation digne d'envie ne devait pas durer. Elle trouva son terme le jour où il voulut passer du banc du ministère public à la magistrature

[1] Bibliothèque de la ville de Bordeaux, n° 25519-25526, titre : *Affaires diverses,* in-12.

assise, au lieu et place du président de Gascq, dont il avait acheté la charge. Le titre lui en fut conféré en 1779, avec dispense d'âge, et il présenta ses lettres de nomination pour être admis à en recueillir le bénéfice. Mais alors commencèrent pour lui de pénibles épreuves. Le 16 février 1780, en réponse à sa requête d'enregistrement de sa provision, un arrêt ordonnait le dépôt au greffe de la requête, formule équivalant à un ajournement indéfini. Cependant le procureur général avait conclu à l'information ordinaire de vie et de mœurs du candidat, formalité usitée préalablement à l'admission; mais la Cour l'écartait par une décision absolue et qu'elle ne daignait même pas motiver.

Sur le recours de Dupaty à l'autorité supérieure, une correspondance s'engagea entre le garde des sceaux Miroménil et le Parlement, à laquelle nous empruntons seulement ce qu'elle contient de nécessaire pour l'intelligence du différend qui s'élevait. Le ministre, usant d'abord des voies de représentation, voulait bien expliquer à la Compagnie que la nomination du magistrat qu'elle écartait, n'avait eu lieu que sur des témoignages universels et notoires de sa capacité, de son intégrité, de la régularité de ses mœurs. C'était assurément ce qu'elle savait déjà et depuis longtemps. Que si cependant, ajoutait le garde des sceaux, l'on avait des raisons de croire que le roi eût été induit en erreur sur des points aussi importants, les ordonnances offraient un moyen naturel et simple d'éclairer la religion de Sa Majesté, celui de procéder à l'information requise par le procureur général. Le Parlement répondit qu'il avait agi dans cette circonstance par des motifs puissants qu'il ne faisait cependant pas connaître, « les Cours souveraines jouissant du droit aussi constant qu'ancien de ne recevoir dans leur sein que des sujets qui leur fussent agréables et dans lesquels elles reconnaissaient les qualités requises pour occuper les places qu'ils avaient ambitionnées. » Telles étaient donc encore, à la fin du XVIIIe siècle, les prétentions parlementaires : pouvoir discrétionnaire d'admettre ou de rejeter des postulants, même admis par le roi, et sans avoir à rendre compte des motifs de rejet.

Le Parlement persistait, en conséquence, par deux arrêts consécutifs, à repousser les nouvelles tentatives de Dupaty pour obtenir son admission. En vain le souverain, par des lettres-patentes, rappelait-il les principes suivis de tout temps en pareille matière; l'agrément des offices appartenant exclusivement à l'autorité royale, qui avait ainsi seule la libre disposition du titre et des provisions : prérogative stérile si les Cours, sans qu'aucune loi la leur eût jamais attribuée, s'arrogeaient la faculté de refuser arbitrairement et sans cause légitime les sujets nommés par le prince. Vainement encore le roi disait-il qu'il ne pouvait permettre que le sieur Dupaty fût exclu de la dignité à laquelle il avait jugé à propos de l'élever, sans nuire à son autorité, sans exposer les magistrats de ses Cours à être flétris par des délibérations irrégulières et injustes; les secondes lettres-patentes n'auraient produit aucun effet si elles n'eussent été accompagnées de la cassation, par le Conseil, des arrêts du Parlement, qui dut enfin obéir. Ce ne fut pas toutefois sans marquer son mécontentement par la formule usitée en pareil cas : du très exprès commandement du roi, et la mention que l'enregistrement avait lieu en présence et par suite de la mission expresse du duc de Mouchy, gouverneur de la province (1).

On lit dans un pamphlet du temps, qu'à la suite de tous ces débats le premier président Le Berthon fut temporairement exilé. Cette disgrâce est assez vraisemblable, car ce magistrat, en soutenant personnellement dans cette affaire l'opinion de la majorité de sa Compagnie, ce qui était conforme à ses habitudes, avait dû déplaire aux dépositaires du pouvoir. Quant à la véritable cause des dispositions hostiles que rencontrait dans le Parlement un homme qui y avait naguère trouvé des partisans et même des admirateurs, on en est réduit à des conjectures, les documents, même privés, manquant absolument sur ce point. Dupaty avait peut-être déplu à beaucoup de ses collègues par ses liaisons hautement affichées avec les philosophes de l'époque, notamment avec Voltaire et Thomas. Il était novateur et ne se cachait pas de ses vœux pour la réforme des lois criminelles particulièrement, qu'il traitait fort mal dans ses discours et dans ses écrits. Ses ennemis

(1) Archives départementales, 21 septembre 1780. R. E.

avaient été jusqu'à l'accuser d'athéisme, imputation des plus calomnieuses. Mais nous croyons que c'est ailleurs qu'il faut chercher la raison de la malveillance dont il fut l'objet, et qu'elle se rencontrait dans la double influence de l'esprit de corps et de l'esprit de parti. Il avait acheté la charge du président de Gascq, auquel on ne pardonnait pas d'avoir consenti à être le chef du Parlement Maupeou et entraîné par son exemple beaucoup de ses collègues à y rentrer. La position de ce magistrat, depuis le rétablissement des anciennes Compagnies, était certainement des plus difficiles; on aurait voulu qu'elle ne prît pas fin et le tenir ainsi dans un ostracisme moral perpétuel. On le punissait dans son successeur, coupable d'avoir voulu l'être. Celui-ci hérita, en effet, des graves inconvénients d'une semblable situation. Il en rencontrait partout des témoignages, qui sont venus jusqu'à nous par des écrits satiriques [1]. De pareilles sources d'appréciation des hommes comme des choses sont trop méprisables pour y avoir le moindre égard. Il n'en est pas moins vrai que la lutte était difficile contre de tels obstacles, et l'on n'est pas étonné que Dupaty, las de la soutenir, ait songé, sans renoncer pourtant à ses fonctions, à les interrompre. Peut-être aussi sa santé lui en faisait-elle une loi. Il partit donc en 1786 pour l'Italie, et la relation de son voyage dans cette contrée n'est pas le moindre de ses titres

[1] *Perrin Dandin ou la Dispute des avocats et des procureurs du Parlement de Bordeaux avec le président Dupaty*. (Bibl. de la ville.)

littéraires. L'analyse ne saurait en trouver ici sa place; nous nous bornerons à dire que les observations du magistrat philanthrope, partisan des réformes et les appelant de tous ses vœux, s'y pressent, à côté de jugements éclairés sur les chefs-d'œuvre dont abonde la terre classique des beaux-arts.

De retour en France, l'âme ardente de Dupaty, toujours vivement impressionnée de ce qu'il appelait les crimes de notre ancienne législation criminelle [1], saisit avec empressement une occasion qui s'offrit à lui de les dénoncer publiquement. Ce fut celle d'un procès dans lequel trois hommes inculpés de vol, avec les circonstances les plus aggravantes, avaient été condamnés à la roue par le Parlement de Paris. L'un de leurs juges, le conseiller Fréteau, beau-frère de Dupaty, croyait à leur innocence. Dupaty s'enflamma à son tour de la même idée et la développa dans un Mémoire resté célèbre par la véhémence du style et la hardiesse des critiques et de la loi et des juges qui l'avaient appliquée. Le Parlement, justement ému d'une telle entreprise, fit poursuivre ce Mémoire, qu'un arrêt du 11 août 1786 supprima comme contenant un exposé faux des faits, des extraits infidèles de la procédure, des textes de loi aussi faussement expliqués que faussement appliqués, calomnieux dans tous les reproches hasardés contre les tribunaux, injurieux aux magistrats, tendant à soulever les peuples contre les ordonnances du royaume. De toutes ces qualifications

---

[1] *Lettres sur l'Italie*, t. Ier.

sévères, une au moins était évidemment méritée : celle du procès fait à chaque page à la loi en vigueur et sans aucun ménagement. Or, quelques changements que l'humanité et l'adoucissement des mœurs publiques y commandât, il faut reconnaître que ce n'était pas à un magistrat de la dépouiller ainsi de tout respect avant qu'ils eussent été effectués. Ceux qui aiment les études morales et littéraires en rencontreront un sujet plein d'intérêt dans la comparaison du mémoire Dupaty avec le réquisitoire de l'avocat général Séguier qui en provoqua la condamnation [1]. L'un peut passer pour le modèle de la nouvelle école d'éloquence, rempli de mouvements et d'images les plus pathétiques. L'autre est un des derniers monuments de cette diction pleine de mesure et de dignité, sobre et contenue, mais néanmoins élevée, qui, depuis Daguesseau, était constamment celle du ministère public. Cependant Dupaty avait réussi à passionner l'opinion en faveur de ses clients. D'ailleurs des lenteurs et des négligences dans l'instruction du procès laissaient beaucoup de place à la critique. Il obtint donc un arrêt du Conseil, le 30 juillet 1787, qui, cassant celui de la condamnation, renvoyait la cause au bailliage de Rouen, avec droit d'appel au Parlement de cette ville. L'infatigable défenseur des accusés les suivit devant ces juridictions et finit par obtenir leur entier acquittement.

C'était sans doute une singularité que ce rôle d'un

[1] Ces deux pièces, dans le format in-4°, se rencontrent ordinairement réunies en librairie.

magistrat — car il l'était toujours (1) — poursuivant avec tant de chaleur l'annulation de l'œuvre d'autres magistrats. La preuve d'une véritable erreur judiciaire commise dans cette affaire pourrait excuser ce qu'il y avait là d'insolite et d'inconvenant peut-être, car tout doit être permis pour arracher des innocents au supplice. Mais les accusés l'étaient-ils autant que se l'était persuadé Dupaty? A ce sujet, il est impossible de garder le silence sur deux documents bien propres à faire naître au moins des doutes. Le premier est un extrait du *Journal de la cour et de la ville*, du 31 octobre 1789, qui rapporte que Lardoise, l'un des trois condamnés sauvés par les efforts de Dupaty, comparaissait devant la Tournelle, à Paris, sous l'inculpation d'un nouveau vol. Le second document est le récit de Delisle de Salles, dans son livre intitulé *Malesherbes*. Il y dit tenir d'un des membres du Parlement, avec lequel il fut enfermé pendant la Terreur, que ce même homme et ses deux coaccusés dans le premier procès furent condamnés et exécutés pour d'autres crimes commis depuis leur mise en liberté (2).

Le président Dupaty ne survécut pas longtemps à la conclusion de l'affaire dont les émotions hâtèrent peut-être sa fin. Il mourut le 17 septembre 1788, âgé seulement de quarante-quatre ans. Si son extrême sensibilité, on pourrait dire l'exaltation de ses senti-

---

(1) Jusqu'à sa mort, Dupaty continua de figurer sur le tableau du Parlement de Bordeaux. (Voir les *almanachs* locaux de ces années.)

(2) *Histoire du Parlement de Normandie*, par M. Floquet, t. VII.

ments, le rendait peu propre à une profession dont le calme de l'esprit et l'empire sur soi-même sont les premières conditions, sa mémoire ne s'en recommande pas moins à l'estime de la postérité. On a dit qu'admis à développer ses vues d'améliorations de l'ordonnance criminelle devant Louis XVI, il n'avait pas été étranger à celles par lesquelles cet excellent prince en commença la réforme. Son caractère était généreux; il savait pardonner les injures. C'est ainsi que dans son Mémoire pour les trois condamnés à la roue, il rapporte des preuves de justice et d'humanité honorables pour le Parlement de Bordeaux et pour son chef, dont il avait eu, néanmoins, tant à se plaindre. Il fut le protecteur de la jeunesse de Vergniaud, qu'il s'était attaché comme secrétaire et dont il encouragea les débuts au barreau. Il est permis de penser que si une mort prématurée n'eût pas enlevé Dupaty, ses talents oratoires et ses opinions avancées l'eussent désigné, lors de la convocation des assemblées nationales, au choix des électeurs. Devenu ainsi l'un des Girondins, ses conseils auraient pu continuer d'être utiles à celui de tous qui acquit le plus de célébrité, et on aime à croire qu'ils l'eussent détourné du vote funeste qui a porté une atteinte irréparable à sa mémoire.

A la même époque à peu près où avait commencé l'affaire du président Dupaty, le Parlement donnait un autre et semblable exemple d'abus d'autorité. A l'audience de la grand'chambre du 2 mars 1780 l'avocat général Dufaure de La Jarthe ayant fait entendre, nous n'avons pu découvrir à quel sujet, des paroles qui déplurent; le lendemain une délibération de la Cour, chambres assemblées, lui enjoignit de s'abstenir de ses fonctions pendant trois mois et de faire des excuses et une réparation publique à la première audience où il reparaîtrait. Ce n'était pas la première fois que la Cour, considérant les gens du roi comme des justiciables, les soumettait à sa discipline. Longtemps ils l'avaient acceptée; mais ils finirent par décliner sa compétence, notamment dans cette occasion. Ils prétendaient, non sans raison, ne relever que de l'autorité du roi pour l'appréciation de leur conduite dans leurs rapports avec les Cours, celles-ci restant d'ailleurs maîtresses de la dénoncer au prince. En outre, dans l'espèce dont il s'agissait, le membre du parquet frappé de censure se plaignait qu'on eût procédé à son égard de la manière la plus irrégulière, puisqu'on l'avait condamné sans l'entendre. Son pourvoi au Conseil, basé sur cette double infraction, lui donna pleinement gain de cause, et il fit annuler la délibération du Parlement. L'arrêt de cassation la déclarait contraire à l'honneur et à la sûreté du magistrat condamné, la définissait un excès de pouvoir qui, s'il n'était réprimé, en amènerait éventuellement d'autres. Il était dit en même temps que M. Dufaure de La Jarthe reprendrait ses fonctions sans être aucunement tenu de satisfaire aux conditions pénales qui lui avaient été imposées. Selon son habitude, le Parlement résista. Il poussa même l'insoumission envers le tribunal suprême qui avait cassé sa décision jusqu'à la maintenir, en ordonnant qu'à la première audience où assisterait M. de La Jarthe, il serait dressé procès verbal de l'exécution de son précédent arrêt. Il fallut donc des lettres de jussion pour le forcer à l'obéissance. Elles arrivèrent le 23 décembre, mais ne furent enregistrées que le 22 mars 1781, encore et seulement en vertu de délégation royale donnée à cet effet au comte de Noailles. Ainsi, grâce à ces délais, un magistrat s'était vu en état de suspension et privé de son siége, et par le fait il avait subi la peine injustement prononcée contre lui.

Cet incident, dont le dénoûment aurait dû faire ouvrir les yeux au Parlement, n'est rien encore auprès de celui qui survint deux ans après et qui concernait le procureur général Dudon fils. Ce magistrat avait obtenu, le 15 juillet 1783, des lettres de survivance pour cette charge que son père exerçait depuis longtemps. Il les présenta le 13 août suivant. Plusieurs exemples de semblables faveurs accordées soit aux membres du parquet, soit dans la Cour elle-même, se rencontraient sur ses registres et autorisaient celle-ci. D'où vinrent donc les difficultés que fit le Parlement de l'accueillir? Ce sont encore ici de ces causes qui n'apparaissent pas au grand jour, parce que ceux dont elles déterminent la conduite ne sauraient les avouer. Le procureur général en survivance avait un grand tort aux yeux de beaucoup de membres de la Compagnie, celui d'avoir appartenu comme avocat général au Parlement

Maupeou, où il remplaça Dupaty. Voilà pourquoi, sur cinquante-trois votants à l'occasion de sa requête en admission au serment de procureur général, vingt-neuf opinèrent pour une information de vie et de mœurs, vingt-quatre pour le rejet pur et simple de la demande. Ainsi, pas de solution, et un renvoi indéfini, comme à l'égard du président Dupaty. Cependant, sur le pourvoi au Conseil par le candidat ainsi écarté, l'arrêt du Parlement fut cassé le 26 août. Cette décision portait « que ni l'un ni l'autre des deux avis émis n'était admissible; que le sieur Dudon ne se présentait pas pour un examen préalable qu'il avait déjà subi comme avocat général; que toute information, d'ailleurs, était inutile parce que sa nomination, qui n'appartenait qu'au roi, avait ainsi eu lieu sur indications jugées suffisantes par le souverain; qu'il devait donc être procédé sans délai à son installation, dont l'ordre était de nouveau donné directement au premier président et aux conseillers. » Il n'y avait donc plus à reculer; mais le Parlement, en enregistrant, le 30 août, les provisions de Dudon, sur l'ordre que lui en apporta le comte de Noailles, et du très exprès commandement du roi, comme il le faisait toujours en pareil cas, trouva moyen de manifester encore ses répugnances. L'arrêt d'enregistrement constate en effet qu'il a été procédé « à la réception comme procureur général de Jean-Baptiste-Pierre-Jules Dudon, avocat en parlement, ancien avocat du roi au sénéchal de Guyenne, et actuellement jurat gentilhomme de cette ville. » Ainsi la qualification d'ancien avocat général au Parlement est ici sciemment omise, ce qui fait bien voir que la Compagnie ne voulait pas la reconnaître, et met en lumière le véritable motif de son opposition.

Mais ce n'était pas assez de cette prétérition malveillante; il fallait une autre satisfaction aux rancunes de la majorité. Aussi, dès le 2 novembre suivant et avant la rentrée, le Corps s'empressa-t-il de protester contre l'enregistrement du 30 août. Une nouvelle délibération est prise, en vertu de laquelle le procureur général en survivance est exclu du tableau de la Cour. Son nom ne sera pas porté sur la liste imprimée des membres. On statuera bien sur ses réquisitions, mais seulement dans l'intérêt public et sans approbation de sa qualité. Ces dispositions reçurent leur exécution lors de la *faction* des chambres aussitôt après la rentrée, malgré les réclamations de Dudon, présentées par un conseiller, et en l'absence du premier président Le Berthon, qui crut devoir s'abstenir, on ne sait par quel motif. Mais celui qui était ainsi en butte à des procédés qu'il faudrait qualifier de déshonorants pour lui ne pouvait pas s'y soumettre. Sur son nouveau pourvoi, la délibération du 2 novembre fut encore cassée par le conseil, le 2 du même mois de l'année suivante, sans égard aux protestations et remontrances dont il paraît qu'elle avait été suivie. Elles furent du reste déclarées offensantes pour le roi dans la personne de ses deux procureurs généraux. La radiation sur les registres en était prescrite, ainsi que le rétablissement du nom du procureur général en survivance sur le tableau de la Cour pour 1783. Il fallut encore l'intervention d'un délégué du roi, le comte de Fumel, pour faire enregistrer cet arrêt du Conseil et les lettres-patentes qui l'accompagnaient.

On aurait pu croire enfin cette querelle intestine terminée. Il n'en fut rien, et le Parlement s'obstina à la perpétuer. Ce qu'il imagina dans ce but passe toute croyance. Malgré le blâme infligé à ses premières représentations, il ne craignit pas d'en adresser de nouvelles; puis, sans en attendre l'effet, il prit, le 22 avril 1785, l'étrange arrêté dont voici le résumé. Toutes les protestations faites depuis le commencement de l'affaire devaient être lues au sieur Dudon fils, chaque fois qu'il se présenterait soit à l'assemblée des chambres, soit à l'une d'elles, par le greffier de service, dès l'entrée de celui qu'elles concernaient, et ce sur l'ordre du président qu'il était permis à tout membre présent de requérir. Comme si ce n'était pas encore assez d'une pareille humiliation, elle était aggravée par une autre délibération prescrivant qu'en marge du registre où le nom du sieur Dudon serait porté comme présent, il serait fait mention expresse que c'était sans la participation du Parlement que ce nom s'y trouvait avec la qualification de procureur général en survivance et en exercice, mention signée par celui qui présidait.

Si c'étaient là, comme tout porte à le croire, des vengeances de ses disgrâces passées, le Parlement, en s'y livrant, ne faisait pas attention qu'il ravivait le souvenir de la défection de la moitié de ses membres en 1771 et que, pour être justes, ses représailles auraient dû atteindre sans exception tous les coupables. Du reste, le procureur général Dudon mit à combattre ses ennemis une constance égale à leur acharnement, et il finit par triompher. Mais la lutte avait duré trois années, et on s'imagine aisément tout ce qu'elle dut répandre d'amertume dans sa vie privée comme dans sa carrière publique.

Au moment du retour du Parlement à Bordeaux à la fin de 1788, les événements se précipitaient. Celui qu'il avait appelé depuis quelque temps avec tant de persévérance, la réunion des États Généraux, était imminent. Des questions auxquelles donnait lieu leur composition s'élevaient de toutes parts, et elles étaient discutées avec une extrême vivacité. Ce qui regardait spécialement l'ordre du *tiers* était surtout l'objet d'une ardente controverse. Quelques Parlements, ceux de Paris et de Besançon notamment, crurent devoir la trancher et manifester ouvertement le vœu que les futurs États fussent organisés sur le pied de ceux de 1614. Ces déclarations attirèrent sur eux les foudres d'un parti aussi puissant que nombreux, qui voulait pour les députés du peuple une base beaucoup plus large de représentation. La popularité de ces Compagnies non seulement fut perdue, mais elles devinrent l'objet de haines furieuses. Le Parlement de Bordeaux fut plus sage. On ne peut guère douter qu'au fond il ne partageât l'avis des deux Cours que nous venons de nommer, mais il s'en tint à demander la convocation des États Généraux conformément aux lois. Toute sa conduite après sa rentrée à Bordeaux resta empreinte de la même circonspection. S'il continua de manifester ses sentiments politiques, ce fut uniquement pour prêter son appui au rétablissement des anciennes formes d'élection de la municipalité bordelaise. Ainsi, après avoir autorisé par arrêt la convocation de l'assemblée des Cent-Trente, dans le but de renouveler l'administration nommée uniquement par la couronne, comme quelques-uns des membres éludaient de s'y conformer, la Cour, par une nouvelle décision du 22 novembre, sans égard à une lettre de cachet dont ils excipaient et qu'elle qualifiait sévèrement, ordonnait que les notables se réuniraient pour préparer les élections.

Il ne paraît pas non plus que le Parlement ait essayé d'une manière quelconque de s'immiscer dans les opérations préliminaires à la réunion des États Généraux. Il recueillit les fruits de cette prudente réserve, non seulement pendant ces mêmes opérations, les magistrats ayant été constamment respectés, mais encore leur crédit et leur ancienne influence se maintinrent. Ainsi, lors des élections, le premier président Le Berthon fut un des premiers députés nommés par l'ordre de la noblesse. Après lui, un membre d'une autre illustre famille parlementaire, M. de Verthamon d'Ambloy, réunit les mêmes suffrages, et ils se portèrent enfin sur le président à mortier Lavie. Derniers témoignages, il est vrai, de la popularité d'une institution dont la Guyenne s'était si souvent montrée fière, mais auxquels ne devaient pas tarder à en succéder d'autres d'une nature bien différente!

Comme marque de cette décadence, on pourrait citer l'aveu même d'un des chefs de la Compagnie, le procureur général Dudon qui, en juillet 1789, déclarait aux quatre-vingt-dix électeurs, successeurs de l'assemblée des Cent-Trente et nouveaux administrateurs de la ville, ayant réclamé l'appui du Parlement à l'occasion d'une disette suivie de troubles, que l'autorité du Parlement était désormais sans vigueur et ne pouvait plus rien pour les faire cesser. Partout, du reste, les Cours de justice souveraine étaient déjà sous le coup du discrédit attaché aux institutions qui approchent de leur fin.

Dès le 3 novembre 1789, un décret de l'Assemblée nationale disposait que, en attendant la nouvelle organisation judiciaire, tous les Parlements qui étaient alors en vacations, demeureraient en cet état. « Ils sont en vacances, qu'ils y restent! s'écriait Mirabeau; le moment venu, ils passeront, sans qu'on s'en soit aperçu, de l'agonie à la mort. » « Nous les avons enterrés tout vivants, » disait à ses collègues Alexandre de Lameth, en sortant de la séance. Les chambres de vacations avaient seules désormais le droit de rendre la justice [1].

---

[1] *Moniteur*, 3 à 5 novembre 1790.

C'est donc ainsi qu'étaient traités les Parlements par ces mêmes États Généraux dont ils avaient arraché la convocation à la royauté! Mais faut-il s'en étonner? L'Assemblée constituante avait, d'abord de fait, puis bientôt en droit, revendiqué ouvertement la souveraineté nationale. Comment, après avoir dépouillé le roi de sa principale prérogative, l'aurait-elle respectée dans ceux que l'opinion plaçait presque sur la même ligne, puisque seuls ils faisaient contre-poids au pouvoir absolu? Le temps était venu d'ailleurs, et l'occasion se présentait opportune pour les ennemis des Parlements, de satisfaire de vieilles haines. Et ces ennemis étaient nombreux : car noblesse, clergé, tiers-état, quel était l'ordre de citoyens que l'omnipotence et la superbe parlementaires n'eussent pas blessé? C'est cette joie mal contenue qui éclate, aux approches des représailles, avec une indiscrétion et dans des termes bien peu dignes de législateurs qui, en proclamant que les Parlements ne pouvaient trouver place dans le nouvel ordre de choses, devaient se souvenir des grands services qu'ils avaient rendus. Mais l'ironie cruelle avec laquelle leur chute était annoncée, ne pouvait manquer d'être vivement ressentie par eux. Trois de ces corps : Rennes [1], Rouen [2] et Bordeaux protestèrent, les premiers expressément, le troisième indirectement, contre le nouveau pouvoir qui les frappait et subirent tour à tour avec lui

(1) *Moniteur*, 8 janvier 1790 et suiv.
(2) *Histoire du Parlement de Normandie*, par M. Floquet, t. VII.

un périlleux contact. Nous n'avons à nous occuper que de ce qui concerne le Parlement de Bordeaux.

Les désordres dont Paris fut le théâtre en juillet et octobre 1789 n'avaient pas tardé à gagner les provinces. Dans diverses parties du ressort du Parlement de Bordeaux, l'Agenais, le Condomois, le Périgord, le Limousin, des attentats furent commis contre les propriétés et les personnes. Le mal s'augmentait de l'inertie des magistrats locaux, qui n'osaient l'arrêter. Le Parlement comprit autrement ses devoirs. Le 20 février 1790, le procureur général Dudon adressa à la chambre des vacations un réquisitoire dans lequel, après avoir exposé les crimes qui se commettaient, il disait : « Tout ce
» que le roi avait préparé pour le bonheur de ses
» sujets, cette réunion des députés de chaque
» bailliage que vous avez sollicitée vous-même pour
» être les représentants de la nation; tous ces
» moyens si heureusement conçus et si sagement
» combinés, n'ont produit jusqu'ici que des maux
» qu'il serait difficile d'énumérer. La liberté, ce
» sentiment si naturel à l'homme, n'a été pour
» plusieurs qu'un principe de séduction. Des hordes
» meurtrières ravagent des parties de notre ressort.
» Voilà les premiers fruits d'une liberté publiée avant
» la loi qui devait en prescrire les bornes, et dont
» la mesure a été livrée à l'arbitraire de ceux qui
» avaient tant d'intérêt à n'en connaître aucune.
» Donnez aux juges de votre ressort l'exemple de
» ce courage qui ne connaît que le devoir; inspirez

» leur la force de poursuivre ces brigandages avec
» toute la sévérité des ordonnances. Les détracteurs
» de la magistrature, inquiets ou jaloux de l'arrêt
» que vous allez rendre, se hâteraient vainement d'en
» publier l'insuffisance pour en atténuer les effets. Ils
» ne nous accuseront pas d'avoir vu tant de maux
» avec indifférence. Ils n'abuseront plus de la crédulité
» des peuples, et dût cet effet de votre justice être le
» dernier, ce peuple y reconnaîtra peut-être encore
» ceux dont il a pleuré la captivité et ceux qu'il a si
» justement appelés ses défenseurs et ses pères. » Le
même jour, un arrêt fut rendu conforme aux
conclusions de ce courageux réquisitoire, tendant à
une information et ordonnant que le procès fût fait
et parfait aux auteurs et complices des crimes et
délits dénoncés, suivant la rigueur des ordonnances.

Cet arrêt et le réquisitoire, imprimés et publiés, devinrent immédiatement l'objet d'une dénonciation à l'Assemblée nationale. Elle eut pour auteur Boyer Fonfrède, alors aide-major général de l'armée patriotique de la Gironde. Adressée par lui au conseil général de cette armée et appuyée par les quatre-vingt-dix électeurs, elle réunit encore l'adhésion et l'appui de plusieurs sociétés et réunions politiques de la cité. Les reproches les plus vifs étaient accumulés dans cette pièce contre les magistrats : d'affecter de désigner l'Assemblée nationale par le simple titre de députations des bailliages, de méconnaître les bienfaits qui déjà lui étaient dus et de n'y voir que des malheurs publics. « Quoi ! y disait-on, la

» destruction des bastilles et des ordres arbitraires,
» de tous les despotes grands et petits, des corps
» intermédiaires qui trompaient le monarque et le
» peuple, de la vénalité des offices et des officiers..., ce
» sont des maux pour ceux que les abus faisaient vivre;
» ce sont des maux pour ceux qui ne demandaient
» les États Généraux que dans l'espoir de se voir
» refuser; qui n'ont combattu le despotisme ministériel
» que parce qu'il contrariait le despotisme parlemen-
» taire!!... S'il restait des regrets au peuple, ce
» serait d'avoir été détrompé si lentement et délivré
» si tard de ceux qui ont l'audace de se nommer
» aujourd'hui ses pères. » Les imputations de perfidie,
de lâcheté, se rencontraient sous la plume du
rédacteur de la dénonciation qui se terminait ainsi :
« Que les chambres des vacations nous jugent,
» puisqu'il le faut, encore quelques instants; qu'elles
» vivent et meurent en paix si elles ne veulent pas
» hâter l'instant de leur destruction. » Sans attendre
la décision de l'Assemblée, l'auteur de cette violente
diatribe concluait dès lors à ce que le conseil de
l'armée déclarât déchus de tous leurs grades, ainsi
que de celui de volontaires, les membres de la
chambre des vacations. Une délibération du conseil
de l'armée tendant à l'envoi de l'arrêt et du
réquisitoire à l'Assemblée, avec l'expression de la
juste indignation de tous les citoyens de Bordeaux,
fut prise dès le 25 février. Elle portait, entre autres
noms, les signatures du marquis de Canolles, du
duc de Duras, généralissime de l'armée patriotique,

du vicomte d'Urtubie, du chevalier de Solminiac. On y disait à l'Assemblée : « *Nosseigneurs,* dans votre » adresse aux Français, vous paraissiez douter s'il y » eût un seul homme qui, tournant ses regards en » arrière, voulût relever les débris dont nous sommes » environnés pour en recomposer l'ancien édifice. Eh » bien ! de pareils hommes existent, et ce sont les » magistrats tenant la chambre des vacations du » Parlement de Bordeaux ! »

Si l'arrêt du 20 février portait quelque atteinte à la politique inaugurée par l'Assemblée nationale, rien, comme on le voit, n'avait été omis par les ennemis de l'ancienne magistrature pour envenimer ses intentions. Aussi, après le renvoi au Comité des rapports de la plainte venue de Bordeaux, Mathieu de Montmorency proposait-il, dès le 4 mars, à l'Assemblée de l'accueillir. « Le Comité, dit-il, avait » vu, dans le réquisitoire et l'arrêt dénoncés, l'*inten-* » *tion de fomenter et de perpétuer les troubles* » *cachée sous l'apparent désir de réprimer les* » *désordres.* Le silence affecté sur les décrets, sur le » nom même de l'Assemblée nationale, tout mani- » festait les vues du Parlement. Il conclut à ce que » le procureur général et le président fussent mandés » à la barre pour y rendre compte *des motifs de* » *leur conduite* [1]. » Avant la mise aux voix de ces conclusions, un incident se présenta, le rapporteur ayant annoncé que M. Dudon, fils de l'un des

---

[1] *Moniteur,* n° 65, 6 mars 1790.

inculpés, avait écrit pour demander à être entendu dans la défense de son père. Ce magistrat n'était autre que le procureur général en survivance dont nous avons raconté le différend avec le Parlement, au sujet de sa réception. Sa demande à l'Assemblée y souleva des difficultés inattendues.

A entendre Chapelier, avocat et député de Rennes, Dudon fils n'était absolument rien dans l'affaire. Un intérêt de cœur ne pouvait donner à un homme le droit de défendre des actions qui lui étaient personnellement étrangères.

« Il s'agit, répondit l'abbé Maury, d'un devoir » sacré de piété filiale. Il est digne du législateur » de respecter ce sentiment. »

Mirabeau l'aîné : « Nul autre ne peut rendre compte » des motifs que le magistrat lui-même. » Il ajouta que le président de la chambre ne lui paraissait pas mériter le même sort que le procureur général; que la seule faute de l'arrêt était l'injonction adressée aux municipalités de tenir la main à son exécution. Il fallait apprendre aux Parlements qu'ils n'avaient rien à enjoindre ou à ordonner aux municipalités.

Enfin, Cazalès s'écriant : « Vous admettez tout » citoyen à dénoncer, et le fils d'un citoyen accusé ne » pourrait pas prendre sa défense! » l'opposition cessa d'insister, et Dudon fils fut introduit.

Dominé par son émotion devant une assemblée dont la grande majorité était notoirement hostile à sa cause, il ne mit à la défendre ni la présence d'esprit nécessaire, ni le talent qu'on lui connaissait. Il lui

était peut-être bien difficile de rester maître de lui quand il s'entendait interrompre à une phrase comme celle-ci : « Si mon père s'est livré à quelque expres-
» sion trop forte, il faut donner quelque chose à la
» nature humaine. » « Je pourrais, continua-t-il,
» l'excuser en vous retraçant sa vie tout entière. Le
» peuple qui le maudit aujourd'hui, lorsque les Par-
» lements se sont opposés au despotisme, lorsqu'il
» bravait lui-même les violences et les injustices des
» ministres, lui avait préparé des triomphes. » Il invoqua encore le grand âge et l'état valétudinaire de son père pour obtenir qu'au moins on le dispensât d'un long et fatigant voyage. Puis les murmures continuant, il finit en déclarant que les marques d'improbation dont ses paroles étaient l'objet, le condamnaient au silence.

Des débats orageux succédèrent à cette apologie forcément incomplète. On y entendit des récriminations contre les Parlements, moins les ennemis du despotisme, dit-on, que ses rivaux. Chapelier, revenant à la charge, prétendit que les troubles de la Guyenne étaient apaisés lorsque le réquisitoire et l'arrêt étaient intervenus, allégation démentie par les faits eux-mêmes. Menou, se prévalant de ce que personne n'ignorait les manœuvres des Parlements contre l'Assemblée, voulait que, sans plus d'information, elle prononçât dès à présent la suppression de celui de Bordeaux, et que, à l'exemple de ce qui avait été fait contre les magistrats de Rennes, la chambre des vacations du premier fût punie de la dégradation civique. Cependant, sur les observations d'autres députés, tels que l'abbé de Barmont, De Sèze et le président de Frondeville, après de longues et tumultueuses discussions, il fut rendu un décret qui traduisait à la barre, sous quinze jours, les deux magistrats dénoncés, le procureur général demeurant néanmoins dispensé, à cause de son grand âge, de se présenter en personne, avec faculté de s'expliquer par écrit. Le même décret votait des félicitations à tous les citoyens de Bordeaux signataires de la dénonciation.

Le 10 avril suivant, l'affaire revint devant l'Assemblée; elle entendit la lecture de la lettre justificative du procureur général Dudon père. Il s'y exprimait ainsi :

« Je sais avec quelle défaveur peut être écouté un
» ancien magistrat lorsqu'il parle de la liberté, mais
» je reprends courage lorsque je vois ses austères
» principes hardiment déployés au milieu de vous par
» des courtisans rassasiés des faveurs abusives de la
» Cour.

» Dans quel code avez-vous appris qu'il fût permis
» de punir un citoyen en vertu de la manière dont on
» juge à propos d'interpréter les intentions? Depuis
» soixante ans que j'étudie les lois, tout ce que j'ai pu
» découvrir de relatif à ce principe, c'est qu'à Cons-
» tantinople, lorsqu'un chrétien se promène autour
» du sérail, on interprète ses intentions, on l'enlève
» et on l'étrangle. Le marquis de Favras, accusé pour
» des discours et non pour des actes, a été exécuté

» pour des propos indirects, pour une conduite
» insensée, puis pour ses discours comme sous
» Tibère; et par une pente naturelle au despotisme
» qui va toujours croissant, je me trouve accusé du
» crime de lèse-nation, parce qu'on juge à propos
» d'interpréter mes intentions! Mon dénonciateur,
» Boyer-Fonfrède, a été dévoré du désir de jouer un
» rôle. Rien d'étonnant; mais lorsque au Comité des
» rapports on adopte ses principes, lorsqu'un jeune
» rapporteur les développe avec toute l'effervescence
» de son âge, ils prennent à mes yeux un caractère
» de gravité qui m'afflige bien plus pour la liberté
» qu'il ne m'effraye pour ma personne....

» Qui êtes-vous donc si vous n'êtes pas des députés
» des bailliages? N'oubliez pas que les députés ont été
» appelés par moi représentants de la nation, titre
» auguste s'il en fut jamais.....

» Faites-nous des lois et nous serons libres; que le
» nom sacré du roi reparaisse dans les provinces
» avec toute l'influence et l'éclat de sa puissance, et
» nous serons tranquilles [1]. »

Il faut croire ou que cette lettre fut lue au milieu de l'inattention générale, ou bien que les dernières lignes dans lesquelles son auteur se déclarait un citoyen dont l'âge a blanchi la tête et qui voit sa tombe à ses pieds, obtinrent grâce pour les passages si hardis qu'elle contenait. Quoi qu'il en soit, des préventions défavorables avaient sans doute précédé le président

[1] *Recueil de Bernadau*, t. XII, in-8º, pièces imprimées. (Biblioth. de la ville.) — *Moniteur*, nº 100.

Daugeard qui comparaissait en personne, car le président de l'Assemblée l'accueillit par des paroles telles qu'elles provoquèrent des réclamations du côté droit, fondées sur ce que le jugement de l'Assemblée ne pouvait être si prématurément prononcé. Après l'échange de vives interpellations entre la minorité et la majorité, celle-ci donna raison au président, et M. Daugeard dut entendre la lecture entière de l'allocution interrompue. Sans se laisser troubler par ce qu'elle lui révélait de dispositions malveillantes, il parla en ces termes :

« J'obéis aux ordres du roi, et je me présente avec
» la sécurité d'un magistrat qui a fidèlement rempli
» son devoir. La chambre des vacations a exercé
» toute la plénitude du pouvoir judiciaire qui était
» entre ses mains. Elle a rendu un arrêt que les
» malheurs du temps sollicitaient de son patriotisme,
» et elle n'a d'autre regret que d'avoir différé trop
» longtemps cet acte de justice. Des hordes de
» brigands dévastaient les campagnes et violaient
» les propriétés, le fer et la flamme à la main. On se
» demandait s'il n'y avait plus de justice dans ce
» malheureux royaume. Des procès-verbaux consta-
» taient ces faits, et les révoquer en doute ce serait
» ajouter l'outrage aux malheurs des infortunés qui
» en ont été les victimes. La chambre des vacations
» voulait consoler un roi si bienfaisant dont les
» malheurs présentaient à l'Europe étonnée un
» contraste si frappant avec ses vertus. Des motifs
» aussi pressants auraient-ils pu égarer des magistrats

» impassibles comme la loi dont ils sont les organes ?
» La chambre a ordonné la publication de son arrêt
» pour annoncer sa résistance aux ennemis de l'État.
» J'ai honoré mon nom en souscrivant à cet
» arrêt. Voilà les considérations qui ont déterminé
» ma conduite. Si vous demandez nos motifs, vous les
» découvrirez dans le désir du bien public et dans
» l'amour de nos devoirs. »

Nobles paroles, mais moins propres à désarmer qu'à irriter ceux qui les entendaient. Il n'est pas besoin de dire pourquoi une Assemblée qui avait commencé par se déclarer souveraine, se croyait bravée en entendant déclarer que c'était par obéissance aux ordres du roi que l'on comparaissait devant elle. Tous les éloges décernés au monarque ne recueillant que l'ingratitude pour prix de ses bienfaits, que des malheurs pour ses vertus, étaient autant de reproches accablants pour ceux qui se sentaient indirectement accusés d'être les auteurs de ces criantes injustices. Personne ne prit le change. Aussi, tandis que le côté droit applaudissait aux paroles du président Daugeard et en demandait l'impression, les autres parties de l'Assemblée éclataient en murmures. L'agitation et le tumulte étaient tels que la séance fut levée sans résultat. Le lendemain seulement, l'affaire prit fin après un nouveau rapport de Mathieu de Montmorency, qui voulut bien reconnaître au réquisitoire du procureur général Dudon le mérite de la franchise, mais le refusa au discours entendu la veille. Il conclut à l'improbation du réquisitoire et de l'arrêt du 20 février parce que, dit-il, ces deux actes judiciaires, sous prétexte de maux dont tous les bons citoyens avaient gémi, affectaient de méconnaître les principes de l'Assemblée nationale et de faire suspecter ses intentions. L'abbé Maury combattit vainement ces conclusions. Le décret passa dans les termes proposés et le président Daugeard dut en entendre la lecture, mais huit jours seulement après. Il reçut, à cette occasion, une nouvelle marque d'intérêt de la droite dont beaucoup de membres se tinrent debout pendant cette lecture, comme pour marquer qu'ils faisaient leur cause de la sienne.

La réserve absolue gardée pendant toutes ces discussions par le premier président Le Berthon et le président Lavie cause une pénible surprise. On ne saurait les soupçonner d'avoir, avec la majorité, prononcé la condamnation de leurs collègues; mais comment laissèrent-ils la tâche de les défendre à des magistrats étrangers à leur Compagnie? L'attitude si digne et si fière du président Daugeard est faite pour consoler de ces tristes défaillances. Grâce à lui, dans cette dernière apparition des Parlements sur la scène politique, le caractère de grandeur, de majesté même qu'ils y avaient toujours déployé, demeura tout entier, et ils allaient mourir comme ils avaient vécu.

Car leurs jours étaient comptés. Le peu de temps qui s'écoula encore jusqu'au 6 septembre 1790, date du décret qui les supprima, ne fournit plus, au moins pour celui de Bordeaux, aucun fait digne de remarque.

Ce décret fut enregistré par la chambre des vacations le 28 septembre, avec la clause : *conformément à la volonté du roi.* Le 30 du même mois, jour marqué pour la cessation des fonctions de tous les Parlements des provinces, les officiers municipaux, dans chacune des villes où ils étaient établis, avaient ordre de se transporter en corps au palais de justice, et après avoir, en présence des greffiers en personne, fait fermer les portes des salles, greffes, archives et autres dépôts de papiers et minutes, d'y apposer les scellés. Pour la sûreté du dépôt, les mêmes officiers devaient requérir, des commandants des gardes nationales, des détachements nécessaires à l'occupation des portes extérieures. Il semble, à voir tant de précautions, qu'une telle entreprise ne pût s'accomplir sans faire craindre un soulèvement. Il n'en fut rien cependant, et à Bordeaux, comme ailleurs, la formalité qui consista à sceller la tombe, en même temps que les archives des Parlements, s'accomplit dans le plus grand calme.

Cependant quelques-uns de ces corps ne purent se résigner à croire à leur destruction irréparable et voulurent montrer qu'ils ne cédaient qu'à la force en se soumettant aux décrets de l'Assemblée. A Metz, le Parlement n'en fit pas moins sa rentrée solennelle le 8 novembre. A Aix, dans la dernière audience de la chambre des vacations, il y eut entre le barreau et la magistrature un échange de témoignages de la plus vive sympathie. Paris protesta secrètement; Toulouse ouvertement. C'est dans l'histoire respective de ces

Compagnies qu'il faut chercher le récit des suites de ces diverses manifestations. Quant au Parlement de Bordeaux, il prit un moyen terme entre le silence absolu qu'il lui répugnait de garder et un mode trop expressif de le rompre. Le jour même où elle se séparait, la chambre des vacations rédigeait et faisait imprimer la pièce que voici et que sa brièveté nous permet de rapporter :

Lettre du Parlement de Bordeaux au Roi.

« SIRE,

» Votre Parlement descend du tribunal avec la sécurité qu'inspire une conscience pure. Il ose se flatter que son roi, que la France entière rendent justice à ses sentiments. Plein de confiance en vos vertus, Sire, votre Parlement *dépose* dans les mains de Votre Majesté le Glaive et la Balance qu'elle lui avait confiés. Daigne le Ciel protéger ce royaume, accorder à Votre Majesté, à votre auguste épouse, aux princes de votre illustre sang, des jours heureux et sereins, ramener parmi nous la concorde et la paix et y rétablir pour toujours l'empire et la religion des mœurs et des lois!

» Nous sommes avec un très profond respect, Sire, de Votre Majesté, les très humbles, très fidèles et très soumis serviteurs.

» Les gens tenant votre Parlement, chambre des vacations.

» Bordeaux, le 28 septembre 1790. »

Ce document, devenu fort rare, malgré son insignifiance, ne paraît avoir produit aucune sensation lors de sa publication. Nous avons donc peine à croire que ce soit là la protestation que le conseiller de Bouquier, l'un des signataires survivants de cette pièce, aurait remise à Louis XVIII lors de la Restauration et que ce monarque aurait agréée en disant qu'il la recevait comme un *témoignage de la fidélité de ses Parlements*[1].

Quoi qu'il en soit, on ne peut s'empêcher, à propos des regrets tardifs manifestés par les magistrats des événements qui avaient suivi la convocation des États Généraux, de rapprocher ces regrets du langage qu'ils tenaient à Louis XVI, alors qu'ils le pressaient de les convoquer : « Ceux qui chercheraient
» à donner des inquiétudes à Votre Majesté sur cette
» assemblée, ou mentent à leur conscience, ou ne
» connaissent pas la nation. Ils n'ont jamais réfléchi
» sur ce dont elle est capable lorsqu'elle se voit
» honorée de la confiance de son roi et associée à sa
» gloire... Placée au milieu de ses sujets comme un
» bon père au milieu de ses enfants, Votre Majesté
» sentira aisément la différence qu'il y a entre
» l'autorité qui exige et l'affection qui donne. Alors,
» Sire, Votre Majesté jouira de la récompense la plus
» flatteuse pour un roi citoyen, celle de régénérer sa
» nation et de recueillir les bénédictions d'un peuple
» heureux [2]. »

L'excuse d'une si profonde illusion, à laquelle l'événement réservait de cruels démentis, ne peut se trouver que dans l'erreur commune, quoique non générale néanmoins, sur l'effet du retour aux

---

[1] Notice nécrologique sur M. de Bouquier.
[2] Remontrances du 31 octobre 1787. (*Journal pour servir à l'histoire*, etc.)

anciennes assemblées nationales. Il ne la partageait pas, ce président d'Ormesson, regardé alors comme un prophète de malheur, lorsqu'il faisait à d'Éprémesnil, un des plus ardents promoteurs de la convocation des États Généraux, cette prédiction : « Dieu punira vos vœux en les exauçant [1]. » Nous ne savons si, dans le Parlement de Bordeaux, il se rencontra un seul homme ayant un aussi juste pressentiment de l'avenir.

Après l'amère déception de leurs espérances et de leurs vœux, rien ne dut être plus sensible aux parlementaires que l'accusation de ne les avoir émis qu'avec le secret espoir de les voir refuser. Cette injure, on ne la rencontre pas seulement dans les attaques violentes suscitées par les passions locales comme celles dont nous avons vu que le Parlement de Bordeaux fut l'objet. Une œuvre qui passe généralement pour résumer fidèlement les causes de la Révolution, mais qui a voulu être impartiale, mêle à des appréciations équitables sur les anciennes Compagnies souveraines ces réflexions critiques : « Elles ont averti la nation qu'elle avait des droits puissants à exercer, de longues réclamations à faire valoir. *Si cependant elles la firent intervenir dans leurs querelles avec les ministres, c'est qu'elles furent forcées de la mettre ainsi à portée de s'instruire par elle-même des droits qu'elles avaient l'air de réclamer* [2]. » Voilà donc encore un soupçon

---

[1] Droz, *Histoire du règne de Louis XVI*.
[2] *Introduction au Moniteur*, p. 4 ter et quater.

offensant pour la bonne foi des Parlements : le refus de toute reconnaissance envers eux de la part du peuple, dont on avoue pourtant qu'ils avaient fait l'éducation politique. N'était-ce donc rien cependant qu'un tel service, et convenait-il à ceux qui n'en pouvaient méconnaître le prix, de provoquer à l'ingratitude de ce bienfait? Pour nous, nous croyons que s'il est permis d'accuser les Parlements d'orgueil et d'ambition, rien n'autorise à y joindre l'imputation d'hypocrisie. Ils voulaient, sans doute, affaiblir l'autorité royale à leur profit. Ils avaient rêvé l'établissement d'une sorte d'aristocratie judiciaire qui les aurait constitués les vrais et seuls législateurs en leur conférant le droit d'enregistrement avec pouvoir de l'accorder ou de le refuser, se flattant ainsi de suppléer les États Généraux pendant les intervalles de leurs réunions; mais pour obtenir de ceux-ci une telle délégation, il fallait bien qu'ils s'assemblassent. Le complet mécompte de ces calculs sans prévoyance fut le premier châtiment de ceux qui s'y étaient trompés. L'histoire doit-elle cependant les laisser sous le coup de cette humiliation, comme s'ils n'avaient aucun titre à l'estime de la postérité? Nous ne saurions le penser. L'écrit que nous venons de citer se montre lui-même plus juste pour les anciennes Cours souveraines en reconnaissant qu'elles avaient opposé une courageuse résistance aux entreprises de l'autorité arbitraire [1]. C'est là, en

---

[1] *Introduction au Moniteur*, p. 38.

effet, la tâche honorable et souvent pénible accomplie par ces corps pendant leur longue existence. Durant les fréquentes éclipses des États Généraux, lorsque, même dans les pays où subsistaient encore des États particuliers, tout obéissait au souverain, les Cours de justice, et les Parlements surtout, restèrent les seuls organes qu'eût conservés la liberté, l'unique frein capable de retenir le pouvoir absolu sur cette dangereuse pente qui du despotisme conduit à la tyrannie. On avait pu étouffer leur voix, mais non détruire l'espérance gardée par eux, que tôt ou tard ils la retrouveraient. Et quand elle leur fut rendue, ils furent les premiers, après de vains efforts pour faire réformer de criants abus, à proclamer la nécessité de la seule voie de salut au milieu de tant de maux. Grâce à eux, un grand pays, né libre — car la France ne fut jamais une terre d'esclavage, — recouvra ses vieilles franchises; et si l'exercice en eût été mieux dirigé, une révolution terrible pouvait être évitée. Il y a, si nous ne nous trompons, dans ce passé des Parlements, de quoi effacer bien des torts et racheter bien des fautes.

Ce que nous disons d'eux en général peut s'appliquer sans réserve à celui dont nous avons essayé de retracer l'histoire. Ici, comme dans tout ce qui tient à l'humanité et participe de ses imperfections, le bien se place à côté du mal, et l'éloge peut tempérer le blâme. Jaloux de ses attributions au point de les excéder plutôt que de les restreindre, mais en usant le plus souvent pour la protection du faible contre le fort; affectant l'omnipotence dans son ressort, la faisant servir néanmoins à le défendre à la fois contre les ennemis du dehors et contre ceux du dedans; trop porté à s'immiscer dans les affaires politiques ou d'administration, à dépasser la mesure dans l'expression de ses doléances, excusable même alors cependant par la nature de leur objet, quand elles portaient sur des édits fiscaux ou sur des transgressions manifestes des principes irréfragables du droit; enfin, factieux, il est vrai, pendant la Fronde, mais loyal sous la Ligue : tel est le tableau de ses annales avec ses contrastes et, par là même, ses compensations. Pourquoi faut-il seulement que les dernières pages n'y répondent pas mieux aux premières?

Il est un aspect sous lequel toute institution qui a longtemps vécu, doit être envisagée, surtout lorsqu'elle a occupé une place considérable dans le milieu social : c'est celui de l'influence qu'elle y a exercée. Nous ne saurions donc négliger ce soin à l'égard du Parlement de Bordeaux. Il est facile, nous le pensons du moins, de se rendre compte du genre, comme de l'étendue de son action sur les populations qui l'entouraient. Sous le rapport politique d'abord, le plus important de tous, elle ressort évidente et en quelque sorte palpable, des effets de son contact, à toutes les époques, avec ceux qui étaient moins ses justiciables que ses sujets. En toute circonstance, ceux-ci se montrèrent dociles à suivre la voie qu'il leur traçait, soit dans les affaires où l'État ou bien l'autorité royale étaient parties, soit même dans les matières religieuses. Les faits sont là pour prouver à quel point l'impulsion du Parlement était généralement acceptée. Ces faits, nous les avons exactement rapportés et consciencieusement jugés, et nous n'avons rien à reprendre de nos appréciations. L'influence judiciaire proprement dite de la Cour de justice souveraine de Guyenne n'est pas moins bien établie, et ce n'est pas même à titre d'éloge que nous le constatons, quoique nous ayons quelquefois rencontré sur notre route, mais sans beaucoup nous en émouvoir, des attaques contre elle de plaideurs mécontents. Il est bon, toutefois, de remarquer ici que le respect porté en général aux arrêts du Parlement ne prenait pas seulement sa source dans la soumission qu'ils commandaient comme décisions judiciaires. L'opinion légitime de l'indépendance de ceux qui les rendaient contribua beaucoup et à juste titre à l'empire de ces arrêts. Aujourd'hui que tout garantit aux magistrats cette immunité, première condition de leurs fonctions, il n'y a pas grand mérite à eux de la conserver intacte. Il n'en était pas de même lorsque, par d'odieuses indiscrétions et la divulgation coupable de leurs votes, les juges, sous le coup de l'inconcevable juridiction que s'arrogeait sur eux quelquefois l'autorité souveraine, se voyaient exposés à des disgrâces, à des peines même pour n'avoir obéi qu'à la voix de leur conscience. Rester fermement honnêtes, opiner sans peur comme sans complaisance, était alors une vraie vertu chez ceux qui la pratiquaient, et faite pour leur conquérir l'estime et la vénération de tous les âges.

La direction morale parlementaire que nous recherchons ne se renferme pas encore exclusivement dans ces limites. Nous en mentionnerons une autre qu'il ne fallait pas oublier non plus, car elle fut éminemment civilisatrice. C'est l'heureuse impulsion, le développement fécond donnés par les magistrats aux qualités natives de leurs concitoyens. Une grande vivacité de perception, la finesse de l'intelligence et la facilité de s'exprimer furent, de tout temps, naturelles aux Bordelais. Les spéculations commerciales, loin de leur nuire pour la culture de ces dons, les y aidaient au contraire, parce que le négoce en grand et qui s'étend au delà des mers embrasse un champ vaste qui exerce et enrichit l'esprit. Foyer d'instruction et de lumières, le Parlement rencontrait ainsi pour leur diffusion les conditions les plus favorables. Il sut les mettre à profit. Déjà, après la fondation du célèbre Collége de Guyenne, il avait rivalisé de zèle avec la municipalité, auteur de cette création, pour sa prospérité. Mais ce fut exclusivement de son sein que sortit une autre institution destinée à honorer et à propager de plus en plus les sciences et les lettres. L'Académie de Bordeaux fut la vraie fille du Parlement, fondée, en effet, comme nous l'avons vu, par plusieurs de ses membres que l'amour de l'étude avait groupés, et qui voulurent lui donner l'existence légale et publique. Ils avaient déjà le droit, à part leur propre exemple, de proposer des modèles pris parmi leurs devanciers. Indépendamment de jurisconsultes éminents, des écrivains distingués s'étaient rencontrés de bonne heure dans le Parlement d'où devaient sortir deux des plus grandes gloires littéraires de la France. Dès le commencement du xviie siècle, les remontrances inédites que nous avons tirées de ses Registres, brillaient déjà par la correction du style et par l'éloquence. Celles qu'une grande publicité a fait connaître à la fin du siècle dernier et que, par ce motif, nous avons été dispensé de reproduire, ont droit aux mêmes éloges. Tous ces enseignements ne pouvaient manquer de porter leurs fruits. Aussi le barreau de Bordeaux, dans les derniers temps du Parlement, avait-il acquis une véritable célébrité. Les Garat, les Desèze, les Denucé, les Duranthau, puis les Vergniaud, les Guadet, les Gensonné y commencèrent une renommée qui devait les conduire pour la plupart sur un plus grand théâtre. Leurs successeurs prouvèrent, comme eux, qu'ils n'en avaient pas eu besoin d'abord pour devenir illustres dans l'art de bien dire; car ce fut dans l'enceinte judiciaire que les Lainé, les Ferrère, les Ravez, les Martignac, les Peyronnet conquirent leur première réputation. Eh bien! peut-on croire que les hommes devant lesquels ils s'étaient fait entendre fussent étrangers à leurs talents et à leurs succès? Non, sans doute; car le génie s'éveille au bruit flatteur, s'enflamme à la chaleur vivifiante des applaudissements, et c'est l'auditoire intelligent et sensible qui, au palais, comme à la tribune et dans la chaire, fait le grand orateur. L'honneur d'avoir été le principe générateur d'une telle émulation ne saurait donc être refusé au Parlement de Bordeaux. Et comment s'étonner de trouver ce genre de mérite dans un corps où fleurirent La Boëtie, Montaigne et Montesquieu !

CHAPITRE COMPLÉMENTAIRE

La difficulté — pour ne pas dire l'impossibilité de rattacher toujours au récit des faits et des événements qui constituent l'histoire proprement dite certains détails sans lesquels, cependant, celle des institutions comme des personnes ne serait pas complète, nous a engagé à réunir dans un chapitre séparé tout ce qui nous a paru, à des titres divers, de nature à former pour l'histoire du Parlement de Bordeaux un complément nécessaire. Nous traiterons donc ici spécialement des *conseillers clercs* et de leur situation dans la Compagnie; des *vacances* et *fêtes chômées* par elle; de quelques conséquences de la *vénalité des offices;* des *honneurs, préséances et distinctions* des magistrats; des *relations du ministère public et de la Cour;* enfin de la *discipline parlementaire.*

I

DES CONSEILLERS CLERCS.

La place importante qu'occupait le droit canonique dans l'ancienne législation par le mélange des matières ecclésiastiques et civiles dans plusieurs cas; l'expérience même que son immixtion fréquente dans la connaissance des procès purement civils avait donnée aux membres du clergé pendant le moyen âge, expliquent l'institution des conseillers clercs et leur admission dans les cours de justice, où du reste ils avaient déjà pris pied par suite de l'ignorance ou de la paresse des grands qui les composaient. Mais à l'origine des Parlements rendus permanents et sédentaires, appelés par le choix du prince à siéger à côté d'autres légistes également désignés par lui, les conseillers clercs justifiaient parfaitement leur titre en ce qu'ils appartenaient tous aux ordres sacrés. Il n'en fut pas longtemps ainsi, et de bonne heure on voit des charges de ce genre occupées par des sujets qui non seulement n'étaient pas prêtres ou dans les degrés inférieurs du sacerdoce, mais qui même obtenaient la permission de se marier tout en gardant leur office avec son titre primitif. Le nombre des charges occcupées par des personnages réellement clercs *actu* et *habitu,* comme on disait alors, devint donc de plus en plus rare. Divers motifs contribuèrent à ce qu'il en fût ainsi. Les gages des conseillers clercs étaient inférieurs à ceux des laïcs, probablement parce que les premiers joignaient presque toujours à la profession de juges la jouissance de bénéfices plus ou moins bien rétribués, tels que des canonicats. En second lieu, ils ne cessèrent pas seulement d'occuper le premier rang qui leur avait été donné dans le principe parmi les membres de la cour, ils se virent même contester jusqu'aux droits dérivant de leur date de nomination. En effet, quoiqu'ils n'eussent jamais été élevés au rang de présidents à mortier, ils auraient pu, au moins comme tous les autres conseillers, être appelés comme tels et à raison de leur ancienneté, lorsqu'ils se trouvaient les premiers sur la liste, à présider au défaut ou en l'absence des chefs de la cour. Mais c'est ce qui leur fut constamment refusé, malgré leurs réclamations fondées sur les règles en vigueur partout, et notamment dans l'ordre judiciaire. Sur quoi donc reposait cette exception presque injurieuse pour les conseillers clercs? Sur cet adage : *La cour* ou bien *la justice du roi est laïque* [1]. Adage ou maxime vraie en fait sans doute, mais ne reposant sur aucun monument de législation et dont ceux qui l'appliquaient auraient été réduits à dire : *non scripta, sed nata lex*. C'est aussi cette barrière inflexible qui s'opposa sans cesse à ce que les conseillers clers parvinssent au décanat ou dignité de doyen, malgré leur ancienneté de nomination, parce qu'en l'absence des présidents, ils auraient alors été à la tête de la Compagnie. Ils avaient, quand le cas se présentait, le désagrément de se voir préférer les conseillers laïcs même marchant après eux. Ils ne manquaient pas de porter leurs plaintes à l'autorité supérieure, mais il ne paraît pas qu'elles aient jamais été écoutées. Là aussi, on semblait penser qu'une cour de justice, dans laquelle

---

[1] R. S., rentrée de 1626 et *passim*.

des clercs ne figuraient plus qu'en très petit nombre, présidée par l'un d'eux, eût offert une anomalie. L'élément religieux n'était-il pas d'ailleurs suffisamment honoré au Parlement de Bordeaux par la prérogative d'y prendre séance conférée à tous les évêques de son ressort? Il est vrai qu'ils n'en usaient guère que pour y faire enregistrer l'ordonnance qui la leur conférait. Au reste, pas plus dans l'esprit de l'autorité que dans leur intention, il n'était jamais entré de faire du Parlement une sorte d'assemblée du clergé.

Nous venons de parler du décanat. Ce titre et certains avantages qui y étaient attachés l'érigeaient en véritable dignité. Le doyen siégeait à la droite du premier président, il ne quittait jamais la grand'-chambre; aussi lui donnait-on par courtoisie le nom d'étoile fixe (1). Il est certain qu'il ne partageait ce privilége qu'avec le chef même de la Compagnie, tous les autres membres, même les présidents à mortier, allant servir à leur tour à la chambre criminelle, sorte de corvée à laquelle ils répugnaient en appelant cette juridiction un théâtre de sang et de plaies. Les procès-verbaux des séances de roulement sont remplis de discussions entre les membres de la Compagnie, pour se dispenser de siéger à la Tournelle. Leur aversion sur ce point faisait taire jusqu'aux affections de famille, et l'on trouve parfois dans les registres de ces contestations fort peu édifiantes entre beaux-frères et même entre beaux-pères et gendres (2).

(1) *Extraits des Registres du Parlement.* (Biblioth. de la ville.)
(2) R. S., novembre 1623-1625. — *Id.*, avril 1624.

Il n'est pas inutile, peut-être, de constater cet éloignement général des juges d'autrefois pour une mission de rigueur et de châtiments sévères sous une législation qui les prodiguait, sans compter la question. Cette preuve d'humanité répond, ce semble, à l'imputation qui leur a été souvent adressée de perdre toute sensibilité par l'habitude des jugements criminels et de faire litière de condamnations.

II

DES VACANCES ET DES FÊTES CHÔMÉES.

L'établissement des grandes vacances dans les anciens tribunaux est aussi ancien qu'eux-mêmes. C'étaient celles qui commençaient le 7 septembre et finissaient le 11 novembre, jour de Saint-Martin. Les discours prononcés à cette occasion par le premier président ou celui des présidents qui le remplaçait s'appelaient à Bordeaux *martinales* [1]. On sait qu'à Paris et ailleurs les avocats généraux faisaient les harangues de rentrée connues sous le nom de *mercuriales*.

Les vacances de Pâques ne furent instituées à Bordeaux que sous François Ier, par un règlement intérieur de la cour, à l'instar, y est-il dit, de ce qui se pratiquait à Paris [2]. Elles duraient du lundi saint à la *Quasimodo*. Ce n'était que par suite d'usages et par tolérance, que le Parlement vaquait de la veille de Noël à la fête des Rois, et pendant la semaine

[1] Papiers provenant du château de La Tresne. (Bibl. de la ville.)
[2] *R. S.*, 6 mars 1657.

de la Pentecôte. Quelques exemples se rencontrent d'interruption des audiences à l'époque du carnaval.

Les occupations judiciaires cessaient aussi à certains jours de fêtes, soit pour toute la journée, soit seulement à partir de l'audience du matin. La liste de ces nombreuses fêtes chômées ressemblait beaucoup à un abus. Il ne faut pas s'en prendre aux juges, qui ne faisaient en cela que se conformer aux prescriptions religieuses. Mais après la réduction de ces jours de repos préjudiciables au commerce et à l'industrie, obtenue par un ministre qui connaissait le prix du temps, c'est nommer Colbert, le Parlement ne vaqua plus qu'aux fêtes conservées dont la nomenclature fut officiellement indiquée dans les almanachs ou annuaires locaux, comme elle l'était pour le Parlement de Paris dans l'almanach royal.

C'est encore au règne de François Ier que remonte l'établissement de la chambre des vacations créée par lettres-patentes du 15 juillet 1519. Elle se composait d'un président et de huit conseillers, nombre porté plus tard à quatorze. La compétence de cette juridiction se bornait aux affaires urgentes civiles et criminelles. Un surcroît de gages était attribué à ses membres. On l'appelait la chambre de retenue, à cause de l'obligation pour ceux qui en faisaient partie de rester au siége de la cour [1]. Il est à remarquer qu'elle était presque toujours présidée par le chef de la Compagnie. Du reste, sa réunion ne durait pas

---

[1] R. S., loc. cit.

pendant toutes les vacances. On accordait aux magistrats *retenus* trois semaines (du 7 au 26 octobre) pour aller faire leurs vendanges, opération tellement importante en Bordelais que, pour y procéder, toute espèce d'autre affaire était laissée de côté, même les plus importantes en politique, comme nous avons eu occasion de le constater [1].

III

DE QUELQUES CONSÉQUENCES DE LA VÉNALITÉ ET DE L'HÉRÉDITÉ DES OFFICES.

Ce n'est pas seulement eu égard à la composition du personnel des anciens tribunaux que la vénalité et l'hérédité des offices ont été justement critiquées. Quand on parcourt leurs archives, on reconnaît bien vite le fâcheux effet de ces deux institutions relativement au service judiciaire, et surtout les embarras fréquents qu'elles y jetaient. Un de leurs premiers résultats avait été de multiplier à l'excès les liens de parenté et d'alliance entre les membres d'une même Compagnie. En effet, la similitude de profession, la parité de rang dans le monde, les convenances de fortune contribuaient à l'envi à la fréquence des unions entre familles parlementaires. La bonne harmonie n'y gagnait pas toujours autant qu'on pourrait le croire, mais ce qui y perdait certainement, c'était la facilité et même la possibilité

[1] *R. S.*, 7 octobre 1627. — V. aussi t. II, chap. II, p. 125.

du service. Composer les chambres de manière à y éviter la rencontre des *incompatibles*, c'est-à-dire de ceux qui ne pouvaient siéger et voter ensemble, était une opération des plus difficiles à raison même de la multiplicité des dispenses accordées à ceux qui tenaient les uns aux autres aux degrés prohibés de père et de fils, de beau-père et de gendre, d'oncle et de neveu, de beau-frère et même de cousins germains pour faire partie du même corps. Les récusations ajoutaient encore aux difficultés que rencontrait l'administration de la justice, car elles s'étendaient aux parents et alliés du magistrat récusé; et on a vu dans l'affaire Beaulieu jusqu'où cela pouvait aller. Un autre exemple nous a été fourni par l'objection très peu confraternelle, mais fondée en fait, du président de Roffignac à la réintégration de son collègue La Chassaigne. Les graves empêchements au libre cours de la justice avaient fini par faire admettre en règle générale que les récusations ne pourraient jamais embrasser plus du tiers des membres d'une cour de justice. Restaient toujours pour les justiciables, même non récusants, la crainte d'être jugés en famille, et pour d'autres plus intéressés, l'appréhension d'influences de nature à faire pencher la balance. Pouvait-il en être autrement lorsque certaines familles comptaient dans le Parlement jusqu'à quatre membres à la fois, comme par exemple en 1620, où s'y trouvaient ensemble le président Geoffroy de Pontac, le conseiller Arnaud son fils, le procureur général et le greffier en chef du même nom? Le gouvernement ne devait donc pas s'étonner si, lors des divisions qui éclatèrent dans la Compagnie, au sujet de la rivalité entre les présidents de Lalanne et de Gourgues pour la conservation de leurs titres, les partisans du premier, en tête desquels se trouvait le président Arnaud de Pontac, son allié, tinrent en échec le pouvoir supérieur lui-même qui protégeait le second. Cette grande puissance d'une famille parlementaire nombreuse se perpétuait quelquefois, puisque en 1655, à l'occasion de débats très vifs sur l'enregistrement de lettres de survivance accordées au procureur général Pontac pour son fils, les avocats généraux qui s'y opposaient voulurent se pourvoir en renvoi de l'affaire au Parlement de Toulouse, à raison, disaient-ils, de l'influence de MM. de Pontac, et cela, quoique le premier président Arnaud de Pontac se fût, par délicatesse, abstenu [1]. Aucun fait particulier n'était, il est vrai, allégué à l'appui des ombrages soulevés par les avocats généraux ; mais n'était-ce pas déjà trop du simple soupçon accrédité par l'existence simultanée dans un même corps de parents aussi rapprochés ?

IV

HONNEURS, PRÉSÉANCES, DISTINCTIONS ET PRIVILÈGES DES MAGISTRATS.

Ce n'est pas du rang que leur élévation dans l'échelle sociale assurait aux membres du Parlement

---

[1] *R. S., loc. cit.*

qu'il peut être ici question. La mention de leur place dans les cérémonies publiques, soit en corps, soit individuellement, n'aurait plus d'intérêt ni d'utilité, à raison des changements qu'ont subis les institutions. Mais certains tributs de déférence et même de respect que, par surcroît de ceux que leur atribuaient les usages généraux, des Compagnies souveraines, notamment celle qui est l'objet de nos études, exigeaient; les prétentions, soit collectives, soit individuelles, de la part de ceux qui en faisaient partie, suggérées par la vanité, nous ont paru assez caractéristiques de l'esprit qui animait la haute magistrature, pour mériter de ne pas être passées sous silence.

On a pu voir avec quelle sollicitude le Parlement veilla de tout temps à l'application rigoureuse de l'adage : *Cedant arma togæ*. Non content d'obliger la caste en qui se personnifiait la profession des armes à les déposer quand elle pénétrait au palais, il lui disputait le pas en public. En voici un exemple notable. Aux obsèques d'Ogier de Gourgues, père de celui qui fut premier président, une discussion s'étant élevée sur l'ordre dans lequel marcheraient les assistants, le Parlement prit la droite, laissant la gauche à la noblesse, quoique dans les rangs de celle-ci figurassent des hommes d'illustre extraction, et les premiers fonctionnaires de la province [1].

Il existait dans l'ancienne administration judiciaire

---

[1] *R. S.*, 20 octobre 1594. *Copie du registre secret*, etc., mss. n° 371. (Biblioth. de la ville.) — *Journal de Cruzeau.*

une coutume empreinte d'humanité appelée la *redde*. Elle consistait en ce que, à certaines époques et principalement aux grandes fêtes, des magistrats à ce délégués faisaient la visite des prisons et, vérification faite des registres d'écrou, mettaient en liberté les détenus pour causes légères. Les commissaires à Bordeaux étaient pris dans la Tournelle. A la conciergerie du palais nulle cérémonie n'était pratiquée pour leur réception, car là le Parlement se trouvait chez lui. Il en était autrement lorsque ses représentants se rendaient aux prisons de l'Hôtel de Ville. Un cérémonial particulier présidait à leur réception. Ceux des jurats désignés d'avance pour assister à la *redde* devaient se trouver, avec leur chaperon, près du greffe criminel de la mairie, en tête du corps de garde sous les armes, à l'arrivée des magistrats. Ils accompagnaient ceux-ci, au sortir de leur chaise à porteurs, dans la salle de l'hôtel, aux prisons et partout où ils jugeaient à propos de se rendre. Dans le cas où la députation ne traversait pas à pied les cours de la municipalité, les jurats, sur l'avis qui leur était transmis d'avance, attendaient les magistrats à l'entrée de la grande salle, sur le perron et en dehors, et les reconduisaient à leur départ. Ce programme avait été délibéré et arrêté minutieusement par la Compagnie et couché sur les registres [1].

Tous les Parlements avaient, on le sait, la prétention à la dénomination collective de *Nosseigneurs* dans

---

[1] *R. S.*, 26 mars 1727.

les requêtes, suppliques et même dans les lettres qui leur étaient adressées. Ce qui est moins connu, c'est qu'ils exigeaient ce titre de la part des prédicateurs parlant devant le corps entier. Il ne paraît pas qu'on le donnât individuellement aux membres de la cour, même aux chefs, sauf sur les feuilles d'audience où le président ou celui qui le remplace est toujours appelé *Monseigneur*. La qualification de conseiller au Parlement sembla longtemps suffire à des hommes revêtus de cette éminente fonction; mais, comme la vanité est ingénieuse, elle inventa plus tard pour ceux qui siégaient à la grand'chambre le titre spécial de *grand'chambrier*, dont ils se décoraient dans les actes et contrats où ils figuraient[1]. Du reste, tous les conseillers jouissaient d'une prérogative commune faite pour étendre au dehors l'autorité de leur position sociale. Cette prérogative consistait dans le droit donné à chacun de constater toute espèce d'infraction à l'ordre public qui se commettrait sous ses yeux, et, par conséquent, de faire donner à cette constatation la suite judiciaire dont elle serait susceptible. Ainsi les magistrats étaient non seulement juges, mais encore officiers de police judiciaire.

Nous avons eu l'occasion de décrire les cérémonies des obsèques d'un premier président (t. II, chap. IV, pag. 234). Les honneurs qui lui étaient rendus lors

---

[1] Acte public du 16 août 1751 portant vente de la baronnie de Lège par Gabriel-Raimond de Sallegourde, conseiller du roi au Parlement de Bordeaux, à messire Jean-François de Marbotin, *grand-chambrier* audit Parlement.

de son entrée dans Bordeaux ne sont pas moins dignes d'être mentionnés et trouveront ici leur place. Il faut supposer d'abord que le haut fonctionnaire dont il s'agit, ne résidait pas déjà dans la ville lors de sa nomination, car, dans le cas contraire, il n'avait pas besoin d'y faire une entrée plus ou moins solennelle, et c'est ce qui arrivait lorsque, faisant partie de la Compagnie, il se trouvait tout rendu à son poste. Aussi n'avons-nous relevé parmi les chefs du Parlement que les noms de trois premiers présidents reçus à leur installation avec les honneurs accoutumés, parce qu'ils arrivaient du dehors. Ce sont MM. Daguesseau, Dalon et Le Berthon. Celui-ci était bien, à la vérité, déjà président à mortier lors de sa nomination à la première présidence en 1734, à la place de Gilet de La Caze, et par conséquent résidant à Bordeaux, mais il avait jugé à propos de se rendre à la cour pour y remercier le roi, et peut-être avait-il été invité à ce voyage. Quoi qu'il en soit, après un séjour prolongé tant à Paris qu'à Versailles, depuis le mois d'août jusqu'en décembre, ce ne fut que le 16 de ce mois qu'il arriva à Blaye par où, comme cela avait lieu généralement alors, les grands personnages se rendant à Bordeaux avaient l'habitude de passer. Ce fut à Blaye aussi que les jurats, avertis de l'arrivée du premier président, lui députèrent un d'entre eux et le procureur syndic de la ville pour lui offrir ce qu'on appelait *la maison navale*, c'est-à-dire un bateau contenant une chambre vitrée de tous côtés et ornée extérieurement de peintures plus ou moins riches selon la qualité des personnes. M. Le Berthon ayant accepté l'offre s'embarqua, le même jour 16 décembre, sur la maison navale, remorquée par deux grandes chaloupes que montaient cinquante matelots. A l'arrivée de cette flottille devant le Château-Trompette, elle fut saluée de cinq coups de canon par la forteresse, et de l'artillerie de tous les vaisseaux du port, leur pavillon déployé. Lors du débarquement entre les portes du Chapeau-Rouge et des *Paux*, aux acclamations d'un peuple nombreux qui couvrait les quais et jusqu'aux toits des maisons, le chef du Parlement mit pied à terre sur un ponton, où il était attendu par deux autres jurats qui le haranguèrent. Il monta ensuite en carrosse avec eux, et ils l'accompagnèrent jusqu'à son hôtel. Le même jour et le lendemain, il rendit visite à tous les membres du Parlement qui l'avaient félicité à son arrivée. Le 21 décembre, il fut procédé à sa réception avec le cérémonial suivant : la Cour, en assemblée générale, après la lecture des provisions de M. Le Berthon et du serment prêté par lui entre les mains du roi, ordonna d'abord l'enregistrement de ces actes et procéda ensuite à sa réception. A cet effet, un des conseillers de la grand'chambre se rendit à la chambre des huissiers où se tenait le premier président, pour le prier de la part de la Cour de s'avancer — ce qu'il fit précédé de deux huissiers et suivi de son introducteur. Il alla se placer, son bonnet à la main, au petit bout du bureau, où il entendit la lecture de son arrêt d'admission prononcée par le président de

Gascq; puis, comme la prestation de serment devant le roi ne le dispensait pas de renouveler cette formalité, il l'accomplit en se plaçant à genoux devant le même président, et sur les *Heures* que celui-ci tenait ouvertes. M. de Gascq procéda alors à l'installation, suivie d'un discours auquel répondit M. Le Berthon[1].

V

RELATIONS DU MINISTÈRE PUBLIC AVEC LE PARLEMENT.

Cette branche de la magistrature française, qui n'a pas peu contribué à son éclat, n'avait pas, dans notre ancien régime judiciaire, la même organisation que sous le nouveau. Si, autrefois comme aujourd'hui, le procureur général était le chef des officiers préposés à la recherche des crimes et délits ou à l'exercice de l'action publique dans le ressort du Parlement, ceux de ces officiers les plus rapprochés de lui n'étaient pas dans les mêmes conditions de hiérarchie. Les avocats généraux, en effet, avaient des attributions indépendantes des siennes. Le principe qui, sous notre organisation actuelle, veut que tous les membres du ministère public, placés sous la direction du procureur général, ne participent aux actes de ce ministère que sous son impulsion, n'existait pas quant à eux. De là des dissidences de prérogatives et de fonctions. Comment en eût-il été autrement, lorsque l'on voyait

[1] *R. S.*, 1735 : Registre appartenant à la Société des Archives historiques de la Gironde.

le premier avocat général précéder le procureur général, ce qui impliquait l'idée d'une infériorité de celui-ci? On ne saurait s'étonner, dès lors, que le chef du parquet, ainsi amoindri, eût à souffrir un autre abaissement en voyant partout, dans le monde comme au palais, les simples conseillers prendre le pas sur lui. Il est impossible de se dissimuler que la magistrature assise se considérait comme hiérarchiquement bien supérieure au ministère public, et cependant, dans les circonstances assez fréquentes où le Parlement faisait acte d'opposition, on voit souvent les membres du parquet non seulement la devancer, mais encore aller plus loin qu'elle sur ce terrain. Il est vrai que ce zèle des gens du roi, louable sans doute le plus souvent, mais contraire à la nature même de leur institution et à celle de leurs devoirs envers l'autorité royale, trouvait nécessairement son correctif dans l'obligation où ils étaient de soutenir en définitive les volontés du gouvernement, en concluant pour lui, après avoir parlé contre lui; et cette sorte de contradiction, en faisant d'autant plus ressortir leur dépendance, ne contribuait pas à les relever dans l'esprit de la magistrature inamovible. Ce qu'il y a de certain, c'est qu'elle en usait à leur égard souvent avec peu de considération. Ainsi, elle entendait avec indifférence leurs plaintes contre des avocats insolents, et sur les procédés très peu polis pour eux de certains présidents. Elle allait même plus loin en s'arrogeant sur les officiers du ministère public une juridiction réelle en matière de discipline et en l'exerçant avec beaucoup de sévérité. L'avocat général Dussault, par exemple, pour quelques paroles légères, en forme de plaisanterie, sur le zèle que montraient les membres de la Cour pour le paiement de leurs gages, se vit, après vingt ans de services, durement réprimandé, comme s'il venait de débuter dans ses fonctions [1]. Une autre fois, l'avocat général Dudon, pour avoir interrompu le premier président prononçant un arrêt, sans se lever et en portant seulement la main à son bonnet sans l'ôter, reçut à son tour une verte admonition. On ne passait rien aux gens du roi : nous verrons bientôt si la Compagnie se montrait aussi rigoureuse envers elle-même. Longtemps les premiers acceptèrent sans mot dire la compétence de la Cour. Ils s'avisèrent enfin de mieux apprécier leur situation vis-à-vis d'elle, en se souvenant que l'autorité royale était leur seul juge, et que la magistrature assise n'avait que le droit de lui dénoncer leur conduite, si elle croyait avoir à s'en plaindre. On a vu les résultats de ce retour aux vrais principes, dans les dernières années du Parlement. Pour en finir avec l'espèce d'infériorité marquée dans laquelle le ministère public semblait tenu au Parlement, nous mentionnerons ce qui s'y passa au sujet des substituts du procureur général. Longtemps le corps avait donné des marques de son mauvais vouloir contre ces officiers qu'il ne voulait pas reconnaître comme magistrats même temporaires,

---

[1] *R. S.*, 10 juillet 1589.

alors qu'ils en exerçaient légalement les fonctions, sous prétexte que c'étaient de simples avocats attachés au parquet pour venir en aide à ses membres, dans les affaires criminelles. Enfin, en 1608, un édit créa six substituts en titre formé, c'est-à-dire permanents; mais le Parlement ne voulut enregistrer leurs lettres d'érection qu'avec la réserve expresse qu'ils ne feraient pas partie de la Cour [1]. En effet, pendant longtemps, ils ne figurèrent pas au tableau officiel. Traités à l'audience comme des intrus, ils n'y avaient d'autre rang que celui d'avocats et ne pouvaient occuper la place des avocats généraux, même quand ils les suppléaient. Le temps seul put leur faire conquérir la place à laquelle ils avaient droit. Comment le Parlement n'avait-il pas compris qu'il se serait honoré lui-même en traitant ces fonctionnaires sur un pied tel qu'il eût par là enseigné à tous que, dans la magistrature, depuis le plus éminent jusqu'au plus humble, tous avaient droit à la même considération?

VI

DE LA DISCIPLINE.

Il faudrait s'étonner qu'avec le remède si efficace des mercuriales, les mœurs judiciaires se fussent altérées au point où l'ont déjà démontré quelques faits rapportés par nous à leurs dates, si l'on ne

---

[1] R. E., loc. cit.

savait que les sages prescriptions des anciennes ordonnances sur la tenue fréquente de ces examens de conscience et de ces exercices de pénitence collectifs étaient tombées en désuétude. Le relâchement avait commencé de bonne heure, d'après un document authentique et assez curieux pour que nous le citions. En 1551, les présidents Lecomte et Benoît étant allés en cour comme députés du Parlement rapportèrent de leur mission des remarques assez sévères du roi Henri II sur le peu d'exactitude des magistrats à remplir leurs fonctions. Ce prince répondant à des plaintes venues jusqu'à lui de la part des juges, contre l'obligation de commencer les audiences d'aussi grand matin, demandait ironiquement si les auteurs de pareilles doléances trouvaient mauvais d'être diligents à faire justice et à expédier ses sujets, ajoutant qu'il voudrait qu'on vînt au palais à minuit s'il le fallait. Il pouvait dire du moins qu'une ordonnance récente (elle était de 1549) fixait l'ouverture des audiences *incontinent* après six heures du matin en été, — *avant* sept heures en hiver, — *avant* trois heures pour celles des après-dînées. Elle ajoutait la défense à tous conseillers de consulter ou s'entremettre dans aucuns procès, d'être pensionnaires ou gérants, de prendre charge ou conduite d'aucuns princes ou seigneurs, à moins qu'ils ne fussent leurs parents ou alliés. Elle étendait ces prohibitions aux magistrats dans la limite des degrés de parenté auxquels il leur était défendu de siéger à la même chambre (*R. E.*, B. 33).

Sages prescriptions qui révèlent les abus par cela même qu'elles en portent le remède; mais qui furent aussitôt violées que promulguées, en ce qui concerne principalement le titre et les fonctions de mandataires de grands seigneurs que certains magistrats ne craignaient pas de prendre et même de solliciter, et que des lettres-patentes les autorisaient à exercer! Mais, pour continuer l'exposé des griefs de Henri II contre des membres du Parlement, il s'ébahissait, dit le rapport, en faisant connaître qu'il était instruit de la province à Paris, de tant de conseillers de Bordeaux, et qu'il en nommait un surtout, appelé de Lange, qui avait joué et gagné au jeu, que la Cour donnât si facilement des congés, ajoutant qu'il ordonnait au connétable de Montmorency de s'enquérir de ce que faisaient ces magistrats si loin de leurs fonctions. La réprimande royale avait-elle porté coup? Les habitudes des magistrats étaient-elles devenues plus graves, leur tenue plus conforme à leur état? Il est permis d'en douter en voyant les recommandations qui leur étaient faites quelques années plus tard, en 1564, lors du séjour de Charles IX à Bordeaux et que nous avons rapportées.

En 1582, un fait particulier démontrait que le désordre s'était glissé dans leurs rangs. Un jeune conseiller, nommé Arnoul, menait une vie si dissipée qu'il s'était exposé à appeler en duel un gentilhomme du Périgord. Très émue de cette révélation, la Cour ordonna une instruction sur les réquisitions du procureur général, qui articulait que le magistrat inculpé méprisait sa profession, venait le plus souvent au palais indécemment vêtu, etc. Le père d'Arnoul, conseiller honoraire, essaya de justifier son fils en alléguant qu'il avait reçu un démenti. Il finit par supplier ses collègues de prendre en pitié le jeune homme en faveur des vieux services du père. Tout porte à croire qu'il réussit, puisque aucune condamnation n'est mentionnée à la charge du jeune Arnoul.

Ce fut sans doute comme averti par cet exemple que le Parlement défendit à tous ses membres de se trouver à aucune des assemblées de nuit, lors de la convocation de la noblesse, de porter masque ou *momons,* de faire ou danser des ballets, enfin de paraître en public dans des costumes malséants. A ce sujet, il est expliqué que l'habit de ville des magistrats consiste dans la *soutane;* ce qui revient à ce qu'aujourd'hui on appelle *simarre,* robe à manches étroites formant le vêtement de dessous que recouvrait un manteau long et ample qui devenait au palais la toge. N'omettons pas de noter à ce sujet qu'il était recommandé aux magistrats d'assister les jours de Pâques et de Noël aux offices de leur paroisse en robe rouge : excellente recommandation, même dans les jours de foi et de dévotion, et dont la pratique serait si exemplaire aux époques d'indifférence et de scepticisme qui les ont remplacés ! Enfin, veillant sur les hommes de justice jusque dans leurs exercices corporels, les mercuriales leur interdisaient le jeu de paume à cause des jurements et paroles déplacées qu'ils étaient exposés à proférer dans la chaleur et l'emportement du jeu.

En présence de précautions aussi minutieuses pour sauvegarder la dignité des magistrats, il est naturel de s'attendre au déploiement d'une sévérité des plus grandes contre ceux qui y manqueraient gravement. Comment croire, par exemple, que si des dissentiments dégénéraient au palais en querelles où s'échangeaient des injures réciproques, ou même en voies de fait, la dernière limite des peines disciplinaires ne fût pas atteinte contre ceux qui se seraient oubliés à ce point? On ne voit pas cependant qu'il en ait jamais été ainsi, et ce qui étonne encore plus que certaines scènes de pugilat, c'est la mollesse pour ne pas dire la nullité de leur répression. En général, elle se bornait à des avertissements ou même à la simple intervention de tiers étrangers à la dispute, pour en empêcher les suites.

Nous n'avons relevé aucun exemple d'expulsion de la Compagnie, des coupables, ni même de suspension temporaire. A quels motifs attribuer de pareils ménagements? La crainte de compromettre la considération du corps tout entier par la divulgation de l'indigne conduite de quelques membres entrait sans doute déjà pour beaucoup dans l'indulgence dont on usait envers eux. Mais n'y avait-il pas là autre chose encore, et ne retrouve-t-on pas ici un des fâcheux effets de la vénalité des offices: l'appréhension de ruiner en totalité ou en partie ceux pour lesquels ils étaient une notable portion de leur fortune, en les obligeant à se défaire de leurs charges dans des circonstances défavorables? Quelle qu'ait été, au surplus, la vraie cause de l'excessive tolérance que nous constatons pour des actes qui n'en auraient mérité aucune, nous pensons qu'elle eut des suites encore plus fâcheuses que celle de leur impunité, et qu'elle exerça une pernicieuse influence. Ce fut d'encourager les magistrats à se croire revêtus d'une indépendance à peu près sans bornes, en un mot d'une sorte d'inviolabilité. De cette opinion de leurs prérogatives à secouer de plus en plus le joug de toute supériorité, à exagérer démesurément leur rôle dans les affaires publiques, la voie était toute tracée et l'entraînement fatal. Des hommes dont les passions n'avaient pas été refrénées par la discipline, se trouvaient dès lors prédisposés à leur obéir sur le théâtre le plus propre à les exciter : celui des débats avec le gouvernement; à encenser l'idole de la popularité; à cesser, en un mot, d'être magistrats pour devenir tribuns. Or, c'est là, suivant nous, une vérité d'observation que l'étude de cette histoire a dû plus d'une fois faire apercevoir à tout lecteur attentif et judicieux.

LISTE

COMPLÈTE ET AUTHENTIQUE

DES MEMBRES DU PARLEMENT DE BORDEAUX

au moment de sa suppression (1790)

AVEC L'INDICATION DE L'ÉPOQUE DE RÉCEPTION DE CHACUN D'EUX.

GRAND'CHAMBRE

Présidents.

- 1765. André-Jacques-Hyacinthe Le Berthon, *premier*.
- 1760. Nicolas-Pierre de Pichard.
- 1768. Jean-Charles Daugeard.
- 1769. Jacques-Armand-Henri Daugeard de Virazel.
- 1770. Jean-Baptiste-Maurice de Verthamon.
- 1777. André-François-Benoît-Élisabeth Le Berthon.

Conseillers.

- 1733. Jean-François-Aymard-Martin de La Colonie, *doyen*.
- 1738. Jean-Baptiste de Fauquier.
- 1744. François-Benoît Darche de La Salle.
- 1744. Marc-Alexandre Geneste de Malromé, *clerc*.
- 1749. Jean-François de Marbotin.
- 1751. Jean-Luc Darche.
- 1755. Jean-Baptiste-Guillaume de Brivasac.
- 1751. Jean de Féger, *clerc*.
- 1755. Laurent Duluc.
- 1756. Jean-Marie Dusault.
- 1757. Léonard Paty du Rayet.
- 1757. Laurent de Loyac.

Conseillers (suite.)

1759. Hyacinthe-Louis de BARBEGUIÈRE.
1762. Jean-Baptiste DUBARRY.
1763. Léonard-Antoine de CASTELNAU.
1763. Alexis-Jacques-Mathieu de PRUNE DE VIVIER.
1763. Jean-Joseph de LALIMAN ou LALYMAN.
1764. François PÉRÈS D'ARTASSAN.
1765. Jacques-Joseph DUMAS DE FONTBRAUGE.
1765. Jacques-Joseph de BOUCAUD.
1765. André-Joseph de MINVIELLE.
1766. Pierre-Henri DUMAS DE LA ROQUE.

TOURNELLE.

Présidents.

1768. Paul-Marie-Arnaud de LAVIE.
1779. Pierre-François-Mathieu de SPENS.
1785. Guillaume-Joseph de CASEAUX.

Conseillers.

1743. Jacques de PELET D'ANGLADE.
1752. Jean-Baptiste-Raymond de NAVARRE.
1759. François-Joseph de CHAPERON DE TERREFORT.
1760. Étienne-François-Charles de JAUCEN DE POISSAC.
1762. Pierre DEGÈRES DE LOUPES.
1763. François-Amanieu de RUAT DE BUCH.
1767. Jean de BARITAULT DE SOULIGNAC.
1767. Pierre-Jean-Baptiste BARRET.
1769. Gabriel de BOUQUIER.
1770. Gaston-Jean-Baptiste-Joseph de RAIGNAC.
1771. Barthélemy de BASTÉROT.
1780. Joseph-Hector de BRANE.
1783. Jean-Louis-Alexandre LEBLANC.
1783. René DESMOULINS DE MASPÉRIER.
1784. Auguste-Bertrand DARBLADE DE SÉAILLES.
1787. Charles SAUVAT DE POMIÉS.

ENQUÊTES.

PREMIÈRE CHAMBRE.

Présidents.

1728. Jean-Paul de LORET.
1738. Michel-Joseph de GOURGUE.

Conseillers.

1768. Pierre-François DUVAL.
1768. Thibaud-Joseph de GOBINEAU.
1768. Jean-André de MESLON.
1768. Jean-François-Laurent-Amédée de MARBOTIN DE CONTENEUIL.
1768. Jean-Joseph de BIRÉ.
1768. Jean-Marie de MONTALIER DE GRISSAC.
1776. Éléazar de MESLON, *clerc*.
1776. Thomas-Martiens de LAGUBAT.
1776. Pierre-Martin RECULÉS DE POULOUZAT.
1777. Jean-Baptiste-Joseph LEBLANC DE MAUVEZIN.
1777. Pierre-Joseph de LABOYRIE.
1779. Gabriel-Romain de FILHOT DE MARANS.
1779. Louis-Joseph de MOTHES.
1780. Pierre-Joseph DOMENGE DE PIC DE BLAIS.
1780. Gabriel de CASTELNEAU D'AUROS.
1781. Antoine LAFAGERDIE DE SAINT-GERMAIN.
1782. Antoine LAJAUNIE.
1782. Louis-Élie PEYRONNET.
1783. Joachim de CHALUP.
1783. Joseph de FILHOT DE CHIMBAUD.
1784. Gabriel-Marie-Anne-Joseph de LAROZE DE FONBRUNE.

DEUXIÈME CHAMBRE.

Présidents.

1783. Pierre-Jean-Baptiste LYNCH.
1789. Gabriel-Barthélemy-Romain de FILHOT.

Conseillers.

1768. Jean-Martin de La Salle.
1770. Nicolas-Martin Moreau de Montcheuil.
1776. Hyacinthe-Marie-Servidie de Labat de Savignac.
1776. Jean de Lamouroux de Parempuyre.
1776. Arnaud-François-Martin Monsec de Reignac.
1776. François Doudinot de La Boissière, *clerc*.
1779. Armand-Yves-Jean-Baptiste de La Porte-Pauliac.
1779. Jean-Baptiste Chauvet.
1780. François-Jacques-Marie de Bergeron.
1784. Raymond-Jean-Antoine Dubergier de Favars.
1785. Alexis-Marie-Joseph de Basquiat de Mugriet.
1785. René de Maignol de Mataplane.
1785. Guillaume de Gaufreteau.
1785. Jean-Baptiste Voisin de Gartempe.
1786. Jean-Luc-Joseph Duval.
1787. Jean-Joseph de Guillaume, sieur des Hors.
1789. Aubin-Félix Durand, *clerc*.
1789. Jean de Mallet.

CHAMBRE DES REQUÊTES.

Présidents.

1759. Jean-Jacques-Maurice de Sentout.
1766. Jean-Étienne de Bienassis.

Conseillers.

1766. Pierre-Nicolas Cajus.
1767. Élie-Jean Chanseaulme de Fonroze.
1768. Bernard Roche de La Mothe.
1777. Étienne-Hyacinthe de La Touche-Gautier.
1777. Martial de Loménie.
1778. Jean-Antoine-Élisabeth-Pie de Carrière.
1783. Jean-Giraud de Lorman.
1789. Louis-Jacques Lassime.

GENS DU ROI.

Avocat général au civil.
1779. Élie-Louis Dufaure de La Jarthe.

Procureur général.
1764. Pierre-Jules Dudon.
1783. Jean-Baptiste-Pierre-Jules Dudon fils, en survivance avec exercice.

Avocat général au criminel.
1780. Jean-Raymond de Lalande.
1760. François-Armand Saige, *honoraire.*

Substituts.
Louis Laloubie.
Mathieu Rivière.
Pierre Montaubricq.

Greffiers en chef.
André Delpech.
Louis-Armand Lafargue.

APPENDICE

LES MEMBRES DE L'ANCIEN PARLEMENT DE BORDEAUX DEVANT LES TRIBUNAUX RÉVOLUTIONNAIRES.

La Terreur révolutionnaire qui fit tant de victimes dans toutes les classes de la société, ne pouvait manquer de frapper, parmi les plus exposées à ses coups, l'ancienne magistrature. Aussi lui paya-t-elle un large tribut. On vit partout les membres des derniers Parlements en tête des listes de condamnés. Après ceux de Paris et de Toulouse, qui en comptèrent le plus grand nombre, puisque le premier eut trente-cinq et le second jusqu'à cinquante-sept magistrats envoyés à l'échafaud[1], vient, en troisième ordre sur la liste, celui de Bordeaux.

Les prétextes ne manquaient pas aux juges-bourreaux de ce temps pour faire tomber tant de têtes. A Toulouse et à Paris, les protestations contre la suppression des Cours souveraines de justice, qui impliquaient le blâme de la Révolution elle-même, dévouèrent naturellement à la mort tous ceux de leurs signataires qu'on put découvrir. A Bordeaux, la même cause de proscription n'existait pas, comme nous l'avons déjà remarqué. Mais le tribunal établi dans cette ville sous le nom de *Commission militaire*, à la suite des tentatives avortées

[1] *Les Parlements de France,* par M. de Bastard d'Estang, t. II, p. 689 et 704.

des amis des Girondins contre la Convention, sut trouver facilement d'autres motifs de proscription des anciens magistrats. Leur principal crime était leur fortune. Battre monnaie avec la guillotine était alors un axiome de gouvernement. La juridiction prévôtale qui allait pendant neuf mois décimer la population bordelaise, ne se fit pas faute de l'appliquer. Ses premiers actes montrèrent que c'était là le but qu'elle se proposait avant tout. Elle était, en effet, à peine installée depuis deux jours, le 23 octobre 1793, que, dès le 25, elle faisait comparaître devant elle François-Armand Saige, dernier maire de Bordeaux et auparavant avocat général au Parlement, auquel il avait appartenu jusqu'à sa suppression avec le titre d'honoraire. C'est bien lui qui, lorsqu'il se vit arrêté, aurait pu s'écrier, comme ce citoyen de Rome, à l'aspect de son nom sur les tables de Sylla : « Ah! malheureux que je suis, c'est ma belle maison d'Albe qui est cause de ma perte! » Saige était riche de dix millions, comme l'écrivait à la Convention Baudot, un des représentants en mission à Bordeaux [1], et propriétaire d'un des plus splendides hôtels du plus beau quartier de la ville, aujourd'hui la Préfecture de la Gironde. Comment cependant faire mourir cet homme, environné de l'estime et de l'amour de ses concitoyens, qui consacrait sa grande fortune à fonder des établissements de charité? On lui fit un grief capital de n'avoir pas su garantir les députés de la Convention des manifestations de l'indignation publique à leur arrivée. En vain prouva-t-il qu'il les avait préservés de toute violence. Son arrêt était porté d'avance. La confiscation de ses biens l'avait dicté.

---

[1] *Histoire de Bordeaux,* par O'Reilly.

Un autre exemple de condamnation provoquée par l'opulence de l'accusé fut le procès de Jacques Pelet d'Anglade, conseiller au Parlement. La dénonciation contre lui, et qui est la première pièce du dossier, porte ces mots significatifs : « riche de quatre millions. » Que fallait-il de plus? Deux de ses fils émigrés, des écrits saisis chez lui et révélant des opinions politiques peu sympathiques à la Révolution, n'étaient que des charges secondaires à l'appui de celle-là. Ce serait faire trop d'honneur à une parodie sanguinaire de la justice que de discuter ses arrêts. Mais voici de quoi en faire apprécier l'impartialité. Le titre d'ancien membre du Parlement était le premier de tous à la proscription. C'est celui qui figurait toujours, sur les jugements imprimés, à la suite du nom des condamnés. Or, parmi les documents pris chez Pelet d'Anglade, se trouvait la copie d'une lettre écrite par lui à l'époque de l'exil de son Corps à Libourne en 1788. Il s'exprimait ainsi : « Je ne vous
» dirai mot non plus de la position du Parlement,
» relativement à son rappel, qui n'est pas, je crois, bien
» rapproché, quoi qu'on en veuille dire. De quelque
» manière qu'il en soit, nous avons pris notre parti les
» uns et les autres, et nous subirons toutes les injustices
» que le ministère exercera contre nous plutôt que de
» renoncer, que dis-je, nous affaiblir sur les intérêts du
» peuple et le maintien des lois et des ordonnances. » Le trop fameux Lacombe, qui présidait la Commission, se garda bien de parler, aux débats, d'une pièce qui aurait pu ainsi balancer l'effet des autres. Loin de là, il interrompait avec emportement l'accusé dans ses explications. « Je vous impose silence, s'écriait-il; comment osez-vous prononcer le nom de République? » Puis s'adressant à l'auditoire : « Écoutez, citoyens, la lettre

perfide que je vais vous lire. » Car, à Bordeaux comme ailleurs, les juges s'associaient dans leurs fonctions un auditoire hostile aux malheureux traduits à leur barre et dont les murmures, les outrages même achevaient de porter le trouble dans l'esprit de ces derniers et de rendre impossible leur défense, déjà paralysée par la peur.

Le 22 messidor an II, neuf anciens parlementaires comparurent en même temps devant la Commission. C'étaient Jean-Joseph de Laliman, Maurice Dussault père, Jean-André de Meslon, Joseph Chaperon de Terrefort, Gabriel-Barthélemy-Romain de Filhot, Louis-Jacques Lassime, Jean-Baptiste de La Porte-Pauliac, conseillers; Élie-Louis Dufaure de La Jarthe et Raymond de Lalande, avocats généraux : tous amenés ensemble, jugés et condamnés en masse, non pour des faits ou communs ou connexes, mais uniquement « comme nobles, ex-magistrats, s'étant toujours montrés, depuis le commencement de la Révolution, ennemis de la liberté, ne s'étant jamais prononcés pour elle de manière à mériter d'être séparés des deux castes dont tous les crimes pesaient sur leurs têtes. » Tel est le style ordinaire des arrêts de Lacombe. L'un des accusés, Lassime, ayant essayé de fonder sa justification sur quelques pièces, le président lui opposa cet argument : « Ces pièces prouvent-elles que tu as mérité d'être pendu si la contre-révolution avait lieu? »

D'autres magistrats furent jugés isolément et successivement : D'Albessard, âgé de soixante-dix-neuf ans, ancien avocat général et depuis conseiller, le 3 thermidor an II; de Baritault de Soulignac, le 21 messidor an II; Dumas de Fontbrauge, le 24 prairial an II; Dumas de La Roque, le 1er messidor an II; Hugues-Joseph Duval, le 7 pluviôse an II; de Fauquier, âgé de soixante-dix-neuf ans, le 19 frimaire an II; de Loyac, le 9 messidor an II; Monsec de Reignac, le 19 pluviôse an II (son père, âgé de soixante-quinze ans, avait été exécuté sept jours auparavant); Gaston-Jean-Baptiste-Joseph de Raignac, le 9 pluviôse an II; Léonard Paty du Rayet, le 28 prairial an II; Jean-François Rolland, le 1er thermidor an II, — tous anciens conseillers.

Cette liste funèbre était close, le 2 frimaire, par le nom du procureur général Dudon fils. Il fut jugé seul. De grands efforts avaient été faits pour le sauver. A une foule de certificats de civisme et d'attestations de son patriotisme se seraient jointes, s'il fallait en croire des traditions contemporaines, des tentatives d'une autre espèce, telles que celle de l'achat des juges et un sacrifice bien plus cruel encore de la part d'une épouse ne mettant aucunes bornes à son dévouement conjugal [1]. Cette dernière assertion, du reste vivement déniée, n'est nullement démontrée. L'accusé se défendit avec autant de présence d'esprit que de vigueur, invoquant sa conduite sous l'ancien régime, qui n'avait pas été en effet, on le sait, celle d'un courtisan du pouvoir. Quant à l'imputation banale d'aristocratie, il y répondait par cette argumentation sans réplique en d'autres temps et devant d'autres juges : « La loi ne punit que les aristocrates, et non les personnes qui sont nées sous l'ancien ordre de choses. » Sa perte était jurée, et l'intérêt même dont il paraissait environné autant que l'énergie avec laquelle il essayait de la conjurer, ne firent que l'assurer davantage. C'est ce que laisse voir, dans sa féroce naïveté, le jugement même qui le condamne : « Considérant, y est-il dit, qu'un tel homme

[1] *Le Barreau de Bordeaux*, par M. Chauvot, p. 277.

a fait et pourrait faire beaucoup de mal à sa patrie; que son adresse et ses talents le rendent infiniment dangereux, ordonne qu'il subira la peine de mort. » Dudon compléta ainsi le nombre des officiers de l'ancien parquet du Parlement, qui, à l'exception de son père, périrent tous de la même manière.

En ajoutant aux noms que nous venons de citer ceux du président à mortier de Pichard, du président aux requêtes Maurice de Sentout et du conseiller Gauthier de La Touche, tous trois exécutés à Paris, on arrive ainsi au chiffre total de vingt-sept magistrats, dîme payée par le Parlement de Bordeaux à l'échafaud révolutionnaire.

De tous ceux qui subirent dans cette dernière ville l'épreuve d'une mise en jugement, un seul eut le bonheur d'en sortir sain et sauf. Ce fut le président de Lavie. Après la dissolution de l'Assemblée constituante, il était revenu à Bordeaux et, comme presque tous ses anciens collègues, il habitait la campagne. L'ancien rang qu'il avait occupé, la notoriété qui y était attachée, le firent rechercher comme eux dans sa retraite. Mais si quelques ennemis le dénoncèrent, il trouva des amis plus nombreux pour le protéger au jour du péril. Parmi les dépositions de témoins à décharge consignées dans les notes d'audience, il en est une trop remarquable pour la passer ici sous silence. C'est celle d'un sieur Du Tasta, qui s'exprime ainsi : « Commissaire nommé par les représentants du peuple pour entendre les prisonniers, Lavie lui a montré des papiers qui l'ont enthousiasmé au point de le décider à élever la voix dans cette enceinte. Je crois, poursuit-il, que sans vertus privées il ne peut exister de vertus publiques. L'accusé, sous l'ancien régime, a foulé aux pieds les préjugés. Il n'était pas décoré de cet orgueil qui existait dans sa caste. Le Parlement de Bordeaux a toujours paru prendre les intérêts du peuple quoique contrarié par les autres Parlements. » Ce fut assurément une chose inouïe alors qu'un pareil témoignage rendu en pleine Terreur du dévouement du Parlement de Bordeaux à la cause populaire. L'utilité dont il fut au président Lavie est un autre phénomène, incontestable néanmoins, car il fut acquitté.

NOTA. — *Tous les détails donnés dans cet Appendice ont été empruntés aux Archives de la Commission militaire à Bordeaux, en 1793 et 1794, lesquelles existent au greffe de la Cour d'appel.*

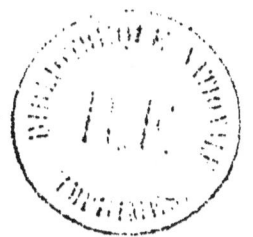

TABLE DES MATIÈRES

CHAPITRE Ier (1643-1650)... 1

La Fronde à Bordeaux. — Ses causes. — Caractère et position des premiers présidents d'autrefois. — Le premier président Dubernet. — Ses relations avec sa Compagnie. — Discrédit de son autorité; à quoi il est dû. — Le duc d'Épernon fils, gouverneur de Guyenne; ce qu'il était. — Ses démonstrations militaires intempestives contre Bordeaux. — Construction d'une citadelle à Libourne. — État des esprits au Parlement de Bordeaux par suite des troubles de Paris. — Rupture avec le gouverneur. — Premiers préparatifs du Parlement pour soutenir la lutte à force ouverte; elle commence à Bordeaux au moment où elle finissait à Paris. — Suppression de la Cour des Aides par arrêt du Parlement; scènes qui en sont la suite. — La résistance contre le gouverneur s'organise de plus en plus à Bordeaux. — Union de tous les corps constitués. — Les jurats suspects. — Magistrats colonels. — Expédients employés pour obtenir des fonds. — Recherche d'un général en chef. — Premières hostilités. — Le Château-Trompette. — Affaire de Vayres. — Échec des Bordelais. — Le marquis de Chambret; il prête serment au Parlement. — Envoi à Paris de l'avocat général Lavie pour demander un changement de gouverneur. — Celui-ci banni du Parlement. — Défense de communiquer avec lui. — Expédition de Chambret hors de Bordeaux. — Succès à Camblanes. — Retour offensif du duc d'Épernon. — Ravages. — Sacrilège commis dans cette paroisse. — Envoi d'un négociateur, Le Voyer d'Argenson, en Guyenne. — Trêve. — Infractions. — Nouvelles tentatives de pacification. — Seconde union à Bordeaux. — Fanfaronnades du commandant du Château-Trompette. — Projet de traité; il n'aboutit pas. — D'Argenson dirigé par le duc d'Épernon. — Nouveau recours aux armes. — Le peuple exige qu'on marche à Libourne. — Chambret forcé de combattre. — Indiscipline et inexpérience de ses troupes. — Combat sous les murs de Libourne; défaite des Bordelais; mort de Chambret. — Fermeté du Parlement. — Précautions dans l'imminence du siège de Bordeaux. — Entremise de l'archevêque Henri de Béthune. — Garanties exigées par d'Épernon. — Nouvelle députation au roi. — La vie du premier président est menacée. — Il est forcé de s'abstenir dans toutes les affaires politiques, ainsi que plusieurs autres magistrats. — Les faux frères dans le Parlement. — Dubourg. — Plusieurs membres frappés d'amende sous prétexte d'absence. — Envoi du comte de Comminges à Bordeaux, porteur de l'interdiction du Parlement, soit en masse, soit en partie. — Signification des ordres du roi à la Compagnie. — Sa résistance. — L'interdiction sans effet par suite de l'état menaçant de la population et du défaut de fermeté du duc d'Épernon. — Nouveaux préparatifs de guerre. — Les jurats changés par l'autorité du Parlement. — Moyens pour se procurer de l'argent. — Fouilles dans les couvents et dans les caves. — Le président de Geneste et le conseiller Massiot. — Autres modes de levée d'impôts. — Nouveaux généraux : Sainte-Croix, Théobon, d'Hautefort, Sauvebœuf. — Siége du Château-Trompette. — Le commandant tire à son tour sur la ville; dégâts. — Les conseillers d'Espagnet et Voisin dirigent l'artillerie contre le château. — Reprise de négociations. — Le maréchal Duplessis-Praslin. — Le Parlement, tout en continuant la défense armée, invoque l'appui et la médiation des Parlements de Toulouse et de Paris et du prince de Condé. — Capitulation du Château-Trompette. — Joie des Bordelais et du Parlement. — Autres avantages au dehors balancés par des revers; la paix plus que jamais ajournée. — Préparatifs des deux partis sur terre et sur l'eau. — Les deux flottes. — Nouvelle recherche de ressources pécuniaires à Bordeaux. — Renouvellement de l'Union et des serments. — Les efforts du comte du Dognon, amiral de la flotte royale, sans résultat contre Bordeaux. — Reprise de conférences avec le maréchal Duplessis. — Il est tenu dans l'ignorance de la conclusion de la paix à Paris, à la veille d'une nouvelle attaque du duc d'Épernon. — Combat sanglant de La Bastide. — Le gouverneur est repoussé avec des pertes considérables. — Il n'ose recommencer l'action le lendemain. — Lavie apporte la déclaration du roi pour pacifier les troubles. — Sa teneur. — Adresse des Bordelais au roi plus fière que soumise. — Incident de la présence à Bordeaux du baron de Vatteville, envoyé d'Espagne à la demande des généraux. — Lavie pourvoit à son départ. — Pressentiments d'une seconde Fronde à Bordeaux.

CHAPITRE II (1650).. 72

Symptômes du peu de durée de la paix. — Diverses causes de sa rupture. — Arrestation des princes de la maison de Condé à Paris. — Intrigues de leurs partisans à Bordeaux et dans le Parlement. — La princesse de Condé pénètre dans la ville malgré les ordres du roi. — Sa requête au Parlement. — Lenet. — La princesse est reçue au palais. — Les magistrats soumis à la pression du peuple. — Arrêt d'admission. — Tentatives de négociations de la part du gouvernement. — D'Alvimare envoyé à Bordeaux. — Moyens pris pour l'empêcher de remplir sa mission. — Efforts de l'avocat général Lavie dans le sens opposé; périls qu'il court ; il est obligé de s'éloigner ainsi que d'Alvimare — Les ducs de Bouillon et de La Rochefoucauld organisent à Bordeaux la résistance armée à l'autorité royale. — Ils échouent dans leurs démarches pour rallier à leur cause les protestants et le gouverneur de Blaye. — Opérations militaires à Vayres, Castelnau et à l'Ile Saint-Georges. — Union avec les princes votée à l'Hôtel de Ville. — Le maréchal de La Meilleraye, commandant de l'armée royale en Guyenne; ses propositions pacifiques écartées par une difficulté de forme élevée au Parlement. — Situation de ce corps. — Le président Daffiz; son portrait; vendu au parti des princes. — La Compagnie amenée à se prononcer de plus en plus en faveur de ce parti. — Membres frondeurs; leurs noms et leur mission. — Participation de quelques-uns aux préparatifs et aux actes de la guerre. — Le président Pichon à Blanquefort. — Succès des Bordelais à l'île Saint-Georges. — La princesse de Condé et son conseil négocient avec les Espagnols. — Envoi de Sauvebœuf et de Sillery au baron de Vatteville. — Premier secours illusoire donné par celui-ci; lettre de change non acquittée d'abord, puis payée. — Envoi de vaisseaux espagnols à Bordeaux. — Arrivée et réception publique d'Ozorio. — Émotion publique. — Parti que prend le Parlement; son arrêt du 9 juillet 1650. — Suite. — Émeute du 11 juillet. — Le Parlement menacé et même attaqué. — Comment et par qui il est délivré. — Deux récits différents de ces événements: celui de dom Devienne, d'après les Registres du Parlement de cette époque; celui des Mémoires de Lenet, d'après lequel l'arrêt du 9 juillet n'était qu'une feinte. — Rapprochement et examen des deux versions. — Documents mis sous les yeux des lecteurs. — Le Parlement, peu de jours après l'émeute du 11 juillet, se prononce enfin pour l'union avec les princes. — Il est amené par les intrigues et la pression populaire à se déclarer non seulement contre le duc d'Épernon, mais encore contre le cardinal Mazarin. — Ce ministre conduit le jeune roi et la régente en Guyenne. — Arrêt contre lui au Parlement. — Ce corps expulse de son sein onze magistrats comme suspects d'être favorables au parti du roi et de son ministre. — D'autres sont à la cour à Libourne et proscrits comme traîtres par leurs collègues. — Députation du Parlement au roi. — Affectation du président Pichon de ne pas saluer ni même regarder le cardinal Mazarin. — Réponse modérée du chancelier au nom du monarque. — Les hostilités continuent pendant la trêve. — Affaire de Vayres. — Richon pris et pendu à Libourne. — Représailles des Bordelais par l'exécution de Canoles. — La guerre reprend avec énergie. — Elle n'empêche pourtant pas de nouvelles tentatives d'accommodement. — Ducoudray-Montpensier porteur de propositions au Parlement. — Les frondeurs mettent obstacle à ce qu'on l'écoute. — Manifestes réciproques du gouvernement et du Parlement au moment où les belligérants recourent de nouveau aux armes. — Lettre de Lenet aux Espagnols interceptée; sa teneur criminelle. — Appréciation de la réponse du Parlement à l'arrêt du Conseil, au point de vue de ses assertions sur l'arrêt du 9 juillet et les faits qui le suivirent. — Détails militaires. — Combats aux faubourgs et sous les murs de Bordeaux. — Le jeune Du Vigier. — Malgré les efforts des ducs pour la continuation de la guerre, on songe de nouveau à la paix. — Dispositions mutuelles favorables dans les deux camps. — Arrivée à Libourne des députés du Parlement de Paris, porteurs des conventions proposées par le duc d'Orléans et approuvées par ce corps. — On traite sur ces bases à Bordeaux. — Véritable motif qui y faisait désirer la paix, selon Lenet. — Articles arrêtés et signés. — La princesse et les ducs se retirent en liberté. — Amnistie générale. — Louis XIV et sa mère à Bordeaux. — Le Parlement persiste à ne pas visiter le cardinal Mazarin. — Froideur dans les relations des magistrats avec la cour. — Départ de celle-ci. — Présages de mésintelligence future.

CHAPITRE III (1650-1653)............................. 131

Dispositions de certains membres du Parlement à continuer de soutenir le parti des princes. — Révélations à Lenet et ses démarches en conséquence. — Le Parlement toujours préoccupé de la possibilité du retour du duc d'Épernon comme gouverneur. — Arrêt et mesures en conséquence contre les magistrats précédemment exclus des délibérations. — La mise en liberté des princes, suivie bientôt de la nomination du prince de Condé au gouvernement de la Guyenne, fait renaître les espérances et donne lieu aux manifestations des frondeurs. — Le prince de Condé à Bordeaux. — Sa réception au Parlement. — Ce corps embrasse ouvertement son parti. — Remontrances ou plutôt manifeste en ce sens. — Examen critique de ce document. — La Cour des Aides interdite. — Membres du Parlement exilés comme mazarins ou épernonistes. — Le premier président Dubernet renvoyé. — Arrivée à Bordeaux du prince de Conti, de la princesse de Condé et de la duchesse de Longueville. — Opérations militaires de Condé ; ses ressources et ses appuis. — Commencements de l'Ormée ; son origine, ses statuts, ses chefs, son esprit. — Le Parlement, frappé d'interdiction, refuse d'obéir. — Nouvelle union avec le prince de Condé et nouvelle profession de foi contre Mazarin. — Progrès des factieux dans Bordeaux. — Pamphlets, manifestations. — Le Parlement et le prince de Conti impuissants à réprimer l'Ormée ; celle-ci exige le bannissement des magistrats que le Parlement avait exclus lui-même de certaines délibérations ; elle veut bientôt l'exil de ceux de la *petite Fronde*. — Démonstration menaçante de la faction. — Noms des magistrats bannis. — Revirement par suite duquel ils reviennent. — Symptômes de guerre civile ; elle éclate le 24 juin. — Premier combat au Pas-Saint-Georges ; résultat. — Seconde action le lendemain au Chapeau-Rouge. — Échecs et pertes de l'Ormée ; ses nouvelles prétentions. — Écrits menaçants adressés à certains parlementaires ; ils sont obligés de s'éloigner sous peine d'être assassinés. — Politique du prince de Condé ; ses ménagements pour l'Ormée ; comment il voulait traiter ceux de ses partisans qui ne témoignaient plus pour lui la même chaleur. — L'Ormée continue de braver le Parlement. — Expéditions militaires du conseiller d'Espagnet à Cadillac. — Subsides de guerre votés par le Parlement. — La guerre au dehors ; Marsin, Balthazar, chefs des frondeurs. — Le duc de Candale, le duc de Vendôme, le comte d'Estrades, généraux des troupes royales ; leur tactique. — État des affaires de la Fronde à Paris et à Bordeaux. — Les désordres cessent dans la capitale et le roi y fait sa rentrée. — Ils continuent à Bordeaux par l'influence des factieux. — Le Parlement transféré à Agen ; émigration nombreuse de ses membres. — Affaire du conseiller Massiot. — Mission donnée par les frondeurs de Bordeaux pour traiter avec Cromwell. — Le conseiller au Parlement Trancars et les bourgeois Désert et Blaru, députés. — Tentatives à Bordeaux pour mettre fin aux troubles à l'aide d'intrigues auprès de certains meneurs. — Le Père Berthod et le Père Ithier, cordeliers. — Leurs efforts échouent. — Procès du Père Ithier. — Évasion du Père Berthod. — Parlementaires compromis dans cette affaire. — Autre tentative du trésorier Filhot, qui échoue de même. — Arrestation et condamnation de l'avocat Chevalier. — État des mouvements militaires. — Offre d'amnistie. — Les généraux des troupes royales reprennent l'offensive. — Leurs succès. — Prise de Bourg, de Castillon, de Libourne et d'autres villes. — Bordeaux resserré. — On y songe à faire la paix. — Disposition des esprits. — Négociations. — Ce qui restait du Parlement à Bordeaux sans influence et sans crédit. — Ce corps s'organise à Agen ; sa composition. — Pontac, premier président, préféré pour cette charge à Lavie. — Dédommagement remarquable accordé à ce dernier. — Les négociations suivies à Bordeaux arrivent à une heureuse conclusion. — Conditions. — Entrée solennelle des ducs de Candale et de Vendôme dans cette ville. — Retour du Parlement retardé par différentes causes. — Prétentions intempestives. — Amnistie à ses membres. — Exceptions. — Le président Daffiz. — Fin de l'Ormée. — Destinée de ses chefs Villars et Duretête. — Exécution de ce dernier. — Résultat de la politique du cardinal Mazarin à la suite des troubles de la Fronde. — Elle prépare les grandeurs de l'époque qui leur succède.

CHAPITRE IV (1654-1760)............................. 190

Rétablissement du Parlement à Bordeaux. — Le prince de Conti gouverneur de Guyenne. — Voyage du cardinal Mazarin à la frontière d'Espagne pour le traité des Pyrénées. — Il évite de passer par Bordeaux. — Réception qu'il fait aux députés du Parlement à Libourne. — La cour à Bordeaux. — Le duc d'Épernon redevient gouverneur. — Les Parlements exclus de la politique sous le gouvernement de Louis XIV. — Enregistrements imposés à celui de Bordeaux. — Long intervalle de calme jusqu'à la sédition de 1675. — Ses causes. — Impôts du papier timbré et de la marque des ouvrages d'étain. — Soulèvement. — Autorité des jurats méconnue. — Révolte ouverte. — Arrêt du Parlement. — Le maréchal d'Albret, gouverneur. — Assassinat du conseiller de Tarneau. — Arrestation et dangers d'autres magistrats. — Inertie de la bourgeoisie armée. — Concessions aux séditieux. — Second arrêt du Parlement. — Surséance à la levée de l'impôt. — Apaisement de ces premiers troubles. — Amnistie. — Les désordres recommencent. — Ils sont définitivement réprimés. — Supplices de plusieurs mutins. — Le gouvernement prend des mesures pour punir la ville de Bordeaux. — Envoi de troupes nombreuses en garnison. — Translation des cours souveraines. — Le Parlement à Condom, à Marmande et à La Réole successivement. — Effets désastreux du séjour des troupes à Bordeaux. — Excès. — Elles y restent tout l'hiver. — Maintien des autres peines infligées à la ville. — Causes du ressentiment de l'autorité contre le Parlement imputées au maréchal d'Albret. — Examen de cette thèse historique. — Probabilité des vrais motifs de la longue disgrâce du Parlement. — Son injustice. — Effets d'un exil de quinze ans pour cette Compagnie à plusieurs points de vue. — Ses sollicitations pour en hâter le terme longtemps infructueuses. — Il n'obtient son retour qu'au prix d'un sacrifice pécuniaire considérable. — Détails biographiques sur plusieurs magistrats : les premiers présidents Pontac et d'Aulède ; funérailles de ce dernier. — Incendie du palais de l'Ombrière en 1704, sous son successeur, le premier président Dalon. — Ce qui arrive à ce dernier quelques années après. — Il est forcé de donner sa démission à la suite de dissentiments graves avec sa Compagnie. — Notices sur d'autres membres du Parlement. — Le conseiller Jean-Jacques Bel. — L'Académie de Bordeaux. — Montesquieu.

CHAPITRE V (1714-1762) 255

Querelles religieuses du xviiie siècle. — Le jansénisme. — Le formulaire; la bulle *Unigenitus*. — Rôle des Parlements dans ces controverses; leur esprit. — Réserves du Parlement de Bordeaux lors de l'enregistrement des déclarations de 1714 et de 1730. — Circonstances dans lesquelles il les fait valoir. — 1° Thèse soutenue à Bordeaux par un *Minime*. — 2° Instructions pastorales et mandements des évêques d'Agen et de Limoges. — Lettre du Parlement au roi par laquelle il dénonce ces prélats. — Observations sur cet écrit. — Pamphlet auquel il donne lien. — 3° Refus des sacrements par un curé de Bordeaux. — Représentations du Parlement à ce sujet; leur résultat. — Procès des Jésuites devant le Parlement; leurs ennemis, leurs défenseurs et leurs juges. — Le premier président André-François-Benoît Le Berthon. — Remontrances du Parlement contre l'édit qui avait admis les Jésuites à modifier leur règle. — Véritables causes de leur expulsion. — Les Parlements instruments de la haine portée aux Jésuites par les philosophes. — D'Alembert. — Voltaire. — La destruction de l'ordre des Jésuites, première des ruines que devait voir la fin du xviiie siècle et présage de celles qui allaient la suivre.

CHAPITRE VI (1760-1775) 291

Conflits multipliés entre la Couronne et les Parlements sous le règne de Louis XV; leur caractère. — Extrémités auxquelles on en était venu des deux parts au sujet de l'enregistrement des édits. — Exemples de ce qui se passa de semblable au Parlement de Bordeaux en 1718, 1761 et 1763. — Les mêmes difficultés partout; symptômes et causes de la suppression des Parlements. — Leurs prétentions à participer aux affaires publiques de plus en plus élevées. — Aperçu historique et critique du droit de remontrances et de l'origine que le Parlement de Paris prétendait lui donner. — Réfutation des erreurs sur lesquelles il était fondé. — Coup d'État du chancelier Maupeou; destruction des Parlements. — Jugement de cet événement et de son auteur. — Le Parlement de Bordeaux, bien informé que le même sort l'attend, n'en prend pas moins, ainsi que tous les autres, la défense de celui de Paris. — Ses remontrances du 3 février 1771. — Ses protestations des 26 mars, 29 avril et 23 août suivants; sa suppression. — Comment il y est procédé par le maréchal de Richelieu, gouverneur de la Guyenne. — Éléments et composition du nouveau Parlement. — Séances des 4 et 7 septembre 1771. — Installation. — Liste des magistrats de l'ancienne Compagnie ayant consenti à faire partie de la nouvelle et la composant tout entière. — Détails sur la récente organisation judiciaire; ses avantages évidents; probabilités de sa durée sans l'événement inattendu de la mort de Louis XV. — Disgrâce de Maupeou. — Maurepas conseille à Louis XVI le rappel des anciens Parlements. — Appréciation de cette mesure. — Retour du Parlement de Bordeaux. — Ovation décernée à ce corps dans la personne de son premier président Le Berthon. — Ce qu'était ce magistrat. — Cérémonie de la réouverture des séances du Parlement. — Enregistrement des nouveaux édits apportant certaines réformes dans l'ancienne discipline judiciaire. — Comment ils sont accueillis.

TABLE DES MATIÈRES.

CHAPITRE VII (1774-1790)............................. 338

Avénement de Louis XVI. — Ministère et projets de Turgot. — Les Parlements lui sont hostiles. — Difficultés soulevées par celui de Bordeaux contre la transformation de la corvée. — Querelles avec l'intendant Dupré de Saint-Maur. — Autre différend de la Compagnie avec le gouvernement : affaire des alluvions de la Garonne et de la Dordogne. — Opposition du Parlement aux arrêts du Conseil; cassation de ses arrêts; ses remontrances. — Incident Pestels. — Le Parlement mandé à Versailles; sa comparution en corps devant le roi. — Résultat : il prouve que sa résistance était juste. — Vérité historique altérée sur cet épisode. — Tableau de la galerie de Versailles. — Assemblée des notables. — Convocation des assemblées provinciales; le Parlement de Bordeaux prend l'attitude la plus hostile vis-à-vis de la cour en cette occasion ; il empêche l'exécution des ordres du roi. — Son exil à Libourne. — Ses remontrances multipliées. — Leur examen. — Appréciation. — Son rappel à Bordeaux. — Détails sur son retour. — Ovation décernée à ses membres et surtout au premier président Le Berthon ; jugement sur ce magistrat. — Affaires intérieures. — Le président Dupaty, l'avocat général Dufaure de La Jarthe et le procureur général Dudon. — Détails biographiques sur le premier. — Ses luttes avec la majorité de la Compagnie, qui ne veut pas l'admettre comme président. — Causes présumées de ce refus. — Le Parlement est forcé de céder. — Les dernières années de Dupaty. — Procès des trois condamnés à la roue. — Démêlés de Dudon fils avec la Compagnie pour se faire agréer comme procureur général en survivance de son père. — Étranges procédés de la Cour envers lui. — Il finit par triompher. — Suite des événements publics. — Le Parlement lors de la convocation des États Généraux ; sa conduite prudente ; elle lui conserve sa popularité. — Le premier président Le Berthon, le président Lavie nommés députés aux États Généraux. — Changements dans l'opinion locale sur le compte du Parlement depuis les décrets de l'Assemblée préparant la suppression de toutes les grandes Compagnies judiciaires. — La chambre des vacations de 1789 est dénoncée à l'Assemblée nationale à cause d'un arrêt du 21 février 1790. — Débats dans cette Assemblée à ce sujet. — Opinions de Chapelier, de Mirabeau et autres députés. — Dudon fils, défenseur de son père, traduit à la barre en même temps que le président Daugeard. — Défense écrite de Dudon père. — Discours du président Daugeard. — Décision de l'Assemblée. — Fin du Parlement de Bordeaux. — Appréciations d'ensemble.

CHAPITRE COMPLÉMENTAIRE.......................... 423

LISTE complète et authentique des membres du Parlement de Bordeaux au moment de sa suppression (1790)............ 446

APPENDICE. — Les membres de l'ancien Parlement de Bordeaux devant les tribunaux révolutionnaires................... 451

TABLE DES NOMS

A

Académie de Bordeaux, II, 241, 244.
Achard, tonnelier, I, 293.
Acqs, voy. *Dax*.
Adrien, pape, I, 392.
Agen (Lot-et-G.), I, 103, 198, 282, 308, 327, 432.
— (évêques d'), I, 342. V. Elbène, Yse.
Agenais, I, 4, 27; II, 401. *Voy.* Sénéchaussée.
Aguesseau (d'), *voy*. Daguesseau.
Aides, *voy*. Cour des Aides.
Aiguille, près Coutras, II, 331.
Aiguillon (duc d'), II, 298.
Aiguillon (L.-et-G.), I, 210.
Aimeri, agent des finances, I, 485.
Aix (Parlement d'), *voy*. Parlement.
Albessard (François-Jacques d'), cons., II, 318, 454.
Albret (César-Phébus d'), comte de Miossens, maréchal de France, gouv. de Guyenne, II, 199, 202, 203, 205, 206, 207, 209, 210, 214.
Albret (Henri d'), roi de Navarre, I, 59.
— (Jeanne d'), reine de Navarre, I, 133, 143, 203, 204, 366.
Alembert (d'), II, 287.
Alençon (duc d'), I, 22, 25, 63.
Alesme (d'), cons., II, 21, 91, 240.

Alesme (Jean d'), cons., I, 70, 133, 169, 200, 261, 271, 306; — cité, I, 37, 40.
— (Léonard d'), prés., I, 162.
Alexandre VII, pape, II, 256.
Alexis, I, 58.
Alis (J. de), cons., I, 162.
Allaire, cons., II, 176.
Alleu (franc-), 326.
Alluvions de la Garonne et de la Dordogne, II, 345 à 355.
Alphonse (Jean-Baptiste d'), conseiller, II, 318.
Alvimare (d'), maréchal de camp, II, 68, 78, 82, 83.
Amalbi (d'), cons., I, 261, 340, 341, 343.
Ambleville (d'), cornette de cavalerie, I, 70.
Ambloy, *voy*. Verthamon.
Amboise (conjuration d'), I, 130.
Amiraux, *voy*. Coligny, Dognon, Vendôme.
Ancelin, cons., I, 169.
Ancre (maréchal d'), II, 109.
Andrault, receveur des gabelles, I, 78.
— (veuve), I, 94.
— (Joseph), cons., I, 238, 255.
Andraut, cons., I, 484; II, 34, 36, 201.
Angenoult (Jean), cons. au Grand Conseil, I, 172, 173.
Angenoust (Hiérosme), cons. au Parlement de Paris, I, 280.
Anglade, *voy*. Pelet.

Anglais (les), I, 3, 7, 62.
Angleterre, I, 206.
Angoulême (Charente), I, 223.
Angoumois, I, 27, 70. *V.* Sénéchaussée.
Anjou (duc d'), *voy.* Henri III.
Anne d'Autriche, I, 381 ; II, 10, 11, 128, 129, 139, 194.
Aquitaine, voy. Cour supérieure, Sénéchaussée.
Arcachon, II, 86.
Arche (d'), cons., II, 135. *Voy.* Dache.
Archevêques de Bordeaux, *voy.* Béthune, Grammont, Greelle, Lussan, Mauny, Prévost, Sourdis.
Ardant, jurat, II, 50.
Argenson (René Le Voyer d'), cons. d'État, II, 28, 30, 31, 32.
Argillemont (Hercule d'), I, 414, 415, 416.
Armagnac (cardinal d'), I, 165.
Armagnac (comté d'), I, 22. *Voy.* Sénéchaussée.
Arnac (Le Moulin d'), I, 385.
Arnoul, cons., I, 207, 227 ; II, 442.
Arrêt (texte de l') du Parlement de Bordeaux contre Mazarin, II, 148.
Arrêts présidentaux, I, 377, 505.
Artassan, *voy.* Pérès.
Assemblée nationale, II, 399 à 411.
Assemblées provinciales, II, 356 à 365.
Auch (Gers), I, 271.
— (archevêque d'), *V.* Montillet.
Audiences de relevée *ou* des après-dînées, II, 247.
Auger, cité, II, 248, 250.
Augier (Edmond), prédicateur jésuite, I, 243.
Augustin (saint), II, 256.
Augustins (église des), I, 138.
Aulède de Lestonnac (d'), pr. prés., II, 233, 234.
Aumale (Claude II de Lorraine, duc d'), I, 82, 84.
Aunis (pays d'), I, 21.
Auros, *voy.* Castelneau.
— (d'), capitaine du château du Hâ, I, 148.
Auvigny (J. de Castre d'), cité, I, 287, 292, 307, 313, 314, 315.

Auzaneau, cons., I, 216.
Avaray (Charlotte d'), I, 505.
Avocats de Bordeaux, II, 369, 370, 379.
Avril (Jean), cons., I, 10.
Ayen (duc d'), II, 359.
Aymar (Joseph), cons., I, 238.

B

Baas (baron de), II, 93, 94.
Bacalan, avocat, I, 327, 329.
— avocat général, II, 175.
— cons., II, 281.
— (Joseph de), prés., II, 317, 318.
Bach (Arnauld de), procureur, I, 316.
Bailliage de Rouen, II, 389.
Bailliages (grands), II, 372.
Balthazar (le colonel), II, 163, 164, 174, 180.
Balue (cardinal de), I, 392.
Barbeguière (Hyacinthe-Louis de), cons., II, 281, 318, 447.
Barbezieux (sire de), grand sénéchal de Guyenne, I, 81.
Barckhausen (M. Henri), cité, I, 18.
Bardet, cité, I, 507.
Baret, greffier, II, 268.
Baritault (de), lieutenant particulier, II, 175.
— (Godefroy de), cons., II, 281, 318.
Baritault de Soulignac (Jean de), cons., II, 319, 447, 454.
Barmont (l'abbé de), député à l'Assemblée nationale, II, 407.
Barrault (seigneur de), I, 168.
Barre (Pierre de), cons., I, 308.
Barret (Pierre-Jean-Baptiste), cons., II, 319, 447.
Barricades (journée des), I, 290.
Barsac (Gironde), II, 12.
Basoche (roi de la), I, 140, 188.
Basque (pays), I, 372.
Basquiat de Mugriet (Alexis-Marie-Joseph), cons., II, 449.
Bastard (François de), pr. prés. au Parl. de Toulouse, II, 331.
Bastard d'Estang (vicomte de), I, IX ; cité, 9, 186, 189, 363 ; II, 300, 316, 355, 451.
Bastérot (Barthélemy de), cons., II, 447.

TABLE DES NOMS.

Bastide (La) (Bordeaux), II, 65, 122.
Baulon (François de), cons., I, 216, 249.
— le jeune, cons., I, 115, 152, 162, 181.
Bavoliers (de), cons., I, 261.
Bayle (P.), cité, I, 128.
Bayonne (évêque de), I, 346, 405.
Bazadais, I, 27. Voy. Sénéchal, Sénéchaussée.
Bazas (Gironde), I, 103; II, 12.
— (évêque de), II, 60. V. Pontac.
Bazot, substitut du proc. gén., cité, II, 179.
Béarn (prince de), V. Henri IV.
Beaufort (duc de), II, 53.
Beaulieu (Pierre de), cons., I, 332 à 334; II, 430.
Beaumont (Christophe de), archevêque de Paris, II, 275, 289.
— (Dupré de), maître des requêtes, I, 405.
— (sieur de), I, 347.
Beaupuy, capitaine, II, 60.
Beautiran, voy. Pontac.
Beauvau (prince de), II, 313.
Bec (Guillaume), cons., I, 29.
Béchou, jurat, II, 50.
Bel (Jean-Jacques), cons., II, 241 à 244.
Bel-Œil (de), I, 405.
Belcier, maître des requêtes, I, 197.
— (de), prés., I, 115, 162, 204.
— (François de), pr. prés., I, 41, 50, 64.
Bellebat (de), maître des requêtes, I, 445.
Belleforest, cité, I, 79.
Bellièvre (de), cons. d'État, I, 273.
Benard (Guillaume), cons. au Parlement de Paris, I, 280.
Benauge (château de), II, 163.
Benedicti (Guillaume), cons., I, 40.
Benoît de Lagebâton, voy. Lagebâton.
Bérard (Joseph), prés., I, 28 à 30.
Béraud, avocat gén., I, 91.
— (Fronton), prés. à la Cour des Aides, I, 108, 110, 111.
Berbiguière, voy. Barbeguière.
Bergerac (Dord.), I, 25, 103, 342.

Bergeron (Franç.-Jacques-Marie de), cons., II, 449.
Bermondet (Jean), avocat du roi, I, 10, 24.
— (Jean), cons. au Parlement de Paris, I, 91.
Berry (duc de), I, 27.
Bertheau, chapelain du cardinal de Sourdis, I, 347.
Berthier de Sauvigny, cons. d'État, II, 352.
Berthod (le Père), II, 169, 172, 173, 181.
Berthommier (Jean), cons. du roi, I, 173.
Bertin, contrôleur des finances, II, 322.
Bertrandi (J.), card.-archev. de Sens, garde des sceaux, I, 106.
Berwick (duc de), commandant militaire en Guyenne, II, 293.
Besançon (Parlement de), voy. Parlement.
Béthune (Henri de), archevêque de Bordeaux, I, 505; II, 37, 41, 60, 118, 205.
Beugnot (comte), cité, II, 306.
Bèze (Théodore de), cité, I, 66, 153, 160, 214, 231.
Béziers (Hérault), I, 316.
Bichon, cons., I, 276.
Bienassis (Jean-Étienne de), prés., II, 449.
Biré (Jean-Joseph de), cons., II, 448.
Biron (maréchal de), I, 270, 273, 285.
Bitaut, cons. au Parlement de Paris, II, 124.
Blais, voy. Domenge.
Blaise de Greelle, voy. Greelle.
Blanc, cons., II, 135.
— (de), le jeune, cons., I, 327; II, 42.
— (de), prés., II, 198.
— fils, procureur-syndic, II, 124.
— (Guillaume), avocat, I, 115, 245, 246.
—. Voy. Du Blanc, Le Blanc.
Blanc de Mauvezin, cons., II, 7, 16, 76, 91, 96, 98, 101, 112, 124, 157.
Blanc de Polignac, cons., II, 34.
Blanc-Dutrouilh, prés. à la cour d'appel de Bord., cité, II, 281.

Blancbaston (Nicole), cons. au Parlement de Rouen, I, 91.
Blanchier, avocat, I, 115.
— (Pierre), cons. à la Cour des Aides, I, 109.
Blanquefort (Gironde), I, 254.
— (château de), II, 91, 122.
Blaru, bourgeois, II, 169, 186.
Blaye (Gironde), I, 70, 76, 199, 206, 208, 244, 256, 290, 308, 309; II, 85.
Blois (Loir-et-Cher), I, 292.
Bohier (Nicolas), jurisconsulte, cons., I, 40.
Bonalgues, avocat, jurat,II,306, 316, 407.
Boniface VIII, pape, II, 266.
Bonneau, cons., *voy.* Duverdus.
Bonnet, curé de Sainte-Eulalie, II, 29, 36, 92, 117, 118.
Bordeaux, voy. Archevêques, Jurats, Maires, Priviléges, Sénéchal.
Bordelais, I, 27, 50, 54, 72.
Bordes, cons., II, 13, 16, 91, 156.
Borgia (François de), général des Jésuites, I, 160.
Boucaud (Jacques-Joseph de), cons., II, 319, 447.
Boucau, *voy.* Boucaut.
Boucaut, cons., I, 486, 502; II, 50, 91, 170, 185.
— jurat, I, 218.
Bouchier, cons., I, 207, 227, 245, 261.
Bouchonneau, directeur général des gabelles en Guyenne, I, 71.
Boufflers (marquis de), commandant militaire en Guyenne, II, 216.
Bouillon (Frédéric-Maurice de La Tour, duc de), II, 78, 82, 83, 86, 87, 92, 103, 105, 110, 124, 125, 126.
Bouillons (Livre des), cité, I, 5.
Bouquier, avocat, II, 282.
— (Gabriel de), cons., II, 349, 413, 447.
Bourbon (Antoine de), roi de Navarre, I, 133, 135, 143, 162, 163, 185.
— (Catherine de), I, 310, 364.
— (Charles, cardinal de), I, 117, 190, 317.
— (connétable de), I, 12, 15.

Bourbon (Henri de), roi de Navarre, I, 186, 190, 210, 240, 241, 253, 259, 263, 264, 265, 271, 277, 279, 289, 292, 297, 298, 300, 302, 306, 307, 311. *Voy.* Henri IV.
Bourbon (princes de), I, 136.
Bourg (Gironde), I, 71, 76, 210, 211, 290, 318; II, 12, 86, 155, 174.
Bourgade (Pierre-Joseph), substitut, II, 319.
Bourges (Cher), II, 143.
— (évêque de), I, 405.
Bourgogne, I, 32.
Bourgoin (Guillaume), cons. au Parlement de Paris, I, 91.
Boyer, cons., I, 79.
— (général), officier des Aides, I, 69.
— (Nicolas), *voy.* Bohier.
Boyer-Fonfrède, II, 402, 408.
Brager (Pierre), prés., I, 29.
Brane (Joseph-Hector de), cons., II, 447.
Brassac (Guy de Goulard de), prés., I, 40, 73, 82, 133.
Bretagne, II, 214.
Breteuil (de), ministre, II, 370.
Brétigny (traité de), I, 5.
Briet (Jean de), cons., I, 449, 451, 493, 494.
Brienne (comte de), commandant en Guyenne, II, 360.
Brinon (René), prés., I, 51, 91.
Brissac (maréchal de), I, 406.
Brivasac (Jean-Bapt.-Guillaume de), cons., II, 322, 446.
Brives-Cazes (M. Emile), cité, I, 17, 26, 28, 94, 103, 282; II, 229.
Brunet (M. Gustave), cité, I, 374.
Brusac (Jacques), cons. à la Cour des Aides, I, 109.
Buan, avocat, II, 370.
Buch, *voy.* Ruat.
Buch (captal de), *voy.* Foix (Frédéric de).
Buisson (Benoît du), huissier, I, 10.
Bureau, chanoine de St-André, I, 339.
Bureau de la grande Police, II, 227, 228, 229.
— de la Santé, I, 469.

TABLE DES NOMS. 471

Bures (Constantin de), cons. au Parl. de Rouen, I, 91.
Burg (de), cons. II, 156.
Burie (Charles de Coucy, sieur de), lieutenant général en Guyenne, I, 139, 140, 145, 147, 148, 150, 152, 155, 159, 176, 177, 197, 198, 201.
Byronnet, avocat, II, 421.

C

Cabaretiers (impôt s. les), I, 482.
Cadastre, II, 295.
Cadillac (Gironde), I, 290, 428.
— (château de), II, 163.
Cadillac (Gentils de), *V.* Gentils.
Caen (Seine-Inférieure), I, 317.
Cajus (Pierre-Nicolas), cons., II, 319, 449.
Calonge, partisan, I, 210.
Calonne (de), ministre, II, 356.
Calvimont, jurat, II, 30.
— (Jean de), prés., I, 33, 34, 51, 66, 118.
Calvin, I, 60.
Camain (Thibaud de), cons., I, 421.
Camarsac (seigneur de), I, 168.
Camblanes (Gironde), II, 26.
Candale (comte de), *voy.* Foix.
— (H. de Nogaret d'Épernon, duc de), I, 495.
— (Louis-Charles-Gaston de Nogaret de La Valette, duc de), II, 107, 164, 174, 175, 177, 180, 195.
Candeley *ou* Caudeley (Charles de), cons., I, 65.
Canoles *ou* Canot, capitaine, II, 112.
Canolles (marquis de), II, 403.
Canteloup (marquis de), II, 52.
Cantorbéry (official de), I, 5.
Cap-Breton (Basses-Pyr.), I, 445.
Caraffa, cardinal, I, 392.
Carbon (Lescuyer), sénéchal de Bazadais, I, 62.
Carcassonne (évêque de), I, 405.
Cardinaux, *V.* Armagnac, Balue, Bertrandi, Bourbon, Caraffa, Constance, Duperron, Duprat, Guise, Innocent, Lenoncourt, Retz, Sienne, Sourdis, Tournon, Vendôme, Volterre, York.

Carignan (bataille de), I, 63.
Carles, prés., I, 82, 112, 113, 157.
Carmes (religieux), I, 78, 137.
— (église des), I, 85.
Carrière (Jean-Ant.-Élisabeth-Pie de), cons., II, 449.
Cars (des), *voy.* Des Cars.
Caseaux (Guillaume-Joseph de), prés., II, 447.
Castagnet (Antoine), *voy.* Haut-Castel.
Castelnau, cons., II, 170.
— (L.-Antoine de), cons., II, 319, 447.
— (marquis de), I, 426.
Castelnau (de Médoc), II, 86.
Castelneau d'Auros (Gabriel de), cons., II, 448.
Castéra (Antoine de), cons., I, 238.
Castex, concierge des prisons de l'Ombrière, I, 383, 385.
Castiglione (cardinal), cité, I, 34.
Castillon (Gironde), I, 7, 290, 331; II, 175.
Castillonnès (Gironde), II, 342.
Caudeley, *voy.* Candeley.
Caumont (château de) (Gironde), I, 414, 415.
Caumont (seigneur de), I, 134.
Caupos (César de), cons., II, 241.
Causse (Raymond), I, 218.
Cazalès, député à l'Assemblée nationale, II, 405.
Cazalet, avocat, II, 282.
Cazaulx *ou* Cazeaux (Hugues de), cons., I, 216, 238.
Cazes (Jean), I, 54.
Cent-Trente (assemblée des), II, 370, 398.
Cérisolles (bataille de), I, 63.
Cessac (de), *voy.* Malvin.
Chabannes (Louis), cons. au Parlement de Paris, I, 91.
Châlons (Marne), I, 317.
Chalup (Joachim de), cons., II, 448.
Chambonas (comte de), gentilhomme, II, 235, 236.
Chambre (grand'), *voy.* Grand'-Chambre.
— criminelle (Tournelle), I, 99, 151; II, 426.
— des Enquêtes, I, 99, 231, 502; II, 12, 39, 97, 234.

Chambre des Requêtes, I, 103, 106, 107, 109, 111, 112, 273 à 276, 409.
— des Vacations, II, 406, 428.
Chambre de l'Edit :
à Agen, I, 272; II, 177.
à Bordeaux, I, 280; II, 48, 230.
à Castres, I, 329.
à Nérac, I, 326 à 329.
Chambre de Justice :
de Guyenne, I, 277 à 282, 326.
de Paris, I, 16.
de St-Jean-d'Angély, I, 326.
Chambre mi-partie, I, 260, *voy.* Chambre de l'Edit.
— tripartie, I, 260, 278. *Voy.* Chambre de l'Edit.
— provisoire, I, 336.
— de commerce, II, 369.
— de police, II, 226.
— des comptes, II, 197.
— aux plaids, II, 309.
Chambret (marquis de) père, II, 24, 26, 33, 35.
— fils, II, 33, 36, 66.
Champagne, II, 11.
Chanceliers, *voy.* Bertrandi, Cheverni, Daguesseau, Duprat, Duvair, Lhôpital, Marillac, Maupeou, Lamoignon, Miroménil, Pontchartrain, Sillery.
Chanseaulme (Elie-Jean), cons., II, 319, 449.
Chapelier, avocat, député à l'Assemblée nationale, II, 405, 406.
Chaperon de Terrefort (François-Joseph de), cons., II, 318, 447, 454.
Charles, duc de Berry et de Guyenne, I, 27, 28.
Charles VI, roi de France, I, 35.
Charles VII, roi de France, I, 3, 5, 6, 7, 8, 13, 14, 17, 18, 22, 35.
Charles VIII, roi de France, I, 14, 20, 29, 35, 100, 185, 394.
Charles IX, roi de France, I, VI, 111, 135, 183 à 185, 188 à 197, 206.
Charles-Quint, empereur, I, 32, 34.
Charron, prés., II, 231.
Chartreux (quartier des), I, 148, 189.
Chassaigne (Jean de), prés., I, 26, 29.

Château du Hâ, *voy.* Hâ.
Châteauneuf (Charente), I, 70.
Châteauneuf (marquis de), secrétaire d'Etat, II, 205.
Château-Trompette, I, 61, 75, 76, 77, 82, 151, 166, 198, 205; II, 21, 29, 30, 54, 59, 63, 182, 183, 208.
Châtel (Jean), I, 371.
Châtillon (amiral de), I, 241. *Voy.* Coligny.
Chaulnes (Charles, duc de), gouverneur de Bretagne, II, 214.
Chaumont, cons., I, 81.
Chaussade (Jacques), procureur général, I, 26.
Chauvelin, cons. au Parlement de Paris, II, 283.
Chauvet (Jean-Baptiste), cons., II, 449.
Chauvot (M. Henri), cité, I, 350; II, 282, 456.
Chevalier, avocat, II, 173.
Cheverni, chancelier, I, 338.
Chevreuse (Mlle de), II, 136.
Chimbaud, *voy.* Filhot.
Chimbaut de Filhot (Jean), cons., II, 318.
Chinon (Loiret), I, 9.
Choiseul (duc de), II, 301.
Cieutat (de), cons., II, 50.
Cinq-Mars (de), I, 450.
Ciret, cons., I, 76, 77, 84, 94, 133, 172.
Clairac, avocat, II, 186.
Clairac (abbé de), *voy.* Roussel.
Clément (Pierre), cité, II, 213.
Clément V, pape, I, 251.
Clément XI, pape, II, 257.
Clercs, *voy.* Conseillers.
Clergé, I, 46 à 49, 113, 195; II, 281.
— (assemblée générale du), II, 256.
Clermont (comte de), gouverneur de Guyenne, I, 19.
Clermont-Tonnerre (comte de), II, 380.
Clie (marché au poisson), I, 430.
Cognac (Charente), I, 70, 206.
Colbert, secrétaire d'Etat, II, 214, 224.
Coligny (Gaspard de), amiral, I, 197, 203, 206, 210, 241, 244.
Collége de Guyenne, I, 119, 139, 140.

Combabessouse, cons., II, 269.
Commartin (de), cons. d'Etat, I, 405.
Commines (Philippe de), cité, I, 33.
Comminges (comte de), II, 43, 45, 47.
Commissaires (cour des), *voy*. Cour des Commissaires.
— (grands et petits), I, 37.
Commission de justice, I, 92, 93.
Compans, avocat général à la Cour d'appel, I, 122.
Condé (Cl.-Clémence de Maillé-Brézé, princesse de), II, 75, 77, 78, 79, 80, 81, 82, 83, 90, 92, 93, 94, 96, 98, 99, 100, 102, 107, 125, 126, 130, 133, 134, 138, 150, 159, 180.
— (Henri Ier, prince de), I, 210, 240, 253, 263.
— (Henri II, prince de), I, 366, 380, 397, 411, 495.
— (Louis Ier, prince de), I, 135, 197, 203, 205.
— (Louis II de Bourbon, prince de), II, 56, 75, 135, 136, 137, 138, 140, 141, 142, 143, 147, 150, 160, 163, 165, 166, 168, 180.
Condom (Gers), I, 103, 272; II, 209, 215.
— (évêque de), I, 329.
Condomois, II, 401. *Voy*. Sénéchaussée.
Conférences, *voy*. Fleix, Nérac.
Connétables, *V*. Bourbon, Montmorency.
Conseil du roi — privé — grand conseil, I, 60, 108, 137, 143, 157, 173, 186, 200, 223, 230, 449, 480; II, 43, 46, 47, 48, 116, 118, 219, 223, 272, 296, 299, 313, 343, 392, 394.
Conseil d'Etat (comité dit), à Bordeaux, II, 270.
Conseil étroit de la cité (de Bordeaux), II, 370.
— de l'armée patriotique de la Gironde, II, 402, 403.
— de ville et de police, II, 20.
— delphinal, I, 13.
Conseils supérieurs, II, 311.
Conseillers clercs, II, 423.
Constance (cardinal de), I, 391.

Constant, cons., II, 109.
— jurat, I, 483, 485; II, 30, 50, 58, 63.
— officier du roi de Navarre, I, 279.
Constantin, avocat et jurat, I, 115, 218.
— (de), cons., I, xvi.
Contencuil, *voy*. Marbotin.
Conti (Arm. de Bourbon, prince de), II, 75, 135, 136, 138, 142, 150, 153 à 157, 159, 162, 163, 167 à 170, 176, 180, 191, 192, 194, 222.
Coqueley (Lazare), cons. au Parlement de Paris, I, 280.
Cordeliers (église des), I, 139.
Cornac, huissier, II, 18.
Corvée (la), I, 341 à 344.
Cosages (sieur de), *voy*. Roffignac (Chr. de).
Coses (Charente-Infér.), I, 420.
Cotton (le P.), religieux, I, 397.
— (Gérard de), pr. prés., I, 284.
Coucy (Charles de), *voy*. Burie.
Cour des Aides de Guyenne, I, 103 à 112, 472, 473; II, 15, 16, 17, 46, 69, 125, 140, 195, 206, 209, 213, 242, 243, 361, 369, 370, 371.
— de Paris, II, 197.
Cour des Commissaires de 1549, I, 91.
— de justice, à Bordeaux, II, 377.
— des Monnaies, II, 369.
— plénière, II, 372.
— supérieure d'Aquitaine, I, 5, 6,
Courbon Saint-Léger (chevalier de), II, 209, 210.
Courson (comte de), I, 398.
Cousin (V.), cité, II, 168.
Coutras (Gironde), I, 480.
— (bataille de), I, 291.
Coutume de Bordeaux, I, 41.
Croismare (Robert), cons. au Parlement de Rouen, I, 91.
Cromwell, II, 169.
Cruzeau (Étienne du ou de), cité, I, 108, 295, 307, 309, 312, 314, 315, 323, 325, 326, 327, 329, 331, 332, 334, 335, 337, 351, 355, 360, 361, 371, 372, 377, 380, 384, 404, 407, 408, 493, 506; II, 43, 273.
— (Pierre de), cons., I, 238, 348.

Cursol (de), cons., I, 502; II, 13, 14, 16, 21, 30.
— (Jean-Antoine de), cons., II, 318.

D

Dache (Bernard), cons., II, 152.
Daffiz, avocat général au Parlement de Toulouse, I, 296.
— (Guillaume), pr. prés., I, 285, 292, 306, 318, 354, 377, 383, 384, 401, 405, 424.
— (Jean), prés., I, 449, 466, 477, 489; II, 16, 19, 25, 77, 78, 80 à 90, 94, 97, 98, 102, 109, 125, 133, 134, 136, 141, 142, 156, 157, 161, 168, 170, 171, 186.
Daguesseau (Henri), pr. prés., I, 467, 479; II, 3, 435.
— (Henri-François), chancelier, II, 243, 261, 280, 351, 377; cité, II, 292, 303, 304, 308.
Daguilhon (M. Ch.), cité, I, 425.
Daisse, jurat, I, 218.
Dalesme, *voy*. Alesme.
Dalon (Romain), pr. prés., II, 124, 235, 236, 237, 330, 435.
Dandraud, cons., I, 500. *Voy*. Andraut.
Darbarin (Jean), cons., I, 109.
Darblade de Séailles (Auguste-Bertrand), cons., II, 447.
Darche (Jean-Luc), cons., II, 322, 446.
Darche de La Salle (François-Benoît), cons., II, 446.
Daringes (Etienne), cons., I, 108.
Darnal (J.), cité, I, 26, 262, 264, 313.
Dasche, *voy*. Dache, Darche.
Daugeard (Jean-Charles), prés., II, 231, 232, 282, 409 à 411, 446.
Daugeard de Virazel (Jacques-Armand-Henri), prés., II, 322, 446.
Dautri, maître des requêtes, I, 445.
Dax (Landes), I, 103; II, 342.
— (évêque de), I, 24, 405.
Decace, maître des requêtes, I, 173.
Décanat, II, 426.

Degères de Loupes (Pierre), conseiller, II, 447.
Delaage, *voy*. Laage (Franç. de).
Delisle de Salles, II, 390.
Delpech (André), greffier en chef, II, 450.
Delpit (M. Jules), cité, I, xiv, 3, 18, 295; II, 74.
Delpy de La Roche (Jean-Baptiste), cons., II, 318.
Delurbe, cité, I, 160.
Denis, cons., II, 18, 160.
— procureur général, II, 216.
Denucé, avocat, II, 421.
Desaigues, bourgeois, I, 483, 485.
— chanoine de St-André, I, 339.
— cons., I, 498.
— (Jacques), procureur général, I, 281, 319, 325, 383.
Desbordes, cons., II, 98, 170, 172.
Des Cars, lieutenant général en Guyenne, I, 145, 165, 178 à 181, 197, 198, 266.
Desert, bourgeois, II, 169, 186.
Desfontaines (l'abbé), II, 243.
Desmoulins de Maspérier (René), cons., II, 447.
Destivalle, cons., I, 261.
Devienne (dom), cité, I, 5, 40, 191, 195, 225, 263, 279, 350, 429, 474, 495; II, 34, 79, 101, 104, 105, 111, 118, 128, 136, 138, 209.
Dijon (Parlement de), *voy*. Parlement.
Dillon, colonel, II, 174.
Dinouard, ormiste, II, 162.
Discipline parlementaire, I, 35 et suiv.; II, 441.
Disette à Bordeaux, II, 272.
Dodun, contrôl. général, II, 249.
Dognon *ou* Doignon (comte du), amiral, II, 58, 60 à 64, 66.
Domenge de Pic de Blais (Claude-Ange), cons., II, 318.
— (Pierre-Joseph), cons., II, 448.
Dominicains (église des), I, 80.
Donations (ordonnance sur les), II, 377.
Dordogne (rivière), II, 345.
Douai (Parlement de), *voy*. Parlement.
Doudinot de La Boissière (François), cons. clerc, II, 449.
Droit du palais brûlé, II, 239.

TABLE DES NOMS.

Drouilhet de Sigalas (Charles-Jacques), cons., II, 318.
Drouyn (M. Leo), cité, I, 403.
Droz, cité, II, 415.
Dubarry (Jean-Baptiste), cons., II, 318, 447.
Du Barry (Mme), II, 301.
Dubergier de Favars (Jean-Clément), cons., II, 318.
— (Raymond - Jean - Antoine), cons., II, 449.
Dubernet (Jean), cons., I, 344, 351, 387, 388, 389, 395 à 399; II, 135, 152.
— (Joseph), pr. prés., II, 3, 6, 7, 30, 38, 40, 109, 129, 135, 141, 142.
Du Blanc fils, cons., II, 273.
— père, cons., II, 273.
Duboscq, jurat, II, 200.
Dubourdieu, jurat, II, 158.
Dubourg, cons., II, 29, 38, 177.
Ducaunnès - Duval (M.), sous-archiviste, I, xviii.
Duclos, cité, II, 258, 259.
Du Cornet, bourgeois, II, 159.
Ducot, bourgeois, II, 158.
Ducoudray-Montpensier, gentilhomme, II, 114, 115, 126.
Dudrac (Adrien), cons. au Parlement de Paris, I, 280.
Dudon fils (Jean-Baptiste-Pierre-Jules), procureur général et jurat, II, 273, 382, 319, 393 à 397, 399, 404 à 406, 439, 450, 455.
— (Pierre-Jules), procureur général, II, 248, 317, 319, 320, 323, 334, 336, 357, 362, 401, 407, 408, 410, 450.
Duduc, cons., I, 440; II, 52, 176.
— (Jean), cons., I, 216, 238.
Dufaure de La Jarthe (Elie-Louis), avocat général, II, 391 à 393, 450, 454.
Du Guat, maître des requêtes du Parlement de Rennes, I, 219.
Du Haumont, capitaine, II, 23, 29, 54, 59.
Duluc (Laurent), II, 446.
Dumas de Fontbrauge (Jacques-Joseph), cons., II, 319, 447, 454.
Dumas de La Roque (Pierre-Henri), cons., II, 447, 454.

Dumont (Thierry), cons. au Parlement de Paris, I, 91.
Du Noyer, avocat, I, 115.
Dupaty (Charles - Marguerite - Jean-Baptiste-Mercier), prés., II, 313, 382 à 391.
Du Périer de Larsan (M.), prés. à la Cour d'appel de Bordeaux, I, xvii.
Du Périer de La Salargue, cons., II, 177.
Duperron (cardinal), évêque d'Evreux, I, 337.
Dupleix, cons. d'Etat, I, 500.
— (Scipion), I, 211; cité, I, 79, 317.
Duplessis, cons., I, 115, 169.
Duplessis-Mornay (Ph. de), I, 337.
Duplessis-Praslin (maréchal), II, 57, 58, 63 à 65, 71, 74.
Dupont (Jean), cons., I, 65, 168 à 173, 227.
Duprat (Ant.), cardinal, chancelier, I, 117.
Dupré de Saint-Maur, intendant de Guyenne, II, 342, 343.
Dupuch, I, 209.
Dupuy (Claude), cons. au Parlement de Paris, I, 280.
Durand (Aubin-Félix), cons. cl., II, 449.
Durand de Naujac (Pierre-André), cons., II, 318.
Duranteau, avocat, II, 282, 421.
Duranthon, avocat, cité, II, 364.
Duranti (Jean-Etienne), pr. prés. au Parlement de Toulouse, I, 296.
Duras (dame de), I, 172.
— (E.-F., duc de), II, 313, 403.
— (seigneur de), I, 134, 151, 162.
Duretête, chef de l'Ormée, II, 146, 153, 156, 160, 187, 188.
Durfort (seigneur de), I, 214.
Duroy, cons., I, 271.
— (Jean), prés., II, 317.
Dusault, cons., II, 91, 172, 173.
— greffier, I, 29;
— (Charles), avocat gén., I, 223, 238, 297; II, 439.
— (Jean) père, cons., II, 318.
— (Jean-Marie), cons., II, 446.
— (Jean-Maurice), prés., II, 318, 454.

Dussault ou Dussaut (Olivier), avocat gén., I, 342, 438, 484, 503; II, 19, 23, 30, 59, 70, 78, 81, 90, 117, 137, 149.
Du Tasta, commissaire des prisons en 1793, II, 456.
Dutornouer (Jean), cons. au Parlement de Toulouse, I, 91.
Duvair, chancelier, I, 413.
Duval, cons., I, 502; II, 16, 22, 156.
— (Jean-Luc-Joseph), cons., II, 449, 454.
— (Pierre-François), cons., II, 448.
Du Verdier, cons., I, 16; II, 7, 16, 29, 135, 177.
Duverdus, dit Bonneau, cons., I, 335, 340, 341, 343.
Duvergier (Guillaume), substitut, II, 319.
Du Vigier, officier, II, 123.
— (Jacques-Armand), proc. gén., II, 231, 232, 260, 274.
Duvigneau, cité, II, 380.
— jurat, I, 218.

E

Eaux et forêts (juridiction des), II, 345.
Echiquier, voy. Parlement de Rouen.
Edits :
  d'Amboise, I, 136.
  de 1562, I, 141.
  de 1570, I, 219.
  de Nantes, I, 324; II, 230.
  de pacification, I, 208.
  de paix, I, 289.
Edit (chambre de l'), voy. Chambre.
Edouard Ier, roi d'Angleterre, I, 4.
Eguilles (d'), cons., II, 74.
Elbène (Barthélemy d'), évêque d'Agen, II, 177 et suiv.
Elbœuf (duc d'), I, 389, 406, 419.
Electeurs (les 90) de Bordeaux, II, 399.
Election (l'), II, 369.
Eléonore de Guyenne, I, 3.
Elisabeth de France, I, 381.
Embrun (archevêque d'), II, 265.
— (Concile d'), II, 264.

Emeutes à Bordeaux, I, 68, 482; II, 199 et suiv. *Voy.* Fronde.
Enghien (François de Bourbon, duc d'), I, 63.
— (H.-Jules de Bourbon-Condé, duc d'), II, 77, 80, 125, 126, 180, 197.
Enquêtes, voy. Chambre.
Entre-deux-Mers, I, 265.
Epernon (Bernard de Foix et de La Valette, 2e duc d'), gouv. de Guyenne, I, 480, 492, 495; II, 7, 8, 9, 11, 18, 21, 23, 25, 26, 28, 31 à 37, 40 à 45, 50, 51, 54, 60, 64, 66, 73, 74, 85, 88, 90, 107, 109, 114, 125, 134, 191, 194, 195, 199.
Epernon (Jean-Louis de Nogaret, 1er duc d'), gouvern. de Guyenne, I, 308, 309, 395, 397, 398, 406, 411, 427 à 442, 456, 471, 474 à 481, 485 à 496.
Eprémesnil (J.-J.-Duval d'), cons. au Parlement de Paris, II, 415.
Escars (François de Peyrusse d'), voy. Merville.
Escoubleau (d'), voy. Sourdis.
Esmangard, intend. de Guyenne, II, 313, 320, 322.
Espagnet (d'), cons., II, 13, 16, 18, 54, 55, 62, 87, 91, 96, 98, 101, 112, 124, 163, 176.
— (d'), maître des requêtes, I, 405.
— (d'), prés., I, xv, 348, 373 à 378.
Espagnols (les), I, 133, 311, 312; II, 174, 180.
Estang (Bastard d'), voy. Bastard.
Estrades (Godefroy, comte d'), maréchal de France, maire de Bordeaux, II, 164, 184, 185, 187.
Estrées (Gabrielle d'), I, 338.
Etain (marque des ustensiles d'), II, 199.
Etats de Guyenne, I, 9.
Etats Généraux, I, 136, 159, 160, 262, 290; II, 364, 397 et suiv.
Eu (comte d'), fils du duc Du Maine, gouvern. de Guyenne, II, 235, 293.

Évêques, *V.* Agen, Aire, Bayonne, Bazas, Bourges, Carcassonne, Condom, Dax, Évreux, Laon, Limoges, Maillezais, Oléron, Rieux, Sarlat, Senez, Tulle, Valence, Ypres.
Évreux (évêque d'), *voy.* Duperron.
Eymar (Joseph d'), prés., I, 216, 257, 301, 305.
Eynart (Jean), cons. au Parlement de Toulouse, I, 91.
Eyquem (Raymond), cons., I, 81.
— (famille des), I, 123.
— (Pierre), maire, I, 123.

F

Faction des chambres (Tableau dit), I, 328.
Fagon, intendant, II, 249.
Faraigne (Henri de), cons., I, 10, 29.
Farnoux (de), cons., I, 502; II, 18.
Faucher-Prunelle, cons. à la cour de Grenoble, cité, I, 13.
Fauguerolles (de), prés., I, 133, 184.
Fauquier (Jean-Bapt. de), cons., II, 318, 446, 454.
Faure (Géraut), official de Périgueux, I, 130.
— (Jean), cons., I, 109, 162.
Faures (rue des), I, 489.
Favars, *voy.* Dubergier.
Favas (de), capitaine protestant, I, 419.
Favras (marquis de), II, 407.
Fayard, cons., II, 21, 50, 91.
Fayart (François), cons., I, 108, 216.
Féger (Jean de), cons. clerc, II, 446.
Féron, cons., I, 94. *Voy.* Ferron.
Ferraignes, *voy.* Faraigne.
Ferrère, avocat, II, 421.
Ferron (Arnaud *ou* Arnoul de), cons., I, 117, 118, 201.
— (Jean), I, 97, 117.
Festiveau (de), cons., I, 327.
Fêtes chômées, II, 428.
Feugère (Pierre), marchand, I, 231.
Feydeau (de), cons., I, 246, 247, 261, 326, 327.

Filhot, trésorier de Guyenne, II, 172, 173, 176.
— (Gabriel-Barthélemy-Romain de), prés., II, 448, 454.
— *Voy.* Chimbaud.
Filhot de Chimbaud (Joseph de), cons., II, 448.
Filhot de Marans (Gab.-Romain), cons., II, 448.
Filongleye (Richard), cité, I, 3.
Fleix (conférences de), I, 277, 278, 323.
Fleurance (Gers), I, 271.
Fleury (cardinal de), II, 271.
— (Estienne), cons. au Parlement de Paris, I, 280.
Floquet, cité, I, 33, 358; II, 390, 400.
Foix (Frédéric de), comte de Candale, captal de Buch, I, 60, 75, 81, 82, 166, 167, 168.
— (Jean de), seigneur de Samadet et de Saut de Noailles, I, 30.
— (Marguerite de), I, 427.
— (maison de), I, 432.
— (Odet de), comte de Lautrec, gouverneur de Guyenne, I, 63.
— (Paul de), cons. au Parlement de Paris, I, 267, 268.
Fonbrune, *voy.* Laroze.
Fonroze, *voy.* Chanseaulme.
Fontbrauge, *voy.* Dumas.
Fonteneil, avocat et jurat, II, 53, 158, 199, 200, 201; — cité, II, 9, 11, 19, 21, 23, 32, 34, 38, 41, 53, 54, 67, 70, 71, 116.
— (Joseph de), cons., II, 318.
Foraine (traite), *voy.* Traite.
Fortia (de), maître des requêtes, I, 445.
Fourqueux (de), cons. d'État, II, 333, 336.
Fouques, jurat, II, 30, 124.
Franc-alleu, II, 326.
François Ier, roi de France, I, 31, 32, 34, 50, 51, 53, 63, 65, 69, 90, 98, 101, 155, 230; II, 304, 427, 428.
François II, roi de France, I, 135.
Francón (de), cons. au Parlement de Grenoble, I, 16.
Frans, jurat, II, 50, 99.
Frère, présid. au Parlement de Grenoble, I, 15.

Fréteau, cons. au Parlement de Paris, beau-frère de Dupaty, II, 388.
Froissart, cité, I, 232.
Fromenté, I, 213.
Fronde (la), II, 1 à 189.
— (grande), II, 154.
— (petite), II, 155.
Frondeville (le président de), député à l'Assemblée nationale, II, 407.
Fronsac (château de), I, 414, 415.
Frontenac, gentilh. de Henri IV, I, 302.
Fumée (Antoine), cons. au Parlement de Paris, I, 172, 173, 175.
Fumel (baron de), II, 51.
— (comte de), commandant en Guyenne, II, 347, 349, 362, 374, 396.

G

Gabelle (impôt de la), I, 68, 71, 97.
Gachon (de), cons., II, 231.
Gages des membres du Parlement, I, 23, 26; II, 314, 315, 317, 424.
Galopin (Jehan de), substitut, I, 238.
Garat, avocat, II, 332, 383, 421.
— (Jean de), cons., II, 319.
Gardes des sceaux, *voy*. Chanceliers.
Garnier, cité, I, 59, 86, 144, 160, 275.
Garonne, rivière, II, 345.
Gartempe, *voy*. Voisin.
Gascogne, I, 4, 72.
— (juge de), I, 3, 5.
Gascon, capitaine, I, 308.
Gascq (de), cons., I, 216, 260, 261.
— (de), cons., II, 135.
— (Antoine de), prés., II, 241, 316, 317, 320, 324, 325, 333, 384, 387, 437.
Gassion, prés. au Parlement de Pau, I, 500.
Gaufreteau, avocat, I, 115.
— (Guillaume de), cons., II, 449.
— (Jean de), cons. I, 419.
Gaullieur (M. E.), archiviste, I, xviii.

Gaultier (François de), cons., I, 238.
Geneste (Gilles de), prés., I, 449; II, 41, 52.
— (Guillaume de), cons., I, 335, 449; II, 185.
Geneste de Malromé (Marc-Alexandre), cons. clerc; II, 281, 318, 446.
Genouilhac (Louis de), évêque de Tulle, I, 145, 147.
Gens du Roi, *voy*. Ministère.
Gensac (Gironde), I, 257.
Gensonné, avocat, II, 421.
Gentils (Gabriel de), cons., I, 101.
— (Louis de), cons., I, 207, 276.
Gentils de Cadillac, prés., I, 312, 332 à 336.
Gentils de Tirat, cons., I, 335.
Géraut, capitaine de navire, II, 62.
Gergerès (M.), biblioth., I, xviii; cité, 350.
Gibert, cité, II, 305.
Gilet de Lacaze, pr. prés., II, 238, 279, 329.
Gilles (Nicolas), cité, I, 7.
Gillibert (Mathurin), cons., I, 221, 222, 224, 276.
Girard, secrétaire du 1ᵉʳ duc d'Epernon, cité, I, 428, 464.
Gironde, *voy*. Conseil.
Gobineau (Thibaud-Joseph de), cons., II, 448.
Gonet, II, 282.
Gouget (M. A.), archiviste, I, xviii.
Goujon (Jean), cons., I, 26.
Goulard de Brassac (Guy de), *voy*. Brassac.
Gourgue (Michel-Joseph de), prés., II, 431, 448.
Gourgues (de), capitaine, II, 23, 24.
— (Henri de), cons., I, 462.
— (Jean de), prés., I, 497; II, 6, 38, 137, 185, 202.
— (Marc-Antoine de), pr. prés., I, 15, 412, 416, 418, 424, 426 à 430, 433, 440, 442, 443, 448 à 453, 460 à 464; II, 279.
— (Ogier de), présid. des trésoriers de Guyenne, I 308, 425; II, 432.

Gouverneurs de Guyenne, *voy*. Albret, Clermont, Conti, Epernon, Eu, Foix, Mayenne, Ornano, Rois de Navarre, Roquelaure, Richelieu. (*Voy*. Lieutenants généraux.)
Grammont (Charles de), archev. de Bordeaux, I, 47, 61, 69.
— (dame de), I, 62.
Grand'Chambre, I, 99, 274, 502.
Grand-maître des eaux et forêts de Guyenne, II, 345.
Grands-Jours :
 d'Agen, I, 237.
 de Bordeaux, I, 236.
 de Guyenne, I, 8, 18, 19, 22, 23, 28, 236.
 de Limoges, I, 237.
 de Périgueux, I, 237, 238.
 de Saintonge, I, 237.
Grecile (Blaise de), archevêque de Bordeaux, I, 10, 23, 24.
Grégoire VII, pape, II, 267.
Grenier, cons., I, 261.
Grenoble (Parlement de), *voy*. Parlement.
Griers (Gaston de), cons. au Parlement de Paris, I, 91.
Grimard, cons., I, 261.
— prés., II, 110.
Grimm, cité, II, 251
Grimond, greffier civil, I, 29.
Grisac (de), cons., II, 273.
Grissac, *voy*. Montalier.
Groulart (Claude), prés. au Parlement de Rouen, cité, I, 12, 368, 369.
Grün, cité, I, 7.
Guadet, conventionnel, II, 421.
Guasco (abbé de), II, 253.
Guérin (de), cons., I, 76, 94, 207, 227, 344.
— (G.), procureur général au Parlement d'Aix, I, 54.
Guillaume (Jean-Joseph de), sieur des Hors, cons., II, 449.
Guilleragues (de), cons., I, 351.
Guilloche (Raimond), cons., I, 29.
Guilloche de La Loubière (Jean), cons., I, 227, 234, 235, 245, 247.
Guillotin, insurgé, I, 74, 75, 86.
Guinodie (M.), cité, I, 55, 56, 416.
Guiraud, jurat, II, 158.
Guise (cardinal de), I, 191, 204.
— (duc de), I, 191, 206, 286, 292.

Guise (famille des), I, 136, 153, 286, 290, 292, 369.
Guitard, cons., I, 84.
Guron de Réchigne-Voisin, évêque de Tulle, II, 180.
Guyenne, I, 2, 3, 27, 68, 72, 216. *Voy*. Collége, Etats, Gouverneurs, Intendants, Lieutenants généraux, Monnayeurs, Sénéchaux, Sénéchaussée, Trésoriers.
Guyonnet (de), cons., II, 281.
— (Lamothe), cons., II, 28, 53, 186.

H

Hâ (château du), I, 75, 246, 312; II, 13, 30, 31, 182.
Harcourt (H. de Lorraine, comte d'), II, 143, 164.
Harlay (Achille de), pr. prés. au Parlement de Paris, I, 283.
Haut-Castel (Antoine Castagnet, sieur de), I, 382 à 385, 399.
Hauteford (marquis d'), II, 53.
Havre (le) (Seine-Inf.), I, 206.
Hayraud, capitaine, I, 169.
Hélion, cons., I, 276.
Hénault (président), cité, I, 7, 13, 22, 49, 143, 285; II, 192, 198.
Henri II, roi de France, I, 12, 36, 51, 53, 57, 70, 82, 93, 97, 98, 102, 143; II, 441.
Henri III, roi de France, I, 203, 205, 206, 253, 259, 260, 276, 277, 278, 279, 285, 289, 290, 292, 296, 323, 364, 368.
Henri IV, roi de France, 322 à 327, 337, 352, 362 à 372, 425; II, 226. *Voy*. Bourbon (Henri de).
Hollandais (les), II, 212.
Honorat de Savoie, *voy*. Villars.
Hors (sieur des), *V*. Guillaume.
Hospital (Jean), cons. au Parlement de Toulouse, I, 91.
Hôtel-de-Ville de Bordeaux, I, 71, 73 à 77, 85.
Hugla, capitaine, 1, 483.
— (Emman.), bourgeois, II, 50.
Hurault de l'Hospital (Michel), cons. au Parlement de Paris, I, 280.

I

Ibarola, *voy*. Ybarola.
Innocent X, pape, II, 256.
Innocent du Mont, card., I, 392.
Inquisition (l'), I, 49.
Intendants : leur caractère, II, 11.
Intendants de Guyenne, I, 444.
   Voy. Esmangard, Pellot, Sève, Servien, Tourny.
Ithier (le Père), II, 169, 170, 171, 173, 176, 180.
Ivry (Eure), I, 306.

J

Jacobins (couv. des), I, 264, 281.
Jansénisme (le), II, 255 et suiv.
Jansénius (Corneille), évêque d'Ypres, II, 256.
Jarnac, maire, I, 81.
Jarnac (Charente), I, 205.
Jau, cons., II, 170.
Jaucen de Poissac (Et.-François-Charles), cons., II, 447.
Jay (A.), cité, I, 495.
Jean II, roi de France, I, 5, 193, 232.
Jeannin, prés. au Parlement de Paris, I, 389, 397, 405.
Jésuites (les), I, 249, 295; II, 278 à 290.
Joyeuse (duc de), I, 291.
Juge de l'Ombrière, *voy*. Ombrière.
Jules III, pape, I, 57.
Jurats de Bordeaux, I, 61, 69, 72, 74, 77, 83, 86, 156, 195, 210, 218, 242, 252, 257, 260, 262, 265, 281, 434, 435, 475, 478, 482, 487, 495; II, 13, 20, 42, 63, 77, 81, 85, 100, 128, 144, 151, 156, 184, 193, 199, 202, 203, 204, 206, 208, 218 à 229, 272, 331, 370, 381, 433, 435, 436. *Voy*. Ardant, Béchou, Bonalgues, Boucaut, Calvimont, Constant, Constantin, Daisse, Dubourdieu, Dudon, Duvigneau, Fonteneil, Fouques, Frans, Guiraud, Hugla, La Barrière, Lestonnac, Lestrille, Macanam, Minvielle, Niac, Pontac de Beautiran, Richon, Todias.

Justice, *voy*. Chambre, Commission.

L

Laage (François de), pr. prés., I, 91, 144.
La Barrière, jurat, II, 49.
Labat de Savignac (Hyacinthe-Marie-Servidie de), cons., I, xv, xvii; II, 449.
La Boëtie (Antoine), lieutenant-général en la sénéchaussée de Périgord, I, 118.
— (Etienne de), cons., I, 118 à 123, 162.
La Boissière, *voy*. Doudinot.
La Bouilhonnas (Etienne de), I, 119.
Labour (terre de), I, 372.
Laboyrie (Pierre-Joseph de), cons., II, 448.
La Chalotais (G.-René de Caradeuc de), proc. gén. au Parlement de Rennes, II, 283.
La Chassaigne (Françoise de), I, 124.
— (Geoffroy de), prés., I, 62, 76, 77, 79, 80, 84, 94, 95, 96, 207, 208, 209, 230; II, 430.
La Chèze (Léonard de), cons., I, 327, 387 à 389, 395 à 399, 486.
La Colonie (Jean-François-Aymard-Martin de), conseiller, II, 322, 380, 446; — cité, I, 81; II, 209, 217.
Lacombe, prés. de la Commission militaire de 1793, II, 453.
Lacombes (Jean-François de), cons., II, 319.
Lacretelle, cité, II, 276.
Lacroix du Maine, bibliographe, cité, I, 40.
Lacroix-Maron, cons., II, 124, 156.
La Curce (de), capitaine de gendarmes, I, 405.
Ladevèze (de), gentilhomme gascon, I, 82.
Lafagerdie de Saint-Germain (Antoine), cons., II, 448.
Lafaille, cité, I, 89.
Lafargue, avocat, I, 485.
— (Louis-Arnaud), greffier en chef, II, 450.

TABLE DES NOMS.

Lafargue (de), cons. au présidial, II, 175.
Laferrière, cité, I, 350.
— (de), prés., I, 152, 156, 175, 216, 224, 225, 228, 229.
Laferté, chef ormiste, II, 157.
La Force (duc de), II, 85.
— (marquis de), I, 420.
Laforêt, archer, I, 482, 485.
La Garde (baron de), I, 223, 224.
Lagarde (Pierre), cons. au Parlement de Toulouse, I, 91.
Lage (de), avocat, I, 115.
Lagear, avocat, I, 115.
Lagebâton (Jacques Benoit de), pr. prés., I, 91, 101, 142, 143, 146, 147, 156, 164 à 168, 172, 174, 177, 178, 179, 190, 194, 195, 196, 221 à 228, 246, 247, 251, 254, 255, 263, 265, 268, 282, 283, 284; II, 221, 222 441.
La Godine, prédicateur, I, 211, 212, 213.
La Graulet, huissier, I, 218, 245.
Lagubat (Thomas-Martiens de), cons., II, 448.
Lahet, avocat général, I, 91, 157,
— proc. gén., I, 213, 214, 224, 233 à 236.
Lainé, avocat, II, 421.
La Jarthe, voy. Dufaure.
Lajaunie (Antoine), cons., II, 448.
Lalande (Jean-Raymond de), avocat gén., II, 450, 454.
Lalanne (de), cons., I, 335.
— maître des requêtes, I, 445.
— (Sarran de), prés., I, 238, 256, 271, 319, 383, 384, 404, 498, 499, 500, 501, 507; II, 6, 129, 135, 141, 177, 185, 201, 431.
Lalanne d'Uzeste, cons., II, 74, 135, 177.
Laliman ou Lalyman (J.-Joseph de), cons., II, 319, 447, 454.
Laloubie (Louis), substitut, II, 319, 450.
La Marthonie (Mondot de), pr. prés., I, 30.
Lambert (Bertrand), cons. à la cour des Aides, I, 108.
La Meilleraye (maréchal de), II, 85, 86, 88, 89, 111, 114, 122.
Lameth (Alexandre de), II, 399.

Lamoignon (de), garde des sceaux, II, 358, 379.
La Montagne (François de), cons., II, 281, 318.
La Mothe, voy. Roche.
Lamouroux de Parempuyre (J. de), cons., II, 449.
Lancre (Pierre de Rostéguy, sieur de), cons., I, 373 à 378.
Landes, I, 27. V. Sénéchaussée.
Lange (de), cons., I, 153, 155, 159, 160; II, 442.
Langlade (Pontac de), V. Pontac.
Langoiran, seigneur de Montferrand, I, 168, 215, 255, 256, 264.
Langoiran (château de), II, 30.
Langon (Gironde), I, 210, 271; II, 60.
Lansac (comte de), I, 201, 202, 210, 212, 216, 217, 218.
Laon (évêque de), II, 265.
Laplace (Nicole), cons. au Parlement de Rouen, I, 91.
La Plane, capitaine, I, 255.
La Porte-Pauliac (Arm.-Yves-Jean-Baptiste de), cons., II, 449, 454.
La Ramée (P. de), voy. Ramus.
Lardoise, II, 390.
La Renaudie (de), I, 130.
La Roche, avocat gén., I, 207, 224, 225.
— capitaine, I, 486, 489.
— (Fronton de), cons., I, 451; II, 21, 31, 34.
— voy. Delpy.
La Roche-Chalais, gentilhomme, I, 232.
La Roche-Flavin, cité, I, 7, 12, 13, 191.
La Rochefoucauld (François, duc de), II, 78, 82, 83, 86, 87, 124, 125, 126, 138.
— (sire de), grand sénéchal de Guyenne, I, 214, 246.
La Roche-sur-Yon (prince de), I, 190.
La Roque, cons., II, 159.
— voy. Dumas.
Laroque Saint-Macaire, maréchal de camp, II, 35.
Larouverade (M. de), substitut du proc. gén. à la Cour d'appel de Bordeaux, cité, II, 372.

Laroze (Jean-Sébastien de), conseiller, II, 318.
— fils (Joseph-Marie de), cons., II, 319.
Laroze de Fonbrune (Gabriel-Marienne-Joseph de), cons., II, 448.
Lartigue, cons. au Parlement de Paris, II, 124.
La Salle, capitaine, I, 419.
— (Jean-Martin de), cons., II, 449.
— *voy*. Darche.
Lassime (Louis-Jacques), cons., II, 449, 454.
La Taste (Henri de), cons., I, 115, 180.
La Touche-Gautier (Etienne-Hyacinthe de), cons., II, 449, 456.
La Trêne (Jean-Baptiste Lecomte de), pr. prés., II, 22, 45, 58, 124, 128, 141, 176, 235.
La Trilhe (le Père), minime, II, 261, 262.
Laubardemont (Martin de), conseiller, I, 438.
Laubespine (de), conseiller d'Etat, I, 53.
Lautrec (comte de), *voy*. Foix (O. de).
Lauzun (seigneur de), I, 134.
La Valette (cardinal de), I, 495.
— (duc de), *voy*. Epernon.
— (général de), II, 86, 91, 112.
Lavalette (le Père), jésuite, II, 288.
Lavergne (de), cons., I, 327.
— (Léonce de), cité, II, 364, 371.
— ou Lavigne, commerçant, I, 81.
Laverrie, bourgeois, II, 158.
Lavie, avocat général, I, 499, 500, 501, 503; II, 25, 32, 36, 55, 56, 57, 64, 67, 70, 71, 75, 76, 80 à 84, 93, 109, 137, 177, 178, 180.
— (de), pr. prés. au Parlement de Pau, I, 417.
— (Fortis de), cons., I, 276.
— (Paul-Marie-Arnaud de), prés., I, 409; II, 324, 399, 411, 447, 456.
Lavigne, clerc, I, 57.

La Vrillière (duc de), secrétaire d'Etat, II, 55, 129.
Laxion (terre de) (Périgord), I, 239.
Leberthon, cons., I, 84, 115.
Le Berthon (André-François-Benoît), pr. prés., II, 241, 273, 279 à 282, 313, 324, 435, 436.
— (André-François-Benoît-Elisabeth), prés., II, 446.
— (André-Jacques-Hyacinthe), pr. prés., II, 329 à 334, 336, 357, 362, 378, 380, 381, 386, 395, 398, 411, 446.
Le Blanc (Denis-Alexandre), évêque de Limoges, II, 262 à 268.
— (Guillaume), avocat, I, 85, 93, 115.
— (Jean-Louis-Alexandre), cons., II, 447.
Leblanc de Mauvezin (Jean-Baptiste-Joseph), cons., II, 448.
— *voy*. Blanc.
Lebret, officier général, II, 206.
Lebrun (C.-F.), duc de Plaisance, II, 298.
Lecomte, prés., I, 79, 169; II, 441.
— (Jacques), cons., I, 451.
Le Ferron, *voy*. Ferron.
Légier (Arnaud), dit le Vieux, soldat, I, 180, 181.
Lemaître (Gilles), pr. prés. au Parlement de Paris, I, 59.
Lemeslon, proc., I, 155, 158.
Lemeunier, cons. au Parlement de Paris, II, 124.
Le Moulin d'Arnac, *voy*. Arnac.
Lenet (P.), cons. d'Etat, II, 79, 83, 91, 99, 103, 107, 119, 124, 133, 161, 168; cité, II, 76, 77, 90, 92, 94, 101 à 105, 107, 109, 110, 119, 125, 132, 137, 141, 143, 166.
Lenoncourt (cardinal de), I, 301.
Léon, pape, I, 392.
Léon (prieur de), *voy*. Sillery.
Lepaige, avocat, cité, II, 305.
Lequeux (R.), *voy*. Trancars.
Le Roux, cons., II, 91.
Leroux (Robert), cons. au Parlement de Rouen, I, 91.
Lescar (évêché de), I, 420.
Lescun (Paul de), cons. au Parlement de Pau, I, 420, 421.

TABLE DES NOMS. 483

Lescure, cons., I, 325; II, 156.
— proc. gén., I, 84, 94, 133, 157, 162, 172, 175, 233.
L'Estoile (Pierre de), cité, I, 337.
Lestonat, cons., II, 22.
Lestonnac, jurat, I, 81, 82, 87.
— (Pierre de), cons., I, 497.
— (Richard de), cons., I, 238.
Lestriges (Maurice), greffier de présentations, I, 10.
Lestrilles, jurat, II, 50.
Letellier (le Père), jésuite, II. 258.
Lettres closes (texte) de Henri II, I, 52.
Lettres (textuelles) du Parlement de Bordeaux à Louis XIV, II, 263; à Louis XVI, II, 413.
Lhôpital (Michel de), chancelier, I, 37, 49, 164, 175, 176, 189, 191 à 195, 223.
Libourne (Gironde), I, 25, 71, 76, 103, 288, 290, 431; II, 9, 10, 13, 18, 30, 31, 34, 73, 111, 175, 193, 331, 359.
Lieutenants généraux de sénéchaussée, *voy*. La Boëtie, Ram.
Lieutenants génér. en Guyenne, *voy*. Biron, Burie, Des Cars, Lude, Matignon, Moneins, Monluc, Montferrand, Montpensier, Mouchy, Saint-Luc, Villars. *Voy*. Gouverneurs.
Ligue (la), I, 286, 289, 290, 292, 293, 300, 302, 311, 323.
Limoges, I, 103.
— (évêque de), *voy*. Le Blanc.
Limousin, I, 4, 27, 216; II, 401.
Linan, capitaine, I, 247.
Lipse (Juste), philologue, cité, I, 127.
Lisle (seigneur de), I, 169.
Lisle-Sourdières (de), lieutenant des gardes du corps, II, 57.
Lit de justice, I, 191, 404, 412.
Lizet (P.), pr. prés. au Parlement de Paris, I, 48.
Lœuillier (de), maître des requêtes, I, 405.
Loménie (de), I, 405.
— (Martial de), cons., II, 449.
Loménie de Brienne, ministre, II, 357, 379.
Longa (de), *voy*. Lur.

Longueville (Anne-Geneviève de Bourbon-Condé, duchesse de), II, 138, 142, 150, 159, 180.
— (Henri II d'Orléans, duc de), II, 75, 135.
Loret (Jean-Paul de), prés., II, 318, 448.
Lorges (duc de), lieut. gén., II, 296.
Lorman (Jean-Giraud de), cons., II, 449.
Lormon (Jean-Baptiste-Valentin de), cons., II, 318.
Lormont (château de), I, 385; II, 28, 174.
Louis, sergent de bandes, I, 293.
— (l'abbé), cons. au Parlement de Paris, II, 380.
Louis VII, roi de France, I, 3.
Louis XI, roi de France, I, 9, 13, 20 à 24, 28 à 30, 40, 100, 303, 392.
Louis XII, roi de France, I, 31.
Louis XIII, roi de France, I, 116, 381, 383, 386, 389, 395, 402, 406, 410, 412, 414, 415, 443, 452, 453, 460, 473, 495, 500; II, 304.
Louis XIV, roi de France, II, 110, 111, 128, 129, 147, 166, 194, 195, 197, 257, 263, 278.
Louis XV, roi de France, II, 291, 328.
Louis XVI, roi de France, II, 329, 339, 340, 352, 391.
Louis XVII, roi de France, II, 414.
Loup (Jacques), cons., I, 29.
Loupes, *voy*. Degères.
Loups (Jacob des), cons., I, 10.
Louvois, secrétaire d'État, II, 212.
Loyac (Jean de), cons., I, 449.
— (Laurent de), cons., II, 447, 455.
Loysel (Antoine), avocat général, I, 280, 281.
Lucmajour (de), maître des requêtes, I, 405.
Lude (comte du), lieut. gén. en Guyenne, I, 91, 92.
Ludon (curé de), *voy*. Premier.
Lur de Longa (Guillaume), conseiller, I, 40, 119.
Lure (seigneur de), I, 168.

Lusignan (marquis de), II, 37, 53, 60, 66, 68, 84, 125, 126, 133.
Lussan (J.-Paul d'Esparbès, seigneur de), I, 259, 308.
— (Louis-Jacques de), archevêque de Bordeaux, II, 273.
Lussianet, détenu, I, 447.
Luxé (Lange de), *voy*. Lange (de).
Luxembourg (duc de), II, 380.
Lynch (Pierre - Jean - Baptiste), prés., II, 448.
Lyonnais, II, 11.

M

Mabrun, cons., I, 162, 216, 256.
Macanan, I, 272.
Macanam, jurat, I, 81.
— (Bertrand), cons., I, 108, 227.
Madeleine (chapelle de la), à Bordeaux, I, 78.
Magnol de Mataplan (Etienne), cons., II, 319.
Maignol (Etienne), cons., II, 318.
Maignol de Mataplane (René de), cons., II, 449.
Maillard (André), cons. au Parlement de Paris, I, 91.
Maillezais (évêque de), *voy*. Sourdis.
Maine (duc du), II, 237.
Maires de Bordeaux, *voy*. Estrades, Eymar, Eyquem, Jarnac, Montferrand, Noailles, Raimond, Tilladet, Thorigny, Saige.
Maison navale, II, 436.
Mallet (Jean de), cons., II, 449.
Malras (Antoine), cons. au Parlement de Toulouse, I, 91.
Malromé, *voy*. Geneste.
Malvin, cons., II, 177.
— (Charles de), dit de Cessac, cons., I, 40, 155, 216, 261, 325, 327.
Mange (de), maître des requêtes, I, 405.
Mangot (Claude), pr. prés., I, 424.
Maniban (de), prés., I, 473.
Marans, *voy*. Filhot.
Marbotin (de), cons., II, 201.
— (Jean-François de), cons., II, 281, 318, 433, 446.

Marbotin de Conteneuil (Jean-François - Laurent - Amédée), cons., II, 448.
Marchin, *voy*. Marsin.
Marcillac (François de), prés. au Parlement de Rouen, I, 33.
Maréchaux de France, *V*. Ancre, Brissac, Duplessis - Praslin, Estrades, La Force, La Meilleraye, Matignon, Monluc, Ornano, Richelieu, Roquelaure, Souvré.
Marguerite de Valois (d'Angoulême), sœur de François Ier, reine de Navarre, I, 59, 60, 61, 62, 63 à 66, 130.
Marguerite de France, reine de Navarre, I, 241, 266, 279.
Marie-Thérèse d'Espagne, II, 194.
Marillac (Michel de), garde des sceaux, I, 383, 405, 452.
Marin, capitaine, II, 51, 66, 123.
Marmande (Lot-et-Garonne), I, 265, 308; II, 209, 215.
Marot (Clément), I, 60.
Marsin (Jean - Gaspard - Ferdinand, comte de), II, 143, 163, 164, 180.
Martignac, avocat, II, 421.
Martillac (François de), greffier, I, 295.
Martin, cons., I, 135; II, 156, 177, 185.
— *voy*. Laubardemont.
Martinales (discours appelés), II, 427.
Martinozzi (Anne-Marie), nièce de Mazarin, II, 192.
Maspérier, *voy*. Desmoulins.
Massey (Jehan de), cons., I, 238.
Massiot (de), cons., I, 216, 383, 498, 499; II, 16, 22, 52, 108, 124, 167, 168, 177.
Massip (Henri de), cons., I, 419; II, 21.
Mataplan, *voy*. Magnol.
Mataplane, *voy*. Maignol.
Mathieu, cons., I, 169.
Matignon (Jacques Goyon de), maréchal, lieutenant général en Guyenne, I, 285, 287, 291 à 293, 298, 299, 304, 306, 308, 309, 312 à 315, 317, 323.
Matorel, *voy*. Mutorel.

TABLE DES NOMS.

Mauléon (B.-Pyrénées), I, 407.
Mauny (François de), archevêque de Bordeaux, I, 24, 138.
Maupeou (Nicolas de), chancelier, II, 297 à 301, 327.
— *voy.* Parlement Maupeou.
Mauperthuis, cité, II, 245.
Maurepas (comte de), ministre d'Etat, II, 329.
Maury (l'abbé), II, 405, 411.
Mauvesin (Le Blanc de), *voy.* Blanc.
Mauvezin (dame de), I, 382.
Mayenne (Charles de Lorraine, 1er duc de), I, 291, 301, 307.
— (Henri de Lorraine, 2e duc de), gouverneur de Guyenne, I, 411, 415, 418.
Mazarin (cardinal), II, 7, 18, 75, 76, 85, 88, 107, 109, 110, 116, 123, 127, 135 à 137, 143, 164 à 166, 187, 189, 191 à 195.
Médicis (Catherine de), I, 136, 146, 180, 265, 266, 365.
— (Marie de), I, 368, 379, 386, 389, 395, 397, 406, 411.
Médoc (Gir.), I, 418; II, 348, 349.
Meilles (comte de), II, 86.
Mélanchton, I, 61, 63, 64.
Mémoire, cons., I, 175.
Menou, député à l'Assemblée nationale, II, 406.
Mercier (de), avocat du roi, II, 175.
Mercuriales, I, 37, 267, 269; II, 427.
Mérignac, cons., I, 162, 261.
Merle (François), cons. à la Cour des Aides, I, 109, 162, 181.
— (Léon), proc. gén. à la Cour des Aides, I, 109.
Merville (François de Peyrusse d'Escars, seigneur de), grand sénéchal de Guyenne, I, 246 à 248, 254, 312.
Meslon (Antoine de), cons., II, 318.
— (Eléazar de), cons. clerc, II, 448.
— (Jean-André de), cons., II, 448, 454.
Messier (M.), bibliothécaire de la Ville, I, xviii.
Michel (M.), greffier en chef à la Cour d'appel de Bordeaux, I, 41.

Ministère public, II, 437.
Minvielle, jurat, I, 435, 439.
— (André-Joseph de), cons., II, 319, 447.
Miossens (comte de), frère du maréchal d'Albret, II, 209, 210.
Mi-partie (chambre), *voy.* Chambre mi-partie.
Mirabeau, II, 399, 405.
Mirat, cons., II, 22, 25, 38, 59, 84, 91, 112, 132, 156, 161, 173.
Miroménil (Hue de), garde des sceaux, II, 351, 384.
Molé (Edouard), cons. au Parlement de Paris, I, 270, 272, 283.
Moncontour (Vienne), I, 206.
Mondoulat, cons. au Parlement de Rennes, I, 219.
Moneins, cons., II, 135, 152.
— (Tristan de), lieutenant général en Guyenne, I, 73 à 78, 85, 86, 90.
Monfortou (Guillaume), cons., II, 318.
Monjon *ou* Moujon, cons., II, 13, 14, 38.
Monleau, capitaine de Moneins, I, 75, 77, 78.
Monluc (Blaise de), maréchal de France, lieutenant général en Guyenne, I, 148, 162, 163, 179, 198 à 201, 203, 204, 210, 211, 217, 221, 222, 224, 232, 257, 260, 261, 262.
— (Jean de), évêque de Valence, I, 217.
Monnaies, *voy.* Cour.
Monnayeurs de Guyenne, I, 17.
Monnier (Armand), I, 54.
Mons (de), cons., II, 21, 156, 322.
— (Jacques de), cons., I, 421.
Monsec de Reignac (Arnaud-François-Martin), cons., II, 449, 455.
Monségur (Gironde), I, 134.
Monsieur, frère de Charles IX, I, 203. *Voy.* Anjou (duc d').
Montagne (de), I, 490.
Montaigne (origines de), *voy.* Eyquem.
— (Geoffroy de), cons., I, 306, 327.
— (Michel Eyquem de), cons., I, 108, 121 à 127; — cité, I, 506.

Montaigu (comte de), commandant du Château-Trompette, II, 200, 201.
Montalier (Joseph-Marie de), cons., II, 319.
Montalier de Grissac (Jean-Marie de), cons., II, 448.
Montauban (Tarn-et-Garonne), I, 251, 418, 468.
Montaubricq (Pierre), substitut, II, 450.
Montaudon (de), cons., II, 177.
Montblain (Michau de), cité, II, 305.
Montcheuil, *voy.* Moreau.
Montclar (Ripert de), proc. gén. au Parlement d'Aix, II, 283.
Monteau, chef ormiste, II, 157.
Montesquieu (Charles-Louis de Secondat, baron de), auteur de *l'Esprit des Lois*, prés., II, 245 à 254; — cité, II, 339.
— (Jean-Baptiste de Secondat de), prés., II, 237, 245, 259.
— (Jean-Baptiste de Secondat de), fils de l'écrivain, cons., II, 251 à 253, 350.
— (Jean-Baptiste-Gaston de Secondat de), prés., II, 40, 135, 152, 185, 244, 245.
Montesquiou, capitaine, I, 205.
Montesquiou-Peylebon (de), évêque de Sarlat, II, 289.
Montferrand (Gironde), I, 71.
Montferrand (Charles, baron de), gouverneur de Bordeaux, I, 201, 202, 213, 217, 218, 220 à 222, 232, 234 à 236, 241 à 249, 251, 252, 254, 255, 257.
— (seigneur de), *voy.* Langoiran.
Montholon, prés. au Parlement de Paris, I, 47.
— (Hiérosme de), cons. au Parlement de Paris, I, 280.
M. itillet, archevêque d'Auch, II, 289.
Montilz-lès-Tours (Indre-et-Loire), I, 8.
Montmorency (Anne de), connétable, I, 82, 83, 88, 90, 144, 186, 187, 197, 212.
— (Mathieu de), rapporteur du comité des rapports à l'Assemblée nationale, II, 404, 410.

Montpensier (duc de), lieut. gén. en Guyenne, I, 124, 162, 163, 171.
Montpézat (Melchior des Prez, seigneur de), I, 243, 244, 247, 248.
Montpézat de Sauvignac, I, 134.
Montravel (Gironde), I, 420.
Moreau de Montcheuil (Nicolas-Marie), cons., II, 319, 449.
Morel, prêtre, II, 270.
Moréri, cité, I, 230.
Morin (de), cons., I, 327; II, 231.
— (Jacques), cons. au Parlement de Paris, I, 91.
Mornay (Duplessis), *voy.* Duplessis-Mornay.
Mortagne (Gironde), I, 207.
Mosnier, cons., I, 84.
— cons., II, 21, 59, 91, 172, 173.
Mothes (Louis-Joseph de), cons., II, 448.
Mouchy (Ph., comte de Noailles, duc de), commandant en Guyenne, II, 333, 336, 386, 393, 394.
Moyse, ministre protestant, I, 213.
Mugriet, *voy.* Basquiat.
Mulet (de), avocat général, I, 319, 399, 407, 421, 436, 437, 487.
— (Romain de), proc. gén., I, 175, 180, 236, 243, 250; II, 221.
Muron, cons., II, 21.
Muterel (Jacques), cons. au Parlement de Rouen, I, 91.
Muscadet, cons., II, 21, 91.

N

Nantes (Edit de), *voy.* Edits.
Naugas, lieutenant du 1er duc d'Epernon, I, 475.
Naujac, *voy.* Durand.
Navarre (Jean-Baptiste-Raymond de), cons., II, 318, 447.
Navarre, *voy.* Rois, Reines de Navarre.
Necker, ministre des finances, II, 342, 363, 379.
Nemours (duc de), II, 138.
Nérac (Lot-et-Garonne), I, 103, 271, 327.
— (conférences de), 323.

TABLE DES NOMS.

Nesmond (François de), sieur de Chézac, pr. prés., I, 271, 319, 325, 327, 329, 404, 424, 445, 506.
Neufchâtel, min. protest., I, 213.
Neuilly (Jacques de), maître des requêtes au Parlement d'Aix, I, 84.
Nevers (de), I, 389, 397, 398.
Niac, jurat, II, 50.
Nicouleau, capitaine, I, 483.
Noailles (comte de), voy. Mouchy.
— (Antoine de), maire et gouverneur de Bordeaux, I, 150, 162, 179, 197.
Noblesse (la), I, 150, 151, 165.
Nord (Société du), II, 224.
Normandie, I, 151.
Nort (Florent de), cons., I, 216, 238.
Notables (assemblée des), I, 12, 15; II, 356.
Novion (de), prés. au Parlement de Toulouse, II, 56.
Noyer (du), voy. Du Noyer.

O

Observance (couvent de l'), I, 147.
— (religieux de l'), I, 137.
Odoart (Jean), cons. au Parlement de Paris, I, 91.
Offices (hérédité des), I, 362. Voy. Paulette.
— (vénalité des), I, 98 et suiv., 363, 497; II, 323 à 325, 429, 444.
O'Gilvy, cité, II, 245.
Oléron (évêché d'), I, 420.
— (évêque de), voy. Roussel.
Ombrière (juge de l'), I, 5.
— (palais de l'), I, 10, 91, 281, 402; II, 238.
— (prévôt de l'), I, 58.
Oppède (d'), prés. au Parlement d'Aix, I, 54.
O'Reilly (l'abbé), cité, I, 28, 189, 247, 350; II, 209, 234, 273.
Orléans (Loiret), I, 151.
Orléans (Gaston, duc d'), II, 88, 114, 125, 140, 165, 166.
— (Philippe Ier, duc d'), II, 197.
Orléans (Philippe II, duc d'), régent, II, 292, 293.
Ormée (l'), II, 144 à 189.

Ormesson (d'), prés. au Parlement de Paris, II, 415.
Ornano (Alphonse d'), maréchal de France, gouverneur de Guyenne, I, 325, 342, 345, 346, 428.
Ozorio (don Joseph), agent d'Espagne, II, 94, 95, 97, 101, 105, 175.

P

Paix de Saint-Germain, I, 226.
— (petite), I, 202.
Palissy (Bernard de), I, 53.
Papes, voy. Adrien, Alexandre VII, Clément V, Clément XI, Boniface VIII, Grégoire VII, Innocent X, Léon, Pie II, Pie IV, Urbain VIII.
Papier (impôt sur le), I, 186.
— timbré (impôt sur le), II, 199.
Pardailhan (baron de), I, 256.
Pardaillan, capit., I, 206 à 209.
Pardessus, jurisconsulte, cité, II, 308.
Parempuyre (Gironde), II, 348.
Parempuyre, voy. Lamouroux.
Paris, I, 142; II, 401.
— (Parlement de), V. Parlement.
Parisis (édit du), I, 350.
Parlements :
d'Aix, I, 54, 84, 261; II, 283, 412.
d'Angleterre, I, 392.
de Besançon, II, 397. Voy. Parlement de Grenoble.
de Bordeaux, passim. — Voy. Discipline, Gages, Grands-Jours, Offices, Paulette, Préséances, Présidents, Registres, etc., etc.
de Dijon, I, 12, 261.
de Douai, II, 288.
de Grenoble, I, 12, 13, 18, 261.
de Metz, II, 412.
de Paris, I, 6, 8, 10, 11, 49, 54, 59, 91, 141, 227, 241, 249, 275, 276, 303, 311, 317, 330, 335, 391, 432, 437, 494; II, 10, 14, 56, 88, 107, 120, 127, 135, 136, 165, 197, 217, 228, 257, 265, 275, 283, 292, 298, 299, 311, 356, 362, 372, 388, 397, 412, 451.

Parlements :
 de Pau, I, 416, 417.
 de Rennes, I, 261, 317, 334, 368; II, 214, 283, 400, 406.
 de Rouen, I, 12, 49, 91, 191, 249, 261, 317, 358; II, 327, 400.
 de Toulouse, I, 6, 8, 9, 11, 21, 22, 84, 91, 94, 100, 165, 185, 191, 249, 296, 300, 316; II, 56, 113, 412, 451.
Parlement Maupeou : Bordeaux, II, 317; Paris, II, 299.
Parlements (les), II, 14, 19, 275, 276, 292, 301 à 309, 316, 329, 337, 341, 345 à 347, 372, 399, 400, 415, 417.
Pasquier (Étienne), jurisconsulte, cité, I, 126, 127.
Paty du Rayet (Léonard), cons., II, 446, 455.
Pau (Parlement de), *voy.* Parlement.
Paulette (impôt de la), I, 362; II, 46.
Pauliac, *voy.* La Porte.
Payen (Dr), cité, I, 121.
Pelart (Guillaume), cons., I, 10.
Pelet (J.-V.), cons., II, 318.
Pelet d'Anglade (Jacques de), cons., II, 447, 453.
Pellot (Claude), intendant de Guyenne, II, 196, 198.
Pérès d'Artassan (François), conseiller, II, 447.
Périer, *voy.* Du Périer.
Périgord, I, 4, 21, 27, 68, 216; II, 401. *Voy.* Sénéchaussée.
Périgueux (Dordogne), I, 70, 103, 282.
Périssac (de), chanoine de Saint-André, I, 469.
Peste à Bordeaux, I, 288, 336, 468.
Pestels (de), chevalier de Malte, II, 348, 349.
Peyronnet (Louis-Elie), cons., II, 448.
Peyruqueau (de), cons., I, 327.
Peyrusse d'Escars (François de), *voy.* Merville (de).
Philippe le Hardi, roi de France, I, 4.
Philippe IV, roi d'Espagne, I, 381.

Pic, *voy.* Domenge.
Picardie, II, 11.
Pichard de Saucats (Nicolas-Pierre de), prés., II, 317, 446, 456.
Pichon (de), prés., I, 404, 405, 440, 441; II, 74, 91, 98, 110, 153, 156, 159, 177, 194.
— (Bernard de), cons., I, 359.
— (Jacques de), cons., I, 497; II, 91.
Pichon-Muscadet (Jacques de), cons., II, 34, 152, 156, 177.
Pie II, pape, I, 339.
Pie IV, pape, I, 392.
Pierre-Encise (Rhône), prison d'Etat, II, 383.
Piles, capitaine, I, 211.
Piliers-de-Tutelle (temple des), II, 55.
Pithou (Pierre), proc. gén., I, 280.
Plassan, avocat, II, 370.
Podensac (Gironde), II, 60.
Poirson, cité, I, 324, 330.
Poissac, *voy.* Jaucen.
Poitiers (Vienne), I, 27, 206.
Poitou (sénéchale de), I, 62.
Police, *voy.* Bureau, Chambre.
Polignac (Blanc de), *voy.* Blanc.
— (famille des), II, 345.
Poltrot de Méré (J.), gentilhomme, I, 191.
Pomiers, prés., I, 62.
— (de), cons., I, 449; II, 124, 184.
— (le jeune), cons., II, 184.
Pomiès (Pierre de), cons., I, 238.
Pomiès, *voy.* Sauvat.
Pomiers-Agassac, cons., II, 156.
Pomiers de Francon, cons., II, 110, 156.
Pontac (Arnaud de), évêque de Bazas, I, 295.
— (Arnaud de), pr. prés., II, 178, 182, 184, 185, 233, 234.
— (Etienne de), greffier en chef, I, 413.
— (famille des), 430, 431.
— (François-Auguste de), prés., II, 41, 141, 233.
— (Geoffroy de), prés., I, 441, 449.
— (Jean de), greffier en chef, I, 56, 79, 91, 152, 159, 294.

Pontac (Jean de), proc. gén., I, 449, 463, 503; II, 17, 47, 98, 99, 147, 216.
— (Pierre de), pr. prés. de la Cour des Aides, II, 18.
Pontac d'Escassefort (Thomas de), greffier, I, 271, 290, 294.
Pontac de Beautiran, greffier en chef, jurat, II, 50, 63, 99, 100, 103.
Pontac de Langlade, gentilhomme, II, 24.
— trésorier, I, 335.
Pontac de Sales, maître des requêtes, I, 405.
Pontaire (de), maître des requêtes, I, 445.
Poncarré (de), maître des requêtes, I, 324.
Pontchartrain (de), cons. d'Etat, I, 389.
— (Louis-Phélypeaux, comte de), chancelier, II, 237.
Portugais, I, 257.
Poulouzat, voy. Reculés.
Poynet (Antoine), prés., I, 108, 110 111, 162, 207, 255.
Pransac (Redon de), prés., I, 404.
Preignac (Gironde), I, 210.
Premier, curé de Ludon, I, 344, 347.
Préséances, etc., des membres du Parlement, II, 431.
Présidents (premiers) de Parlement: leur caractère, II, 4.
Présidial de Bordeaux, I, 110, 114; II, 336.
Présidiaux (siéges), I, 102, 103.
Prévôt de Sansac (Antoine), archevêque de Bordeaux, I, 156, 164, 165, 212 à 214, 224, 264, 307, 337.
Prevôt de l'Ombrière, voy. Ombrière.
Prévôté, I, 114.
Primet, cons., II, 156, 177.
Prince Noir, I, 233.
Priviléges de Bordeaux, II, 220 et suiv., 326.
Procession du 15 août, I, 470.
Procureurs au Parlement, I, 116.
Provence (Parlement de), voy. Parlement d'Aix.
Prune de Vivier (Alexis-Jacques-Mathieu de), cons., II, 447.

Q

Quercy, I, 4, 21, 22, 27.
Quesnel (le Père), oratorien, II, 258.
Quillebœuf, II, 212.
Quinsac (Gironde), II, 26.
Quinsé (sire de), commissaire des guerres, I, 204.
Quinzaines, I, 37.

R

Rabanis, cité, I, 403, 435.
Rabar (de), cons., I, 327; II, 231, 232.
Ræmond, voy. Rémond.
Raignac (Gaston-Jean-Baptiste-Joseph de), cons., II, 447, 455.
Raimond, sous-maire de Bordeaux, greffier civil et criminel, I, 10.
Ram (Thomas de), lieutenant général en la sénéchaussée, I, 153.
Ramus (Pierre de La Ramée, dit), I, 126.
Rastignac (famille de Chapt de), I, 238, 239.
Rateau, proc. gén. à la Cour d'appel de Bordeaux, II, 281.
Ravaillac, I, 371.
Ravenez, cité, I, 316, 338, 341, 346, 350, 401.
Ravez, pr. prés. à la Cour d'appel de Bordeaux, I, 508; II, 421.
Raymond, cons., II, 176.
Reculés de Poulouzat (Pierre-Martin), cons., II, 448.
Redde (la), visite des prisons, II, 433.
Registres — Registres secrets, passim et notamment, I, x à xvii, 17, 42, 105, 167, 173, 185, 187, 194, 232, 264, 275, 283, 288, 307, 349, 353, 388 à 399, 445, 461, 467, 471, 481, 502; II, 31, 68, 81, 101, 105, 111, 196, 211, 215, 218, 228, 234 à 238, 243.
Reignac, voy. Monsec.
Reine d'Espagne, fille de Henri II, I, 185.
Reines de Navarre, voy. Albret (Jeanne d'), Marguerite.

Rémond (Florimond de), l'écrivain, cons., I, 126 à 128 ; cité, I, 61.
— (Florimond de), cons., II, 16, 91, 112.
Remontrances au Roi, *passim* et notamment, I, 99, 113, 180, 186, 325 ; 389 à 394 (texte) ; 453 à 460 (texte) ; II, 182, 196, 203, 219, 276, 284 (texte) ; 292, 302 à 304, 309, 311, 312, 325, 335, 349 à 351, 371, 374, 375.
Rennes (Ille-et-Vilaine), I, 317.
— (Parlement de), *voy.* Parlement.
Réole (La) (Gironde), I, 184, 210, 262 ; II, 12, 209, 215.
Requêtes, *voy.* Chambre des Requêtes.
Retenue (chambre de), *voy.* Chambre.
Retz (cardinal de), II, 166 ; cité, II, 105.
Richelieu (cardinal de), I, 444, 445, 450, 460, 473, 474, 480, 495, 500 ; II, 188.
— (maréchal, duc de), gouverneur de Guyenne, II, 294, 312, 313, 316, 317, 320.
Richon, jurat, II, 30, 111.
Rieux (évêque de), I, 405.
Rions (I, 290, 308.
Rivière (Mathieu), substitut, II, 450.
Robert (Pierre), cons. au Parlement de Toulouse, I, 91.
Robillard (de), avocat général, I, 473.
Roche de La Mothe (Bernard), cons., II, 449.
Rochelle (La), I, 21, 27, 203, 253, 418, 443, 467.
Roffignac (Christophe de), sieur de Cosages, prés., I, 58, 109, 110, 133, 135, 152, 153, 163, 202, 205, 212, 216 à 218, 220, 221, 228 à 234 ; II, 431.
Rognure (crime de), I, 498.
Rohan (chevalier de), I, 418 ; II, 212.
— (dame de), I, 468.
Rois de Navarre, I, 59, 69, 70, 81, 162, 163, 186. *Voy.* Albret, Bourbon, Henri IV.

Rolland (Jean-François), prés., II, 318, 455.
Roquelaure (Antoine de), maréchal, gouverneur de Guyenne, I, 380, 383, 384, 394, 401 ; II, 30, 31.
Rosanes (de), cons., I, 327.
Rostéguy (P. de), *voy.* Lancre.
Rouen (Seine-Inférieure), I, 151, 163. *Voy.* Bailliage.
— (Parlement de), *voy.* Parlement.
Rouergue, I, 201.
Roussel (Giraud), évêque d'Oléron et abbé de Clairac, I, 62.
Rousset (Camille), cité, II, 210.
Roussillon (ordonnance dite de), I, vi.
Ruat de Buch (François-Amanieu), cons., II, 319, 447.
Rymer, cité, I, 5.

S

Sabatier (Pierre), cons. au Parlement de Toulouse, I, 91.
Sabourin (Jean de), cons., I, 497 ; II, 19, 22, 50, 156, 177.
— fils, cons., II, 156, 177.
Saige (François-Armand), avocat général, maire de Bordeaux, II, 319, 450, 452.
Saint-André (chapitre de), I, 339, 340, 478 ; II, 369, 381.
— (église), I, 86, 148, 339.
— (hôpital), I, 40.
Saint-André-de-Cubzac (Gir.), I, 71 ; II, 112.
Saint-Angel (Jean), cons., I, 108.
— (Pierre), proc. gén., I, 109.
Saint-Avit (Lavau de), cons., II, 157.
Saint-Barthélemy (massacre de la), à Bordeaux, I, 241 et suiv.
Saint-Bruno (église), I, 505.
Saint-Denis (bataille de), I, 197, 202.
Sainte-Croix (abbé de), de Bordeaux, I, 57.
— (chapitre de), II, 381.
— (curé de), II, 202.
— (porte de), II, 206.
Sainte-Croix (marquis de), II, 53.
Sainte-Croix-d'Ornano, capitaine, I, 419.

TABLE DES NOMS.

Sainte-Foy (Gironde), I, 211.
Sainte-Hermine (H. de), cité, I, 27.
Sainte-Marie (Lot-et-Garonne) (port), I, 210, 211.
Saint-Émilion (Gironde), I, 25, 290; II, 175.
Sainte-Eulalie (église), I, 483; II, 207.
Saintes (Charente-Inférieure), I, 71, 103, 282, 469.
Saint-Florentin (comte de), secrétaire d'Etat, II, 273.
Saint-Georges (île) (Gironde), II, 86, 91, 92, 112.
Saint-Germain, *voy*. Lafagerdie.
Saint-Jean-d'Angély (Charente-Inférieure), I, 25, 207, 469.
Saint-Jean-de-Luz (B.-Pyr.), II, 194.
Saint-Jorry (de), pr. prés. au Parlement de Toulouse, I, 383.
Saint-Julien (porte), I, 293, 491.
Saint-Luc (François d'Epinay, marquis de), lieutenant général en Guyenne, II, 192, 196, 197.
Saint-Macaire (Gironde), I, 265, 290; II, 60.
Saint-Mégrin, maréchal de camp, II, 123.
Saint-Michel (clocher de), II, 207.
— (curé de), II, 202, 203.
— (église), I, 211, 212; II, 207.
— (paroisse), I, 483, 488, 490.
Saintonge, I, 4, 27, 68, 70, 174, 216, 492. *V*. Sénéchaussées.
Saint-Paul (comte de), I, 406, 414.
Saint-Pierre (curé de), II, 27.
— (église), I, 56.
Saint-Projet (curé de), II, 270.
— (église), I, 341.
Saint-Remi (église), 157.
Saint-Seurin (chapitre de), I, 478; II, 381.
— (église), I, 56, 133.
Saint-Simon (Arnaud de), cons., I, 79.
— (duc de), II, 85, 86, 93, 94, 114; — cité, II, 307.
Saint-Vivien (Gironde), I, 419.
Saint-Yves (fête de la), I, 115.
Saléon, *voy*. Yse.

Sallegourde (Gabriel-Raymond de), cons., II, 433.
Salles, *voy*. Delisle.
Salomon (Menaud de), cons., II, 40, 135, 152, 185.
Salon (Jean de), I, 17.
Saluces (marquisat de), I, 70.
Saluces (marquise de), I, 62.
Samadet (seigneur de), *V*. Foix, (Jean de).
Sansac (Prévôt de), *voy*. Prévôt.
Santé, *voy*. Bureau.
Sarlat, I, 103.
— (évêque de), *V*. Montesquiou.
Saucats, *voy*. Pichard.
Sault (du), chevalier du guet, I, 87.
— (du), commandant du château du Hâ, I, 87.
Saut de Noailles (seigneur de), *voy*. Foix (Jean de).
Sauvat de Pomiés (Charles), cons., II, 447.
Sauvebœuf (Charles-Antoine de Ferrières, marquis de), II, 53, 54, 59, 68, 84, 93, 125, 126.
Savignac (Labat de), *voy*. Labat.
Sauvignac (Montpézat de), *voy*. Montpézat.
Sauzay (Jean de), cons. au Parlement de Paris, I, 10.
Savoie (Honorat de), *voy*. Villars (marquis de).
Scarron (Jean), cons. au Parlement de Paris, I, 280.
Scailles, *voy*. Darblade.
Secondat (Jacques de), capitaine, II, 245. *Voy*. Montesquiou.
Secrétat, cons., II, 16.
Séditions, *voy*. Emeutes.
Séguier, avocat général au Parlement de Paris, II, 389.
— (famille des), I, 425.
— (Jean), maître des requêtes, I, 280, 445.
— (Pierre), cons. au Parlement de Paris, I, 280.
— (Pierre), prés. au Parlement de Paris, I, 280.
Ségur (de), cons., II, 231, 281.
Ségur-Pardailhan (seigneur de), I, 214.
Seize (faction des), I, 290, 311.
Selve (Jean de), pr. prés., I, 31 à 33, 41.

Sénéchal de Bazadais, *voy*. Carbon (Lescuyer).
— de Libourne, II, 219.
— (grand) de Guyenne, I, 5, 154. *Voy*. Barbezieux (sire de), La Rochefoucauld, Merville.
Sénéchaussées :
d'Agen, I, 9, 21.
de l'Angoumois, I, 21.
d'Aquitaine, I, 9.
d'Armagnac, I, 100.
de Bazadais, I, 9, 163.
de Condom, I, 21.
de Guyenne, I, 2.
des Landes, I, 9.
du Périgord, I, 9.
de Quercy, I, 100.
de Saintonge, I, 9.
Senez (Basses-Alpes) (évêque de), *voy*. Soanen.
Sentout (Jean-Jacques-Maurice de), prés., II, 449, 456.
Servien (Abel), intendant de Guyenne, I, 445 à 450, 466; II, 111, 128, 129.
Sève (Guillaume de), intendant de Guyenne, II, 213.
Sevyn (Pierre de), cons., I, 227, 245, 247.
Sèze (Jean de), avocat, 282.
— (Romain de), avocat, député à l'Assemblée nationale, II, 407, 421.
Sièges présidiaux, *voy*. Présidiaux.
Sienne (cardinal de), I, 392, 393.
Sigalas, *voy*. Drouilhet.
Sillery (Brûlart de), chancelier, I, 388, 389, 395, 404, 406.
— (Brûlart de), prieur de Léon, cons. d'Etat, I, 439, 440; II, 93.
Simounet, I, 245.
Soanen (Jean), évêque de Senez, II, 264.
Société du Nord, II, 224.
Solminiac (chevalier de), II, 404.
Sorbonne (déclaration de la), I, 156, 296.
Sorcellerie (crime de), I, 372 à 378.
Soubise (de), maréchal, I, 418.
— (de) fils, I, 468.
Soulé (de), cons. d'Etat, I, 500.
Soules (Hautes-Pyrénées), I, 417; II, 235.

Soulignac, *voy*. Baritault.
Sourdis (François d'Escoubleau, cardinal de), archevêque de Bordeaux, I, 338 à 349, 353, 381 à 387, 388, 390 à 402, 441.
— (Henri de), archevêque de Bordeaux, I, 474 à 481, 504.
— (madame de), I, 338.
— (marquis de), I, 505.
Soussans (Gironde), II, 348.
Souvré (maréchal de), I, 389, 406.
Spens (Pierre-François-Mathieu de), prés., II, 447.
Suau, greffier, II, 149.
Substituts, II, 439, 440.
Suduiraut, cons., I, 276, 484; II, 13, 16, 19, 30, 110.
Sully (duc de), cité, I, 265, 271.
Surgères (Charente-Inférieure), I, 452.
Syndicat (association religieuse, dite), I, 153 à 157, 165.
Syrueilh (François de), chanoine, cité, I, 167, 169, 233, 238, 249, 252, 279.

T

Taffard (Jean-Baptiste), cons., II, 319.
Talbot, général anglais, I, 7.
Talemagne, colonel d'insurgés, I, 71.
Tamizey de Larroque (Philippe), cité, II, 185.
Taranque, cons., II, 16, 21, 23, 62, 81, 156.
Targon (Gironde), I, 162.
Tarneau (Antoine de), cons., I, 497; II, 29, 124, 201, 205.
— cons., I, 261, 306.
— jeune, cons., I, 327.
Tartas (H.-Pyrénées), I, 271.
Tende (comtesse de), I, 212.
Termes (comte de), I, 404, 406.
Terrefort, *voy*. Chaperon.
Teste (La) (Gironde), II, 86.
Teula (Jean), cons. au Parlement de Toulouse, I, 91.
Thémines (chevalier de), I, 405.
Théobon (marquis de), II, 53, 60, 65, 66, 68.
Thibaud, cons., II, 21, 34, 59.
Thibaudeau, cité, I, 27.

Thomas (François), cons. au Parlement de Paris, I, 91.
Thorigny (comte de), maire, I, 315.
Thou (Christophe de), pr. prés. au Parlement de Paris, I, 59, 228.
— (François-Auguste de), conseiller d'Etat, I, 405.
— (Jacques-Auguste de), cons. au Parlement de Paris, I, 280; — cité, I, 54, 55, 87, 120, 121, 153, 283, 285, 301.
Thumery (Jean de), cons. au Parlement de Paris, I, 280.
Tiercelin (Robert), cons. au Parlement de Paris, I, 91.
Tiers-Etat, II, 397.
Tilladet, gouverneur de Bordeaux, I, 222.
Tindo (Louis), pr. prés., I, 28 à 30.
Tirat (Gentils de), *voy.* Gentils.
Tocqueville (A. de), cité, I, 466.
Todias (le chevalier de), jurat, II, 180.
Toulouse (Parlement de), *voy.* Parlement.
Tournelle (la), *voy.* Chambre criminelle.
Tournon (cardinaux de), I, 47.
Tourny (Louis-Urbain Aubert, marquis de), intendant de Guyenne, II, 273, 274.
Tours (Indre-et-Loire), I, 317.
Traite foraine, I, 407.
Trancars (René Lequeux, dit), cons., II, 21, 169, 186.
Trenard (de), maître des requêtes, I, 405.
Tresne (La) (Gironde), II, 26.
Trésoriers de Guyenne, I, 106. *Voy.* Filhot, Gourgues, Pontac.
Tripartie (chambre), *voy.* Chambre tripartie.
Trompette (château), *voy.* Château-Trompette.
Trompettes de la ville, I, 434.
Tudert (Jean), prés., I, 10, 22, 23, 28.
Tuillet (de), cons., I, 327.
Tulle, I, 103.
— (évêque de), I, 405. *Voy.* Genouilhac, Guron.
Turenne (vicomte de), II, 111, 150.

Turgot, II, 340 à 342.
Tustal (de), cons., I, 261.

U

Ubaldini, nonce, I, 386, 387.
Unigenitus (bulle), II, 257, 274.
Union (l'), *voy.* Ligue.
— (l') de la Fronde, II, 27, 29, 87.
Université de Bordeaux, I, 140; II, 369, 381.
Urbain VIII, pape, II, 256.
Urtubie (vicomte d'), II, 404.
Uza (vicomte d'), I, 195.
Uzeste (d'), cons., II, 74, 156.
Uzeste (Gironde), I, 251.

V

Vacances, II, 427.
Vacations, *voy.* Chambre.
Vaillac, capitaine du Château-Trompette, I, 148, 205, 254, 286, 287.
Valence (évêque de), *voy.* Monluc (J. de).
Valier, cons., I, 162.
Vallée (Briand de), cons., I, 40.
Vallet de Viriville, cité, I, 7.
Vallier (Joseph), cons., I, 252, 253, 261.
Vannes (Morbihan), II, 214.
Varennes (de), I, 479.
Vassy (Haute-Marne), I, 151.
Vatteville (baron de), agent d'Espagne, II, 70, 92 à 94, 119.
Vayres (Gir.), II, 86, 111, 112.
— (château de), I, 416; II, 23, 30.
Vély, cité, I, 59.
Vendôme (cardinal de), I, 301.
— (César, duc de), II, 164, 174, 175, 180.
Verdier (Du), *voy.* Du Verdier.
Vergennes (comte de), ministre d'Etat, II, 351.
Vergniaud, conventionnel, II, 391, 421.
Vergoing, cons., I, 76, 84, 94, 152, 181.
Versailles, II, 351.
Verteuil (Gironde), I, 205.
Verthamon d'Ambloy (François-Martial de), prés., I, xvii.
— (Jean-Baptiste-Maurice de), prés., II, 322, 324, 398, 446.

Vic (de), cons. d'Etat, I, 405.
Vignac, I, 166.
Vigouroux (François), greffier à la Cour des Aides, I, 109.
Viguier, maître des requêtes, I, 445.
Villandraut (Gironde), I, 251, 252.
Villaret, cité, I, 59.
Villars, avocat, chef de l'Ormée, II, 146, 154, 173, 187.
— (Honorat de Savoie, marquis de), amiral, lieutenant général en Guyenne, I, 243, 246, 251, 262, 264, 270, 312.
Villemontée, intendant du Poitou, I, 478.
Villeneuve (de), prés., I, 259, 261, 493.
Villeroy (de Neufville de), cons. d'Etat, I, 389, 395, 397.
Vinet (Elie), cité, I, 140, 283.
Viole, prés. au Parlement de Paris, II, 138, 153.
Virazel (de), cons., II, 231.
Virazel, voy. Daugeard.
Virelade (Gironde), II, 331.

Viriville (Vallet de), voy. Vallet.
Vivans de Launay (de), cons., II, 231.
Vivaud de La Tour, cons. d'Etat, II, 352.
Vivier, voy. Prune.
Voisin, cons., I, 276.
— cons., II, 21, 55, 88.
Voisin de Gartempe (Jean-Baptiste), cons., II, 419.
Voltaire, II, 290.
Volterre (cardinal de), I, 392, 393.
Volusan (de), cons., II, 21, 198.

W

Walkenaër, cité, II, 250.

Y

Ybarola, cons., I, 40.
York (cardinal d'), I, 392.
Ypres (évêque de), voy. Jansénius.
Yse de Saléon (Yves), évêque d'Agen, II, 262 à 268.

www.ingramcontent.com/pod-product-compliance
Lightning Source LLC
Chambersburg PA
CBHW050604230426
43670CB00009B/1266